SI MON PÈRE M'ÉTAIT CONTÉ...

SI MON PÈRE M'ÉTAIT CONTÉ...

Nicole Deslauriers

inédi

Couverture : Richard Côté
Mise en page : Joseph Stinziani
Dépôt légal : 2ᵉ trimestre 1983
Bibliothèque nationale du Québec
Bibliothèque nationale du Canada

ISBN 2-89066-070-2

Imprimé au Canada/Printed in Canada
Mai 1983

*... à ma mère,
et à Yolande, Gilles,
Marie et Louise.*

1978

C'est souvent ainsi que cela arrive

À mon ami Jean Deslauriers, en souvenir de son œuvre magnifique qui ne peut mourir.

Dessin d'Albert Rousseau.

Dimanche, le 28 mai 1978, vers 7 heures du soir, le téléphone sonnait chez moi, comme cela arrivait à peu près tous les jours à la même heure depuis deux semaines. Avant même d'entendre le son de sa voix, je savais que c'était lui, mon impatient de père, qui dirait, à nouveau : «Alors la petite, l'as-tu enfin fini ton bonjour de livre?» Effectivement, cette fois encore :

— Alors, la petite, quand est-ce qu'il sera fini, ce foutu livre?

— Dans deux jours, papa ! Et cette fois c'est vrai, je te le jure. Mais en attendant, tu ne veux toujours pas lire ce qu'il y a de fait, j'imagine ?

— Non, non. Tu me connais, je ne veux pas le lire avant qu'il soit terminé. De toute façon, d'ici deux jours, je n'en aurais pas le temps. Comme tu le sais, je suis juge aux Concours de Musique du Canada. Et ce soir, c'est la remise des résultats et des prix pour le Québec, et des bourses en vue de la finale nationale à Edmonton. Demain matin, ta mère [1] et moi on part pour le lac. Je dois commencer à planter mes fleurs, à peinturer les chaises de la terrasse, à couper le gazon, à tailler les haies. Puis, mardi matin, je donne une conférence de presse à Saint-Jérôme avec Bernard Parent, le maire de la place, en vue du concert que je dirigerai bientôt dans leur cathédrale avec L'Orchestre Symphonique de Montréal. Téléphone-moi donc mardi soir chez Loulou et Pierrot. On doit aller souper chez eux en rentrant du lac. Mais je t'avertis. T'as besoin d'avoir fini dans deux jours. Sinon je te parle plus, tu m'entends ? J'en ai assez d'attendre, moi. Bonsoir Nico. À mardi.

Mais le mardi soir 30 mai suivant, à 7 heures, chez Loulou, c'est la gardienne qui me répond. D'un ton vague, hésitant :

— ... Je ne sais pas exactement. Je crois que votre sœur et Monsieur Lambert sont allés rejoindre vos parents à l'extérieur... Non, je regrette, je ne sais pas où... Oui, je leur ferai le message. Bonsoir.

— *Pourtant, papa, moi j'avais tenu promesse. J'avais terminé.*

— *Tu crois que je ne sais pas à quel point tu étais déçue de ne pas*

---

1. Quand papa parlait de maman à l'un de nous, les enfants, il disait presque invariablement «votre mère» ou «ta mère».

pouvoir m'annoncer enfin la bonne nouvelle après tout ce travail ! Mais si seulement tu avais vu dans quel état je me trouvais au moment même où tu appelais chez Loulou...

« Effectivement, je n'en menais plus large. J'avais les poumons noyés au point d'être en train de partir pour l'éternité. Les médecins avaient beau essayer de faire rebattre mon cœur en n'importe quelle mesure, c'était inutile. Il n'était plus du tout intéressé à retenir mon esprit. Il ne voulait plus qu'une chose. Se reposer, arrêter de travailler, de vivre. Complètement. Là. Tout de suite. Sans saluts publics. Sans explications. Sans avertir personne, les enfants inclus. Sans même me laisser reparler à Jeanne, que je savais pourtant effondrée dans le couloir de l'hôpital, et que j'entendais répéter "ça ne se peut pas, ça ne se peut pas". De moins en moins fort... De plus en plus loin... »

Puis, plus du tout...

Ne sachant encore rien de l'état de mon père, j'ai haussé les épaules de déception en raccrochant le téléphone, puis je me suis préparée à aller fêter avec un copain la fin de mon année de réclusion devant ma machine à écrire.

Vers 7 heures 30, le téléphone se manifeste enfin. — *J'étais certaine que c'était toi, papa.*

— Allô, Nicole ?... C'est Loulou... Je suis à Saint-Jérôme... à l'hôpital... Nicole, je pense que papa est fini... Non, ce n'est pas une autre crise cardiaque, c'est une crise aiguë d'œdème aux poumons... En revenant du lac, tout à l'heure, sur la route entre Saint-Hippolyte et Shawbridge, il a demandé à maman de conduire. Il étouffait. Le temps d'arriver à Saint-Jérôme... Elle l'a vu partir, dans l'auto... Ils ont ranimé son cœur mais... Maman ? Elle est... Nicole, je te rappellerai tout à l'heure, je ne suis plus capable de parler... Oui, promis. Bye.

Deux minutes plus tard, mon copain Guy arrivait. Le temps de lui vider mon cœur pour l'instant encore plus abasourdi que crevé, le téléphone sonnait à nouveau.

— Nicole, c'est Pierre Lambert, ton beau-frère...

— Papa est mort, hein, Pierre ?[1]

— Oui, Nicole. Papa Jean nous a quittés, ma chouette.

— *La première chose à laquelle j'ai pensé à ce moment-là, papa, c'est que tu ne lirais jamais mon premier livre.*

— *Je sais, va. Et quand Loulou est arrivée à l'hôpital avec Pierrot, Jeanne lui a dit : « Ton petit François ne connaîtra jamais son grand-père, ma petite fille. » Mon premier petit-fils... Je ne l'aurai pas vu grandir. Je n'étais même pas à Montréal pour son premier anniversaire deux semaines avant ce fameux mardi... Qu'est-ce que j'aurais fait comme photos de lui devant sa première bougie...*

_____

1. Quand Pierrot s'annonçait de façon aussi formelle, c'est que c'était sérieux...

— Nicole... Es-tu là ?...

— Pierre, comment est maman ?

— ... Loulou est avec elle. Nicole, maman Jeanne voudrait que tu t'occupes de ta sœur Marie. Va la rejoindre. Elle est chez tes parents. Dis-lui seulement que papa Jean est malade. On arrive aussitôt que possible avec ta mère. Elle veut le lui annoncer elle-même. Par contre, veux-tu avertir Gilles et Louise ?... Il faudrait aussi rejoindre Yolande et Eugène en Europe... Courage, ma grande. À tout à l'heure. Je t'embrasse.

Et voilà. C'est banal de perdre son père, tout le monde perd son père. Mais le problème c'est qu'on n'en a qu'un. Et le mien est disparu à jamais en vingt minutes. Sans me donner le temps de vraiment l'embrasser, de lui dire que je l'aimais tant, de lui avouer que mon premier livre je l'avais écrit entre autres et beaucoup pour qu'il soit fier de sa fille, un peu comme moi je l'étais, fière de l'être, sa fille.

Voilà. Si seulement j'avais su... Mais on ne sait jamais, ou presque, et il paraît que c'est souvent ainsi que cela arrive. Pourquoi..., pourquoi en effet s'embrasser, se dire, se prouver qu'on s'aime un jour plus qu'un autre, puisqu'on doit se parler au téléphone ou même se voir le lendemain ou très bientôt ?

Après tout, mes parents devaient passer la soirée chez Loulou. Moi-même je devais arrêter lui montrer mon travail fini. Gilles, le fils unique habitant dans la banlieue de Montréal, mon père le voyait moins souvent mais il l'appelait pour la moindre raison, pour un rien. Marie, elle, habitait en ce moment chez papa et maman, alors... Quant à Yolande, l'aînée... Lorsque, quelques jours plus tôt, papa était arrêté chez eux un midi — comme il le faisait souvent — pour, cette fois, leur dire au revoir avant leur départ pour l'Europe, et s'excuser de ne pouvoir aller les conduire à Mirabel avec maman (toujours ces Concours de Musique), c'est lui qui était plus préoccupé par ce voyage. Yolande n'étant pas là, c'est à Eugène qu'il fit alors toutes ses recommandations au sujet de l'assurance-avion, du testament à mettre en règle ; pour leurs deux filles, au cas où...

Le soir de leur départ, à Mirabel, il n'y avait que ma mère qui sentait, devinait, et cela de plus en plus depuis quelques mois, à quel point il n'allait pas bien — *maman qui s'inquiétait en silence pour toi, papa, surtout quand tu l'envoyais un peu promener avec ses conseils et ses remarques sur ta santé* —. Jeanne qui, ce dernier mardi soir sur la route du lac, n'a plus pensé, une fois au volant, qu'à foncer vers Saint-Jérôme pendant qu'il étouffait sans plus l'entendre l'appeler. Elle non plus n'avait pas eu le temps de lui dire... mais au moins, il l'avait sentie à ses côtés...

— *Est-ce que cela aurait vraiment changé quelque chose, si on avait pu savoir avant... ?*

— *Je ne sais pas, Nicole.*

« Je ne sais pas, les enfants. Je peux bien l'admettre maintenant que je n'ai plus peur de rien, j'étais loin d'être démonstratif dans le domaine de la tendresse quotidienne, surtout en vieillissant, et surtout avec ceux que j'aimais le plus. Mais je crois que si j'avais su, je serais arrivé à vous parler un à un, seul à seul dans un moment pareil... Je crois aussi que j'aurais peut-être même réussi à violer ma peur d'exprimer mes sentiments, cette vieille peur maladive et chronique, pour aller à l'essentiel... »

— ... comme tu es déjà arrivé à le faire dans certains moments graves.

« ... pour vous prendre dans mes bras et vous dire combien je vous aimais. Si seulement j'avais su, moi aussi... Mais vous le sentiez un peu, n'est-ce pas, que malgré toutes mes distances et mes brusqueries de vieux peureux d'aimer ouvertement, vous le sentiez que je vous aimais ?! Vous le saviez qu'avec la musique et la nature, qu'à travers elles je ne vivais que par vous, pour vous, à cause de vous, non ?!... »

Oui, bien sûr qu'au fond, nous savions tous que notre père nous avait aimés à sa façon, en général plutôt si gauche. Et nous aussi nous l'avions aimé, nous l'aimions...

— Malgré mon sale caractère d'impulsif émotif qui me menait par le bout du nez et qui me faisait si souvent dire un peu n'importe quoi ?

Bien sûr que oui !

Marie ne se serait pas jetée dans les bras de maman en en voulant à papa de ne pas lui avoir laissé le temps d'être là, elle aussi.

Gilles n'aurait pas foncé vers Saint-Jérôme, le soir même, pour aller l'embrasser « avant qu'on le touche ».

Yolande ne serait pas rentrée par le premier avion et comme une automate décidée après que je l'aie rejointe à Paris.

Loulou n'aurait pas tant regretté qu'il ne l'ait pas serrée dans ses bras avant de mourir, ni pendant toutes ces années où il n'avait plus osé le faire depuis qu'elle était grande, elle aussi.

Moi-même je ne me serais pas sentie si vidée et impuissante quand j'ai réalisé que je ne le verrais plus jamais ; sensation qui m'est si souvent revenue depuis, et encore plus pendant que j'écris ce livre. — Tu me manques, papa ! Tu me manques tellement !

Quant à ma mère... il n'y avait qu'à la voir ce mardi soir-là pour comprendre...

C'était bien évident que nous avions aimé notre père et qu'il nous avait aimés...

Juste à nous voir avec lui, toujours soit en guerre soit en amour d'idées ou de sentiments, mais jamais indifférents...

Juste à nous voir frémir de fierté et de trac quand, assis parmi l'auditoire d'une salle de concert, nous le regardions monter sur le podium dans son prestigieux uniforme de grande soirée, saluer modestement son public qui l'applaudissait d'affection, puis se tourner vers son orchestre et attaquer deux heures de musique, pour ce public mais également pour nous, spécialement...

Juste à nous voir autour de maman, inséparables, fatigués et tendres entre nous, pendant les jours et au milieu des événements qui ont suivi...

Au salon funéraire, en un jour et demi, plus de sept cents signatures dans le livre du souvenir... sans compter ceux qui ont oublié de signer, comme d'habitude. Du mercredi soir au vendredi matin, nous n'avons plus eu le temps de trop penser. Nous n'avons pu que recevoir une preuve de plus que Jean Deslauriers avait une place toute spéciale dans le cœur de tous les milieux, de tous les âges, de toutes les cultures de sa ville à lui, à travers la musique, l'amitié, la famille, la nature et l'art en général.

Il était à peine installé dans le satin blanc et dans le recueillement du salon principal chez J. Rémi Deslauriers — *un autre cousin, par alliance celui-là* —, que Jean-Louis Roux s'est avancé vers maman, puis vers lui : un pionnier du « grand théâtre » montréalais venu rendre hommage à son homologue en musique. Plus tard, et parmi une foule de métro à l'heure de pointe, se faufile discrètement jusqu'à lui un garde de la sécurité de la Place des Arts, Roger Léveillée ; derrière sa froideur apparente d'outre-tombe, je suis sûre que mon père était là, et qu'ensemble ils ont une dernière fois parlé d'arbres et de fleurs, comme ils l'avaient fait si souvent dans les coulisses du spectacle.

Parmi les centaines d'amis, sont venus également des dizaines d'amis d'enfance et de collège, à nous les enfants ; les anciens « boy-friends » de ses quatre filles se sont présentés à leur tour, certains plus discrètement que d'autres...

— *Dont certains des miens, mon cher père, que tu as jadis mis à la porte d'un seul de tes regards sévères.*

— *Quoi ! Moi j'avais l'air sévère ?*

— *Oh, si peu... Surtout quand tu n'aimais pas quelqu'un... Va plutôt voir certaines photos du Maestro...*

— *Ah, ça c'est quand une choriste ou un musicien de l'orchestre chantait ou jouait faux. Mais j'avais le même air quand on me donnait la dame de pique aux « cœurs », et quand je voulais attraper une de mes petites-filles pour la manger dans le cou, tu le sais bien. Votre grand-père faisait pareil avec vous autres quand vous étiez petits.*

— *Peut-être bien. Mais Claude Murray, avec qui je jouais quand j'étais enfant — tu te souviens d'elle, non ? —, elle, elle fuyait dès qu'elle t'apercevait, même de loin, tellement elle avait peur de toi. Encore maintenant, quand elle me parle de ton regard « bleu acier », sa voix en tremble.*

15

Il est vrai que le méchant regard de mon père n'avait pas intimidé tout le monde — quoique Marie m'ait admis qu'il lui avait toujours fait peur (et à moi aussi, plus jeune en tout cas...). Plusieurs enfants devenus grands sont venus au salon, fleurs sauvages et leurs tout petits à eux à la main, afin que ces derniers puissent au moins voir, pour la première et dernière fois, « Monsieur Deslauriers, celui qui faisait de la si belle musique à la télévision ». Ils sont aussi venus pour se remémorer tous ces étés, alors qu'eux-mêmes étaient des enfants, au lac l'Achigan, ces étés pendant lesquels « Monsieur Deslauriers » avait passé des heures à leur faire faire du ski nautique, le jour, et le soir à les emmener et les ramener du cinéma avec ses enfants à lui, quand ils ne passaient pas tous la veillée à danser et à jouer au ping-pong dans son sous-sol.

Jeudi matin, Monsieur Drapeau est venu saluer son ami Jean. Ils s'aimaient bien tous les deux, et ensemble ils rêvaient souvent, tout haut, de grandes choses pour Montréal. Pour une fois, c'est le maestro qui a dû l'écouter. Peut-être Monsieur le Maire était-il venu lui dire qu'il regrettait ne pas avoir eu le temps de concrétiser, avec lui, le fabuleux projet que son ami devait être en train de lui expliquer avec tant de conviction, un soir de mai 1977, sur la terrasse de l'Hôtel de Ville, après le concert qu'il venait de diriger en l'église Notre-Dame à l'occasion du congrès de l'Union Internationale des Transports Publics.

« Cette salle de concert genre Hollywood Bowl, au Chalet du Mont-Royal, Monsieur le Maire, à cause de l'hiver canadien on pourrait peut-être y mettre le même système de toit que pour le stade olympique, non ? Ce serait idéal, il me semble. Qu'en pensez-vous ?»

Le jeudi après-midi, au salon, on me demande au téléphone :

— Nicole ? C'est Jean-Yves Landry... Écoute, Radio-Canada a décidé de faire une émission sur Jean, et c'est moi qui vais la réaliser pour les *Beaux Dimanches* de dimanche prochain... Oui, oui, dans trois jours. C'est pour cela qu'il faut absolument que tu m'apportes, le plus vite possible, toutes les photos que tu peux trouver de ton père... Oui, toutes... Viens me les porter ce soir... Bon, d'accord, demain soir, à n'importe quelle heure au sous-sol B, VTR 2. J'y serai nuit et jour jusqu'à dimanche soir. Je compte sur toi...

Après avoir couru et recouru aux quatres coins des souvenirs de toute la famille Deslauriers, le vendredi soir, tard, Claude, mon cousin et moi nous enfonçons enfin dans les dédales souterrains de Radio-Canada, les bras chargés de boîtes de carton remplies de papa sous toutes ses formes et expressions : en chef d'orchestre, en sueurs de répétition et en queue de pie. Mais également en papa-Jean-à-la-chasse, en camping, la cigarette au bec, en culotte courte, le violon de ses débuts sous le bras, un verre à la main, en amoureux, en papa-gâteau, en famille ; à 9, 20, 40, 60 ans.

Jean-Yves n'en avait pas regardé le centième qu'il soupire :

— Ma pauvre Nicole, pour faire une émission vraiment complète sur ton père, il me faudrait au minimum deux heures d'antenne. Et je n'en ai qu'une. Alors je dois me limiter presque exclusivement à sa vie professionnelle. Je ne pourrai donc malheureusement pas me servir de celle-ci... de celle-là... ni de celle-ci... ni de celle-là non plus. Ça me rend malade. Il y aurait tellement de choses à raconter sur Jean en plus de sa carrière. Pour faire un portrait complet de lui, c'est un livre qu'il faudrait...

C'est en entendant le souhait de Jean-Yves que j'en ai eu l'idée. Mais de l'idée à l'exécution... Premièrement, après la mort de mon père, j'ai encore passé un an à polir mon premier livre. Puis j'ai commencé à faire de la recherche à son sujet. Ce qui n'a pas été simple.

D'abord mon grand-père et ma grand-mère Deslauriers n'étaient plus là depuis vingt ans. Puis, lorsque j'ai interrogé ses cinq sœurs et ses deux frères, ou bien certains d'entre eux ne se rappelaient pas trop, ou alors ils se contredisaient parfois dans leurs souvenirs. De plus, les amis, les musiciens, et autres témoins de son époque étaient presque tous disparus ou alors sans mémoire aucune, surtout celle des dates.

— *Et comme toi, papa, tu ne nous as vraiment jamais raconté en détail ton enfance, ta jeunesse, tes débuts comme violoniste puis comme chef, tes voyages... Ce qu'il y a eu avant maman et nous...*

— *Vous ne me l'avez jamais vraiment demandé.*

— Si, parfois on t'a demandé de nous raconter. Et toi-même tu es venu nous tracer tes itinéraires de voyages dans nos livres de géographie. Mais honnêtement, tu avais la patience plutôt courte ; et puis, en y repensant bien, je crois me rappeler que tu perdais vite intérêt en nous racontant tes souvenirs.

Malgré tout, j'ai tout de même réussi à mettre ensemble quelques bons bouts de son enfance, ainsi que ceux de ses débuts et voyages. Mais ensuite, en fouillant dans ses affaires, j'ai réalisé qu'il manquait un tas de choses, que j'avais connues pourtant. Des photos, des trophées, des agendas, du courrier, des articles, des programmes... Jusqu'à ce que ma mère me raconte que, lorsqu'ils avaient déménagé de la rue Fullum à la rue Ridgewood en 1966, mon père avait voulu tout jeter après avoir vendu à Radio-Canada toute la musique qu'il avait écrite et orchestrée depuis des années.

— Tellement, papa, que si maman ne s'était pas battue avec toi, il ne resterait plus de trace biographique de Jean Deslauriers.

— Il n'y avait pas de place pour tant de souvenirs et de paperasse inutiles dans l'appartement où on a emménagé.

— Inutiles ?! Mais monsieur Deslauriers ! Et nous ?... Et les Canadiens pour qui tu as fait tant de musique ?... On avait droit à ce que tu nous laisses tout ce qui avait été à toi, il me semble. Après tout, tu étais un homme public, et que tu le veuilles ou non, tu fais partie de notre histoire culturelle ! Bonté divine ! On se plaint qu'on n'a pas de traditions. Il faudrait que les Québécois commencent à réaliser que des traditions ça se fait, ça s'enrichit, entre autres, avec la fierté d'avoir fait quelque chose et le besoin d'en garder les traces pour en écrire l'histoire ensuite. Ce n'est pas parce que ta renommée n'était pas internationale que tu ne valais pas la peine qu'on en parle un jour. Foutue humilité écrasante des Québécois ! Ou bien ils se regardent le nombril — ce qui n'est pas ton cas, je le sais. Ou alors ils n'osent pas... Cré papa, va...

— M'engueule pas, la grande. J'ai tout de même laissé pas mal de choses aux archives du Québec.

— Heureusement, quoique je sais maintenant que c'est Rolande Vachon qui t'a supplié de lui en laisser pour que tu le fasses, au lieu de te débarrasser de tout. En tout cas, si j'avais su... Si j'avais su qu'un jour j'écrirais un livre sur toi, je te jure que je t'aurais embêté, poursuivi, jusqu'à ce que tu m'aies tout raconté, en détail, en particulier tes voyages, tes études, tes débuts. Et puis, je t'aurais forcé à m'expliquer le fond de toi-même, tes sentiments, tes frustrations, pourquoi tu étais toi...

— Ça, la petite, je doute fort que tu y sois parvenue. Raconter mes sentiments, m'analyser, moi...

Oui, je le savais. Le chef d'orchestre Jean Deslauriers, le mari de Jeanne Gariépy, mon père et celui de Yolande, Gilles, Marie et Louise, l'ami de tout le monde et un pionnier de la musique au Canada, n'était pas un homme qui analysait. Ni sa femme ni ses enfants, ni la nature ni l'amitié, ni la musique ni la vie. Et encore moins lui-même, son caractère, ses sentiments. En apparence, du moins. Mais cela c'était et ça restera toujours son secret.

Non, c'était un homme qui faisait tout par instinct. Il respirait ainsi. Il agissait, travaillait, aimait, fonctionnait, vivait ainsi.

C'était un homme qui regardait, touchait, sentait, vibrait, fonçait, courait, écoutait, s'emportait, se trompait, se réconciliait par impulsion. Sans discuter, remâcher, approfondir, décortiquer, analyser.

En somme pas du tout, mais pas du tout cérébral, intellectuel, analyste, raisonneur. Mais plutôt instinctif, impulsif, sensible à l'excès, entier, émotif, visuel, romantique, prompt, rêveur.

Un homme né au moins cent ans trop tôt (et pas sur le bon continent, à mon avis ; d'ailleurs d'autres me le diront plus loin), et en même temps, comme il le disait souvent, surtout à partir des années 60, «je suis né trente-cinq ans trop tôt» — ce que l'un de nous deux expliquera plus loin également.

Mon père n'étant pas un analyste, ce n'est donc pas à moi de l'analyser, ni professionnellement ni personnellement. J'ai été tentée de le faire, surtout quand certaines personnes m'y encourageaient, voulant même que je le mette à nu, quitte à impliquer ses proches, ses critiques, ses amis, ceux qui lui ont nui, ceux qui l'ont aidé et apprécié.

— *Si j'avais été vivant, ma fille, je ne t'aurais pas laissé faire, tu n'aurais rien tiré de moi, je ne t'aurais plus parlé.*
— *Mais... papa, même plus de ce monde, tu ne m'as pas laissé faire !*

Après deux ans de blocage provoqué, j'en suis sûre, par mon père, paniqué à l'idée qu'on veuille le violer sans qu'il puisse se défendre, mon but premier a finalement repris le dessus. C'est, en tant que sa fille, un «portrait» affectueux, visuel, et le plus objectivement vrai possible que je voulais, et que j'ai décidé de faire de mon père et du chef d'orchestre Jean Deslauriers. Un portrait «de face», lui que la majorité de ses admirateurs et même de ses amis ont toujours vu de dos ou de profil. Un portrait de ce qu'il a été et de ce qu'il a laissé, pour ceux et celles qui l'ont écouté, deviné, senti, apprécié, applaudi, connu, aimé.

C'est à partir de ce moment que le blocage a fondu...

— *Alors, ma fille, si c'est ce que tu veux faire, je veux bien te laisser la voie libre. Je vais même te raconter le début, «avant Jeanne et vous», si ça peut te faire plaisir. Du moins ce dont je me souviens et ce que je vous ai déjà raconté. Donc, plus de post-mortem inutiles. Montre-moi plutôt toutes les photos de jeunesse que tu as retrouvées. Avec tout ce qu'on t'a dit sur moi, on va peut-être arriver à quelque chose de juste. Par contre, les dates, moi, tu sais... Demande-les à ta mère.*

« *Moi non plus, Jean, je ne me rappelle pas de tout, surtout des dates avant mon arrivée. Mais, même celles après notre mariage... J'aurais donc dû tout noter. Je le regrette tellement.* »

Oui, je savais que mon père et les dates... J'avais bien remarqué, dans les divers curriculum vitae qu'il avait composés à différentes époques, ainsi que dans les interviews qu'il a données et articles écrits sur lui, que certaines dates variaient. Papa n'attachait pas tellement d'importance à ce genre de détail (par contre, les dates de l'histoire de France, c'était son fort...). Et il arrangeait aussi, très souvent, les choses à sa façon, selon sa mémoire du moment, et même, parfois, selon ce qu'il aurait souhaité être la vérité.

À commencer par ses ancêtres...

Les Deslauriers sont en fait des Legaud dits Deslauriers. Ils descendent d'un nommé Noël Legaud, né en 1674 à Irvillac, près de Brest en Bretagne, et venu en Amérique dans les années 1690 avec la compagnie de la marine sous le commandement de François le Verrier de Rousson...

... et, ne t'en déplaise, mon père, non avec Carignan, comme tu l'as déclaré et affirmé de ton vivant.

— Ah bon ? D'accord, si tu le dis. J'admets que je n'ai jamais fait faire de recherches là-dessus, ça coûtait si cher. Mais il me semblait avoir entendu dire qu'on descendait d'un notaire de Nantes, et que c'est avec Carignan que... Je suppose que c'est parce que je voulais tellement qu'on vienne de Bretagne, et surtout pas d'un fond de prison, que je me suis plu à croire et à raconter tout ça sans avoir la moindre preuve. En tout cas, on est Bretons ! Là-dessus j'avais raison, non ?

Toujours est-il qu'en 1698, ce Noël Legaud épouse ladite Marie Besnard ; ensemble ils firent bien entendu beaucoup beaucoup d'enfants, lesquels en firent encore plus, et ainsi de suite. De là, à un certain moment, l'arrivée des « dits » Deslauriers, par nécessité de différenciation dans la quantité, paraît-il.

À l'orée du XXᵉ siècle, les Deslauriers et les Legault, ainsi que tous leurs dérivés, étaient donc légion dans la région de Montréal, et encore plus sur la point ouest de l'île, où le premier et le seul Legaud débarqué de France s'était installé avec sa Marie en 1702.

— De là, papa, Paul-Émile Deslauriers, ton père, a épousé Marie-Anne Quesnel, sa cousine germaine, le 16 septembre 1907, à Dorval. Le 24 juin 1909, tu naissais à Montréal, dans la paroisse Saint-Enfant-Jésus, où tes parents s'étaient installés tout de suite après leur mariage.

Voici donc maintenant, raconté par lui-même, le portrait de jeunesse du premier rejeton issu du mariage de Paul-Émile et Marie-Anne Deslauriers, résultat d'une dispense d'un curé québécois déjà à la pointe de ce XXe siècle naissant.

Le futur maestro dans les bras de sa mère.

1918

Un violon d'instinct

C'est à force d'aller chez mes cousins Robillard, à Sainte-Anne-de-Bellevue, que j'ai appris à nager... et que j'ai développé l'envie de jouer du violon. Tous ensemble on se jetait dans le canal Lachine, encore propre dans les années 15. Puis c'était l'heure de la pratique du violon et du piano pour deux de mes cousins — *ne me demande pas lesquels...* — Tout ce dont je me rappelle c'est que moi aussi je voulais tenir ce drôle d'instrument en bois dans mes bras et dans mon cou, et faire glisser l'archet dessus pour en tirer ces sons qui me fascinaient, qui m'enchantaient.

Ce dont je me souviens également, c'est qu'à chaque retour de visite chez mes cousins, j'ai tellement cassé les oreilles de mon père et de la famille avec cette idée d'apprendre à jouer du violon, moi aussi, qu'un jour — j'avais à peine 9 ans —, j'ai gagné. On était en train de jouer au billard sur la petite table que pâpâ [1] avait lui-même fabriquée et qu'il avait installée dans un coin du salon.

Au moment précis où pâpâ va tuer la dernière boule — et gagner —, je le supplie encore une fois de me faire étudier le violon. Il se redresse alors, s'appuie sur son bâton, et me dit :

— J'imagine que tu sais ce qui t'attend si tu étudies le violon ? Plus de balle-molle après l'école. Ni le samedi. Pendant que tes amis s'amuseront, toi tu devras pratiquer.

— Je veux étudier le violon, bon !

— Soit.

Il tue la boule de la fin, me passe la main dans les cheveux, décroche le téléphone et compose un numéro.

— Allô, Hortense ?... C'est ton oncle, Paul-Émile... Ça va. Dis-moi. Émile Taranto, le violoniste que tu accompagnes parfois en récital, est-ce qu'il enseigne ?... Oui, oui, c'est pour Jean, tu le sais bien. Combien demande-t-il pour ses leçons ?... Quoi ! Dix dollars par mois ?!... Oui, je sais bien que pour deux leçons d'une demi-heure chacune par semaine ce n'est pas cher, mais j'ai six enfants à nourrir, et ce n'est pas en faisant de la livraison pour la Queen Jubilee Laundry que je vais devenir riche... Combien je pourrais lui donner ? Eh bien, pas vraiment plus que trois

---

1. Papa, ainsi que ses frères et sœurs, ont toujours prononcé «pâpâ» en parlant de leur père. Bien entendu ils vouvoyaient leurs parents.

dollars par mois... C'est ça. Parle-lui-en et rappelle-moi... Jean fait demander de rappeler aujourd'hui si tu le peux... Oui, il est à côté de moi. Il ne tient plus en place... Merci. À tout à l'heure.

Trois semaines plus tard, je me rendais à ma cinquième leçon de violon. À trois dollars par mois. Et avec un petit violon que Monsieur Taranto avait déniché je ne sais toujours pas où, et qui avait coûté à pâpâ la somme astronomique de six dollars. Taranto avait répondu à ma cousine Hortense : «Amène-le-moi. S'il a du talent, je le garderai. Même à trois dollars par mois.»

Il faut dire que ma cousine Hortense avait 20 ans, qu'elle était belle, qu'elle accompagnait souvent gratuitement Monsieur Taranto. Lequel était italien...

— *Il faut dire aussi que tu étais bourré de talent, papa. C'est Marcelle Gagné, la nièce même de Taranto, qui me l'a dit.*

«Vous étiez le meilleur élève de mon oncle, Jean. Je devrais le savoir, je le suivais partout et il me racontait tout. Dès le début, il ne m'a plus parlé que de vous. "Un vrai petit prodige, cet enfant. Il est brillant. Je lui ai déjà fait faire deux années en une. Quelle facilité il a au bout des doigts. Et quelle oreille !" Quelques années plus tard, il disait tout le temps : "Quel talent, quelle prestance, quelle sensibilité il a ce garçon. Il est né pour jouer la Légende de Wieniawski. Et puis il est discipliné, travailleur, obstiné. Et il a de la rigueur. Parfois plus que moi, son propre professeur... Ce qui est aussi très important c'est qu'il a des parents qui l'adorent, qui croient en lui et qui l'aident. Il ira loin. C'est moi qui te le dis."»

Ce n'est pourtant pas ce que tout le monde pensait. De tous côtés, on n'arrêtait pas de dire à pâpâ : «T'es fou, Paul-Émile. Tu ne vas pas en faire un musicien !? Il ne pourra jamais gagner sa vie avec la musique, voyons!»

Mes parents n'étaient pas des musiciens, du moins pas dans le sens professionnel du terme. Mais tout cultivateurs qu'étaient leurs familles respectives sur leurs terres de la Côte des Sources à Strathmore, et de la Côte de Liesse à Dorval, ils étaient sensibles à toute forme d'art et, dès leur jeune âge, ils avaient appris à aimer et à lire la musique. Alors chez nous, il y avait toujours plein de notes qui se baladaient dans l'air de la maison. Quand ce n'était pas Wagner ou Beethoven, Toscanini ou Caruso sur le gramophone, c'était maman qui chantait en cuisinant ou alors pâpâ qui dès qu'il avait une minute à lui, taquinait la flûte et la clarinette.

Le dimanche était souvent transformé en «party» musical quand certains cousins et cousines débarquaient pour la journée ou que nous allions chez eux. Quant au Jour de l'An chez grand-pâpâ Deslauriers, qui avait une douzaine de frères et sœurs à lui tout seul... Si ma mère n'avait qu'une sœur et un frère, mon père par contre, en avait sept qui, eux, avaient autant d'enfants que lui... Après « la table des viandes et tourtières » du dîner, et avant celle « des desserts de toutes sortes » du souper, ça parlait musique, ça jouait musique, ça mangeait musique !

Ça n'a donc pas été une surprise à la maison quand j'ai commencé à parler de violon. Quant à savoir si j'avais « de l'avenir comme musicien », ça ne semblait pas être une question à se poser. Et quand des amis la lui posaient, mon père ne répliquait pas, comme il le faisait très souvent. — *Il ne parlait pas beaucoup ton grand-père. Ta grand-mère non plus d'ailleurs.* — Mais deux fois par semaine, sans exception, pâpâ m'accompagnait, en tramway, jusque chez Monsieur Taranto, et assistait à ma leçon. Puis tous les soirs que le bon Dieu amenait, en rentrant du travail, il me demandait si j'avais bien pratiqué ; après le souper, il me prenait par la main, m'enlevait à mes devoirs, m'emmenait dans le salon, en fermait la porte derrière nous et, pendant une demi-heure, il me faisait travailler — *au métronome s'il vous plaît* —, en insistant aussi longtemps que nécessaire sur les points faibles que Monsieur Taranto avait signalés pendant la leçon.

— *Parle-moi donc un peu de ces samedis matin de balle-molle, papa.*

— *Eugène Legault, le chef de notre bande, a dû t'en parler, non ?*

— *Oui ; au fait, c'est lui qui m'a fourni la petite histoire généalogique des Legault et des Deslauriers.*

« *Combien de fois ton père a pu démancher notre club de baseball, hein Jean ! D'ailleurs, même si tu étais assez conciliant et docile quand tu étais petit, tu n'étais pas toujours de bonne humeur quand tu le voyais venir te chercher. Tu t'es souvent sauvé... Mais quand il avait prononcé "Jean ?..." deux ou trois fois sans même avoir haussé la voix, tu cédais en riant. Tu ne rechignais jamais longtemps finalement ; en général, tu étais même plutôt obéissant. Nous, on n'avait plus qu'à se passer de toi ou aller t'attendre sur une chaise dans la cuisine et dans le passage. J'entends encore la Berceuse de Brahms que ton père te faisait travailler après tes exercices... C'était beau ! T'étais bon, tu sais, mon petit Jean. J'avais donc hâte d'aller te voir jouer sur une vraie scène ! J'étais fier de toi. Tu étais un peu comme mon petit frère, en somme.* »

Je devais avoir 11 ans quand j'ai joué en public pour la première fois. C'était au YMCA, lors d'un récital donné par les élèves de Monsieur Taranto... Je me rappelle que ma cousine Hortense était au piano d'accompagnement, et qu'on a joué une mazurka de Mozart. Quand je suis entré en scène, j'ai entendu des applaudissements, mais après ça, je n'ai plus vu qu'Hortense qui me souriait en battant la mesure avec sa tête, et que mes notes de musique au bout de mes doigts. Qu'est-ce que j'étais fier et content de jouer enfin «pour vrai» moi aussi.

Ce n'était pas toujours le cas... — Un an plus tard, Paul Dufault, le ténor bien connu de l'époque, donnait une série de récitals dans divers théâtres de la ville, comme le Palace, le Loews et le Capitol. D'accord avec Taranto, il a décidé que je jouerais à l'entracte, accompagné par le pianiste de Monsieur Dufault. Sauf que, même si l'événement était annoncé au programme, le moment venu, certains jours, moi ça ne faisait plus du tout mon affaire de jouer. Heureusement pour eux... et pour moi, la première fois que j'ai refusé d'entrer en scène, le pianiste a eu l'heureuse idée de troquer ma bonne volonté contre trois bonbons qui trainaient dans sa poche... «après ton numéro», avait-il ajouté en souriant. — *Tu connais mon vieux faible pour toute sucrerie...* — Conclusion : depuis ce jour, en plus de sa musique d'accompagnement, le pianiste a dû s'assurer qu'il y avait toujours un sac plein de bonbons préventifs à emporter d'un récital à l'autre.

Mais règle générale, je ne me faisais pas prier. Pendant les années suivantes, j'ai de plus en plus joué, et cela partout. Aux entractes des spectacles de vaudeville et, avec d'autres musiciens, comme accompagnement pendant les films muets dans tous les grands cinémas de la ville ; pour les Anglaises prenant le thé chez Ogilvy, et à leurs Ladies' Morning Musicals au Ritz-Carlton ; à chaque récital d'élèves de Monsieur Taranto au YMCA, à la salle de la Patrie, au Willis Hall, au théâtre Saint-Denis ; aux Ladies Ordinary, organisés à l'hôtel Windsor par Madame Rose Macmillan, pianiste et bienfaitrice de la musique à l'époque, à Montréal. C'est elle également qui, avec d'autres dames bénévoles, organisait la fameuse Montreal's Music Week — en anglais aux programmes — qui revenait tous les ans. J'y ai longtemps pris part, et gratuitement, comme tous les autres artistes d'ailleurs, dont Gilberte Martin, qui m'accompagnait toujours quand elle ne jouait pas elle-même en solo — *et à qui tu as dû parler, j'imagine.*

«*J'ai toujours dit à qui voulait l'entendre, Jean, que tu avais beaucoup d'oreille. Et que d'ailleurs, si tu n'en avais pas eu, je ne t'aurais pas accompagné.*

«Cette semaine musicale annuelle était formidable, Nicole, continue Gilberte. On jouait quatorze fois en cinq jours. Le matin à l'école Fairmount, pour les jeunes ; l'après-midi dans les petits salons du Windsor et du Mont-Royal, pour les dames ; et le soir dans les somptueuses salles de bal de ces grands hôtels, pour le grand monde. Les concerts étaient gratuits et, bien sûr, nous, nous jouions pour des prunes. Mais c'était extrêmement stimulant et une récompense inestimable de voir des salles entières de vrais amateurs de musique nous suivre et nous encourager d'un hôtel et d'un concert à l'autre.

«*Par contre, mon Jean, ce n'était pas toujours intéressant de t'accompagner. Je pense entre autres à cette* Havanaise, *de Saint-Saëns, qui l'était beaucoup plus pour toi, en tant que violoniste.*

« Mais j'aimais ça jouer avec ton père, Nicole. Le premier mouvement de concerto de Mendelssohn, le *Zéphyr* de Hubay, *Zigeunerweisen*, de Sarasate ; toutes sortes d'études, de sérénades, de valses, de ballades ; Brahms, Kreisler, Vieuxtemps, Bériot, Bach... Et puis le *Scherzo Tarantelle* de Wieniawski. Le fameux scherzo ! Elle appartenait à Jean, cette pièce ! Quelle technique, quelle souplesse il avait dans les doigts ! Déjà à 13 ans, il le jouait, je crois. »

C'est vrai. On disait même que pour mes 13 ans, et pour le gaucher contrarié que j'étais, j'étais très avancé puisque je pouvais exécuter très honorablement ce fameux scherzo, qui exigeait en effet beaucoup de technique. Cette pièce est vite devenue un défi, mon cheval de bataille, ma pièce de résistance. Je la jouais partout.

— *Jeune, est-ce que tu avais le trac ?*
— *Toute jeune, non. Du moins je ne me rappelle pas l'avoir eu.*

C'est en effet ce qu'on disait. À 13 ans et demi, un jour je jouais au même programme que Monsieur Dufault, et pas à l'entracte cette fois ; j'avais deux pièces à exécuter dans la première partie du concert, et pareillement dans la deuxième. Dont le fameux scherzo, bien entendu. En me reconduisant à la maison, ce soir-là, Monsieur Dufault avait raconté à mes parents — *pendant que je dormais à moitié sur une chaise* — comment, justement au beau milieu du *Scherzo Tarantelle*, une corde de mon violon s'était cassée. Comment alors je m'étais arrêté, comme si j'avais été seul au monde, et avais changé cette corde — *Monsieur Taranto m'avait appris à toujours en avoir de rechange dans ma poche.* — Comment, le plus naturellement du monde, j'avais réaccordé mon violon devant l'auditoire silencieux. Puis, toujours aussi calme, comment j'avais repris là où j'avais dû arrêter, après avoir donné un signe de tête assuré au pianiste, qui me regardait faire, les bras croisés et un sourire curieux aux lèvres. « S'il avait été plus vieux, il aurait fondu », avait conclu Monsieur Dufault en hochant la tête.

— *Et en classe ? Il paraît que tes études scolaires non plus ne t'ont jamais trop donné le trac...*
— *Pardon ! J'étais sage en classe, et j'avais du talent, surtout en mathématiques, en sciences, en histoire, en français et en anglais, matières que je préférais au reste.*

Mais c'est tout à fait probable qu'à l'école j'avais la tête encore plus remplie de notes de musique et de mélodies romantiques qu'autre chose.

Pour me ramener à la réalité quand je pianotais sur mon pupitre au

Avec Lucienne, Simonne et Thérèse.

lieu de suivre la dictée, plutôt que de me taper sur les doigts, comme le voulait la tradition de l'époque, les professeurs me rappelaient tout doucement à l'ordre en me souriant. Jamais, au grand jamais ! auraient-ils osé abîmer les précieuses mains du prodige musical de «leur» institution, de «leur» paroisse Saint-Enfant-Jésus. Et même de «leur» ville, «bientôt, sûrement», disaient-ils, tout fiers, et comme pour justifier ce privilège. De plus ce n'était pas la faute de «leur» vedette s'il ne savait pas toujours parfaitement sa leçon... Avec tous ces récitals, les cours de violon, la pratique quotidienne, le soir, il ne fallait pas trop le bousculer en classe...
— *Par contre, il fallait que je joue du violon pour leur faire plaisir, pour leur faire honneur...* — À l'école, et jusqu'au couvent d'à côté, où mes jeunes sœurs étudiaient, on m'invitait souvent à donner des concerts, soit pour les élèves et les professeurs ou alors pour les parents des élèves, pour les dignitaires de l'institution, lors de grandes cérémonies religieuses, à la remise des diplômes, etc. On faisait chanter Simonne, la petite sœur du prodige qui avait une si jolie voix, puis c'était à mon tour de m'exécuter. Alors, là, mes professeurs étaient contents ! Et mes parents aussi, puisque les professeurs m'aimaient bien et ne se plaignaient pas de mes résultats scolaires — *lesquels étaient tout de même passables, et même plus, n'exagérons rien ! J'étais extrêmement distrait, mais pas du tout paresseux.* — De toute façon, puisque je me destinais à la musique, c'était ces études-là, et tout ce qui s'y rattachait, qui avaient la priorité. Sans que tout ça ne soit clairement formulé, bien sûr...

Mon violon passait tellement en premier que désormais, partout où j'allais, on me demandait toujours de l'apporter avec moi. Chez des amis, dans la famille, dans les mariages... Plus vieux, cela a commencé à m'agacer. J'avais souvent l'impression que sans mon instrument, je n'étais plus intéressant.

Est-ce que c'était de l'orgueil ? Oui, probablement. Un certain amour propre, un peu de fierté en tout cas. Même si j'étais plus modeste que timide, finalement ; et même si après avoir joué chez des amis de la famille, sur le boulevard Gouin, ça faisait saprement mon affaire quand le maître de la maison m'attirait dans le couloir et me glissait discrètement un billet de 5 $ dans la main, tout en me félicitant pour le Tchaikovsky et le Brahms, et en me remerciant d'avoir bien voulu jouer.

Un jour j'ai dit à ma sœur Lucienne : « Si on me demande encore une fois d'apporter mon violon, je n'y vais plus. » Pour les amis et les intimes, j'aurais voulu jouer non pas obligatoirement, comme un singe savant, mais à mon gré, comme un cadeau inattendu à leur offrir. Et sans me faire payer. Il y avait bien assez de ces grands mariages à Westmount ! Plus vieux, nous y avons souvent joué, Gilberte et moi, mais seulement après la cérémonie à l'église — malheureusement —, une fois que les invités en « morning coats », sautoirs de perles, chapeaux à fleurs et boas de plumes d'autruche buvaient du champagne dans des maisons grandes et belles comme des châteaux. À la fin, on nous donnait 10 $, plus un morceau de gâteau. Et du thé... C'était vexant...

Alors chez des amis... D'autre part, même ces billets de 5 $ amicaux étaient impossibles à refuser. Dans les années 20, cinq dollars c'était de l'or. Pour mon portefeuille en tout cas, et encore plus pour celui de mes parents...

Le 24 juin 1925, je fêtais mon seizième anniversaire de naissance. J'étais l'aîné d'une famille de maintenant huit enfants — cinq filles et trois garçons — sur les onze couches de ma mère en dix-sept ans. Mon grand-père Deslauriers ayant quitté sa terre de Strathmore et s'étant installé à Montréal avec sa famille, pâpâ, n'ayant d'autre expérience que la terre, avait dû chercher et accepter du travail là où il y en avait, surtout une fois marié, dès 21 ans. Après avoir été commis épicier, il était maintenant livreur pour la Queen Jubilee Laundry. Nous étions donc loin d'être riches, ni même à l'aise, à la maison. Pourtant, maman faisait des miracles avec un dollar. Et elle qui avait eu sa propre couturière avant son mariage, elle accomplissait des merveilles avec quelques bouts de tissu et, souvent, avec les vêtements que pâpâ et le père d'Eugène Legault emportaient finalement chez eux pour en débarrasser la buanderie, où les Anglaises riches les avaient parfois définitivement oubliés.

La marmaille Deslauriers était donc, en tout temps, propre et impeccablement mise.

— *D'après certaines photos, on dirait même que vous aviez l'air d'enfants riches. Et sages comme des images...*

Maman, surtout, était assez autoritaire — *il le fallait, avec huit enfants* — et nous avait vite appris à respecter certains principes de politesse, de bonnes manières, de présentation de soi. Que ce soit pour aller voir les canards et pique-niquer au parc Lafontaine l'été, ou alors cueillir des noix dans la montagne l'automne, il nous fallait être sur notre trente-six... et y rester ! Tellement que c'en est devenu pour nous une responsabilité personnelle vis-à-vis d'elle.

C'est ainsi qu'un jour, en m'aidant à m'habiller pour une de mes plus en plus nombreuses participations aux récitals de Paul Dufault, elle me dit, désespérée : « Jean, c'est épouvatable. Je n'ai pas d'autre pantalon à te faire porter que celui que tu as déchiré dans le derrière hier et que j'ai dû rapiécer. » — *Ce à quoi, me sentant un peu coupable, j'ai répondu : « T'inquiète pas, maman. Je sortirai de la scène en reculant. On ne verra rien. »*

Je n'avais que 13 ans à l'époque. Mais je crois que j'avais déjà compris quels sacrifices ils faisaient pour payer mes cours et pour que je sois parfaitement présentable en récital encore plus qu'ailleurs. Un an plus tard, à 14 ans, j'en avais une autre preuve.

Monsieur Taranto, après avoir obtenu l'assentiment de mes parents, m'annonce que je pars en tournée avec Monsieur Dufault. À travers tout l'est du Canada et des États-Unis — *et avec le tiers du programme à moi !* Depuis plus d'un an, pâpa, avec l'aide d'un voisin, avait mis tout son temps libre et ce qui lui restait de sous à se construire une automobile avec des pièces usagées trouvées ici et là. La voiture roulait, et bien, depuis quelques semaines lorsque cette tournée fut décidée. Il fallait « m'habiller », absolument, pour ce voyage ! Sans hésitation, mon père a vendu sa voiture. — *Jamais je n'en ai entendu parler après...*

À 17 ans, j'étudiais toujours le violon. Sans qu'à la maison il ne soit jamais question de l'argent dépensé pour mes cours, dont heureusement je réussissais maintenant à défrayer moi-même une partie du coût, grâce à divers engagements — toujours à peine rémunérés, quand ils l'étaient... — ici et là, souvent avec Dufault, qui me donnait une part de plus en plus intéressante à ses programmes, plus une autre tournée importante au Canada et aux États-Unis, avec cette fois le ténor Joseph Saucier.

J'étudiais toujours, sans qu'il ne soit non plus question de ma vie future à gagner en faisant de la musique. C'était clair pour tout le monde. J'allais devenir « musicien ». Un point c'est tout.

En plus de mes leçons de violon, j'avais suivi des cours de piano avec Hortense ; j'avais étudié solfège, théorie et dictée musicale avec Romain-Octave Pelletier, lequel m'inculquait maintenant mes premières notions d'harmonie. Quelque temps après, j'en commençais l'étude plus approfondie avec Auguste Descarries. — *Pour mes beaux yeux, d'ailleurs ; la générosité de Monsieur Descarries pour ses élèves pauvres était bien connue, Gilberte à dû te le dire.*

« *Pour ses élèves "extrêmement doués" et pauvres, Jean...* »

Entre toutes ces heures d'études musicales, de travail à la maison et d'engagements bien entendu impossibles à refuser, mes pauvres études générales en souffrirent donc. Après un primaire tout à fait honorable à l'École Querbes, j'ai terminé tant bien que mal — et de moins en moins assidûment — mon secondaire à l'École Supérieure Saint-Louis. Après deux années de « scientifique » au Mont-Saint-Louis, en 1928, à 19 ans, je me consacrais exclusivement au violon et à ses exigences. J'avais définitivement trop la tête ailleurs. Et puisque c'était cela mon avenir...

J'avais un nouveau professeur de violon, Monsieur Camille Couture, jadis lauréat du Conservatoire de Liège, en Belgique. C'est Monsieur Taranto, dont la santé s'affaiblissait de plus en plus, qui m'avait lui-même conseillé de poursuivre mes études avec Monsieur Couture.

J'avais également un nouveau violon, un *Blanchette*, considéré comme très bon, avec lequel je travaillais maintenant de cinq à six heures par jour. Seul, souvent mais fréquemment aussi avec Gilberte Martin. Qui doit s'en rappeler...

« On ne chômait pas avec Jean ! J'avais à peine le temps d'arriver chez lui, d'enlever mon manteau et encore moins d'aller saluer Madame Deslauriers, que je me retrouvais enfermée avec Jean dans le salon, où se trouvait le piano. Le feutre protecteur du clavier avait disparu ; juste au-dessus, il y avait un cahier de musique ouvert à la bonne page sous la lueur dorée de la petite lampe de lecture ; tandis que d'autres cahiers, également ouverts à la bonne page, étaient empilés sur le dessus du piano. Je n'y étais pas encore assise que Jean était en position d'attaque devant son lutrin, à ma droite. Après une heure et demie — au moins ! — sans une seule parole inutile, on entendait soudain Madame Deslauriers qui ouvrait discrètement la porte et nous annonçait que la collation était prête, est-ce qu'elle pouvait apporter le plateau ? Quinze minutes plus tard, on se remettait au boulot pour une autre heure et demie ou deux. Un vrai dictateur ! Rien ne pouvait le décourager. Ni le distraire... Les blagues au travail, ce n'était pas son fort. L'improvisation non plus. Qu'est-ce que Jean était sérieux ! »

Ça me semblait être la seule façon de vraiment avancer. Et je savais trop bien que Gilberte était d'accord avec moi là-dessus. Premièrement, elle était aussi bûcheuse que moi, mais surtout, elle avait comme ambition de gagner le prix d'Europe un jour.

Le fameux prix d'Europe si convoité par tous les musiciens de l'époque ! Et très difficile à obtenir, tout le monde le savait. Moi aussi j'en rêvais de ce prix. Déjà avec Monsieur Taranto... Ce n'est pas pour rien qu'il m'avait tant recommandé Monsieur Couture comme professeur. Ce dernier était considéré, à ce moment-là, comme LE professeur de violon pour élèves plus avancés, et en particulier pour ceux qui lorgnaient sérieusement « le prix ». Depuis que j'étudiais maintenant avec lui, il ne cessait de m'encourager à travailler très fort dans ce but.

Je m'étais donc mis à travailler encore plus d'arrache-pied ; je n'ai plus fait que ça, du violon et de la technique, de la technique et du violon. J'ai fait des heures de lecture à vue, je me suis plongé dans l'histoire de la musique et je me suis encore plus concentré sur mes études d'harmonie, puisque les examens à subir en vue du « prix » comprenaient toutes ces disciplines, en plus du solfège et de la dictée musicale, que j'avais déjà bien étudiés, et bien entendu de l'instrument de votre choix.

À l'automne de 1929, après deux ans à ne bûcher que dans ce but et après avoir raté sa première tentative pour le prix, Gilberte m'annonçait qu'elle venait de se réinscrire au concours du printemps 1930. Lucien Martin et Noël Brunet étaient déjà partis pour les vieux pays : Gilberte réussirait sûrement cette fois...

Gilberte a réussi... Tout heureux pour elle quand j'ai su la nouvelle, je me suis fait la promesse intérieure de gagner ce fameux prix, un jour, moi aussi. J'étais jeune, la limite d'âge d'éligibilité au concours était de 25 ans, j'avais donc du temps devant moi pour m'y présenter à mon tour.

Ce que je ne savais pas, c'est que le montant de 3 000 $ donné au gagnant du prix pour aller étudier pendant deux ans de l'autre côté de l'Atlantique, était à peine suffisant, même à l'époque, pour vivre correctement tout en étudiant, surtout une fois déduit le prix du billet aller-retour en bateau. Plus un autre trois cents dollars déduits à la source, je n'ai pas très bien compris pourquoi, plus les fluctuations du change des devises là-bas, il restait cent dollars par mois pour vivre et payer ses cours.

À moins de travailler pour joindre les deux bouts, cela aux dépens même de la concentration nécessaire aux cours à suivre ainsi qu'à la pratique quotidienne à faire chez soi, ce sont les parents qui, en général, envoyaient régulièrement des sous à leur brillant rejeton pour qu'il arrive à boucler ses fins de mois sans trop d'angoisse. Ce que les miens n'auraient certes pas pu faire cette fois, même à coups de sacrifices répétés.

De toute façon, le problème ne s'est jamais présenté... Les retombées du krach de 1929 s'en sont chargées...

1930

L'aventure

Début juillet 1930, alors que Gilberte préparait son grand départ pour l'Europe, moi j'attaquais mon premier vrai « engagement d'homme », me semblait-il.

Jerry Shea, musicien devenu « fournisseur » de travail pour artistes, m'avait depuis quelques années fait engager dans les spectacles de vaudeville et les ensembles accompagnant les films muets, à Montréal. C'était court, c'était épisodique, ça payait mes cours ; c'était parfait. Mais cette fois c'était loin et pour longtemps. De plus, c'était de la musique de danse qu'il faudrait faire, du moins le soir. Et dans un hôtel... D'autre part, ça payait trop bien pour refuser. Puis, ce n'était que pour l'été, enfin, jusqu'à la fin octobre. Et pas si loin que ça, finalement ; à Montebello, près d'Ottawa. Quant à la musique de danse... ce serait une expérience amusante avant l'hiver. L'hôtel ? Pourquoi pas... Après tout, j'étais majeur. Je venais d'avoir 21 ans. J'étais un homme !

Le « Log Château » du Canadien Pacifique avait été construit en trois mois, et ouvrait ses portes le 1er juillet 1930. Ouvrait ses portes, entendons-nous... C'est le très nouveau et très privé Seigneurie Club qui y installait ses quartiers de villégiature sur le bord de la rivière Outaouais. Ses membres exclusifs et triés sur le volet ne pouvaient y entrer qu'en présentant leur carte personnelle d'élu privilégié — les Juifs et les Noirs, même richissismes, n'y étaient pas admis en cette année 1930, n'est-ce pas...

Pour notre « leader », Tom Burke [1], et pour nous ses cinq musiciens, ce fut un été paradisiaque. Le travail était facile : musique douce aux heures des repas, puis, le soir, musique de danse ; de plus, le site était absolument enchanteur : les nombreux sous-bois, partout sur l'immense propriété de l'hôtel, étaient surtout magnifiques. J'ai pu m'en donner à cœur joie avec mon nouveau hobby, la photographie.

Notre contrat, lui, était plus que satisfaisant. Traités en vrais gentlemen — *que nous étions d'ailleurs !* — on nous offrait les mêmes

---

1. Le « leader » était le responsable du groupe : celui qui choisissait la musique, fixait les heures des répétitions, faisait souvent les arrangements musicaux, décidait des tempi, sévissait si nécessaire, etc.

De gauche à droite, à Montebello : Jean Deslauriers, violon ; Joe Melillo, flûte et saxophone ; Tom Burke, piano ; Harold Whyness, percussion ; « Buster » Luciano, saxophone et clarinette ; George Palmer, violoncelle et saxophone.

privilèges que les membres : nourris comme des rois (sans frais, nous, par contre), chambres de première classe avec tapis mur à mur ; draps changés tous les matins ; droit gratuit à tous les services et agréments de l'hôtel, tennis, piscine, jeux et compétitions organisés par la direction, salons de lecture, bar. On pouvait même devenir membre à vie de ce club si exclusif en payant les 3 500 $ exigés, argent dont l'organisation se servait en partie pour vous faire construire un grand «log cabin» sur la vaste propriété du club... — *Où était la dépression, je te le demande...*

Elle était bien là... même pour les gens qui avaient la chance d'avoir du travail. Comme pâpâ...

Mon père n'avait jamais été sans emploi. Et pendant ce début de dépression, contrairement à tant d'autres pères de famille, il en avait toujours un, et un de... circonstance, si je puis dire. Depuis peu de temps, il vendait des systèmes d'alarme... Mais avec sa marmaille, malgré de nombreux sacrifices, il arrivait mal à joindre les deux bouts. C'est, je dois l'admettre, la raison principale pour laquelle j'avais accepté cet engagement d'été à Montebello. Ce fut également, quand je suis rentré à Montréal à la fin de ce mois d'octobre-là, la principale raison pour laquelle j'acceptai une autre offre du même genre. Mais cette fois... en Jamaïque ! Le nouvel hôtel Constant Spring ouvrait ses portes à Kingston, dans cette île «british» ; ils avaient besoin d'un petit orchestre — commonwealth bien sûr —, le Canada était là, tout près, et il s'y trouvait plein de musiciens sans travail. C'était idéal.

Pour moi, au fond, ce n'était pas l'idéal. Pas avec mes rêves et avec le gros travail à accomplir pour les concrétiser. Mais une fois de plus, ce n'était que pour quelques mois, je connaîtrais un coin exotique de l'univers, et surtout, 90 $ par semaine, nourri-logé, ça ne se refusait tout simplement pas en ce moment. Raymond, le benjamin de la famille, n'avait que 5 ans ; Lucienne, 20 ans, la plus vieille des filles, restait à la maison pour aider maman, maintenant de plus en plus fatiguée ; Simonne, la suivante, achevait son cours de coiffeuse ; les autres, Thérèse, Émilienne, Édouard et Laurence étaient aux études...

Après tout ce que mon père avait fait pour moi, l'aîné, je leur devais bien ça, surtout à Simonne et à Thérèse qui, l'une à la suite de l'autre, allaient bientôt devenir coiffeuses. Lorsqu'elles avaient, un jour, formulé l'envie d'entreprendre elles aussi des études musicales plus poussées (toutes deux avaient suivi quelques cours de chant et de piano), pâpâ leur avait répondu : «Je préfère n'avoir qu'un très bon musicien dans la famille que quatre de médiocres. Et puis, les garçons, eux, doivent étudier ; un jour ils auront une famille à supporter. Les filles, elles, devront travailler. Ou se marier, et faire de la musique pour leur plaisir.»

Non, décidément, je ne pouvais pas refuser cet engagement. D'autre part, avec ce nuage de dépression qui s'abattait lentement — mais pour longtemps, cela se sentait — sur l'Amérique du Nord tout entière, les engagements se feraient certainement de plus en plus rares au Québec. Je pouvais donc me compter chanceux qu'on m'offre du travail, et cela en faisant mon métier, de la musique. Même si ce genre de «musique douce» et de musique «classique populaire» qu'on devait jouer dans les hôtels était loin d'être «my cup of tea».

Ce que je ne savais pas c'est que ce voyage en Jamaïque allait être le premier de trois années de voyages et d'aventure, surtout l'hiver, alors que les nantis — et il en restait — allaient se faire chauffer la couenne dans le Sud, à l'abri du froid de la température et du feu de la crise.

Kingston, Jamaïque (BWI), janvier 1931.

Sur le bateau qui nous emmena vers la Jamaïque, en ce tout début de nouvelle année, nous étions la même équipe que l'été précédent, à Montebello — sauf pour le percussionniste, Bob Reynolds, qui remplaçait Harold Whyness.

Nos heures de travail, pendant les quatre mois qui suivirent, étaient également à peu près réparties de la même façon qu'au Seigneurie Club : de midi à 2 heures 30 ; de 4 à 5, pour le «tea time» sur la véranda ; de 6 à 8 heures ; et de 9 heures à minuit — en costume blanc le jour, en smoking le soir. La musique ? À mon grand contentement, sauf pendant la soirée où, bien entendu, il fallait faire danser les gens, nous offrions, aux repas et à l'heure du thé, de la musique essentiellement classique, «populaire» mais aussi «classique» à mon goût.

Nous étions à peine installés à deux par chambre — avec de splendides lits à baldaquin et moustiquaire — que débarquent, d'un bateau de guerre anglais transformé en yacht royal, le célibataire le plus couru d'Europe — et le futur roi d'Angleterre —, Edward, Prince de Galles, accompagné de son jeune frère George, le duc d'York — et le futur roi George VI. En «meilleurs vendeurs» de l'empire britannique et même du monde, disait-on, ils venaient couper le ruban inaugural de l'hôtel Constant Spring, où, avec toute une suite de «ladies» et de «lords», ils s'installèrent pour un mois.

Ç'a été la fête dans l'île durant tout leur séjour. — *Je te dis que nous, les musiciens, on en a joué des notes pendant ce temps-là !* — En plus de nos heures habituelles de travail, quelle que soit l'heure du jour ou de la nuit, il fallait être prêt à jouer une marche quelconque dès que le prince apparaissait. Je ne sais pas quand il dormait, on aurait dit qu'il était toujours là.

Heureusement qu'il jouait au golf. Pendant ce temps, on pouvait se reposer. Mais il se reprenait le soir. Ça bouffait, buvait, dansait, faisait les fous jusqu'aux petites heures. Et nous, on jouait, jouait... jusqu'à ce que ces jeunes dieux tout bronzés, et plutôt drôles et sympathiques finalement, lâchent tout à coup leurs belles partenaires, attrapent nos instruments —

c'est toujours le prince qui me prenait mon violon des mains en me donnant une tape sur l'épaule — et se mettent à nous imiter, enfin nos gestes plus que nos sons, sur la piste de danse. Puis, pendant qu'ils lançaient, à la russe, leur dernier verre de champagne vide par-dessus leur épaule, leurs «suivants» venaient s'excuser en enfouissant des billets de 10 $ dans nos instruments. — *Là-bas aussi on se sentait loin de la dépression!*

Une fois éteints les restes du bal masqué du Mardi gras, qui clôturait, à la fin février, le séjour du prince et de sa suite dans l'île, la vie et les heures régulières de travail nous ont paru comme des vacances. Surtout le matin, où on avait tout notre temps libre, je me levais toujours avec le soleil.

Deux ou trois fois par semaine, le matin je montais à cheval, seul la plupart du temps, ou alors avec Buster Luciano, mon compagnon de chambre. On passait des heures sur le bord de la mer ou en montagne ; c'était fantastique ! À voir, à photographier, à vivre.

Pour trois fois rien, je louais toujours le même cheval, Senor, une bête magnifique, racée, affectueuse et fidèle, quoique très nerveuse. Une Noire, Lucy, qui travaillait à l'hôtel, m'avait pris d'affection et me dorlotait un peu comme un fils. Je m'étais trouvé un chien, Mike, qu'elle gardait chez elle, dans sa petite maison, et que j'allais chercher avant de partir dans la nature. Après avoir pris un deuxième petit déjeuner de fruits exotiques chez elle, Mike, Senor et moi disparaissions jusqu'au moment où, vers 11 heures, je laissais Senor tout en sueurs à l'écurie, Mike dans le petit jardin clôturé de Lucy — *il paraît qu'elle l'a gardé après mon départ* — puis je courais sous la douche, j'endossais ensuite mon complet blanc et, violon en main, j'allais prendre ma place, en même temps que les autres, sur notre petite estrade, dans la salle à manger à l'hôtel. La clarinette donnait son *la*, j'accordais mon violon et, sur le coup de midi, musique !

Sauf une fois... J'étais seul dans la montagne avec mes deux amis à quatre pattes quand, tout à coup, Senor se cambre et Mike se met à aboyer à mort. Avant même d'avoir compris ce qui se passait, j'étais sur le dos. Je n'ai eu que le temps d'attraper la bride de Senor qui semblait fou de peur, de le forcer à se coucher par terre avec Mike et moi avant que la terre ne se mette sérieusement, et pour la deuxième fois, à trembler sous nos tremblements à nous. Heureusement, ce fut très court. Mais avant d'avoir complètement calmé Senor, après m'être calmé moi-même une fois convaincu que le danger était passé, avant d'être rentré, changé...

Heureusement le personnel et les clients de l'hôtel étaient tous encore un peu sous le choc, tout le monde en parlait encore et personne n'était attablé quand je suis allé rejoindre les autres dans la salle à manger. Tom Burke, notre «leader» ne m'a dit qu'une chose: «Thank God, you're alive and in one piece!»

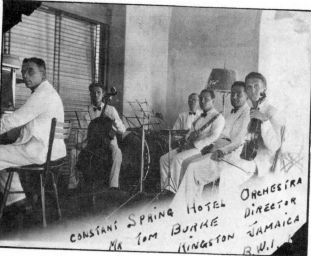

Constant Spring Hotel Orchestra Director Mr Tom Burke Kingston Jamaica B.W.I.

— *Buster Luciano m'a dit que tu ne passais pas inaperçu quand tu sortais dans Kingston. J'ai compris pourquoi quand j'ai vu ton allure sur une des photos qu'il m'a envoyées...*

— *Ah, tu l'as vue cette photo avec mon singe et ma canne? C'est Lucy qui m'avait donné ce singe. Comme je ne pouvais pas l'emmener à cheval avec moi, je me promenais en ville avec lui, l'après-midi, pendant que les Anglais faisaient la sieste.*

— *Et sur la tête, qu'est-ce que tu as, veux-tu bien me dire? Un bonnet, ou quoi?*

— *C'est un « coco »; c'est ce que les Noirs portaient l'hiver, là-bas. À l'étranger, j'ai toujours aimé porter les couvre-chefs des habitants de la place.*

— *Oui, je sais. Je me souviens de toi avec ton béret basque, en 67, à Paris. Il ne te manquait que la baguette de pain et la rosette de la légion d'honneur à la boutonnière pour avoir l'air plus Français qu'un vétéran de la résistance...*

En Jamaïque, je me suis senti aventurier, libre, sauvage. Certains jours de congé, appareil-photo à la main, je partais à la chasse au crocodile avec les « natives ». Je les laissais attraper les crocodiles, et moi je prenais des photos. Ma journée me coûtait cinq dollars, transport, repas, prises et émotions fortes compris. À d'autres moments, je partais photographier la nature, la vie locale, ses habitants, leurs habitudes. Qu'est-ce que j'ai eu comme photos à colorer en rentrant à Montréal !

— *Et ton prix d'Europe dans tout ça, papa? Tu ne l'as pas un peu oublié?*

— *Bien sûr que non. J'y pensais même beaucoup. Et j'y travaillais, le plus possible.*

En plus des huit heures de musique quotidiennes que je faisais « professionnellement », je m'arrangeais pour faire un minimum de technique tous les jours, même les jours où je montais à cheval. Je travaillais une heure avant de partir, le matin — *Buster a dû t'en parler, je l'empêchais toujours de dormir* —, et une heure l'après-midi, avant l'heure du thé. Les matins où je ne partais pas à cheval, je travaillais encore plus et je faisais aussi beaucoup d'exercices d'harmonie, de contrepoint et d'instrumentation.

Ce fut un hiver occupé, enrichissant, excitant. Mais, malgré tout ce que je découvrais de nouveau et d'exotique, par moments j'avais très hâte de rentrer. Pour plusieurs raisons.

J'avais hâte de revoir ma famille. Le silence calme et rassurant de mon père me manquait beaucoup, l'autorité affectueuse de ma mère également. Et les sept autres... Lucienne, qui serait aux petits soins pour moi ; Simonne, qui me parlerait de son travail et m'encouragerait à pousser plus loin ma carrière ; Thérèse, qui me couperait les cheveux dans la cuisine, pour se pratiquer ; Émilienne, qui aimait me tenir tête, déjà ; Édouard, qui me montrerait ses constructions de mécano et qui voudrait me suivre partout où j'irais ; Laurence, qui tournerait les pages de mes partitions ; Raymond, que je pourrais peut-être encore endormir en lui jouant du violon, comme je le faisais quand Lucienne le tenait dans ses bras alors qu'il n'était qu'un bébé...

J'avais hâte de les revoir. Peut-être bien pour sentir, de leur part, que grâce à moi, ils avaient un peu mieux, vécu [1] ; mais aussi pour leur raconter de vive voix tout ce que je venais de voir et de découvrir, après le leur avoir longuement et régulièrement écrit pendant ces quatre derniers mois.

J'avais aussi très hâte de retrouver mon climat, surtout quand, fin mars, le thermomètre grimpait au-dessus des 100° F vers midi. La grande chaleur n'ayant jamais été mon fort... les siestes et le «far niente» non plus... J'avais toujours envie de bouger, d'aller quelque part, de visiter, de travailler. Qu'est-ce que j'ai eu chaud là-bas !

Mais surtout, j'avais hâte de rentrer me replonger dans ma vie de travail et dans la musique que j'aimais vraiment, de reprendre mes cours avec Monsieur Couture, de sentir à nouveau que j'avançais vers mes buts premiers.

Dès mon retour à Montréal, je me suis donc remis, et très sérieusement, à travailler mon instrument, j'ai repris mes cours avec Monsieur Couture, et, avec Monsieur Descarries, les cours d'instrumentation et de contrepoint que j'avais commencés avec lui avant de partir pour Montebello, à l'été 1930. À travers tout ce travail, et quelques rares récitals, entre le mois de juin et le mois de septembre, les fins de semaine, j'ai joué du violon sur les bateaux de la Canada Steamship qui faisaient ces croisières de deux jours et trois nuits sur le Saint-Laurent, jusqu'à Tadoussac. Les croisières du Saguenay, comme on les appelait. Chaque engagement étant bref, cela n'entravait pas la bonne marche de mes cours, tout en payant proportionnellement assez bien. Considération toujours aussi importante...

Quand l'automne arriva et que ses fins de semaine payantes cessèrent, la différence se fit sentir... L'hiver suivant, violon sous le bras, je repartis donc à l'aventure. Mais cette fois sur les bateaux du Canadien National faisait des croisières vers le Sud. Pendant plus de deux mois, croisière après croisière durant chacune environ deux semaines, partant de Halifax ou de Boston, j'ai vogué entre la côte nord-est des États-Unis et la tête de l'Amérique du Sud, zigzaguant entre les îles de la mer des

---

1. Buster Luciano, m'a écrit que toutes les semaines, leur employeur envoyait la moitié du salaire de papa à Montréal, directement de Jamaïque.

Caraïbes, faisant escales sur escales aux Bermudes, dans les Antilles, à Panama, en Jamaïque, à Cuba, à Trinidad, et même en Guyane.

— *Buster Luciano ne m'a pas écrit, papa, que vous aviez fait le tour de l'Amérique du Sud. Pourtant, dans mon livre de géographie, toi tu m'avais déjà indiqué tout le trajet d'un de tes voyages qui vous en avait fait faire le tour. Tu m'avais même fait remarquer toutes les escales. Et tu m'avais parlé de votre passage très mouvementé au large du Cap Horn.*

— *Oui, oui, je sais. C'est un peu comme pour mes ancêtres...*

Lors d'une croisière jusqu'en Guyane, un riche et mélomane Américain en vacances a pris les musiciens en affection et nous a payé, en avion Ford à trois moteurs, un petit voyage à partir de Colon, l'extrémité atlantique du canal de Panama, où nous faisions escale, jusqu'à la ville même de Panama, à l'autre bout du canal, où nous avons passé la journée en touristes avant de rentrer en train, toujours aux frais de l'Américain. — *Un autre que la dépression n'avait pas poussé en bas de l'Empire State Building...*

Mais on travaillait dur pendant ces croisières, et pas toujours en faisant de la musique. Souvent le capitaine nous «prêtait» à des groupes de dames âgées, en tant que guides et porteurs de paquets quand elles mettaient le pied à l'escale — étant considérés comme des officiers du navire, nous devions obéir et nous conduire comme tels, toujours polis et prévenants. À part les pourboires, souvent généreux, ce n'était pas tellement drôle, ce devoir, surtout lorsqu'il fallait luncher avec elles et les suivre ensuite pendant des heures dans les boutiques à souvenirs et autres — *tu te souviens sûrement de ma grande patience dans les magasins, derrière ta mère...*

Mais j'étais jeune, la vie était belle, excitante, j'aimais ces bateaux qui nous emmenaient partout, et je descendais souvent voir les machines et bavarder avec les mécaniciens ; j'aimais la mer surtout, j'aimais regarder, photographier ses couleurs, son mouvement, sa force. Sauf une fois, entre Boston et les Bermudes...

C'était toujours l'hiver, là-haut, les pluies étaient aveuglantes, les vents violents, les vagues souvent hautes comme des maisons. Et le mal de mer courant... et contagieux. C'est pendant ces longues heures de tempête que les officiers d'occasion que nous étions, nous les musiciens, perdaient rapidement leur pied marin, leur appétit et leur rythme. Heureusement, pas un passager n'avait envie de manger ni de danser dans ces moments-là...

— *Buster a dû te raconter ce qui nous est arrivé un jour, non ?* «*Yes old boy, je lui ai raconté...*

«Un dimanche midi, le 13 mars 1932, à une dizaine de milles au large des Bermudes, le *Prince David*, notre bateau, se sentit soudain éventré, sur une longueur de dix-huit pieds, par un récif de corail sur lequel il resta échoué. Puis après un moment, lentement mais inexorablement, il se mit à pencher vers la droite, de plus en plus dangereusement... Neuf heures plus tard, il disparaissait complètement alors que les quatre-vingt-quatre passagers et les cent quarante-quatre hommes d'équipage, dont nous les six musiciens, rentraient, sains, saufs et ébranlés, vers Boston sur le *Lady Somers*.

« What an experience ! même si nous en sommes tous sortis vivants. Et quel hasard...

« En réalité, nous, les musiciens — toujours la même « gang » depuis la Jamaïque —, ne devions pas nous trouver sur ce bateau. Quand, la veille, nous avions débarqué à Boston après notre dernière croisière, on nous avait annoncé qu'au lieu de repartir pour les îles le lendemain, nous partions presque tout de suite sur un bateau du Canadien National, le *Prince David*, à destination des Bermudes. L'orchestre officiellement prévu pour cette traversée, que le *Prince David* faisait régulièrement, avait été retardé ailleurs, sur le *Prince Albert*.

« Toute la matinée de ce dimanche-là, donc, au large des Bermudes, la mer et le temps avaient été mauvais, et le capitaine avait un peu de difficulté à garder son cours.

« Il y avait une loi internationale, à l'époque du moins, disant que, pour entrer dans un port étranger, le capitaine d'un bateau doit premièrement obtenir le consentement des autorités de ce port, et, en cas de mauvais temps, être assisté d'un pilote officiel de ce port. L'approche du port de St. George, aux Bermudes, étant particulièrement "infestée" de récifs de corail, cette loi y était applicable, en tout temps...

« Le capitaine du *Prince David* avait toujours, bien sûr, respecté et obéi à cette loi, mais à cause de la brutalité du temps et de la mer, ce dimanche-là, le pilote local ne pouvait se rendre jusqu'à nous. Je me rappelle comment, en attendant le pilote qui ne venait pas, le bateau était secoué et ballotté comme un bouchon de liège en pleins rapides, et comment tout ce qui n'était pas fixé aux murs et aux planchers revolait dans tous les sens. On aurait dit une séance d'exorcisme. Tout le monde était malade. Et surtout, tout le monde avait peur.

« C'est alors que, la tempête s'étant apaisée après un moment, le capitaine a permis à son propre pilote de diriger le bateau vers le port à travers les récifs, ce que, depuis des heures, le pilote affirmait pouvoir réussir sans aide, et qu'eut lieu la rencontre du ventre du *Prince David* et d'un récif de corail sournois. »

— *Je dois admettre que ce naufrage fut plutôt moins mystérieux que ces histoires de disparition qui m'ont toujours fasciné à propos du triangle des Bermudes...* — En 1932, sur le *Prince David*, des musiciens attachés à la balustrade du grand escalier, dans la salle de bal, et jouant valses de Vienne, fox-trot new-yorkais et mélodies entraînantes pour essayer de distraire et de rassurer les passagers en attendant du secours, ça n'avait rien de mystérieux... Et le bar gratuit non plus d'ailleurs...

Puis, tout à coup, le bateau a glissé et s'est mis à pencher sérieusement vers la droite. Pour plus de sécurité en attendant ce secours, qui arriverait bientôt, nous le savions désormais, les passagers durent donc tous être évacués et mis dans des chaloupes de sauvetage alors que nous, les musiciens, nous jouions toujours.

Quand notre tour est venu de quitter le bateau, c'est-à-dire juste avant les officiers et le capitaine, on n'a eu que le temps d'enfouir les plus petits instruments de musique — flûte, violon et clarinette — à l'intérieur du piano à queue, dans la salle de bal, et d'attacher violoncelle, saxophone et instruments à percussion à ses pattes avant de monter dans le dernier canot. Il nous avait été strictement interdit d'emporter quoi que ce soit avec nous, même pas notre gagne-pain. Comme nous étions presque quarante dans un canot de vingt-deux personnes, je me demande où on les aurait mis, du moins le violoncelle et la batterie...

En ce qui me concerne, j'ai tout perdu. Quand on a repêché tout ce qui flottait, on n'a retrouvé que des morceaux de bois de mon violon, mon *Blanchette*, auquel j'étais très attaché. Le reste est resté au fond de l'eau. Je rapportais de si belles choses pourtant : entre autres un jeu d'échecs en ivoire pour pâpâ. Si je me souviens bien on n'a été remboursés qu'à 10%.
— *Lucienne a dû t'en parler, de ce naufrage, et de la façon qu'ils l'ont appris, à la maison.*

« C'est par le journal du mardi que nous avons appris ce qui venait d'arriver. Pâpâ était blanc comme un drap quand il est rentré du travail

50

plus tôt que d'habitude ce jour-là avec, sous le bras, LA PRESSE qu'il venait d'acheter en se rendant chez un client. Sans dire un mot, il s'est dirigé vers la salle à manger, il s'est effondré sur une chaise et nous a montré la photo du bateau et l'article, en première page.

«Malgré le fait qu'aux nouvelles du soir on confirmait qu'il n'y avait aucune perte de vie, les heures qui ont suivi ont été épouvantables pour tout le monde. Incapable de vérifier auprès des bureaux du Canadien National, fermés après 5 heures, pâpâ n'a pas tenu en place de la soirée. "Ils ne veulent pas le dire comme ça à la radio, disait-il, mais vous allez voir, demain ils vont venir nous annoncer que Jean est mort." Je ne sais plus qui lui a répondu que Jean savait très bien nager, et que les Bermudes c'était moins froid que les icebergs du Titanic, mais ça n'a pas aidé...

«Puis, le mercredi matin, vers 11 heures, le téléphone a sonné. Pâpâ, qui n'était pas allé travailler, s'est jeté dessus avec nous tous à sa suite. C'était Jean! De Boston. Il allait très bien, il avait beaucoup dormi, puis mangé, puis redormi. Et il rentrait par le train. Il serait là demain matin.

«Ce n'est qu'après avoir raccroché que nous avons réalisé qu'il ne nous avait pas dit à quelle gare il arrivait! Enfin... On était tous là, à la bonne gare, à son arrivée. Et tous, nous avons eu un choc en le voyant. Il avait l'air d'un vrai immigrant! À bord du *Lady Somers*, on leur avait donné des vêtements secs... Il portait un vieil imperméable tout fripé et deux fois trop grand pour lui. Dans ses chaussures, trop grandes également, il avait mis du papier journal... Il avait la barbe longue, il était cerné, encore plus maigre que d'habitude. Et tout en grelottant, il tanguait!

«Pendant deux semaines après cette aventure, tel un ours en cage, il a marché de long en large dans la maison, sursautant à chaque craquement, à chaque porte qui claquait. Et cela en ouvrant à peine la bouche. Nous nous attendions tous à ce qu'il nous annonce que même si ça payait bien les bateaux, il n'y remettrait plus jamais les pieds...»

— *Mais tu es remonté sur les bateaux, n'est-ce pas?*
— *Bien sûr que oui.*

Je n'avais jamais eu peur de l'eau ni des bateaux. Et il n'était certes pas question que, à cause de ce banal petit naufrage — pendant lequel, finalement, j'ai plus ressenti une peur abstraite de la mort qu'une vraie peur de me noyer — je reste à jamais handicapé par cet incident mineur. La seule façon de le mettre à sa place, c'est-à-dire dans des souvenirs à raconter, c'était donc, justement, de remonter sur un bateau, et le plus vite possible. — *Quand ton frère a failli se noyer, à 6 ans, au lac l'Achigan, sa peur à lui était vraie. C'est pour ça que je l'ai rejeté tout de suite à l'eau, quinze minutes à peine après l'avoir attrapé par le fond de culotte.*

Néanmoins, il est à peu près certain que, même si je sentais au fond de moi que je n'avais toujours pas plus peur qu'avant de l'eau elle-même, je n'aurais peut-être pas repris le bateau, du moins un gros et pour un vrai voyage, si je n'avais pas senti le besoin de continuer à faire ma part à la maison. Et comme, en cette époque toujours difficile des premières années 30, il semblait n'y avoir que les bateaux pour vous faire gagner un peu d'argent, l'été surtout, en faisant de la musique... (L'hiver, les quelques récitals à donner dans les clubs de dames âgées payaient à peine le tramway; le vaudeville, le cinéma muet et leurs accompagnements «live», que nous étions, nous, les musiciens, étaient à peu près défini-tivement disparus devant la folle montée du cinéma parlant né trois ans plus tôt. Il y avait bien le Montreal Orchestra dirigé par Douglas Clarke, le directeur du Conservatoire de l'université McGill, mais à partir du moment où j'ai eu, et encore..., l'âge de m'y présenter, j'ai dû passer mes hivers là où ça payait vraiment; de plus, je crois que les musiciens de McGill avaient la priorité; sans oublier le fait que, quitte à moins travailler, en «classique» je préférais rester soliste le plus longtemps possible.)

Quand donc, au printemps 32, Jerry Shea m'a proposé de refaire ces croisières du Saguenay, j'ai saisi l'occasion — sans que mon père m'en parle d'ailleurs — de remonter sur un bateau et de gagner à nouveau, pendant quelques mois «tranquilles», pas mal d'argent, grâce à des gens qui, n'étant pas richissimes mais pas miséreux non plus, pouvaient encore se permettre des croisières, mais juste de fins de semaine, et chez nous seulement.

Pendant les trois étés suivants, de juin à septembre, j'ai donc joué du violon sur l'un ou l'autre des quatre bateaux de la Canada Steamship, le *Tadoussac*, le *Saint-Laurent*, le *Richelieu* et le *Québec*. Ces engagements de fins de semaine étaient parfaits. Premièrement, la musique qu'on y jouait était beaucoup plus classique que dans les hôtels; de plus je voyais ma famille et mes amis toute la semaine, je pouvais suivre régulièrement tous les cours que je voulais, accepter les quelques récitals et autres engagements qui se présentaient; sur le Saint-Laurent, les côtes étaient visibles, le fleuve d'été plus accueillant, moins agressif... Et puis, je découvrais un peu de ma propre province quand, avec les «boys» on suivait les touristes aux escales.

— *Tu as même joué au guide, paraît-il. Buster m'a raconté comment tu leur a fait connaître l'île d'Orléans, Sainte-Anne-de-Beaupré, les vieux sites de Québec, que tu leur expliquais tout ça en anglais...*

— *Et qu'on allait jouer au «pool» au Château Frontenac, quand on ne tapait pas le carton sur le bateau en attendant nos clients... Dans les Tropiques aussi on a beaucoup joué au poker...*

Jouer au poker et au guide pendant les croisières du Saguenay, je l'ai surtout fait pendant la première année, en 1931. À partir de l'été 1932, j'avais trop autre chose en tête pour m'amuser... De jour en jour, de fin de semaine en fin de semaine, ça montait en moi, de plus en plus... et cela depuis plusieurs mois déjà, en fait...

— *Est-ce que cela avait à voir avec ton prix d'Europe ?*
— *Oui et non, justement...*

Cette chose, ce rêve était devenu tellement fort en moi que certaines nuits, je n'en dormais plus. Il faudrait que bientôt j'en parle à quelqu'un... Alors, un jour, pendant l'été 1932, entre deux fins de semaine sur le Saint-Laurent, je me suis confié à Jerry Shea. Je lui ai raconté tout ce qui me trottait dans la tête depuis la Jamaïque, et même avant...

1933

Voilà ! je la prends, cette baguette !

Cela avait commencé inconsciemment, alors que Gilberte et moi travaillions ensemble à la maison, en 1928. Un jour, pendant la pause-gâteau, je dis à Gilberte : «Moi j'aimerais bien faire de la musique de chambre. Avec un violoncelliste, on pourrait former un trio, non ? Il y a tellement de la belle musique écrite pour trio ! Et puis, Monsieur Couture me le conseille fortement. D'après lui, qu'un musicien se destine à être soliste ou à jouer dans un orchestre, c'est très bon d'en faire.»

Gilberte était tout à fait d'accord, mais...

— Mais, me dit-elle, avec ce prix d'Europe à préparer, je n'aurai sûrement pas beaucoup de temps à te consacrer, Jean. Et puis, où va-t-on se réunir pour travailler ?

— Ça ne fait rien. On se réunira quand tu le pourras, le matin, l'après-midi, le soir, n'importe quand. J'ai deux ou trois violoncellistes en tête : Marcel Henri, Roland Leduc ou Paul Bourgeois par exemple. On prendra celui qui sera libre quand toi tu le seras. Et on travaillera ici, hein maman ?

Ça ne m'était même pas passé par l'esprit que ma mère, qui collationnait avec nous ce jour-là, puisse s'objecter. — *Et mon père non plus d'ailleurs.* — Maman s'était levée en souriant, tout en répondant : «Bien sûr, voyons. Allez, les enfants, au travail.» Puis, avec son plateau, elle était repartie aussi doucement que lorsqu'elle était arrivée, alors que nous deux attaquions déjà une nouvelle pièce de musique.

Gilberte étant effectivement trop prise, ce premier essai n'a pas tenu longtemps. Mais tout de même juste assez pour que, bien mordu, je reconstruise vite un autre trio, cette fois avec Paul David au piano, Bremsen — *excuse-moi, mon vieux, depuis le temps, j'ai oublié ton prénom* — au violoncelle, et moi-même au violon; puis après, un autre, avec Matt Heff comme pianiste et Lucio Agostini au violoncelle. Puis...

Puis sont venus la crise, le Seigneurie Club, la Jamaïque... Quand, à mon retour de Montebello, puis de Jamaïque, nous nous sommes retrouvés dans le salon chez nous, Heff, Agostini et moi, j'ai tout de suite senti que quelque chose n'allait plus avec ce trio, qu'il était soudain trop...
— *comment te dire... ? Trop intime, trop petit, trop limité à mon goût...*

Alors, à la fin de l'été 1931, sans démanteler brusquement le trio, j'ai formé un quatuor avec Jean Robert, altiste, Paul Bourgeois, violoncelliste, Henri Brunet, deuxième violon, et moi-même comme premier violon. (Parfois un certain Jean Satut remplaçait Jean Robert à l'alto, il me semble.)

— *As-tu pu voir Henri Brunet ?*

— *Oui ; il est très malade, mais j'ai pu le voir et justement, c'est de ce quatuor qu'il m'a parlé le plus...*

« Dès le premier jour où j'ai fait partie du quatuor de votre père, j'ai immédiatement senti que Jean avait, sous une énorme modestie naturelle, des qualités de meneur. Il était strict, ponctuel, discipliné, sérieux » — *et assez prompt et pas très patient, tu peux le dire, Henri* — ; « il travaillait dur, il donnait tout de lui-même et il attendait automatiquement la même chose de vous. Pour ma part, j'ai beaucoup appris avec lui.

« Même s'il écoutait vos suggestions, en général c'est lui qui décidait de tout, la musique à jouer, les tempi à prendre, les heures des répétitions, et même les endroits où il fallait aller travailler... lesquels n'étaient pas toujours le salon chez ses parents, surtout au début, pendant l'automne 31...

« Plusieurs fois il nous a fait prendre le train, avec nos instruments, violoncelle inclus, pour aller à Ormstown, près de Châteauguay — c'était loin à l'époque — afin de "faire de la musique en pleine nature", avait-il dit la première fois. On avait tous obéi, sans trop se poser de questions. Jusqu'à ce qu'on arrive dans cette nature... Oh, bien sûr, c'était parfait ce bord de l'eau et ces arbres défeuillés. Mais la belle Madeleine, la fille de la maison où nous étions invités, était encore plus parfaite... Il nous a alors fallu attendre que votre père interrompe sa cour à cette belle et grande jeune fille brune pour attaquer Brahms, Beethoven, Schubert et Mozart ; puis plus tard, poser pour elle, toujours en suivant les instructions, plus aussi sérieuses, de Jean.

«Mais la plupart du temps, on travaillait dans le salon chez ses parents à Ahuntsic c'était notre "chambre à musique" habituelle. On était à peine installés, chacun à notre lutrin, que souvent, les cinq plus jeunes enfants Deslauriers venaient s'installer par terre, près de nous et, sans broncher, sans un mot — ils savaient à qui ils avaient affaire! —, ils nous écoutaient religieusement tout en épiant nos moindres expressions et gestes. Un peu plus tard, quand, dans la cuisine, Madame Deslauriers avait fini de faire la vaisselle et de ranger avec les trois plus grandes, et que Monsieur Deslauriers, lui, avait terminé de lire son journal, ils éteignaient et, alors que leurs trois grandes filles s'installaient autour de nous, eux emmenaient les trois plus jeunes pour les mettre au lit. Puis ils revenaient s'asseoir côte à côte sur le canapé du salon. Je vois encore le petit carré de dentelle sur le dossier du divan, juste derrière la tête de votre grand-mère; et leur sourire à peine visible à tous les deux. On sentait qu'ils étaient heureux et fiers, on sentait que leur maison était celle de Jean, de sa musique, et la nôtre.

«L'été suivant, et les quelques étés d'après, la maison des Deslauriers devenait une scène de salle de concert pour les voisins et les passants. Si je me rappelle bien, c'était à l'époque où ils habitaient la rue Péloquin... Devant et de chaque côté de la maison, qui était grande, il y avait une longue galerie, basse, sans rampe, avec seulement ces grands et minces poteaux de soutien, en bois, se trouvant aux coins et au milieu de la galerie.

«Les soirées où il faisait beau et chaud — et à cette époque, dès le mois de mai et jusqu'à la fin octobre il y en avait beaucoup — quand Jean n'était pas sur le Saint-Laurent et nous ailleurs, on ouvrait toutes grandes les fenêtres du salon pour avoir plus d'air en travaillant. Une demi-heure plus tard, la galerie était envahie de voisins et de promeneurs, les premiers installés dans leurs chaises berçantes qu'ils n'avaient eu qu'à changer de galerie, les derniers assis sur le bord de la galerie après avoir traversé la rue, attirés par cette musique invisible. Il y en avait partout, même sur le trottoir et appuyés contre les arbres; certains voisins en pantoufles, d'autres couples se tenant par la taille.

«Schubert, Back, Beethoven sous les étoiles et gratuitement... Qu'est-ce qu'ils pouvaient demander de plus!

«Pour nous, tout ce travail a porté fruit. Cet automne-là de 1932, et pendant les deux ou trois années qu'a existé le quatuor, on a eu plusieurs engagements — à part le Quatuor à cordes de Montréal, il n'y avait pas beaucoup de groupes de musique de chambre en ville —: en récital au poste CHLP entre autres, dans leurs studios de la Sun Life; pour les clubs de dames anglaises, à l'heure du thé; pour accompagner le chanteur Roméo Mousseau, à CHLP, toujours; à CKAC...

«Jeudi, le 15 juin 1933, lors d'un récital donné au Willis Hall, coin Sainte-Catherine et Drummond, par les élèves de Monsieur Taranto, avec le concours spécial d'un soprano et d'un ténor, le "Quatuor à Cordes Jean

Deslauriers" — c'était écrit ainsi au programme — avait été invité à jouer. (N'étant pas un ancien élève de Monsieur Taranto, il avait été logique qu'on mette, à ma place de deuxième violon, un élève à lui, en l'occurrence Edmond Bellemare.)

« Le quatuor a ouvert ce récital d'élèves avec du Beethoven, puis tout de suite après, il a joué *Caprice*, composé par Jean Deslauriers lui-même, et dédié à Monsieur Taranto. » — *C'était une de mes premières compositions, sinon la première...* — « Plus tard, après que votre père ait joué, en solo, un Mendelssohn et une composition de Taranto, ce dernier a terminé le concert en jouant, avec Jean, l'Andante et l'Allegro du *Concerto pour deux Violons* de Bach. »

— *Tu continuais donc à jouer en soliste, alors ?*
— *Bien sûr, et de temps en temps je prenais un bon cours avec Monsieur Couture. Quand j'étais à Montréal.*

Mais au fur et à mesure que les années passaient, je voyais de plus en plus s'estomper mes chances de gagner, et même de pouvoir me présenter au prix d'Europe. Ça aussi je l'ai dit à Jerry Shea, ce jour-là, dans son bureau, pendant l'été 1932...

J'avais maintenant 23 ans. Depuis presque deux ans, je travaillais dans les hôtels d'ailleurs et sur les bateaux de croisière, et je sentais trop bien que malgré le talent qu'on me disait avoir, je n'arrivais pas à accorder suffisamment de temps et de travail à la préparation de ce fameux prix d'Europe — Gilberte, Lucien Martin, tous ceux qui l'avaient gagné ce concours, insistaient bien sur le fait qu'il fallait deux pleines années de travail intensif et exclusivement voué à ça, « le prix », pour être prêt, un jour, à s'y présenter avec des chances de réussir.

Il ne me restait donc, pour me préparer, qu'un peu moins de deux ans si je voulais me présenter en juin 1934, année où j'aurais, d'ailleurs le même mois que le concours, 25 ans, âge limite pour y être éligible. Moins de deux ans, et même, moins d'un an et demi, puisqu'il fallait au moment limite de s'y inscrire, six mois avant, se sentir déjà prêt à faire face au jury.

Moins d'un an et demi, et cela pour une première et dernière chance... Je n'y arriverais jamais, je le sentais bien. D'abord, avec cette dépression qui ne voulait pas lâcher prise, le courant serait trop contre moi et contre le temps qui me restait. De plus, on aurait dit que, depuis que j'avais ce rêve en tête, ce prix d'Europe, le violon lui-même, tout ça semblait soudain moins important, moins unique...

En fait, je voulais diriger ! Un jour, j'en étais de plus en plus convaincu viscéralement, je dirigerais un orchestre, je serais chef d'orchestre ! De quel orchestre ? Le mien ! Celui que je formerais moi-même, et qui porterait mon nom, comme ça se faisait beaucoup aux États-Unis, je le savais par la radio. Ça ne serait pas difficile, des musiciens il y en avait beaucoup à Montréal, et la plupart d'entre eux crevaient de faim, même ceux ayant le prix d'Europe dans leur curriculum vitae.

De toute façon, des orchestres chez nous il y en avait si peu. Et même s'il y en avait eu... Je n'avais pas la prétention de croire qu'on m'offrirait, du jour au lendemain, de diriger le Montreal Orchestra, par exemple, juste parce que je voulais être chef d'orchestre et que ce bâton, je le tenais déjà en main, même si ça ne se passait encore que dans mon imagination...

Non. La seule solution c'était de former un orchestre bien à moi.

— *Mais, papa, à 19 ans, Toscanini non plus n'avait jamais tenu un bâton de chef d'orchestre quand il a dirigé* Aida *au Brésil.*

— *Je sais, mais Toscanini, lui, était né en 1867..., en Europe..., en Italie..., à Parme où, comme dans toutes les villes italiennes, et européennes, qui se respectent, il y avait depuis longtemps un conservatoire de musique. C'est là qu'à 9 ans, il a commencé à étudier la musique, puis le violoncelle. Quant aux maisons d'opéra et aux orchestres italiens... À l'époque, il y en avait déjà presque autant que des églises! Puis, Toscanini, lui, a connu Verdi! Il était «second violoncelle» à la Scala de Milan quand Verdi y a dirigé la première de son Otello. Alors tu imagines... Tandis qu'ici, dans notre Nouveau Monde canadien, on n'a pas eu de conservatoire à Montréal avant les années 40 — 1900–40, n'estce pas... L'Orchestre Symphonique de Montréal a donné son premier concert en 1935... La première vraie compagnie régulière d'opéra est née en 1960, et même pas à Montréal mais à Québec...*

Toscanini était mon idole, il me fascinait — *il m'a d'ailleurs toujours fasciné* — et je suivais chacun de ses pas, concerts et voyages à la radio et dans les journaux ; tout ce que je pouvais savoir sur lui je le gobais : sur sa direction, son tempérament, ses goûts en musique... Cela me stimulait, me faisait rêver, me poussait à travailler... pour qu'un jour il y ait, à Montréal l'orchestre de Jean Deslauriers ! Je savais fort bien que jamais je ne serais ce qu'était Toscanini, mais chez moi, je serais quelqu'un, ça je me le jurais bien désormais !

C'est avec au ventre ce rêve pas vraiment encore formulé qu'à l'automne 1929, j'avais commencé l'étude du contrepoint et de l'instrumentation avec Auguste Descarries. Puis, en rentrant de Jamaïque, je commençais des cours d'orchestration avec Claude Champagne. Car une chose que je savais, c'est que je voulais faire arrangements et orchestrations de toutes sortes de pièces de musique. Et aussi, je voulais composer.

Pendant tout l'hiver suivant, entre les îles, les sessions de musique de danse et les paquets de ces dames à porter aux escales, j'ai travaillé à mes premiers arrangements, lesquels ont dû être avalés par les poissons des Bermudes avec tout le reste. Mais mon rêve, lui, n'a pas été avalé, ni noyé. Au contraire, cette aventure m'a fait réfléchir : il fallait que je cesse de jouer passivement de la musique de danse sous la direction, à petits coups de tête approximatifs, d'un autre musicien, comme Tom Burke assis à son piano, par exemple ; il fallait que moi, je devienne le « leader » d'un groupe quelconque — autre que mon quatuor — pour m'habituer à être debout devant des musiciens et à leur indiquer moi-même les tempi — de la musique que MOI j'aurais choisie —, avec mon archet pour commencer, puis éventuellement...

C'est de tout cela que j'ai décidé de parler à Jerry Shea. Et c'est lui qui, pendant cet été 1932, m'écoutait tout en s'épongeant le front, les pieds croisés sur le coin de son bureau :

— Voilà, Monsieur Shea. Alors, si jamais un de ces jours vous avez besoin d'un « leader », même seulement pour remplacer, je suis à votre disposition. J'ai beaucoup observé Tom Burke et Monsieur Desjardins — *Monsieur Desjardins, le père de Jeanne Desjardins qui a beaucoup chanté avec moi plus tard, dirigeait, depuis deux étés, notre petit groupe de cinq musiciens pendant ces croisières du Saguenay —*, et je suis certain que je peux être un « leader » moi aussi. Mettez-moi à l'essai. Je ne vous décevrai...

Je n'ai pas eu le temps de finir ma phrase que Monsieur Shea posa les pieds par terre et qu'il me dit, tout en fouillant dans ses papiers :

— My son, tu tombes bien, je cherchais justement quelqu'un pour remplacer Desjardins jusqu'à la fin de l'été. Je crois que ça ne l'intéresse pas tellement de diriger d'aussi petits groupes. Un « leader » ça suffit. Alors à partir de la fin de semaine prochaine, tu seras le « leader » sur le *Québec*, O.K. ? Ne fais pas cette tête épouvantée tout à coup. Tu as déjà un quatuor, non ?... Par contre... Ah, la voilà ! Je viens de recevoir une lettre de Harry Lauder, le comédien-chanteur-danseur écossais qui fait des tournées chaque année à travers le Canada et les États-Unis. Il cherche justement quelques musiciens pour compléter son orchestre, et aussi un violoniste pouvant être « leader » mais également chef d'orchestre par moments. If you want it, it's yours, my son.

— Et vous pensez que moi... ?

— I know you can do it. Surtout après cet été sur le *Québec*. Je pense que ce sera une bonne expérience pour toi. Mais ne te fais pas d'illusions. L'orchestre de Harry Lauder n'est pas bien gros. Il n'emmène que huit ou neuf musiciens ; naturellement, il y a aussi les chanteurs et les danseurs de la troupe ; mais tu vas voir, tout va bien se passer. Bien entendu, tu seras plus payé que les autres, à cause de tes responsabilités. Par contre, je t'avertis tout de suite. Ce genre de tournée, c'est crevant ; et cette fois c'en est une longue. Tu vas probablement passer Noël dans le train, ou alors dans un hôtel. D'un autre côté, tu vas voir du pays, et du beau, c'est moi qui te le dis. J'irai probablement vous rejoindre à Vancouver. Enfin, penses-y. Il me faut une réponse avant septembre.

— C'est tout décidé. J'accepte. On part quand ?

— Début novembre. Retour en mars 33. So, it's a deal ?

— It's a deal. Vous pouvez préparer le contrat. Et comptez sur moi

pour la fin de semaine prochaine. Je serai prêt.

— Je n'en doute pas. De toute façon, j'irai moi aussi, et je pourrai te «coacher» un peu au début. Mais comme je te connais, tu n'auras pas besoin de moi longtemps. À vendredi.

Pendant la fin de l'été 32, puis les deux étés suivants, c'est moi qui eus désormais la responsabilité de «mon» petit orchestre sur un ou l'autre des quatre bateaux voguant sur le Saint-Laurent jusqu'à Tadoussac. — *Gérard Lamarche, qui était petit gars à cette époque, s'en rappelle peut-être, non?* — Son père et sa mère chantaient dans la chorale de Saint-Louis-de-France, et parfois la direction de la chorale louait le bateau entier — et son orchestre — pour passer une fin de semaine en croisière avec tous les choristes. Ils invitaient également des artistes, comme Paul Bourgeois, le violoncelliste de mon quatuor. Bien entendu, Gérard et sa sœur suivaient.

«Bien sûr, Nicole, que je m'en souviens. Je me souviens très bien de ce jeune homme élégant, très droit et très sérieux qu'était Jean. Il se tenait debout devant ses sept ou huit musiciens, et comme à Vienne, parfois il jouait du violon en leur tournant le dos, parfois il ne faisait que diriger. L'après-midi, ils jouaient surtout des extraits d'opérette et des valses viennoises; le soir c'était des extraits d'opéra, des sonates, des mouvements complets de concertos et de symphonies connus. Dès qu'il entendait l'orchestre, mon père nous prenait par la main, Jacqueline et moi, et en nous emmenant vers eux, il nous disait: "Vous voyez le jeune et grand monsieur tout en blanc, là, debout devant ses musiciens? Eh bien, c'est Jean Deslauriers."»

— *T'avais un orchestre de sept ou huit musiciens!?*
— *Oui, à partir de l'été 1933. Bien des choses avaient changé depuis*

63

mon retour de tournée avec Harry Lauder.

— Et quand t'es-tu mis à vraiment diriger, sans jouer du violon en même temps ?

— Ah, cela, ç'a été un peu plus long... et plus délicat.

En rentrant de cette tournée, en mars 33, tout en gardant intact mon quatuor, lequel faisait maintenant un peu parler de lui et nous rapportait quelques sous, j'ai formé un quintette, qui à l'automne, devint vite un sextuor, puis un septuor... Il était difficile de nous réunir régulièrement — chez nous la plupart du temps —, et souvent il fallait, à main levée, remplacer un ou deux musiciens. Mais ce n'était pas très grave. C'était tout de même, pour nous tous, une occasion de plus de faire de la musique ; et c'était également un excellent exercice général de lecture à vue. C'est ce qui m'importait le plus, car je préparais quelque chose...

Entre tous mes engagements, les réunions de musique de chambre et les cours que je suivais, le soir et la nuit je composais, et surtout je faisais, et cela sérieusement désormais, de nombreux arrangements et orchestrations. Sans jamais les entendre, naturellement ; je n'avais même pas encore osé les montrer à qui que ce soit. Puis, un jour, vers la fin de l'année 1933, je me décide enfin à demander à Henri Brunet :

— Henri, penses-tu que si je demandais aux amis de se réunir et de jouer quelques-uns de mes arrangements, ils accepteraient ?

— Bien entendu, Jean, voyons. Quelle question !

Une semaine plus tard, dans le salon chez nous, j'avais un trac fou en remettant sa musique à chacun des dix ou onze musiciens présents.

— On était en plein hiver, et pourtant, je transpirais sous ma chemise, tu ne peux pas savoir à quel point.

— Oui, je le sais. Annette Lasalle était là ce soir-là :

« Jean était très nerveux en nous remettant notre musique. Il ne disait pas un mot. Puis, sans nous regarder, il est allé se placer debout devant nous. Pendant quelques instants, nous avons étudié son manuscrit, qui était tout nouveau pour nous, afin de nous y habituer — ce qui fut très facile car c'était très clair, les caractères, les notes étaient d'une précision et d'une régularité étonnantes. Puis, sans prendre la baguette posée sur le lutrin devant lui, il lève timidement les bras et donne l'attaque... sans continuer à battre la mesure ensuite. Après quelques mesures jouées sans direction, nous nous sommes arrêtés et nous l'avons regardé. Il suait à grosses gouttes et avait les yeux rivés sur cette baguette. Finalement, après quelques autres secondes d'hésitation, il la prit dans sa main droite en nous disant : "Bon, eh bien, moi je la prends, cette baguette. Messieurs, récommençons."

« Les arrangements qu'il avait faits d'une valse de Brahms et de l'Adagio du *Quatuor pour Cordes* de Tchaikovsky étaient magnifiques. Sa direction était précise, professionnelle, et très claire, déjà. À la fin de la deuxième pièce, nous avons tous applaudi. L'orchestrateur, mais surtout, le chef d'orchestre venait de naître, et rougissait tout à coup, en souriant. »

— *Je crois, papa, que le chef d'orchestre était également né au sein de ta famille, et même depuis un moment, non ?*

— *Oui, je suppose. C'est surtout ma pauvre sœur Lucienne qui en a fait les frais par moments.*

« En général, Jean était plutôt strict avec lui-même. Surtout à partir du moment où, après avoir eu premièrement envie de faire du violon, il a découvert sa passion pour la musique, sa vocation, quoi. Depuis qu'il étudiait avec Monsieur Couture surtout, sa discipline personnelle était devenue inébranlable ; il était plus que jamais réglé comme une horloge ; il était d'un sérieux souvent impénétrable ; et ses impatiences étaient brusques, quoique courtes.

« Timide et plutôt effacé avec ses amis plus vieux que lui, il pouvait être très drôle ; il avait même de l'humour parfois, surtout quand il se sentait désarmé ou pris au dépourvu. De plus, il n'était pas rancunier. Tout le monde l'aimait, et il aimait tout le monde. Il respectait inconditionnellement pâpâ et lui obéissait sans discussion ; il était délicat envers maman ; et il était un vrai grand frère aîné, gentil et assez tolérant pour nous, ses cinq sœurs et ses deux frères.

« Mais il était "le" grand frère tout de même... avec ses droits et ses territoires exclusifs... Quand il avait décidé qu'il voulait faire une photo de Raymond dans la neige, le pauvre benjamin n'avait pas le choix. Sans lui demander son avis, Jean l'habillait et, souvent sous une température de Pôle Nord, il sortait en traînant par la main un Raymond emmitouflé et obéissant. "La lumière est tellement belle", disait-il en rentrant, rouge de froid et de contentement.

« Il était beaucoup moins content quand il rentrait et qu'il s'apercevait que quelqu'un avait osé toucher à SA musique pendant SON absence et sans SA permission ! Il s'en apercevait à chaque fois... Tout était si systématiquement et alphabétiquement classé : chaque page de chaque œuvre à laquelle il travaillait était marquée d'un signet en papier, chaque pile avait une raison d'être particulière, une signification...

« Avec cinq sœurs musiciennes amateur (à Émilienne il donnait lui-même quelques leçons de violon — quand il en avait le temps et la patience ; Simonne et Thérèse se payaient, je crois, des leçons de chant et savaient pianoter ; moi-même j'avais étudié le piano avec Paul David, et je travaillais avec ses cahiers de musique d'accompagnement — pour mieux l'accompagner parfois — ; et Laurence commençait, elle aussi, à s'intéresser à la musique, comme ses grandes sœurs), avec cinq sœurs musiciennes donc, c'était facile de deviner quand quelqu'un avait osé toucher à sa précieuse musique !

« C'était infaillible. Il n'était pas rentré depuis cinq minutes qu'on entendait son pas outré et d'avance accusateur retentir dans le corridor, et sa voix scandalisée lancer vers la cuisine, avant même d'y arriver en trombe : "Qui a encore touché à ma musique !?" Cinq minutes après, il nous demandait, ou plutôt il nous disait de le suivre jusqu'au salon : il voulait nous jouer quelque chose de nouveau. Tout était oublié.

«Jusqu'à ce qu'il revienne de sa tournée écossaise en mars 1933, et encore plus par la suite, quand il a commencé à vraiment diriger... Oh, il était le même... Justement ; on aurait dit que certains traits de son caractère s'étaient affirmés... comme son autorité et son impatience par exemple. J'en sais quelque chose : quand il composait ou qu'il faisait des orchestrations dans le salon, certains jours, tout à coup j'entendais : "Lucienne ! Viens ici. Tout de suite !" Au début, ce nouveau ton de voix impératif me figeait net et j'accourais en laissant là une pâte à tarte ou le repassage que j'étais en train de faire. Dès qu'il me voyait apparaître, il disait : "Tiens-moi cet accord." Je mettais mes doigts à la place des siens pendant qu'il écrivait des notes de sa main droite, tout en tenant un autre accord de sa main gauche. Puis tout à coup : "Non, non, ce n'est pas ça. Ce n'est pas bon" — comme si c'était de ma faute... —, "donne-moi celui-là plutôt." Après dix minutes de ce manège, il me renvoyait à ma cuisine. J'y étais à peine retournée qu'il m'appelait à nouveau en hurlant à travers la maison.

«Après quelques semaines, j'ai commencé à accourir moins instantanément à ses appels, surtout quand j'étais montée sur une chaise pour épousseter. Quand enfin j'apparaissais, il disait brusquement, tout en me jetant un air impatienté : "Où étais-tu ? Tu sais bien que j'ai besoin de toi."

«Puis, un jour, j'étais déjà repartie vers mes fourneaux quand il me hurle, du salon : "Repasse-moi une chemise. J'en ai besoin tout de suite." Je devais être fatiguée ou je ne sais quoi ce jour-là, mais j'ai fait le demi-tour le plus sec de ma vie dans le couloir, j'ai ouvert la porte du salon bien grand, et je lui ai dit, d'une voix douce mais ferme : "Écoute, Jean, je suis ta sœur, pas ta bonne. Tes ordres tu les donneras à tes musiciens, pas à moi. Maman t'a appris à dire s'il vous plaît, c'est pour que tu t'en serves."

«J'ai refait aussi vite demi-tour, sans lui jeter un regard de plus. En entrant dans la cuisine, je l'avais, tout roucoulant, sur les talons. "S'il vous plaît ma belle petite sœur" qu'il me dit de sa voix que j'aimais tant, "aurais-tu la bonté de repasser une chemise pour ton grand frère qui doit partir donner un récital de musique de chambre dans une heure ? Et puis, voulez-vous, mademoiselle, me faire l'honneur de venir assister à ce concert ? J'ai un billet pour toi dans ma poche." Maman, qui était en train de préparer le souper dans la cuisine, a seulement dit en souriant : "Prépare-toi, Lucienne. Je vais lui repasser sa chemise. Mais il faut que vous mangiez quelque chose avant de partir. Dépêchez-vous."

«Quelques jours plus tard, tout était à recommencer...

«Je dois tout de même dire en sa faveur qu'à la maison, Jean travaillait sans arrêt, qu'il faisait des heures de tramway pour se rendre à

66

ses cours, à ses répétitions, à ses engagements, et que quand il rentrait le soir, la plupart du temps ce n'était pas pour aller se coucher, loin de là. Souvent, il m'appelait d'où il était et me demandait s'il y avait du lait et des biscuits, et sinon, pouvais-je "s'il vous plaît" lui cuisiner une tarte au citron. "Je dois faire des arrangements cette nuit", ajoutait-il. Le lendemain matin, en entrant dans la cuisine, on pouvait facilement se rendre compte qu'il avait dit vrai. La table était jonchée de serviettes de papier sur lesquelles la journée d'avant il avait gribouillé plein de notes de musique ; la pinte de lait et l'assiette à tarte — ou le paquet de "feuilles d'érable" — étaient vides, le paquet de cigarettes aussi ; le grand cendrier en verre brun puait le tabac froid d'une vingtaine de mégots écrasés ; sa cravate avait glissé par terre ; et son veston pendait au dossier de sa chaise, qu'il n'avait bien entendu pas remise à sa place en se levant.

« Les lendemains de ce genre de nuits enfumées de tabac et de notes, il était à peine levé qu'il s'enfermait dans le salon pour travailler, ou alors il sortait en coup de vent de la maison pour aller on ne savait jamais trop où. Tout ce qu'il disait en claquant la porte : "Je serai de retour pour souper" ou bien "je ne sais pas à quelle heure je rentrerai."

« Finalement, Jean prenait beaucoup de place dans la maison. Et pourtant on le voyait à peine. On le vit encore moins lorsqu'il se mit à diriger, et à partir du moment où on commença à se servir de ses arrangements et de ses orchestrations. Mais on sentait qu'à sa façon, il était avec nous, et puis on était tous si fiers de lui, notre chef d'orchestre à nous ! »

Ces journées et ces nuits de travail ont donc fait qu'à partir de l'été 1933, sur le fleuve Saint-Laurent j'ai pu avoir, sous mon archet-baguette, sept à huit musiciens. Après avoir récidivé, en 1934, sur les bateaux de la Canada Steamship, en 1935 j'engageais six musiciens mais, cette fois, pour travailler sur le plancher des vaches du manoir Richelieu, à Murray Bay. Musique de danse trois soirs par semaine ; autrement, que du classique plus et moins populaire.

Là comme sur les bateaux de l'été précédent, on a joué mes orchestrations et arrangements. Pour mon ensemble, j'ai orchestré de nombreuses pièces pour piano ou autre instrument ainsi que des extraits d'opéra connus ; j'ai réduit des thèmes de symphonies et concertos dits « populaires »... — *Henri Brunet m'a dit, papa, que quand tu jouais le concerto de Mendelssohn, tu avais du public une attention religieuse...* — ; et bien sûr j'ai fait de nombreux arrangements de chansons classiques, et américaines. En somme, comme on disait entre nous, nous avons fait pour les gens « de la grande musique en cubes ». C'était mieux que rien...

Pendant ce temps de soleil sur l'eau de l'été 1934, et même avant, certains des dix musiciens qui avaient servi de cobayes à mes premiers ébats de chef d'orchestre, l'hiver précédent, — et qui avaient de plus en plus souvent et régulièrement accepté de répéter l'expérience — ont fait circuler la rumeur que Deslauriers, le violoniste, s'était mis à diriger un petit orchestre de dix musiciens et qu'ils aimeraient bien tous s'exécuter en public. Avis aux intéressés.

C'est ainsi que le 13 octobre 1934, « à l'occasion du cinquantenaire de la "Presse" et de l'inauguration d'un nouveau studio » disait la légende sous la photo ouvrant ce chapitre-ci, « Jean Deslauriers dirigera l'ensemble de cordes de la "Presse" au cours du concert spécial que le poste CKAC diffusera ce soir de 8 h 45 à 9 h 30. »

À partir de cette première, la boule de neige se mit lentement à grossir. Après quelques autres engagements à CKAC et à CHLP avec « mon » ensemble à cordes, en 1935 J.J. Gagnier, lui-même chef d'orchestre et également directeur musical de la Commission Canadienne de la Radiodiffusion depuis ses débuts, en 1933, a répliqué en apprenant la nouvelle : « Bravo ! On n'en a pas de jeunes chefs d'orchestre. On va l'engager. »

Ainsi commença, à travers tout le reste, ma carrière de chef d'orchestre au CCR, poste de radio qui allait devenir, au mois de novembre 1936, la Société Radio-Canada. Ce fut d'abord *Musique en Dînant*, de la fin de 1935 au 7 juillet 1936 : quinze minutes de musique-en-dînant, telle qu'on l'imagine par le seul titre de ces quelques minutes sur les ondes. Puis du 14 juillet 1936 au 2 mars 1937, de 10 heures 30 à 11 heures du soir, ce fut *Paysages de Rêves/Lullaby Lagoon* : là aussi le titre décrit à lui tout seul la musique. À partir du 30 avril 1937, jusqu'à la fin de cet été-là, avec le soprano Jeanne Desjardins, j'ai dirigé *À l'Ombre d'un Jardin Viennois*, tous les vendredis soirs, de 8 heures 30 à 9 heures, et enfin, *Le Long du Danube*, qui commença à l'automne de 1937 pour se terminer au début de 1939 : les titres de ces deux dernières émissions faisant tout de suite penser à la musique de toute la famille Strauss. Tandis que, pour les deux premières séries, je n'avais que dix cordes, une harpe et un piano, pour les deux dernières j'en avais désormais presque une vingtaine, harpe et piano en plus. Là je commençais vraiment à me sentir chef d'orchestre !

— *Et ton violon, dans tout cela ?*
— *Mon violon ?*

J'en faisais toujours, quoique de moins en moins comme soliste. Entre 1933 et 1935, le Cercle Internos, un club musical et littéraire dont faisait partie Gilberte Martin, m'a invité quelques fois comme soliste. Je jouais aussi souvent que je le pouvais en récital, ici et là — *dont, une fois entre autres à l'hôtel Mont-Royal pour le poste CKAC; j'en ai retrouvé des traces. C'est Eugène Chartier qui dirigeait, et ce soir-là, tu as joué, avec un vrai orchestre, le* Concerto pour Violon *de Mendelssohn dont tu jouais parfois un mouvement sur les bateaux ou à Murray Bay.* — De plus, je faisais encore de la musique de chambre avec mon quatuor...

Mais j'étais de plus en plus pris par mon ensemble et par la direction, par la préparation des programmes et par les orchestrations et arrangements à faire chaque semaine, en vue de chaque émission — c'est d'ailleurs moi qui les faisais tous, et c'était inclus dans mes cachets, qui étaient, entre autres, de 40 $ pour *À l'Ombre d'un Jardin Viennois.*

Et puis, à partir du moment où, une fois pour toutes, j'ai compris et accepté le fait que je ne gagnerais jamais le prix d'Europe, je n'ai plus travaillé mon violon de la même façon... Plus vraiment... — *Gilberte l'a d'ailleurs remarqué un jour.*

« Quand je me suis rendu compte que malgré le talent qu'il avait, Jean était en train d'abandonner le violon, j'en ai eu mal au cœur. Par contre, lorsque j'ai vu ses orchestrations, et son allure quand il dirigeait, j'ai compris. »

Monsieur Couture disait : « Quand un musicien n'a pas le talent pour devenir un grand soliste, il peut très bien se préparer à devenir un bon membre d'orchestre. » Il avait sûrement raison, du moins si un musicien le voulait, devenir membre à vie d'un orchestre. Ce n'était pas mon cas. Je ne serais pas un grand violoniste, alors je serais autre chose qu'un violoniste. Comme depuis longtemps déjà, j'avais ce rêve de devenir chef d'orchestre qui me poursuivait, et qui semblait maintenant vouloir se concrétiser sans que j'insiste trop... Cette pensée s'est à jamais confirmée et ancrée en moi, à partir de janvier 1935, surtout...

Grâce aux efforts de Madame Athanase David, épouse de Monsieur Louis-Athanase David, alors secrétaire de la province, et à ceux de nombreuses autres personnes tels Hubald Boyer, Henri Letondal, Jean Lallemand et Marie Bourbeau, entre autres, en 1934 naissait, sous la présidence d'honneur de l'Honorable Louis-Athanase David, la Société des Concerts Symphoniques de Montréal. Enfin ! Enfin le Tout-Montréal francophone aurait son orchestre symphonique officiel, régulier, complet, et permanent ! Enfin les chefs d'orchestre montréalais pourraient diriger un vrai orchestre, et de la grande musique écrite justement pour grand orchestre ! Enfin les prix d'Europe passés, présents et à venir auraient la possibilité de s'exécuter, de déployer leurs talents devant un vrai auditoire de concert, sans quoi un soliste ne se sent pas tout à fait accompli !

Et enfin, tous les musiciens sérieux de Montréal pourraient jouer de la musique de grand orchestre, au sein justement d'un grand orchestre ! Même si, pour trois répétitions et un concert, ils n'étaient payés que 15 $!

Moi aussi j'ai participé à cette naissance tant attendue. Lors du premier concert de la Société, lequel eut lieu le 14 janvier 1935, à l'auditorium Le Plateau, devant le beau parc Lafontaine, je faisais partie de la section des premiers violons, avec, entre autres, Annette Lasalle-Leduc, qui jadis m'avait donné de très bons conseils quand j'allais la voir travailler, qui m'avait beaucoup encouragé ce fameux soir où j'avais enfin saisi cette baguette pour la première fois, et qui avait fait partie de mon premier orchestre de dix musiciens, et de tous les autres après.

C'est justement à Annette que j'ai confié, pendant l'intermission du cinquième concert symphonique de cette première saison, le 11 avril 1935 :

— C'est tellement frustrant, Annette, d'être assis dans l'orchestre au lieu d'être soliste moi aussi, comme d'autres, simplement parce que les circonstances de la vie ne m'ont pas permis au moins de me présenter au prix d'Europe à mon tour. Des fois en plein concert, j'aurais envie de me lever de ma chaise et de m'en aller. Ou alors de monter sur le podium et de diriger ! Qu'est-ce que j'aimerais, un jour, avoir un tel orchestre devant moi ! Je ne sais pas si je vais tenir le coup encore longtemps, assis sur cette chaise.

— Voyons, Jean, m'a-t-elle répondu avec son air doux et sa voix chaude. Pensez un peu. Grâce à tous ces voyages qui vous ont justement empêché de l'avoir votre prix d'Europe, et grâce à toute l'expérience musicale que vous en avez retirée, vous êtes en train de devenir un bon chef d'orchestre. Vous avez tout pour réussir comme chef : l'allure, le talent et le tempérament. De plus, on est en train de vous donner toutes les chances de le prouver. Alors soyez patient. Restez dans l'orchestre pour l'instant, continuez à accumuler de l'expérience en musique et à gagner quinze dollars de plus une fois de temps en temps. Un jour, bientôt, c'est vous-même qui allez les diriger ces lauréats du prix d'Europe, vous allez voir. Qu'est-ce que vous voulez de mieux !

Annette avait raison sur toute la ligne. Et quand le concert a repris, après l'intermission, j'étais calmé. Après le poème symphonique *Hercule et Omphale* de Claude Champagne, l'orchestre a joué *Schéhérazade* de Rimsky-Korsakoff. J'adorais la musique russe, et même si ce n'était pas moi mais Albert Chamberland qui, en tant que première chaise, a joué, comme il se doit, les soli pour violon contenus dans cette suite symphonique, à la fin de la soirée, j'étais heureux.

En descendant les marches menant de la scène à la salle — il n'y avait pas de « sortie des artistes » par les coulisses au Plateau — je me répétais encore ce qu'Annette m'avait dit une heure plus tôt, quand passe devant moi une belle, grande et jeune fille brune, qui me sourit doucement au moment où nos yeux se sont croisés. Même si je ne l'ai pas reconnue tout de suite, je savais que je l'avais déjà vue quelque part avant ce soir. Cela a suffi pour que je lui sourie à mon tour. Je n'étais pas ce qu'on appelle aujourd'hui un dragueur — d'ailleurs, dans ce temps-là, on ne draguait pas, on tombait amoureux, on faisait la cour et on se mariait —, mais si je n'avais pas eu une amie qui m'attendait à la sortie, j'aurais certainement pensé à trouver une excuse pour l'aborder carrément. Peut-être que tout en parlant du concert, elle aurait accepté que j'aille la reconduire chez elle. Quoique... elle avait l'air très comme-il-faut...

Je me contente donc de lui sourire tout en passant à côté d'elle, quand soudain elle s'arrête et me dit tout de go :

— Tiens ! Bonsoir Jean.

— Bonsoir ! dis-je encore plus surpris que ravi qu'elle m'aborde.

— Vous ne vous rappelez pas de moi ? Je suis Jeanne Gariépy. Nous nous sommes rencontrés sur le *Québec*, à la fin de l'été 1932...

1935

Jeanne

En fait, papa se souvenait très bien de Jeanne Gariépy, et il l'avait tout de suite reconnue ce soir de concert-là, en avril 1935...

— Si tu permets, mon père, c'est moi qui vais continuer à partir d'ici. Maman est là maintenant, et puis...

— Oui, oui, je sais. Quand c'est moi qui raconte à propos de ta mère, je change toujours tout, paraît-il. Alors vas-y.

Pas plus que dans le Sud, le personnel n'avait le droit, sur les bateaux faisant la croisière du Saguenay, d'entamer de longues conversations avec les femmes, sauf pour leur répondre quand elles leur parlaient, et encore moins de flirter avec les jeunes et jolies passagères, sans risquer, si l'un d'eux se faisait attraper, d'être congédié sur-le-champ et d'être débarqué à la première escale. Dans le Sud surtout, ça pouvait sérieusement compliquer la vie et le retour, à ses frais, du coupable chez lui. Par contre, à cause probablement de la longueur des croisières dans les Tropiques, quand les musiciens ne faisaient pas de musique, ils avaient le droit, et même le devoir, d'être charmants avec les passagers, soit en bavardant avec ces dames se promenant sur le «sun deck» avec leurs chiens-chiens, soit en jouant avec elles au shuffle-board sur le «game deck»; ou alors en allant boire un verre au bar avec les messieurs, verre offert par ces derniers, bien sûr. Savoir se faire offrir un verre, entre hommes naturellement, faisait aussi partie du devoir d'un bon officier, d'occasion ou pas, en uniforme ou pas.

— Au fait, papa, une question encore. Dans les îles, à l'hôtel Constant Spring, aviez-vous plus de liberté vis-à-vis des femmes?

— Oui, beaucoup plus. Mais j'imagine que Buster t'en a parlé.

— Oui, enfin, tout ce qu'il m'a écrit à ce sujet c'est que tu étais «a normal man all right», et qu'en Jamaïque, il vous est arrivé de faire de l'équitation et du tennis avec des demoiselles anglaises très «proper»; mais qu'en général, tu étais plutôt solitaire, et que lorsque tu n'étais pas en train de travailler ton violon ou d'écrire à ta famille, tu partais seul dans la nature. Quant à tes goûts «locaux», ils étaient plus portés vers les couvre-chefs et la photographie qu'autre chose.

— *Alors voilà. Tu sais tout...*

En 1932, donc, sur le *Québec*, le jeune officier avait effectivement remarqué cette grande jeune fille brune, toute gaie, mince et élégante qui voyageait en famille. Il semble d'ailleurs que cela avait été réciproque. Dès le premier concert de la croisière, et ensuite à chaque fois que les musiciens jouèrent pendant cette fin de semaine de la fête du travail, elle s'était approchée de cet orchestre de poche, toujours en riant, pour mieux les regarder jouer. Et toujours, surtout, en souriant à ce jeune et assez beau violoniste qui se tenait debout devant ses musiciens, et qui lui rendait son sourire à chaque fois que leurs yeux se croisaient.

« C'est vrai qu'il était assez beau, m'a raconté maman, toujours en riant. Ses yeux surtout étaient d'une telle transparence ! Mais je trouvais que c'était un vrai sauvage. Ne connaissant pas les règlements pour les officiers, j'ai souvent tenté de lui parler, sur le bateau ; mais à chaque fois que je m'approchais de lui, il s'enfuyait, ou alors il faisait semblant de ne pas me voir. Il n'y a que lorsqu'on descendait à terre, aux escales, qu'une fois ou deux, à Murray Bay entre autres, il m'a adressé quelques mots polis et banals. Jusqu'à ce que, le lundi de la fête du travail, alors que le bateau nous ramenait vers Montréal, où nous arriverions le lendemain matin, il passe à côté de moi dans l'après-midi, et sans avoir l'air de me voir, il me dit : "Ce soir, à minuit, sur le pont." Je n'ai pas eu le temps de lui répondre qu'il avait déjà disparu.

« Le lundi soir, à minuit, j'étais là ! Dans un brouillard à couper au couteau — il avait fait un temps de chien pendant toute la croisière —, et avec Yvonne, ma sœur, comme chaperon. Mais pas de Jean... Quand, tout à coup, vient vers nous, cigarette au bec et long imperméable au col relevé jusqu'aux oreilles, une silhouette de film d'espionnage. "J'ai mis cet imperméable pour que le capitaine ne me reconnaisse pas" dit la voix en s'approchant de nous. "J'ai aussi mis un pantalon moins blanc pour ne pas me faire remarquer."

« Ma grande sœur étant là, on a passé une bonne heure à bavarder, sans plus. Puis nous sommes rentrés comme nous étions venus. Le lendemain matin, je sortais de ma cabine avec ma valise quand je l'aperçois devant moi, en uniforme cette fois. Il passait par là, par hasard, dit-il. Il voulait avoir mon numéro de téléphone. Je le lui ai tout de suite donné avant qu'il ne disparaisse à nouveau.

« Nous étions à peine rentrés à la maison, que le téléphone sonnait. C'était Jean Deslauriers. Il voulait sortir avec moi le soir même, puis le lendemain, puis... "Sérieusement", avait-il finalement ajouté. »

— *C'est là que le père de Jeanne a pris le récepteur des mains de sa fille et m'a dit : « Ma fille n'a que 16 ans. Elle est trop jeune pour sortir avec les hommes. Rappelez dans quatre ans. » Puis il a raccroché.*

« Voyons, Jean ! Ça n'est pas du tout comme cela que ça s'est passé, *tu le sais bien.* — Après être allée demander à mon père la permission d'aller au cinéma avec ce violoniste qui dirigeait l'orchestre sur le bateau, je suis revenue moi-même au téléphone et j'ai répondu à papa [1], enfin, à Jean qui attendait toujours au bout du fil, que mon père me trouvait un peu jeune pour sortir avec un homme de son âge — papa avait 23 ans à ce moment-là —, et que donc je ne pouvais pas accepter son invitation.

«Mon père trouvait surtout que ce jeune violoniste à qui il avait eu l'occasion de parler, lui, sur le bateau, était un vrai pigeon voyageur, qu'avec tous ces voyages dans le Sud l'hiver, il avait sûrement déjà beaucoup "vécu", et qu'en effet, en plus d'être trop jeune pour me mettre à sortir le soir avec des garçons, j'étais définitivement trop jeune pour un homme comme lui.»

«J'étais en fait assez d'accord, surtout que les garçons, je n'étais ni d'âge ni de tempérament à attendre après eux très longtemps... À la fin du mois d'octobre suivant, il m'a tout de même rappelée pour m'annoncer qu'il partait pour cinq mois. Je lui ai alors souhaité bon voyage. Et j'ai raccroché. En haussant les épaules et en me disant que je n'étais certainement pas la seule fille à qui il devrait téléphoner ce jour-là afin de lui faire ses adieux. Juste à voir comment elles le regardaient toutes sur le bateau...»

Jeanne Gariépy ne savait pas si bien deviner! Jean Deslauriers avait commencé jeune à fréquenter les filles. Et à les avoir à ses trousses...

«Déjà», raconte Lucienne, «quand, à 16 ou 17 ans, Jean jouait devant ces clubs de dames anglaises, après le concert elles étaient "comme des vraies folles après lui" nous racontait maman qui l'accompagnait presque toujours. "Des femmes assez vieilles pour être sa mère en plus", ajoutait-elle en hochant la tête. Un peu plus tard, quand il s'est mis à voyager, dès qu'il rentrait d'un voyage ou d'une de ces croisières sur le Saguenay, on aurait dit que le mot se passait, comme par magie. Tout à coup, le téléphone n'arrêtait plus de sonner, toujours pour Jean. Adrienne... Yvette... Hortense... Je ne sais plus quelles voix féminines se succédaient à l'appareil.

«Il faut dire que s'il plaisait aux jeunes femmes, les jeunes femmes — grandes et brunes, avant tout — lui plaisaient aussi énormément. Tellement qu'à chaque fois qu'il en rencontrait une nouvelle, il en tombait subitement amoureux. A ses retours de longs voyages surtout, semaine après semaine une nouvelle flamme s'allumait en lui, sans que toutefois il ne se résigne, ni ne sache comment écarter la précédente, laquelle lui plaisait toujours autant, ou presque. Alors, parfois, au téléphone, il mentait. Parce qu'il ne savait pas comment faire, il ne voulait pas blesser, parce qu'il avait été "un peu trop vite en affaires", comme il nous le confiait lui-même après avoir raccroché; et aussi, un peu, sûrement, pour ne rien

---

1. Quand, avec nous, les enfants, maman faisait référence à papa, elle ne disait, et ne dit toujours pas aujourd'hui, «Jean», mais surtout «papa», et très rarement «votre père».

78

perdre, sentant probablement en son for intérieur que sa nouvelle flamme serait d'aussi courte durée que ses anciennes.

« Sauf avec la belle Madeleine, celle qui, un jour, avait déménagé à Ormstown, chez qui il allait encore faire de la musique de chambre, et par qui aucune question ne lui était posée sur son emploi du temps et du cœur lorsqu'il était ailleurs ou en voyage... À part Madeleine, en général les flammes étaient de très courte durée, en effet.

« Mais, tout de même... Certaines d'entre elles furent suffisamment brûlantes pour qu'entre 1932 et 1935, Jean rentre cinq ou six fois dans la chambre de nos parents, après avoir à peine frappé, et, tout excité et ému, leur annonce qu'il allait ou qu'il voulait se fiancer. Cela chaque fois avec une nouvelle fille, bien entendu.

« Dès la première fois, maman, qui discutait peu en général, avait fermé la porte derrière eux. Quinze minutes plus tard, Jean en ressortait, plus calme et décidé à y penser encore un peu avant d'acheter la bague. C'est vrai, avait-il admis, qu'il était encore bien jeune — cette première fois se passait peu de temps après son naufrage, en 1932 —, que son avenir était loin d'être assuré et qu'après tout, il ne connaissait cette jeune femme que depuis un mois...

« La deuxième fois — la première bague n'ayant jamais été achetée —, la porte resta à peine plus longtemps fermée, et quand elle s'ouvrit le résultat et les déductions étaient les mêmes. À partir de la troisième fois, et encore plus lors des deux suivantes, c'est un peu devenu une blague entre nous, les filles. Quand on voyait Jean entrer en trombe dans la chambre de maman, en chœur nous disions : "Encore ! ?", en écho avec elle avant que la porte ne se ferme à nouveau.

« La quatrième fois, à son retour de tournée écossaise aux États-Unis et au Canada, le même scénario, le même "encore ! ?" de maman et de son écho. Sauf que cette fois, ce fut plus délicat. À New York, leur dernière étape de deux semaines avant de rentrer au bercail, Jean s'était vraiment fiancé, avec bague et promesse de mariage.

« La porte est restée fermée plus longtemps ce soir-là. Lorsqu'elle s'ouvrit, Jean n'avait toujours pas changé de décision ; maman, pour sa part, nous annonça que "peut-être" nous aurions une belle-sœur new-yorkaise dans quelque temps. Son "peut-être" avait dû, à l'avance, sentir le petit colis, adressé à Jean et oblitéré à New York, qui est arrivé à la maison une semaine plus tard... La fiancée lui renvoyait sa bague, avec un mot lui expliquant, dans presque les mêmes termes que notre mère, ce que cette dernière lui avait elle-même fait remarquer sept jours plus tôt : leurs différentes nationalités, l'insécurité de son métier, les deux semaines "seulement" qu'ils se connaissaient...

« Après cet incident, nos "encore ! ?" s'espacèrent sensiblement, puis disparurent. Jusqu'à ce que, le 11 avril 1935, après ce concert des Concerts Symphoniques de Montréal... »

— Bonsoir, Jean. Vous ne vous rappelez pas de moi ? Je suis Jeanne Gariépy. Nous nous sommes rencontrés sur le *Québec*, à la fin de l'été 1932. Et voici ma sœur Yvonne, que vous avez également rencontrée à ce moment-là.

— Oui, oui, bien sûr je me rappelle de vous. Comment allez-vous ? Vous avez aimé le concert de ce soir ?

— Oui, beaucoup. Vous faites partie de l'orchestre, n'est-ce pas ?

— Oui, oui... Écoutez, j'irais bien vous reconduire, mais je suis avec mes sœurs et elles m'attendent dehors. Est-ce que je peux vous téléphoner demain ? Vous êtes toujours au même numéro ?

Le mensonge de Jean et de «ses sœurs qui l'attendaient» étant autant pour la bonne cause que la petite mise en scène de Jeanne, qui avait feint la surprise de tomber sur lui «par hasard» en quittant la salle alors qu'elle s'était un peu «arrangée» pour le croiser, leurs désirs secrets et réciproques se réalisèrent. Tel que promis, le lendemain, vendredi, le beau Jean téléphonait à la belle Jeanne pour lui demander d'aller au cinéma avec lui le lendemain soir.

Elle l'a attendu toute la soirée, ce samedi-là ! Plus l'heure avançait, plus les taquineries affluaient. À 19 ans, de tempérament peu possessif, et plus philosophe et insouciante qu'orgueilleuse et susceptible, Jeanne s'est dit, ce soir-là en se glissant sous les draps, que ce n'était pas grave, qu'il avait peut-être oublié, ou alors qu'il avait changé d'idée. Après tout, c'est un peu elle qui avait provoqué les choses en l'abordant, alors peut-être s'était-il senti obligé de l'appeler et de l'inviter, pour le regretter ensuite. Demain, dimanche, il devait faire beau, elle irait se balader avec d'autres beaux garçons... Dix minutes plus tard, elle dormait.

Le lendemain, en effet il a fait beau et, en balade, elle s'est acquis un nouvel admirateur. Quand elle est rentrée à la maison, elle ne pensait plus depuis longtemps à ce Jean Deslauriers. Le soir, en se mettant à table dans la grande salle à manger familiale toute lambrissée d'acajou, fatiguée par cette journée de plein air, elle se dit qu'elle se coucherait tôt après le repas. Le dessert venait d'être servi dans la vaisselle de Limoges quand, soudain, le téléphone sonne. C'était lui !

— Bonsoir, Jeanne. On va toujours au cinéma ce soir ?

C'est sur cette note de distraction que débutent les fréquentations entre Jeanne Gariépy et Jean Deslauriers ; entre la fille d'un architecte très aisé — quoique moins qu'avant la crise —, une jeune fille de «bonne famille» se coulant une vie douce et sans problèmes ; et ce fils aîné d'une famille très modeste et de source terrienne, un jeune homme ayant roulé sa bosse, et travaillant très fort pour arriver à concrétiser son rêve d'être un jour le plus grand chef d'orchestre de son pays.

Au printemps de 1935 donc, ils se voient surtout sur les courts de tennis, où Jeanne joue beaucoup, et où Jean vient l'y rejoindre quand il a

quelques heures libres devant lui. Le soir, souvent ils vont au cinéma. Pendant l'été suivant, que Jean passe au Manoir Richelieu de Murray Bay, ils s'écrivent un nombre insensé de lettres tendres — la moyenne de ce va-et-vient épistolaire étant d'une lettre par jour, et cela dans les deux sens ! Jeanne parlant à son « très cher Jean » de ses longues et chaudes journées au tennis, sans lui ; de ses soirées au cinéma, à la lutte, aux courses de six jours, de ses fins de semaine en balades familiales. Jean, lui, racontant à son « minou » — expression que Jeanne finit par utiliser elle aussi —, ses interminables heures de travail, ses fins de soirée seul sous ce clair de lune qui ne lui fait penser qu'à elle, puis ses nuits d'arrangements, d'orchestrations, de rêves... Détail indiscret mais touchant : en plus de toutes sortes de signes amoureux sous chaque signature, dans chacune de ces lettres allant et venant, il y a dans le coin, en haut, à gauche, un « à toujours à jamais » tout à fait romantique et, j'en ai bien peur, d'une autre époque. Autre détail démodé mais plein de pudeur romantique : ils se vouvoyaient toujours.

Après le retour de Jean, à l'automne, les Concerts Symphoniques reprennent, lui étant sur scène, et Jeanne dans l'auditoire. Après chaque concert, bras dessus, bras dessous ils quittent le Plateau, comme ils le font encore parfois après le tennis, jusqu'à ce que l'été indien se retire. De leur côté, les sœurs de Jean, elles, ne le suivent plus chacune leur tour lors de répétitions, de concerts ou d'émissions de radio en studio. Désormais c'est Jeanne qui y assiste régulièrement. Après ses *Musique en Dînant*, puis, en 36, ses *Paysages de Rêves*, et enfin, en 37, ses *Jardin Viennois*, ils vont manger ensemble, pas cher, chez Murray's par exemple, ou alors chez les parents de l'un ou de l'autre.

S'ils se retrouvent parfois autour de la table des Deslauriers, ils passent beaucoup de temps à se roucouler des choses douces dans le petit boudoir que le père de Jeanne leur laisse dans sa grande maison qu'il a lui-même construite, sur la rue Sherbrooke est. Jeanne, de nature plutôt souple, écoute Jean qui fait de grands projets pour eux deux. Si elle est très amoureuse de lui et l'admire beaucoup dans son travail, en même temps elle le craint un peu, car Jean peut parfois être brusque, impatient, autoritaire. D'autre part, l'instant d'après il est si souvent délicat, tendre, amoureux, que...

C'est dans un cocktail de tous ces traits de caractère opposés qu'il lui dit un soir : « Bon, on se marie. Je vais voir ton père demain. »

Ce qu'il fit le lendemain soir, après avoir annoncé ses intentions à ses parents, et pas dans la chambre conjugale cette fois.

Debout près d'une des hautes et lourdes portières en velours bleu nuit suspendues dans l'embrasure de la porte du salon, lambrissé de chêne, chez Monsieur Gariépy, nerveusement mon père fit sa demande à ce dernier ; lequel, confortablement assis dans un fauteuil moelleux et avec un bon cigare entre les lèvres, lui répondit, tout en enlevant ses lunettes d'une main et, de l'autre, posant sur ses genoux le journal qu'il était en train de lire : « Prends la main de ma fille. Prends-en bien soin. Mais lâche ma portière. Tu vas l'arracher. »

De là, tout se passa plutôt traditionnellement : à Noël 1936, dans la grande maison de Monsieur Gariépy, Jeanne et Jean se fiancèrent en famille ; et samedi le 24 juillet 1937, ils se marièrent en l'église Saint-Eusèbe-du-Verceuil. Le soleil, la famille, les amis et plusieurs musiciens étaient au rendez-vous. Les mariés étaient beaux, les limousines brillaient ; même le vent, très chaud, se mit de la partie en décapelinant presque la mariée, aussi fragile et délicate qu'une poupée de porcelaine dans sa belle robe de crêpe de soie grège et ses 98 livres. Ce ne fut que pendant le voyage de noces à Old Orchard, où ils se rendirent dans une automobile louée — Jean avait vendu la sienne pour mieux se marier —, que la tradition souffrit quelques... arrêts, quelques... entorses, disons.

Si, ne connaissant pas les ancêtres de Jeanne, on pouvait les soupçonner d'avoir acquis, le temps d'une pleine lune, quelques plumes dans le sang tellement elle bronzait, noircissait plutôt, sous un soleil même absent, Jean, pour sa part, avait tout à fait le teint, la pigmentation, et donc la fragilité des blonds aux yeux bleus qu'il était. Alors le soleil de fin juillet à Old Orchard, pour un « blond-blanc » comme lui...

Le lendemain de leur départ de Montréal, ils arrivèrent tard à Old Orchard. Ce n'est donc que le matin d'après qu'ils allèrent à la plage. Heureusement pour les tourtereaux... car à partir de ce soir-là, et pendant les deux jours — et nuits — suivants, Jeanne ne put toucher son nouveau mari qu'en lui enduisant de la crème Noxema sur tout le corps. Le soleil étant totalement voilé quand ils s'étaient étendus sur le sable, ce premier jour, et Jean s'étant endormi, Jeanne était alors partie à la recherche de coquillages... Quand elle était revenue il avait l'air d'un homard sortant de l'eau bouillante...

Les nouveaux mariés avec leurs amis musiciens.

Tout de même, après un léger retard dans ce qui était, j'imagine, sûrement déjà commencé, leur voyage de noces se poursuivit en beauté. Et se termina à sec. En traversant le pont Jacques-Cartier, au retour, mon père n'avait plus dans ses poches que quarante cents bien comptées.

Mais ils n'étaient pas inquiets. Dans le courrier, il y avait un chèque de 40 $, pour le *Jardin Viennois* que papa avait dirigé la veille même de ses noces ; dès la prochaine émission, on lui rendrait son pupitre ; à l'automne recommençaient les concerts symphoniques ; en même temps débuterait pour un an la série *Le Long du Danube*, remplaçant *À l'Ombre d'un Jardin Viennois* ; et puis, comme cadeau de mariage, aurait-on dit, Radio-Canada lui avait annoncé, juste avant ce 24 juillet dernier, leur intention de créer pour lui et avec lui, et cela en plus de ce *Long du Danube*, une toute nouvelle émission, dont il serait le chef d'orchestre attitré et exclusif. L'orchestre serait son choix à lui, en fait ce serait SON orchestre à lui ! « Quand vous rentrerez, lui avait-on dit à Radio-Canada, nous discuterons plus en profondeur de la formule de l'émission, du titre, du nombre de musiciens. Et du contrat. Allez vous marier. Vous avez tous nos vœux de bonheur. »

Non, Jeanne et Jean Deslauriers n'étaient pas inquiets en rentrant d'Old Orchard.

La vie, la musique et l'amour semblaient prêts à vouloir leur sourire pour longtemps. Ils avaient raison. Les plus belles années de leur vie commençaient.

Pour Monsieur Clément Morin p.s.s.
a l'excellent musicien
et au vieux copain
sincèrement
Jean Deslauriers
1946

Les années 40

Les plus belles années

La vie, la musique et l'amour leur ont souri, en effet. Pendant les dix années suivantes, Jean et Jeanne feront au monde six enfants :

Le 14 juin 1938, à l'hôpital Notre-Dame — où nous naîtrons tous — naît Yolande, l'aînée. C'est un beau bébé, délicat et long ; ses cheveux sont soyeux, ses yeux se fixeront au marron ; son poids est normal, et elle est en parfaite santé. Très vite elle rampe, puis fouine partout. Et alors, quelles cordes vocales... ! Elle avait à peine six mois que son père déclarait à tout le monde : « Avec la voix qu'elle a, surtout la nuit, elle fera sûrement une chanteuse. » Et quand elle hurlait et que sa mère voulait la prendre pour la calmer, il lui disait : « Laisse-la hurler, Jeanne, c'est bon pour la voix. »

Puis, le 15 octobre 1940, arrive une deuxième fille : moi. Des cordes, c'est plutôt sur la tête que j'en ai, des noires et des raides ; avec des yeux devenant très vite brun très foncé. Mon poids ? Plutôt lourd ; comme je ne me réveille que pour manger, à 5 mois, je pèse déjà 25 livres. Je suis tellement grosse que lorsqu'on m'assoit quelque part, je roule. Je connaîtrai donc mon premier régime à l'âge de 5 mois. Par contre, si contrairement à Yolande, je mets beaucoup de temps à marcher, à 9 mois, il paraît que je parlais déjà très bien et surtout que je bavardais tout le temps.

23 mai, 1944 : après un répit de trois ans pour maman, elle accouche d'un fils ; le premier ! Son mari est tellement excité que le jour du baptême, il quitte en trombe le chevet de sa femme, toujours alitée, sans savoir qu'elle veut qu'on donne le nom de *Jean* à son fils. Quand le prêtre demandera à papa : « Le prénom, quel est le prénom ? », il dira : « Heu... Gilles ! », comme ça, tout en regardant avec admiration son fils qui gigote au-dessus des fonts baptismaux.

Gilles est blond aux yeux bleus, comme son père, jeune. Et comme Yolande, très vite il ne tient plus en place. Sauf que ce fils coûtera un peu plus cher qu'un kilo de sucre et de café, que Yolande, elle, adorait mélanger, le matin à l'aube. Cette fois, c'est tout le moteur d'un aspirateur électrique qu'il faudra remplacer : un jour, alors que maman dut interrompre son ménage pour répondre au téléphone, Gilles eut la brillante

Avec Gilles,

... Yolande,

... Nicole,

... Marie et Louise.

idée de faire boire à l'aspirateur l'eau que, rapidement, il venait de faire couler dans la baignoire.

Le 12 octobre 1945, naît François, le deuxième fils. J'avais 5 ans et je me souviens :

Quand je suis entrée, avec Yolande et tante Yvonne, dans la chambre de maman, à l'hôpital Notre-Dame, papa était assis sur le bord du lit, et Monsieur l'abbé Pilon, leur ami, parlait doucement à maman qui pleurait, sans bruit. Je me souviens qu'alors on nous a fait sortir de la chambre, silencieusement. L'abbé Pilon nous a suivis, et une fois dans le corridor, il nous a dit : «Votre maman a du chagrin parce que votre nouveau petit frère est très malade.»

À la maison, ensuite, je me souviens de sa tête : elle était grosse, trop grosse, surtout à partir du front. Je me souviens d'avoir entendu le mot hydrocéphalie, puis l'expression «une tête d'eau»; d'avoir entendu aussi : «On a vu tous les spécialistes. S'il vit, il sera anormal.»

Je me souviens aussi du mystérieux silence et de la pénombre dans la maison, pendant longtemps.

Je me souviens qu'un jour, François est mort, sans un cri, à la campagne, au début de l'été 46, à Mabaie. Il était vieux de 9 mois et demi. Je me souviens ensuite du petit cercueil blanc, et du murmure général, à l'enterrement : «C'est mieux ainsi.»

Je me souviens, enfin, que cet été-là, un jour, je suis entrée dans la cuisine de notre petit chalet d'été sur la rivière des Prairies. Maman pleurait doucement, et papa avait ses bras autour d'elle. Il me semble me souvenir avoir alors entendu papa lui dire tendrement : «C'est mieux ainsi. Ne pleure pas. On en aura un autre.»

S'il ne l'a pas dit, il l'a fait. Et doublement...

Le 9 février 1948, naissaient, à dix-sept minutes d'intervalle, Marie, 6 livres, 13 onces; puis Louise, 7 livres, 1 once. Une toute blonde, puis une toute brune. Toutes deux bouclées et les yeux bleus et transparents, avec le temps. Deux beaux gros bébés bien en santé. Et vite fourrées partout. Les mauvais coups se sont bientôt multipliés, avec maman à leurs trousses; Marie menant généralement le bal à deux, Louise devenant souvent la victime... Un hiver, entre autres, une demi-heure après que maman les ait déposées, bien emmitouflées, sur le balcon de notre premier étage, une voisine vient l'avertir qu'il y a plein de vêtements d'hiver sur le trottoir, en bas, et qu'une des deux petites, la brune, est presque nue... Plus tard, le même jour, pendant leur dodo de l'après-midi, la même brunette se laisse enduire, par l'autre bien entendu, de la matière que Cambronne, lui, n'utilisa, qu'en paroles, pour envoyer promener les ennemis de la France.

Ma mère n'était en somme pas du tout surprise de ce «doublé». Au bout de neuf mois de plus en plus étrangement essoufflants, elle pesait 185 livres, son ventre n'avait jamais été si énorme pendant ses quatre précédentes «portées», et souvent, surtout vers la fin, ça vous donnait de ces coups de pieds... à gauche, à droite... On ne pouvait être qu'à l'étroit là-dedans! Je me rappelle quand pour se reposer debout dans la cuisine, elle déposait son ventre sur le bord de la table pendant quelques instants...

Mon père non plus n'était pas trop surpris, spécialement après les prédictions de probabilité formulées par le médecin, quelques mois déjà avant que maman n'accouche. Mais tout de même, je crois que pendant les premiers mois, il s'est senti un peu dépassé... Deux en même temps, surtout en quatrième et en cinquième, ça donne un coup, même lorsqu'on aime beaucoup les enfants.

Papa n'avait très probablement pas oublié les difficultés qu'avait connues son propre père avec sa famille de huit enfants, ni, surtout, cette phrase que tant de gens avaient répétée à grand-papa devant lui : «T'es fou, Paul-Émile! Tu ne vas pas en faire un musicien? Il ne pourra jamais gagner sa vie avec la musique, voyons!» Heureusement, ces personnes s'étaient trompées, et papa était arrivé, jusqu'ici, à la gagner sa vie avec la musique ; mais de là à la gagner pour cinq enfants... Déjà, il pensait parfois que si seulement il avait été moins impulsif et moins romantique, il ne se serait, en premier lieu, peut-être jamais marié... Qui sait...

Mais voilà. Romantique et impulsif il était, et il était tombé amoureux de la douce et belle Jeanne, qui elle aussi était tombée amoureuse, et admirative, de ce jeune homme qui fonçait tête première à travers des difficultés qu'elle n'avait pas connues.

La religion, la tradition et la mentalité de l'époque aidant, ces cinq enfants étaient maintenant là, bien en vie et en santé. Ma mère n'étant pas de nature à s'en faire pour l'avenir, ni de tempérament à se sentir dépassée parce qu'il y avait un ou deux enfants de plus à laver et à aimer, les craintes et doutes que mon père ait pu, à un moment, entretenir, inconsciemment ou non, se sont dissipés lentement.

Ce fut bientôt évident! Par la suite, il n'y avait qu'à le regarder photographier et encore plus filmer avec autant de plaisir ses cinq rejetons sous tous leurs angles et mimiques pour en être définitivement convaincu.

C'était également évident que ses craintes de l'avenir lui restant d'un passé financièrement difficile étaient de moins en moins fondées avec les années qui passaient... Depuis que la radio existait, et — fait à remarquer — surtout depuis le début de la Deuxième Guerre mondiale, la musique tombait effectivement de plus en plus dans le bec du jeune couple Deslauriers...

*   *   *

Entre le 24 juillet 1937, jour de leur mariage, et le 20 septembre 1953, où Jean Deslauriers paraîtra pour la première fois à la télévision, il dirigera, à la radio, pas moins de onze différentes séries d'émissions musicales, dont plusieurs seront simultanément retransmises, en anglais, à travers le Canada tout entier et même aux États-Unis. La plus importante de toutes, *Sérénade pour Cordes* — le fameux cadeau de mariage de Radio-Canada — sera, dès ses débuts, présentée dans les deux langues et traversera tout le pays ainsi que sa frontière sud. L'émission passera d'ailleurs à l'histoire de la radio comme étant la plus longue et la plus populaire de toutes. Avec quelques interruptions, elle durera plus de vingt ans. Parmi ses réalisateurs du début : Paul Leduc, Roger de Vaudreuil, Marcel Henry, Albert Chamberland.

Naviguant à travers ce bastion de la radio, il y aura :

Le Long du Danube, mentionné plus haut ;

Le Concert Lipton/The Lipton Tea Musicale, à partir du mois d'octobre 1943, et pour trois ou quatre saisons — je n'ai pas retrouvé la date exacte de la dernière émission. Avec vingt-cinq musiciens, un chœur occasionnel de douze voix, et sa soliste régulière, la chanteuse américaine Muriel Birckhead, cette série, produite et réalisée par Roland Beaudry, ira, par un réseau national de plus de cinquante-deux postes, « de l'Atlantique au Pacifique », tel que nous l'annonçait, chaque dimanche à 6 heures 30, le gros meuble en acajou du salon syntonisé sur CBF ;

Sérénade aux Étoiles/Stardust Serenade — en anglais, le samedi et en français le dimanche —, commanditée par la compagnie C-I-L, et diffusée à partir des studios de Marconi, à Saint-Henri, puis de l'Ermitage, sur la Côte-des-Neiges. Cette série, réalisée, à partir de 1944, par Rusty Davis et supervisée par Harry Junkin, durera au moins trois saisons — sauf erreur ; encore là, ma recherche n'a trouvé que la mémoire de ma mère...

Puis, le 7 octobre 1946, débute à Radio-Canada, les *Radio-Concerts Canadiens*, émission réalisée d'abord par Paul Leduc, puis par Armand Plante et diffusée le lundi soir à partir de l'auditorium Le Plateau. C'est la Brasserie Molson qui commandite la série ; l'orchestre est composé de quarante-cinq musiciens ; la musique offerte au public et aux auditeurs est sérieuse à 50%, l'autre moitié étant plus « classique populaire ». Les *Radio-Concerts Canadiens* dureront trois saisons de six mois chacune, d'octobre à avril.

Le 3 octobre 1949, commence ensuite, au Plateau, *Le Théâtre Lyrique Molson*, réalisé à nouveau par Armand Plante. Pendant quatre ans, chaque lundi soir d'hiver, un concentré d'opéra sera présenté au public et aux auditeurs de Radio-Canada.

Jean Deslauriers et son Orchestre à Cordes sera, à la radio, l'émission de l'été 1951[1]. D'avril à octobre, mon père dirigera une demi-

---

1. Pendant les années 51-52-53, *Sérénade pour Cordes* sera retiré de l'horaire. L'émission reprendra, à la radio, le 5 juin 1954.

heure de «musique légère», dit LA SEMAINE À RADIO-CANADA. «Pourquoi pas? disait Toscanini. Tant qu'elle est bien jouée!»

Juin-juillet-août 1952 : c'est *Gaieté Parisienne* qui distraira en musique les radiophiles. Extraits d'opérettes, airs légers d'été.

Concert d'Opéra, réalisé l'été suivant pas Carl Little, sera beaucoup plus sérieux. Du 3 mai au 25 octobre 1953, «le réputé chef d'opéra, Jean Deslauriers», tel qu'on en parle dans LA SEMAINE, dirigera de la musique d'opéra, vocale et instrumentale, avec les artistes canadiens les plus renommés. Une fois par mois, un chœur mixte aura la vedette. Et certaines semaines seront consacrées à un seul compositeur, comme Puccini, ou Wagner, dont la «Romance à l'Étoile» tirée de son *Tannhäuser*, servira de thème à l'émission. C'est lors de cette série que Jon Vickers, «ténor de Prince-Albert, Saskatchewan», comme le mentionne LA SEMAINE, chantera pour la première fois sous sa baguette.

Les Artistes de Chez Nous, enfin, débutera, pour une seule saison d'hiver, celle de 1953-54, à la même époque où Jean Deslauriers fera ses débuts officiels à la télévision de Radio-Canada.

Au cours de cette décade et demie d'orgie musicale radiophonique, à un moment quatre de ces séries d'émissions seront forcément à l'horaire de la radio pendant la même saison. 1946-1947 sera pour papa une «saison de fou», comme il disait souvent. Mais de toute sa vie de jeune chef d'orchestre, il n'a, je crois, jamais été aussi heureux. Et aussi beau, cela j'en suis certaine quand je regarde la page première de ce chapitre!

Naviguent également entre toutes ces séries — toujours en direct bien entendu —, de nombreux engagements individuels. Voici, du moins, ceux que j'ai retrouvés...

Le 18 mai 1939, à l'occasion de la visite de Leurs Majestés le Roi George VI et de la Reine Élizabeth, banquet royal à l'hôtel Windsor, hommage de la Ville de Montréal. Pendant le dîner, un concert fut offert aux royaux visiteurs. Le Quatuor Alouette d'abord, puis «Musique Instrumentale par l'orchestre à cordes Jean Deslauriers», Tchaikovsky, Mozart, Purcell, Rameau et Beethoven firent les honneurs, bien sûr; mais également *Deux Danses* de Hector Gratton, *Rigaudon* de J.J. Gagnier, *À Saint-Malo* de Sir Ernest MacMillan; *Two Scottish Dances, Londonderry Air, Fiddle Dance* et *By the Bonnie Banks o'Loch Lomond*. Ainsi tout le monde fut content, et Grieg aussi puisque ce fut son *Wedding Dance at Throlhaugen* qui clôtura le concert. Douze ans plus tard, le 30 octobre 1951, le même genre de scénario se répétera lorsque leur fille, la Princesse Élizabeth, et son beau et grand mari viendront, à leur tour, recevoir les hommages de la Ville de Montréal; et, à nouveau, de Jean Deslauriers et son orchestre à cordes, après le Trio Lyrique, cette fois.

Le 17 mai 1943 : Hommage à Calixa-Lavallée; concert donné à la salle Saint-Sulpice, à l'occasion de la naissance du Conservatoire de musique et d'art dramatique de la province de Québec. Pierrette Alarie, Marie-Thérèse Paquin, Rolande Dion, Roland Leduc, Jean-Marie Bussières font partie de cette soirée. Pour Jean Deslauriers, c'est un grand honneur de diriger, devant Wilfrid Pelletier, le directeur général de ce conservatoire tout neuf, ce concert d'inauguration.

Un an plus tard, en 1944, dans LA PRESSE du 17 mars, on voit ces deux photos, sous lesquelles la légende dit : « M. Wilfrid Pelletier, directeur du Conservatoire de musique et d'art dramatique de la province, chef d'orchestre au Metropolitan Opera, à qui France-Film a confié la direction artistique du gala du 24 mars au Saint-Denis ; à gauche (ils voulaient sûrement dire : à droite), M. Jean Deslauriers, qui dirigera ce soir-là son orchestre à cordes si apprécié des radiophiles. »

Également au théâtre Saint-Denis, pendant les années que dureront la Deuxième Guerre mondiale, mon père dirigera plusieurs concerts « en faveur de l'achat de certificats d'Épargne de Guerre », organisés par Radio-Canada avec le concours du ministère des services nationaux de guerre. En somme, comme il disait, les émissions de « l'Emprunt de la Victoire » ou encore « des Bons de la Victoire ».

Puis, en septembre 1944, il dirigera, pour la première fois, l'Orchestre Symphonique de Montréal. En matinée seulement, mais tout de même, c'est un début. Le soliste invité ce jour-là : Marcel Grandjany, le plus grand harpiste de l'époque !

(À la fin de la saison 42, papa avait définitivement quitté les rangs de l'Orchestre Symphonique. Après avoir beaucoup hésité : c'était sécurisant ce salaire régulier, quoique minime, chaque semaine, chaque mois, chaque année. À moins que l'orchestre ne cesse d'exister, ce qui était peu probable, ou alors qu'il se casse un bras. Mais même là... En août 1936, il s'était fracturé le petit doigt de la main gauche, lors de l'enterrement de son premier professeur de violon, Monsieur Taranto. Pourtant à l'automne, il avait repris sa place parmi les premiers violons de l'orchestre, même si, en son for intérieur, il avait pensé saisir cette occasion, et le fait qu'il était moins satisfait de son jeu, pour quitter. Mais avec ces fiançailles dans l'air, puis le mariage, puis Yolande, puis Nicole... Puis un jour, il n'a plus attendu. En 1942, *Sérénade pour Cordes* était dans sa cinquième année d'existence et de succès; on parlait de lui pour ces *Concerts Lipton*; il avait plein d'arrangements et d'orchestrations à faire, et de temps en temps il composait... Avec, en plus, tous ces galas et concerts individuels, Jean Deslauriers se devait, désormais, d'être plus disponible. Été 42, il le devint donc.)

Il avait eu raison, la suite le prouva... En janvier 1945, lors de la soixante-quatorzième matinée symphonique pour les jeunes, il est de nouveau invité à diriger l'Orchestre symphonique. Au programme: *Petite Musique de Nuit* de Mozart, *Danses Sacrée et Profane* de Debussy, *Fantaisie sur un Thème de Thallis* de Vaughan Williams; plus un peu de Ravel, de Bach, etc.

Plus tard, la même année, c'est la Société Classique qui le demande, lui et son orchestre à cordes, toujours. Puis il est invité, à deux reprises, à diriger le Toronto String Orchestra — serait-ce lui par hasard qui aurait aidé à lancer, au Canada, cette mode des orchestres à cordes?

Et ça continue... D'autres Galas des Artistes; en 43, gala annuel de l'A.G.E.L. (Association générale des étudiants de l'Université Laval); celui, en 49, des étudiants de l'Université de Montréal. D'autres concerts: pour les Rendez-Vous Artistiques, à Trois-Rivières en 43, et à Saint-Hyacinthe en 48; pour l'Académie Artistique au stade Molson. D'autres festivals, dont le troisième Festival du Ballet, au His Majesty's, à Montréal, en 1950. À cette occasion, il sera présenté au lieutenant-gouverneur de la province.

Pendant toutes ces années, toutes ces *Sérénades* et autres séries, concerts, festivals et galas, mon père aura la chance de diriger avec de grands artistes internationaux, dont Hertha Glaz, Marcel Grandjany, Samson François, Jan Peerce, George London et Henryk Szeryng. Mais c'est avec lui que débuteront également à peu près tous les artistes québécois qui deviendront connus à leur tour, un jour.

Quant au cinéma... Il y fera ses débuts comme chef d'orchestre de musique de film en même temps que le cinéma canadien fera, lui, ses premiers pas...

Au printemps 1946, René Germain et Paul L'Anglais fondent la Quebec Productions Corporation. Dans leurs studios de Saint-Hyacinthe, ils feront pendant quelques années plusieurs films. La réputation de Jean Deslauriers en tant que chef, ainsi que celle de son sens précis et minutieux du temps chronométré à la seconde près n'étant plus à faire, on lui offrira une large part de ce nouveau gâteau, la musique de film à diriger.

Avec Albert Chamberland et Henryk Szeryng.

Comme les défis l'ont toujours attiré, et qu'il est un cinéphile enragé...

En quatre ans, il dirigera la musique de quatre films ; *La Forteresse/ Whispering City, Le Curé du Village, Un Homme et son Péché*, et *Le Rossignol et les Cloches* (et, paraît-il, *Le Père Chopin* ; mais je n'en ai pas trouvé confirmation).

De tous ces films, c'est de *La Forteresse* qu'on a le plus longtemps entendu parler à la maison. D'abord c'était, pour notre père, sa première expérience du genre. Ensuite il dut, en quelques nuits, orchestrer les cinquante-cinq minutes de musique de film que Morris C. Davis (Rusty) venait composer à côté de lui le soir, avant d'aller se coucher en le laissant continuer à travailler tout seul ; et de plus, orchestrer le fameux *Concerto de Québec*, œuvre du prodige André Mathieu, qui sera joué, du moins en partie, à l'écran comme point culminant de l'histoire. Dans la version française, c'est Paul Dupuis le pianiste célèbre de l'histoire ; en anglais, c'est Helmut Dantine. Mais en réalité c'est Neil Chotem qui interprétera ce concerto sous leurs doigts de comédiens. « Et nous », me dit Marielle Provost qui jouait du violon dans l'orchestre, « on a travaillé comme des nègres avec ton père pendant l'enregistrement. »

Mais la raison principale pour laquelle ce film resta autant dans ma mémoire est la suivante : à cause d'un problème technique de son à l'enregistrement du fameux concerto, un problème de distortion et de synchronisation en même temps, il fallut le réenregistrer ; cela, bien sûr, sans refilmer la scène où on voit le chef d'orchestre et le pianiste. Les studios de Saint-Hyacinthe n'ayant pas l'équipement nécessaire pour ce genre d'acrobatie audio-visuelle, Neil et papa durent se rendre de toute urgence à New York, aux studios de la Fox Movietone ; c'est là que, tout en regardant, celui-ci ses propres gestes, et celui-là les mains des comédiens quand on les voyait à l'écran, les trois minutes de musique du *Concerto de Québec* furent réenregistrées. Le détail le plus important, pour mon père en tout cas, de cette aventure : parmi l'orchestre, qui dut être formé sur place pour eux, se trouvaient plusieurs des musiciens de l'orchestre de la NBC, sous la direction régulière, à l'époque, de son fondateur, Arturo Toscanini !

Papa n'y croyait pas. Tellement qu'il fit, en répétition avec eux, quelque chose qu'il n'aurait probablement jamais fait à Montréal — maman était là, et c'est elle qui me l'a raconté : « Ayant quelque chose à dire à un musicien, il est descendu du podium pour aller lui parler. C'est à ce moment qu'un autre musicien, probablement le "concert master", lui dit discrètement, alors qu'il retournait à son podium : "Maestro Deslauriers, quand vous avez quelque chose à dire à un musicien, vous ne devriez pas descendre de votre podium. Faites-le venir à vous." »

Jean Deslauriers, de Montréal, dirigeant, à New York, les musiciens de Toscanini... Il s'en souviendrait toute sa vie. Pour lui ce serait toujours comme un rêve, une aventure à peine crédible, tellement il s'était senti honoré et heureux de diriger les collaborateurs, les « hommes » mêmes de son idole de toujours.

Pourtant c'était tout à fait vrai. Et crédible ! En 1947, mon père était probablement le plus connu, le plus choyé, le meilleur des chefs d'orchestre canadiens à domicile. (Ceci n'est pas qu'une opinion personnelle et subjective de « petite fille à son papa » : je ne sais plus combien de personnes, et des plus qualifiées, du milieu musical me l'ont dit et redit depuis sa mort, et même avant.) À cause de son talent, de son acharnement au travail, de son professionnalisme inné. Mais aussi, et par tout cela, à cause de *Sérénade pour Cordes*, qui avait justement parti le bal, en 1938 !

Le jour de Noël 1937, à New York, Toscanini, âgé de 70 ans, inaugurait le nouvel orchestre symphonique que la NBC avait créé tout spécialement pour le faire revenir aux États-Unis ; à Montréal, une semaine plus tard, c'est-à-dire le 1er janvier 1938, Jean Deslauriers, 28 ans et demi, dirigeait la toute première émission de *Sérénade pour Cordes*, avec un orchestre créé spécialement pour lui et avec lui par la société Radio-Canada.

L'orchestre de Toscanini, d'un nombre symphonique complet, était composé des meilleurs musiciens des États-Unis ; celui du jeune Deslauriers avait vingt cordes, sa spécialité, lesquelles cordes avaient été puisées à même l'Orchestre Symphonique de Montréal.

Toscanini touchait 4 000 $ par concert ; Deslauriers, 50 $.

Mais l'orchestre de la NBC — « son orchestre », disait Toscanini — jouait parfois sous d'autres baguettes et à d'autres sauces carrément commerciales, cela sans sa permission, ce qui le mettait dans des colères terribles, paraît-il ; l'orchestre de Deslauriers, tel qu'assemblé par lui, ne jouait que sous sa direction exclusive. C'était vraiment SON orchestre, à lui seul.

Par contre, en 1938, Toscanini était TOSCANINI depuis déjà très longtemps, une légende bien en place avec ou sans la NBC ; en 1938, Jean Deslauriers n'avait que son talent, son travail et ses rêves devant lui. Il n'était que le jeune Jean Deslauriers. Lequel, avec *Sérénade pour Cordes* créa tout de même un style bien à lui, style qui plut à tout le monde. Et qui fit que le jeune Deslauriers devint vite, chez lui, JEAN DESLAURIERS. À travers le pays entier :

« Votre père, c'était un peu notre Toscanini à nous, les Canadiens français », me dit, un jour de 1980, une dame âgée très distinguée et très alerte, après que nous ayons fait connaissance dans le train Montréal-Québec. Je n'ai pu que sourire : deux jours plus tôt, au bar de chez Castel, un homme d'affaires, 40 ans, costume rayé et accent québécois internationalisé juste ce qu'il fallait, m'avait dit exactement la même chose en levant son verre de champagne alors que je passais près de lui avec maman.

« Pour moi, me dit Henri Bergeron plus tard, le nom de Jean Deslauriers était magique. Quand j'étais petit, à Notre-Dame-de-Lourdes, au Manitoba, un soir j'ai ouvert la radio juste au moment où l'annonceur — Omer Renaud ou Tony Leclerc, je ne me souviens plus — disait, en français : "... *Sérénade pour Cordes*, avec le chef d'orchestre Jean Deslauriers." Puis, il continue, en anglais : "Tonight is the one hundredth concert from that series." "Au programme ce soir..." reprend-il alors en français...

« J'ai écouté le concert jusqu'à la dernière note. À partir de ce soir-là, je n'ai manqué aucune émission, cela pendant des années. À chaque fois, je me disais : "Ça, c'est un Canadien français comme nous, et il est chef d'orchestre ! Comme j'aimerais le connaître un jour !" Le nom de Jean Deslauriers est alors devenu un symbole pour moi. Je l'ai souvent prononcé en allant me coucher le soir, après avoir écouté sa musique et son orchestre. Puis, un jour, c'est moi qui l'ai prononcé ce nom magique. À la télévision, vingt ans plus tard... »

Cette centième émission de *Sérénade* a eu lieu le 27 novembre 1940. À cette occasion, on a doublé le nombre des musiciens de l'orchestre, et Jeanne Desjardins, l'artiste régulière de l'émission cette année-là, chanta *La Musique des Yeux*, une mélodie que papa avait composée d'après un poème d'Albert Lozeau. Le 24 juillet 1939, à l'occasion du deuxième anniversaire de mariage de mes parents, Anna Malenfant avait fait connaître cette mélodie encore inédite, en l'interprétant, la première, à *Sérénade pour Cordes*. (Yolande, la future cantatrice de la famille, héritera des droits de cette composition de son père.)

Derrière cette photo prise, en 1940, dans un studio de Radio-Canada, alors situé dans le Kings Hall Building, rue Sainte-Catherine ouest, mon père a noté, en plus des noms de la soliste, Marcelle Monette, et de l'annonceur Tony Leclerc : « studio H-8 ». À New York, depuis deux ans,

Toscanini dirige la symphonie de la NBC dans un studio de Radio City. Le 8H... Quelle coïncidence !

Mardi, le 24 novembre 1942 : Ce soir, au Palais Montcalm, à Québec, c'est le concert-gala annuel de l'A.G.E.L., sous le distingué patronage de Monseigneur Camille Roy, P.A., V.G., recteur de l'Université Laval. À cette occasion, Jean Deslauriers et son orchestre à cordes, invités à donner ce concert, sortiront pour la première fois des studios de Radio-Canada.

Le programme est brillant. Le concert est très réussi. Les critiques sont dithyrambiques :

« ... l'ensemble le plus homogène qu'il nous ait jamais été donné d'entendre ; ces vingt musiciens semblent avoir pour leur jeune directeur une confiance et une admiration sans borne. »

« Les dix-sept meilleures cordes de l'orchestre des Concerts Symphoniques de Montréal sous la direction d'un jeune et excellent chef. Les violons : Lucien Sicotte, Pierre Iosch, Madame Annette Lasalle-Leduc, du Quatuor Jean-Lallemand, Lucien Martin, Roland Poisson, J. Payment, Lionel Renaud, N. Herschorn, Madame M. Provost-Robichaud. Les altos : Lucien Robert, du Quatuor Jean-Lallemand, Eugène Chartier, chef d'orchestre à Radio-Canada, J. Mastrocola, L. Paul. Les violoncelles : Jean Belland, J. Kaster, N. Dansereau. La basse : R. Charbonneau. Madame Juliette Drouin à la harpe, et Mlle Marie-Thérèse Paquin au piano complètent cette équipe de musiciens qui ont joué sous la direction des meilleurs chefs de l'heure : Defauw, Bruno Walter, Beecham, Wallenstein, Stassévitch, Ormandy, Sevitzki, etc. »

Ça c'était la formation en 1942. Mais dès le début, et au cours des années, plusieurs autres noms passeront sous sa baguette : Alexander

Brott, Roland Leduc, entre autres Canadiens; d'autres, s'ajoutant lentement à l'orchestre, resteront avec Jean Deslauriers pendant les vingt ans et plus de *Sérénade*. Ils viennent de partout, comme leurs noms l'indiquent (certains fuyant même sûrement la guerre en Europe) : Nemish, Kondaks, Joachim, Norton, Charuk, Cantor, Pollack, Masella... En 1945, lors d'une interview avec RADIOWORLD, papa décrivait son orchestre, qui avait grossi surtout pour les *Concerts Lipton*, comme la «musical league of nations». Pour sa part, Clément Morin, prêtre, musicien, et ami de papa, me décrira l'orchestre de *Sérénade pour Cordes* comme «une vraie famille».

La presse continue :

«Jean Deslauriers a trois qualités qui ne courent pas les rues. Premièrement, il sait ce qu'il veut et il le demande, il l'exige, crispé ou suppliant : "Messieurs, donnez-moi cet accent"... "Messieurs, vibrez avant de commencer à jouer." On ne lui en passe pas et les moindres exigences de la partition à l'étude sont là, toutes prêtes dans sa mémoire... Deuxièmement, Deslauriers aime la musique avec respect, avec le désir profond de la servir de son mieux... Parce qu'il aime la musique, Deslauriers n'est jamais satisfait du travail accompli avec son orchestre, et veut plus de répétitions... Troisièmement, Deslauriers se paye la coquetterie fréquente de faire exécuter des œuvres canadiennes : Daunais, Champagne, Martin, Isabelle Delorme, Gratton, James Callihou (Léo-Pol Morin), et Deslauriers» (le programme, ce soir-là, disait : «Jean Deslauriers a écrit ce prélude pour son orchestre. Cette pièce d'un lyrisme intense et soutenu a été intentionnellement conçue pour chacun des instrumentistes, à qui elle est dédiée.»). «Mérite, courage et magnifique fraternité au service de la musique canadienne», ajoute l'article.

Bref : «L'orchestre à cordes de Jean Deslauriers est un des meilleurs du genre en Amérique.»

Depuis ce soir-là, l'orchestre «sortira» de plus en plus souvent.

En 1943, (entre autres sorties), deux Rendez-Vous Artistiques à Trois-Rivières. De celui du samedi 27 février, offrant de Mozart à Moussorgsky et de Haendel à Glière, en passant par Paganini, Tchaikovsky et Beethoven, avec le concours de la basse Oscar Natzke, la presse dira : «... un ensemble à cordes comme celui que nous avons entendu samedi appartient à l'aristocratie du monde de l'art, ayant pour mission de faire rayonner chez ceux qui l'entourent, tout ce qu'il y a de beau et de noble dans le genre particulier de la musique qui est de son ressort»... «... souci de la perfection dans l'exécution, dans l'interprétation, dans le choix des œuvres par ce jeune chef»... «Il sera tout à l'honneur de Radio-Canada de permettre à l'ensemble de Jean Deslauriers de longtemps continuer à exercer son apostolat artistique, de façon toujours aussi régulière sur son immense réseau, en lui donnant toute liberté d'action...»

(Deux petites coïncidences ou influences, «Toscanini» dans le programme de ce concert-là : d'abord, le *Moto Perpetuo* de Paganini,

100

«avec lequel Toscanini avait tenu son public de la NBC en haleine l'année précédente»[1], se retrouvait au programme du concert du Palais Montcalm quelque temps après, et également lors de cette soirée de février 43 ; puis, l'*Adagio* de Samuel Barber, que «Toscanini avait présenté en 1938, en première audition à la NBC»[1], et qui, presque aussitôt, deviendra partie intrinsèque de Jean Deslauriers.)

L'autre Rendez-Vous Artistique de Trois-Rivières a lieu le jeudi 23 octobre 1943. *Sérénade pour Cordes* étant maintenant diffusé le jeudi, les dernières quarante-cinq minutes du concert de Trois-Rivières seront irradiées en tant que *Sérénade* hebdomadaire. Ce soir-là, Hertha Glaz, contralto du Metropolitan Opera de New York, est l'artiste invitée. Le programme, lui, est toujours aussi recherché et raffiné. Et les critiques toujours aussi emballés :

TRIOMPHE POUR HERTHA GLAZ ET L'ORCHESTRE DE JEAN DESLAURIERS !

«Un autre événement artistique de haute valeur»... «Jean Deslauriers ne nous a pas fait jeûner, car il n'est pas avare de grandes œuvres»... «... entreprise que Radio-Canada apprécie à sa juste valeur, encourage si intelligemment ; et dont le résultat est d'enrichir par des transcriptions et arrangements si appropriés, faits par Jean Deslauriers, le répertoire trop peu connu jusqu'ici de la musique pour cordes...»

Quand arrivent les années 45, il n'est désormais plus nécessaire d'ajouter «chef d'orchestre» au nom de Jean Deslauriers pour que, dans les journaux et à la radio, le Canada mélomane, français et anglais, sache

---

1. Commentaires au programme.

RADIO MONDE

JEAN DESLAURIERS
CHEF D'ORCHESTRE

que c'est de JEAN DESLAURIERS qu'on parle. Les Montréalais, eux, peuvent même le voir, de loin, quand ils assistent, l'hiver, à ses concerts Lipton à l'Ermitage, et l'été, lors des *Sérénades pour Cordes* sous les étoiles du chalet de la montagne.

Mais le plus important c'est qu'une, deux, trois et même quatre fois par semaine, sa musique, unique en son genre, et son nom, symbole de qualité artistique, pénètrent dans l'intimité et dans les cœurs de tous les foyers canadiens, ceux qui ont toujours recherché la belle musique par goût et par éducation, et ceux qui sont en train de la découvrir en l'écoutant.

C'est cela qui vaudra à mon père l'honneur de gagner, pendant trois années de suite, les trophées Laflèche «pour l'apport le plus important à la radio canadienne — section musique», et la plaque de bronze RADIO-MONDE/RADIOWORLD, l'hebdomadaire des artistes canadiens, «pour la très belle homogénéité de *Sérénade pour Cordes*».

— *Trophées et plaques que j'ai cherchés en vain, mon père!*
— *Oui, je sais, je n'aurais pas dû m'en débarrasser...*

Il était donc tout à fait normal qu'en 1946, on lui confie la nouvelle et importante série des *Radio-Concerts Canadiens*.

«Pour la première fois dans l'histoire de la radio canadienne, un compatriote dirigera pour une période prolongée l'orchestre le plus nombreux jamais créé pour les ondes et le plus important programme jamais diffusé sur le réseau français de Radio-Canada et de ses postes affiliés», écrit la presse.

En plus d'annoncer lui aussi cette nouvelle, LE PETIT JOURNAL du 6 octobre 1946 parle également d'un autre aspect du travail que le chef d'orchestre aura à accomplir dans la préparation de cette nouvelle émission :

«En plus de diriger, Jean Deslauriers devra orchestrer plus de cent trente compositions musicales au cours des prochains mois... car sur neuf morceaux joués durant une seule émission de quarante-cinq minutes, cinq de ceux-ci seront nécessairement arrangés par notre compatriote avant d'être présentés aux auditeurs... Si l'on compte une moyenne de deux pages pour chaque composition interprétée par chaque musicien, le total pour une série de vingt-six émissions reste bien 11 700 feuilles de musique !» (En fait, papa faisait l'orchestration pour chaque section, ou pour chaque sorte d'instrument si l'on préfère ; mais ce sont les «copieurs» qui faisaient le reste. Par exemple, quand il orchestrait la partie alto, lesquels étaient au nombre de neuf, il ne le faisait qu'une fois, les copieurs, se chargeant de copier neuf fois ce qu'il avait orchestré.)

«... formidable besogne», continue l'article, «... un devoir que notre méritoire et brillant chef d'orchestre, Jean Deslauriers, tient à accomplir jusqu'au bout, en ayant à cœur de se surpasser pour faire de ce programme le plus enchanteur goûter musical diffusé jusqu'à ce jour sur les ondes canadiennes. »

Cent trente orchestrations et arrangements en vingt-six semaines...
C'est vrai que c'était énorme. Car il y avait, si je ne me trompe pas en
regardant les photos, quatorze sections ou sortes d'instruments différents,
auxquelles il fallait, chacune, son orchestration propre. À deux pages par
orchestration, et cela pour cinq mélodies sur neuf à orchestrer chaque
semaine... Ça faisait tout de même cent quarante pages d'écriture
hedbomadaire ! Plus un peu de copie, quand les copieurs ne fournissaient
plus... Plus les répétitions, l'émission, les autres séries de programmes, les
enfants, Jeanne, la vie... Effectivement, comme conclut LE PETIT
JOURNAL, « ce n'est pas tout à fait une sinécure, quoique Jean
Deslauriers nous confie que pour de multiples raisons, ce travail lui est des
plus agréables. »

L'orchestration et les arrangements étaient, en effet, une des facettes
de l'expression de la musique que mon père aimait beaucoup exploiter.
Surtout seul, la nuit, avec comme d'habitude sa pinte de lait, son paquet
de biscuits et un paquet de cigarettes à portée de la main, sur son
bureau... Seul à seul aussi avec la musique, et avec une personnalité, la
sienne, à lui transfuser secrètement, à travers une harmonie de notes,
d'accords, d'enchaînements, de nuances... Oui, papa aimait orchestrer,
arranger.

« Et quel talent il avait pour le faire », me dirent plusieurs musiciens et
gens du milieu, dont, surtout, Jean Vallerand, musicologue et compositeur
canadien.

« Quand j'ai rencontré ton père, au début des années 40 », me
raconte-t-il dans son bureau du Conservatoire, en 1980, « la première
chose qui m'a frappé chez lui, c'est la quantité affolante d'orchestrations,
de transpositions et d'arrangements qu'il faisait pour ses *Sérénades*. Des
chansons de Chausson, Debussy, Fauré et autres, par centaines ; œuvres
pour piano, violon, harpe, etc. ; quatuors, concertos, extraits d'opéra,
d'oratorios, de cantates ; de Vivaldi, Corelli, Paganini, Paisiello, Respighi ;
de Haendel, Mozart, Bach, Gluck ; de Tchaikovsky, Mussorgsky !... Il le
faisait le plus naturellement du monde, sans hésiter, sans avoir à
recommencer, et avec des caractères si nets, si précis. Je me rappelle,
entre autres, l'*Invitation au Voyage* de Duparc. Je l'ai vu faire. Il l'a
orchestré "en deux temps trois mouvements", comme il disait si souvent
à propos de tout. On aurait dit qu'il s'amusait, qu'il écrivait une simple
lettre !

« Même s'il n'a pas fait d'études extrêmement longues et très
poussées dans ce domaine, il a atteint, en orchestration, à une qualité
supérieure qu'il ne doit qu'à lui-même et à son énorme travail, à travers
son talent. Il avait un sens inné de chaque instrument, de ses fonctions,
capacités et limites. »

(« C'est vrai, me le confirme la harpiste Dorothy Masella. Contrairement à beaucoup d'autres, ton père écrivait des choses possibles à jouer

pour les harpistes. Il faisait d'ailleurs plus que seulement "arranger" pour la harpe. Il faisait en même temps ressortir toutes les qualités et la beauté de l'instrument. C'est rare, tu sais. »)

« Quand, ensemble, nous étudiions les cuivres dans des partitions de Tchaikovsky, continue Jean Vallerand, j'étais toujours épaté par ses connaissances et son instinct. Au *Théâtre Lyrique Molson* il a fait des miracles. Chaque semaine, il devait réorchestrer un opéra, réduire la musique d'orchestre de quatre-vingt à trente-huit musiciens. Techniquement c'était très difficile, un vrai tour de force, un travail de bénédictin. Dans *Faust*, lors de ce passage écrit normalement pour trois trompettes et trois trombones, lui l'a refait, mais pour deux trompettes seules ! Et ça sonnait ! Tout l'effet y était.

« Plus tard, à l'Opéra du Québec, certaines partitions originales d'opéra (de Puccini par exemple) étant introuvables, eh bien, à partir du matériel d'orchestre Jean refaisait la partition originale du chef d'orchestre ! Il ne reculait devant rien, ton père...

« Quant aux cordes... Jean a été le pionnier des orchestres à cordes chez nous. Il a fait connaître tout un répertoire, inconnu jusque-là, de musique écrite pour petit et grand orchestre à cordes par des Tchaikovsky, Barber, Lekeu, Turina, Elgar... Il éprouvait aussi un vrai plaisir à réorchestrer, à transposer, à arranger pour orchestre à cordes toutes sortes d'œuvres. Il a refait tout le répertoire d'opéra : au moins 1 500 pièces de musique. Parfois, il faisait deux arrangements différents d'un même air, le transposant en même temps pour une autre sorte de voix que pour celle qui allait le chanter à son émission. Au cas où... Ça en faisait de la musique en feuilles. Et il gardait tout ! »

(À cette époque-là, mon père a fait construire, à l'École des Arts et Métiers, de hautes armoires en noyer pour ranger sa musique. Un jour, il en est arrivé trois puis, quelques semaines plus tard, deux autres, puis encore deux... jusqu'à ce que dans son bureau, déjà petit, les murs soient disparus derrière ces énormes meubles faisant chacun plus de 6 pieds de hauteur, par 2 pieds de largeur et par autant de profondeur. C'était à peine si, QUAND il était là, on pouvait entrer pour le voir travailler, une fois qu'il était assis à son bureau, trônant au milieu de cette petite pièce à trésor de musique en feuilles. Cela l'arrangeait assez ce manque d'espace pour nous, car il supportait mal d'être dérangé ; et il supportait encore plus mal que quelqu'un — ses fouilleux d'enfants en particulier — puisse violer son sanctuaire de travail quand il n'était pas là.)

« C'est dans ce sanctuaire », me raconte René Auger, un musicien et ami de papa depuis toujours, « que Jean avait trouvé le moyen de faire encore plus "chanter", comme il le disait, son orchestre à cordes dans certaines mélodies. Tout ce que les violoncelles devaient jouer dans l'aigu, il le transposait un octave plus bas. Jean cherchait sans cesse à améliorer et à élargir la sonorité de son ensemble. C'est ainsi qu'il est arrivé à développer, à créer un style unique avec ses vingt cordes, et cela dès les premières années. »

« Vingt cordes ! s'exclame Raymond Daveluy. On aurait plutôt dit deux cents cordes qui jouaient quand mon cousin Roger et moi ouvrions la radio et que le si beau thème de *Sérénade*[1] commençait à glisser, à s'élargir, à tourner, à nous faire frisonner et rêver de Vienne. Quel arrangement Jean a fait de cette mélodie ! C'était unique pour moi, ce thème. Cette émission était unique ! »

Le *Théâtre Lyrique Molson* également fut unique en son genre, à l'époque. Pour trois raisons principales :

c'était la première fois qu'on présentait, à la radio et de façon régulière, de l'opéra ;

la formule était inédite ; en une heure, les grands airs de l'opéra à l'affiche étaient chantés. Le reste, le fil de l'histoire, souvent fait de longs récitatifs, comme dans les opéras de Mozart, était résumé par une narration et des dialogues écrits par René O. Boivin, et joués par des comédiens. On offrait donc aux Québécois le meilleur d'un long repas, « ne prenant que le temps entre chaque plat de mettre de nouveaux couverts ». Cette formule était parfaite : les connaisseurs y trouvaient un concentré de leurs opéras favoris, et les profanes, peut-être un peu craintifs, pouvaient ainsi découvrir — en français — l'essentiel, le plus beau de l'œuvre, sans que leur intérêt ou leur curiosité n'ait le temps de se refroidir entre deux grands moments ;

et c'est Jean Deslauriers qui dirigeait, ce qui était une sécurité pour toutes les parties en cause. Le public connaisseur n'avait donc pas à se poser d'avance de questions sur la qualité musicale de l'heure qui commençait ; le public profane, lui, savait que même « classique », cette heure de musique serait accessible et non agressive vis-à-vis de leur curiosité, ignorante peut-être, mais sensible à cette forme musicale de l'art. Il n'y avait qu'à avoir confiance, et écouter ce que Jean Deslauriers leur apportait une fois de plus à la maison.

Derrière ces trois raisons évidentes, il y en avait d'autres, plus effacées, mais tout aussi responsables de ce succès, car pendant les quatre années de sa vie, cette série musicale fut probablement la plus écoutée de toutes.

Molson, le commanditaire, avait déjà, depuis un moment, senti que la musique classique était en train de se faire une place de plus en plus solide dans les goûts et les mœurs des Canadiens français (Neil Chotem me dit qu'en 1950, il y avait à la radio dix-sept émissions musicales hebdoma-

---

1. *Les Flots du Danube* d'Ivanovici (le *Anniversary Song* de je ne sais qui n'était que la commercialisation populaire de l'original en Amérique du Nord).

daires). En 1946, ils durent donc déduire que si le thé Lipton et surtout les peintures C-I-L se trouvaient suffisamment nobles pour présenter, financer la musique de Jean Deslauriers, alors pourquoi pas eux, Molson ? Après tout, une bonne bière froide, ça pouvait tout aussi bien se boire en écoutant de la « grande musique » qu'en hurlant devant une joute de hockey invisible. En tout cas c'était meilleur que de la peinture, contrairement au thé, ça ne refroidissait pas trop vite. Et puis l'alcool, ça stimule ça aide l'émotion, le lyrisme latent...

Les « anti-commercial » penseront avec ironie que les spécialistes du marketing chez Molson et leur agence de publicité n'avaient, dans tout ça, qu'un but très terre-à-terre : faire de l'argent. Ils ont raison. Mais si ça pouvait donner de la belle musique en même temps, alors pourquoi pas ?

Il était bien évident que Molson n'allait pas payer pour se faire de la publicité pendant une émission totalement inaccessible aux buveurs de bière, lesquels étaient naturellement et avant tout leur premier but à rejoindre... C'est probablement pour cela qu'après avoir commandité les *Radio-Concerts Canadiens* pendant trois saisons de vingt-six semaines, ils ont attaqué l'hiver suivant en présentant de l'opérette, lors de la première saison du *Théâtre Lyrique Molson*. Peut-être qu'après tout, les *Radio-Concerts Canadiens* et leur musique tout de même « choisie », quoique « classique populaire », avaient fait leur temps auprès de leur clientèle, sinon auprès des fidèles mélomanes suivant l'émission...

Lionel Daunais fut donc la matière grise, le « coupeur », l'adaptateur de cette série d'opérettes dont la formule était celle, originale, d'une heure moitié chantée moitié parlée. Jean Deslauriers dirigeait l'orchestre, et Armand Plante réalisait l'émission qui était diffusée sur les ondes de Radio-Canada, le lundi soir à 9 heures. Omer Renaud était le producteur et Cockfield Brown l'agence de publicité s'occupant du compte Molson.

Pour des raisons qui ne sont ni de mes affaires ni le propos de cette histoire, Monsieur Daunais n'a pas terminé la saison. Du jour au lendemain, au début de janvier 1950, Armand Plante, le réalisateur, se retrouva donc avec une fin de saison et de contrat à respecter sans adaptateur-coupeur des œuvres à venir. Le hasard faisant parfois bien les choses, et le malheur des uns le bonheur des autres, un peu pris de court, Armand dit à mon père qu'il n'y avait qu'une solution pour continuer la série : il fallait que, tous les deux ensemble, ils retroussent leurs manches et fassent le travail de Daunais, et vite. Avant lundi prochain !

« Si tu avais vu la mine découragée de Jean », me raconte Armand Plante, « quand je lui ai annoncé ça :

« — Mais voyons, Armand ! Daunais il savait comment réduire une opérette entière à une heure. Pas moi.

« — Écoute, Jean, lui ai-je répondu calmement. Tu connais ta musique, moi je connais la radio. Ensemble on va bien y arriver. Allez, au travail. »

Le lundi soir suivant, entre 9 heures et 10 heures, l'émission se déroulait comme prévu, dans les temps, et aussi bien qu'avant. Quand, deux jours après, Monsieur Plante est arrivé chez son complice pour attaquer avec lui la prochaine opérette à « tasser » en une heure pour le lundi qui venait, Jean était déjà au travail sur la table de la salle à manger-salon (à deux ils y étaient moins à l'étroit que dans son bureau). Après trois ou quatre heures de coupures à coups de crayon rouge et de sections entières de la partition muselées par des agrafes, Armand s'appuie au dossier de sa chaise, soupire d'aise et de fatigue, et dit à papa :

— Jean, pourquoi on ne ferait pas *Manon* dans deux semaines ? Si on peut couper dans une opérette, pourquoi pas dans un opéra ? On pourrait engager Pierrette Alarie et Léopold Simoneau. Ce ne serait pas mal et je suis certain que ça plairait au public. Qu'en penses-tu ?

— Moi, je ne demande pas mieux, Armand. Tu connais mes goûts. Mais Molson... Qu'est-ce qu'ils vont dire ?

— On n'est pas obligé de leur en parler tout de suite pour *Manon*. On verra après. Ça dépendra de leur réaction.

Deux lundis plus tard, pendant la répétition, l'après-midi même du concert, Monsieur Plante voit Edgard Genest, de chez Molson, qui arrive et s'installe dans la salle. Pendant une pause, après que Pierrette Alarie eut répété le célèbre « Adieu, notre Petite Table », et Léopold Simoneau « Le Rêve », Monsieur Plante va s'asseoir à côté de Monsieur Genest, et lui demande, l'air distrait :

— Alors, ça vous plaît ?

— C'est extraordinaire. J'en ai eu la chair de poule. Qu'est-ce que c'était exactement ?

C'était gagné. La saison opérette s'est terminée en opéra, *Carmen* clôturant, début avril, cette première année du *Théâtre Lyrique Molson*. De là, il n'y eut qu'un pas à faire pour continuer dans la même veine l'automne suivant, et pendant les quatre années que vécut *Le Théâtre Lyrique Molson*. Si, pensèrent sûrement les gens de Molson et de Cockfield Brown, un de leurs propres hommes d'affaires avait frissonné en entendant, en répétition, deux airs d'un opéra sans vraiment le connaître, alors qu'est-ce que ce serait avec ces radiophiles, tous latins d'Amérique et amoureux de l'art lyrique, et avec ce peuple qui suivait déjà fidèlement tout ce que ce Deslauriers faisait depuis des années, hein ? !

Les frissons de leur homme d'affaires et latin d'Amérique ont eu gain de cause. En marketing, c'était là le meilleur indice de succès qu'on pouvait espérer avoir, à partir du moment, bien entendu, où on voulait commanditer de la musique.

C'est ainsi qu'ont été mis au monde « les plus beaux moments musicaux de la radio », selon la formule émue de Pierre Leblanc, un jeune ami, à l'époque, de mes parents, lequel s'est longtemps nourri de la musique que papa faisait avant d'en nourrir lui-même les mélomanes montréalais à travers son grand magasin de disques, rue Mont-Royal est, et également, en leur en parlant pendant des années, le dimanche après-midi, à la télévision de Télé-Métropole.

« Grâce à cette heure d'opéra hebdomadaire », me dit encore Pierre Leblanc, « Armand Plante et ton père — et Molson — ont injecté dans le sang et l'épiderme même des Canadiens français de l'époque, et par le fait même, de leurs enfants, ce goût viscéral qu'ils ont maintenant pour l'opéra. Si les salles d'opéra sont pleines aujourd'hui, à mon avis c'est en grande partie à cause du *Théâtre Lyrique Molson.* »

« Neuf heures. C'est l'heure du *Théâtre Lyrique Molson.* Un hommage de la Brasserie Molson au Canada français. » Ainsi commençait, chaque lundi soir, Roger Baulu, après qu'aient sonné les neuf coups traditionnels ; il annonçait ensuite l'œuvre au programme et les artistes invités, lesquels entraient au fur et à mesure et allaient prendre place à la gauche de Jean Deslauriers.

Puis, devant un auditoire religieusement silencieux, Albert Duquesne, de sa voix prenante de narrateur, résumait l'histoire de l'opéra au moment où l'action débute en musique. Très vite le public était alors emporté vers d'autres mondes, mystérieux, exotiques, vers des pays lointains et des époques du passé, vers des situations dramatiques, cocasses, déchirantes, heureuses, tragiques : *Lakmé, Les Noces de Figaro, Aïda, La Bohème, Manon, Le Barbier de Séville, Werther, Mignon, Rigoletto, Faust, Les Pêcheurs de Perles, Don Juan, Louise, Les Contes d'Hoffmann, Martha, Tosca, Hérodiade, Lucia, Butterfly, Paillasse, Samson, Mireille, Carmen...*

En robe longue ou en habit à queue, un ou deux chanteurs ou chanteuses s'approchaient ensuite, lentement, du micro... et là, les frissons commençaient. À Venise ou au Japon, à Paris ou à Vienne, en Égypte ou en Italie, en Espagne ou à Ceylan, pendant une heure, le public restait imprégné du drame, de la farce, des larmes, de la peur, de l'amour, de la haine, de la vie, de la mort. Traversant l'histoire, les pharaons et leurs esclaves, les séductrices et leurs victimes, les reines et leurs chevaliers ; les démons en ricanant, les vierges en aimant, les bouffons en pleurant.

Toutes ces émotions fortes et ces passions, passant à travers un seul médium : la musique, qu'on écoutait les yeux fermés, pour mieux s'imaginer ; ou alors, à certains moments, les yeux ouverts, pour les river sur Raoul Jobin, Pierrette Alarie, Fernand Martel, Jeanne Desjardins, Napoléon Bisson, Claire Gagnier, Léopold Simoneau, Marthe Lapointe, Jacques Gérard, Constance Lambert, Yoland Guérard, Martial Singher...

Certains soirs pourtant, tout en écoutant Jeannine Sutto, Jean-Louis Paris, Gisèle Schmidt, Camille Ducharme, Fred Barry et autres comédiens faire le lien de l'histoire grâce aux dialogues, on ne pouvait s'empêcher d'examiner un nouveau visage, assis parmi des solistes familiers et incarnant, pour la première fois à Molson, un deuxième rôle. Et même, parfois, un premier, comme Radamès, Mimi, Donna Anna...

« Le spécialiste de la première chance », comme tous les artistes m'ont décrit mon père. Fernande Chiochio en sait quelque chose :

« Je chantais dans les chœurs de *Molson* quand, un soir, en pleine émission, la voix de Patricia Poitras se casse dans une laryngite, alors qu'elle chantait le rôle de Dalila. David Rochette, qui était à côté de moi, me dit : "C'est toi qui vas la remplacer." J'allais lui dire que c'était une mauvaise blague, quand je vois ce que lui avait déjà vu : Monsieur Deslauriers qui, avec son doigt, me faisait signe d'approcher.

« Figée par le trac soudain — moi ! chanter à pied levé, comme ça, à la radio en plus... je ne serais jamais capable ! —, j'ai hésité pendant une ou deux secondes, pas plus. Jacques Gérard et Robert Savoie, les solistes, me faisaient à leur tour des signes impérieux. Alors j'ai obéi... Et pendant le reste de l'heure j'ai chanté ! En faisant tout bonnement de la lecture à vue, à même la partition sur le lutrin, devant nous.

« J'aurais pu mourir étouffée par la peur et le trac, ce soir-là. Mais, au contraire, j'ai réussi à me rendre jusqu'au bout. "Et plutôt bien. Bravo, Mademoiselle !" m'a dit ton père après, tout en me donnant une petite tape paternelle sur l'épaule alors que je fondais de reconnaissance en sueurs. Pour lui, cela n'avait été rien de plus qu'un incident de parcours, mais pour moi...

« Cette expérience avec ton père, je la compare à la première fois qu'une jeune femme fait l'amour. Ça marque. Dépendant de l'homme, ça peut la complexer, lui faire peur pour longtemps, peur de l'amour, peur de le faire, peur d'être à la hauteur, peur des hommes. Ou alors ça l'épanouit, ça lui fait découvrir le plaisir de la tendresse et du plaisir à deux, le plaisir de s'exprimer, de partager des émotions ; ça lui donne aussi envie de recommencer, sans peur, sans complexe, sans timidité.

« C'est un peu ce qui m'est arrivé ce soir-là. Ton père m'a permis de casser la glace de la "première fois" en chantant avec moi au bout de son bâton, qui était si précis et attentif, en respirant avec moi, en m'attendant, tout en me regardant anxieusement pour mieux me sentir, m'aider, me donner confiance. Ça a été merveilleux. Cette "première fois" m'a donné courage, confiance, et envie de recommencer, de risquer, de me donner en chantant... Et ça continue ! »

« Dans mon cas, me raconte André Turp, ça s'est passé un peu différemment. En 1951, je rentrais d'Italie où j'étais allé étudier, et je n'avais plus un sou pour épouser Yolande, mon épouse aujourd'hui. David Rochette, la basse, me suggère alors d'auditionner pour Jean Deslauriers, à *Molson*. Ce que je fais, en envisageant la possibilité d'être engagé comme choriste. Après avoir chanté trois pièces sans trop de trac, Jean, "Monsieur Deslauriers" à l'époque, me dit : "Très bien, très bien. Vous allez chanter *Paillasse, Il Trovatore* et *Aïda*."

« Je savais qu'il parlait du rôle de Canio dans *Paillasse*, et de Manrico dans *Il Trovatore*. Et j'étais enchanté, naturellement. Mais le rôle du messager dans *Aïda*... Je n'étais peut-être pas encore connu, mais tout de même... Alors je prends mon courage à deux mains et je lui dis :

« — Non, pour *Aïda*, c'est trop peu.

« — Comment trop peu ? me dit-il avec des questions insultées dans les yeux.

« — Eh bien, je trouve que... Vous pensez bien au messager, non ?

« — Mais non ! Moi, je parle de Radamès, voyons.

« Je me suis presque étouffé de joie. Puis est venue la question de l'argent — je voulais tout de même savoir combien j'allais être payé — ; quand je le lui ai demandé, il me répond :

« — Je ne sais pas exactement. Entre 75 $ et 125 $. On verra.

« — Pour les trois opéras ?

« — Non, mais c'est un farceur ou quoi, ce type ? jette alors ton père en se tournant vers Armand Plante.

« Je pensais m'évanouir en courant téléphoner à Yolande pour lui annoncer la bonne, la merveilleuse nouvelle. »

Pour sa part, Marielle Pelletier se rappelle de ses trois « premières grosses armes », qu'elle a toutes faites à *Molson* avec Jean Deslauriers : *La Bohème*, *Les Noces de Figaro* et *Don Juan*.

« C'est le rôle de Donna Anna, dans *Don Juan*, qui m'a le plus frappée, dit-elle. Il n'y avait pas beaucoup de "Donna Annas" à Montréal. C'était un rôle très corsé, très difficile.

« L'avant-veille de l'émission, pendant la dernière répétition de chanteurs avec piano, chez Marie-Thérèse Paquin, je suis devenue nerveuse, tendue. Monsieur Deslauriers était très exigeant, demandait beaucoup et faisait recommencer sans arrêt.

« Conclusion, en me réveillant le lundi matin, jour de l'émission, j'avais une extinction de voix. Impossible d'émettre un son. Paniquée, j'ai couru à l'hôpital, où l'on m'a dit que ce n'était pas grave, que cela semblait plus nerveux que physique, qu'il fallait simplement "huiler les conduits" qui n'étaient pas vraiment irrités. "Mais si vous voulez chanter ce soir, je vous conseille de vous reposer aujourd'hui, de revenir me voir à la fin de l'après-midi. Et surtout, de ne pas chanter avant ce soir."

« C'était facile à dire ! La répétition était à 2 heures et il fallait que j'y chante ! Je m'y suis donc rendue, en me disant que tout irait bien, ma voix étant revenue presque comme par enchantement après le traitement. Malheureusement, quand est arrivé mon tour de chanter, je suis redevenue nerveuse, tendue. C'était la première fois que je chantais ce rôle de Donna Anna, et je trouvais que ton père travaillait trop vite, que les tempi, surtout, étaient trop rapides pour chanter en français. Alors les éraillements, puis l'extinction de voix sont revenus. Et j'ai dû le dire à Monsieur Deslauriers. J'étais dans un état... "Calmez-vous, et retournez à l'hôpital, m'avait-il dit. Vous savez bien le rôle, vous chanterez ce soir, j'en suis sûr. Vous verrez, tout ira bien."

« Je n'étais pas rendue à l'urgence que ma voix était revenue. Si Monsieur Deslauriers n'était pas inquiet, m'étais-je dit dans le taxi, pourquoi est-ce que je le serais !

« Donna Anna n'a pas perdu la voix ce soir-là, seulement son père, le Commandeur, et son amant, Don Juan.

« Après le concert, l'autre Commandeur, ton père, est venu vers moi avec son grand sourire réconfortant et m'a dit, en me serrant la main tout en me tapotant l'épaule : "C'est un rôle très difficile cette Donna Anna. Vous vous en êtes très bien tirée. Je vais vous dire un secret, de polichinelle bien sûr. C'est un rôle qu'on donne souvent aux vieilles chanteuses pour s'en débarrasser à tout jamais. Tandis que pour les jeunes, c'est le contraire. C'est leur chance de prouver qu'elles ont quelque chose dans le ventre et dans la voix. Bravo, Marielle ! On le refera." »

« Moi, ajoute Robert Savoie en riant, la première fois où j'ai chanté avec Jean — c'était aussi à *Molson*, avec Napoléon Bisson et Constance Lambert —, j'en avais carrément peur. C'est le chef d'orchestre qui me faisait le plus peur entre tous. Ça n'a duré qu'une soirée... le temps de le connaître juste un peu en travaillant avec lui. »

Le connaître en travaillant avec lui... Ou le connaître à travers quelqu'un qui travaille avec lui, ce quelqu'un étant votre mari, par exemple... — *Là, la petite, je te vois venir. Tu as parlé à Jeannette, la femme d'Armand Plante, hein ? La pauvre, qu'est-ce que je lui en ai fait voir avec* Molson...!

« Si Armand et moi avions été mariés lorsque Jean et lui ont commencé à travailler ensemble, en 47 ou en 48, je pense qu'on serait divorcés aujourd'hui. Heureusement, moi je n'ai connu que la dernière année de *Molson*.

« Souvent, le soir à minuit, le téléphone sonnait. C'était Jean. Pourtant il venait de passer la soirée entière avec Armand, à faire des coupures dans un opéra. Justement, disait-il, il venait de penser à une nouvelle coupure possible, ailleurs. Armand l'écoutait, puis disait ; "C'est une idée... On pourrait, oui... On verra ça demain." Ça ne faisait pas dix minutes qu'il était revenu au lit, que le téléphone sonnait à nouveau. C'était Jean... qui lui demandait cette fois s'il avait bien compris, s'il était d'accord, sinon il avait une autre idée, une autre suggestion... Certains soirs ça durait jusqu'à une heure du matin ! »

« Moi, dit en souriant René Auger, c'était à minuit, puis à 2 heures du matin qu'il m'appelait parfois. Et souvent pour me dire la même chose que plus tôt :

« — Demain, René, tu dis bien à Hector Gratton que, pour les chœurs, on coupe là. Ah, je pense que je fais mieux de l'appeler moi-même tout de suite.

« — Jean, Hector n'est pas un couche-tard comme toi et moi. À mon avis, il doit dormir à cette heure-ci.

« — Tu crois? Non, je ne pense pas. Bonsoir.

« Dix minutes plus tard, il me rappelle pour me dire qu'il avait parlé à Gratton, que tout était O.K., et que bien sûr Hector ne dormait pas. Le lendemain, quand j'ai parlé à Hector, je lui ai demandé si Jean l'avait réveillé : "Bien entendu qu'il m'a réveillé", m'a-t-il répondu. "Mais qu'est-ce que tu voulais que je dise ! Tu connais Jean. Je l'ai écouté, j'ai pris des notes et je suis allé me recoucher. Au fait, répète-moi donc tout, au cas où j'aurais mal compris." »

« Nous aussi, reprend Jeannette Plante, il nous appelait parfois à 2 heures du matin. À chaque fois que cela arrivait, je disais à Armand, pendant qu'il courait lentement au téléphone : "Ça, c'est Jean." Qui d'autre voulais-tu que ce soit à cette heure-là... Et puis, qu'on soit nouveaux mariés ou non, lui... Quand Armand revenait se coucher et que je lui disais : "Non, mais, penses-tu qu'un jour, il va arrêter !", tout ce qu'il me répondait, c'était : "Que veux-tu ! Jean est comme ça. C'est sa façon de travailler. C'est un impulsif, c'est tout."

« Impulsif..., "boss" et coléreux, oui. Mais honnête, tout de même. Un soir, Armand rentre de la répétition, furieux.

« — Ça va faire, là. J'en ai assez... Jean est toujours en train de m'engueuler, de me dire qu'il faut que ça sonne comme ça, qu'il faut mettre tant de cuivres là, d'autres là... J'en ai assez. Il a peut-être raison, mais je ne me laisserai plus parler comme ça, à l'avenir.

« — Mais dis-le-lui, alors, Armand. Réagis, ne te laisse pas faire comme ça. Ce n'est pas possible de travailler dans ces conditions-là.

« — Ah, je suis sûr que ça va s'arranger. On soupe ?

« Armand avait à peine dit ça que le téléphone sonnait. C'était Jean : "J'y suis allé un peu raide, hein, Armand ? Excuse-moi mon vieux, mais c'est toi qui m'as dit, au début, que la radio c'était ton affaire, et que c'est moi qui m'occupais de la musique, tu comprends ?... Arrive plus tôt au Plateau ce soir, on va en reparler. Je vais t'expliquer l'effet que je veux et tu vas me dire si t'es d'accord, O.K. ?"

« Les cuivres — disposés au goût de Jean — ont sonné comme vingt, ce soir-là. Pourtant il y en avait moins de la moitié. »

« C'est pendant qu'on décidait où il fallait couper dans un opéra », continue Monsieur Plante, « que Jean avait les réactions les plus émotives. Parfois il me donnait l'impression que c'est lui que j'amputais de quelque chose de vital quand j'osais suggérer une coupure dans un morceau de musique important. Le problème c'est qu'il FALLAIT couper, on n'avait pas le choix, et ça Jean avait parfois de la difficulté à l'avaler, du moins dans certains cas.

« Un soir, entre autres, je propose de couper à la page 142, à gauche — si je me souviens bien — dans la partition de *La Traviata*. C'était le grand thème de désespoir de Violetta, que l'orchestre joue à un moment, au troisième acte.

« Je n'ai pas eu le temps d'expliquer pourquoi cette coupure, que Jean était debout, les baguettes en l'air, tout rouge, et qu'il me hurle presque : "Es-tu fou, Armand, torrieu !? Tu peux pas couper ça, maudit ! C'est trop important. C'est ÇA la musique de l'opéra, sapristi !"

« Comme à chaque fois, sa colère n'a pas duré longtemps. J'ai vite réussi à le faire rasseoir, et je lui ai expliqué qu'on n'avait que quarante minutes de musique à nous et qu'il le savait aussi bien que moi ; qu'on avait déjà enlevé tout ce dont on pouvait se passer, mais qu'il restait encore tant de minutes, très peu en fait, à éliminer quelque part ; et qu'on le veuille ou non, il fallait maintenant "sacrifier" un tout petit peu de l'âme, du cœur même de l'opéra, de SA musique, comme il disait, mais pas beaucoup, juste ce morceau-là ; et que j'avais besoin de lui pour ça, parce que, justement, c'était SA musique et que c'est lui qui la connaissait le mieux.

« Une fois calmé, d'ailleurs presque aussi rapidement qu'il s'était révolté, il s'est mis à la tâche, au "massacre" de *La Traviata*, comme il disait toujours dramatiquement, en soupirant. Une heure plus tard, tout en avalant une énième tasse de café, on chronométrait une dernière fois chaque aria, Jean battant la mesure comme s'il avait eu son orchestre et ses chanteurs devant lui ; moi, tenant le chronomètre et notant le temps exact de chaque morceau restant après amputation. Ensuite on additionne, et...

« — C'est parfait, Jean ! 59 minutes ! Tu auras une minute de jeu à toi pour la direction.

« — Bon, eh bien, Armand, c'est une bonne affaire de faite. On l'a eue *La Traviata*. Il ne me reste plus qu'à finir certaines orchestrations.

« À la répétition, le lundi suivant, non seulement la quantité de musique jouée s'est confirmée parfaitement juste, mais le soir, à la radio, Jean réussissait une fois de plus à ce que la dernière note de musique de la soirée tombe à 58 minutes 30 secondes ! Il laissait ainsi amplement le temps à Roger Baulu de dire, pour le microphone et son public de la radio alors que le public présent, lui, applaudissait à tour de bras ; "Et le rideau tombe sur le dernier acte de *La Traviata*, opéra en quatre actes de Giuseppe Verdi. La semaine prochaine, au *Théâtre Lyrique Molson...*" »

Il paraît que malgré ce chronométrage à la seconde près, mon père avait pris le temps, à l'intérieur de la mécanique de ce dernier, de demander aux violons de vibrer, aux cuivres d'éclater, à la harpe de glisser vraiment, à l'orchestre entier de valser. Et aux chanteurs de vivre leurs personnages en chantant, de pleurer, rire, s'aimer, se haïr, tousser, regretter...

Encore une fois, donc, Jean Deslauriers avait réussi un tour de force. Mais c'était normal, la radio et ses exigences de précision dans le temps n'ayant plus de secret pour lui. Depuis longtemps maintenant, il avait la réputation d'être l'expert de ce genre de miracle : avoir un chronomètre dans la tête, la musique dans le cœur ; et arriver à mettre les deux ensemble, sans sacrifier les exigences de l'un ni la beauté de l'autre.

« C'était peut-être normal pour lui », m'ont dit plusieurs réalisateurs de la radio, puis plus tard, de la télévision. « Mais il était le seul chef à être aussi précis. Parfois on se demandait comment il faisait pour y arriver. Là où d'autres chefs d'orchestre auraient fait des crises, lui arrivait toujours selon le minutage imposé. »

C'est pour cela que les coups de fil à 2 heures du matin, les impatiences, les airs méchants, les colères aussi courtes que noires... à côté des résultats obtenus, ça ne pesait pas lourd dans la balance.

* * *

Quelqu'un d'autre que les réalisateurs pensait également ainsi : quelqu'un qui n'avait rien à voir avec le milieu de la musique, à part le fait que cette personne avait accepté de partager la vie de Jean Deslauriers ; ce qui incluait, sans restriction aucune, le tempérament et les ambitions du jeune chef, ses impatiences et ses joies, ses inquiétudes et ses succès. Et cela à grandes doses... elle s'en était bien doutée avant même d'avoir dit « oui » pour le meilleur et pour le pire, pour la vie.

Quelqu'un qui, chaque lundi soir au Plateau, était là dans l'auditoire, élégante, attentive, grave, tendre...

Tout jeune danseur de ballet à l'époque, Roland Lorrain était un fidèle des émissions de Jean Deslauriers. Mais il était en même temps un inconditionnel admirateur de « cette jeune femme, belle et distinguée, qu'on regardait souvent pendant que Jean dirigeait là-haut, sur la scène du Plateau, devant tout ce monde vendu corps et âme à la musique et au style sobre, ferme, aristocratique du jeune chef, son mari. Elle devait être fière. »

Fière, Jeanne Deslauriers l'était. Fière du chef d'orchestre et de son talent, de son importance ; fière que le public l'admire et l'aime. Mais également, et secrètement, fière du fait que derrière cette baguette aussi autoritaire en famille qu'en musique, il y ait un homme tout à fait humain et vulnérable, un homme qui avait besoin d'elle, de sa présence partout à ses côtés. Et cela dès le début de leurs fréquentations.

Après ces retrouvailles « par hasard » aux Concerts Symphoniques, quand mon père commença à diriger à Radio-Canada, à la fin de 1935, il dit à ma mère, la veille d'un de ses premiers *Musique en Dînant* : « Viens me rejoindre au studio, demain soir », et non pas « Veux-tu venir me rejoindre au studio, demain soir ? Tu pourrais assister à l'émission. » Pour lui, la question ne se posait pas. Il dirigeait, Jeanne serait là, un point c'est tout.

La jeune Jeanne n'ayant pas, je pense, le tempérament pour s'intéresser longtemps à un homme qui l'aurait tenue complètement à l'écart de ses activités, surtout artistiques, tout en lui demandant, en plus, de l'attendre à la maison, elle ne demanda pas mieux que de le suivre dans les coulisses même de cette vie « pas comme les autres » que semblait être celle de la musique et de ses artisans.

Musique en Dînant, Paysages de Rêves, À l'Ombre d'un Jardin Viennois, Le Long du Danube et enfin, *Sérénade pour Cordes*... Avant même son mariage, et encore plus après, maman a passé des heures assise dans un coin de studio, seule ou avec Annette et Jean Vallerand, Marcelle et Henri Gagné, ou alors Annette et Omer Renaud, à regarder et écouter *Sérénade pour Cordes* se dérouler à l'antenne de Radio-Canada.

La soirée se terminait infailliblement chez l'un ou chez l'autre, quand ce n'était pas, plus tard, chez Marie-Thérèse Paquin, « la » pianiste de Deslauriers depuis ses débuts, « "sa femme illégitime", comme m'appelait souvent ton père, qui était bien plus jeune que moi », me raconte Marie-Thérèse en riant. Ça discutait de tout, mais surtout, bien sûr, de musique.

Concerts, galas, festivals, banquets royaux ; Montréal, Québec, Trois-Rivières, New York (pour *La Forteresse*) ; les *Concerts Lipton*, ceux *Aux Étoiles* de C-I-L, Molson, ses *Radio-Concerts Canadiens* et son *Théâtre Lyrique*... Jeanne était toujours là : parmi l'auditoire ou en studio ; dans les coulisses et les corridors ; dans la loge de Jean ou dans le « contrôle » du réalisateur ; aux dîners d'avant et d'après ; en invitée d'honneur ou de marque ; ou bien, lors de la visite royale de 1939, assise à la table des journalistes.

« Il fallait, me dit maman, que je sois enceinte jusqu'aux dents pour rester à la maison. Et même là... C'est surtout quand je ne trouvais pas de gardienne que ça posait un problème. »

Les gardiennes... ! Qu'est-ce qu'on en a vu défiler à la maison, le soir, après l'époque des bonnes. Époque qui ne fut pas très longue, mon père supportant mal des « étrangères chez lui », surtout que ce chez-lui n'était déjà pas immense et, avec les petits qui s'accumulaient, le devenait encore moins d'année en année. Mais les gardiennes alors... Yvonne, la sœur de maman, était la plus régulière. Mais il y eut aussi Jeanne et Clémentine, deux de leurs tantes ; je ne sais plus combien de leurs cousines ; puis, avec les amis Leblanc d'en haut comme sécurité « au cas où », vers 13 ans, Yolande fut mise en charge, certains soirs.

Certains soirs aussi, mon père ne venait pas souper avant un concert; ma mère nous faisait alors manger, ou bien nous confiait aux bons soins de sa parenté avant d'aller le rejoindre. Autrement, à l'époque de *Molson* en particulier, à l'heure du départ, c'était une vraie course à travers toute la maison. Après nous avoir fait souper en même temps que papa, lequel arrivait en sueurs et en coup de vent de sa répétition, pour devoir repartir moins de deux heures plus tard, toujours en coup de vent mais en queue de pie cette fois, maman, elle, laissait la vaisselle à moitié faite dans l'évier quand elle voyait son homme, déjà prêt à 8 heures, lui faire des gros yeux et lui disant: «Accouche, Jeanne. Je veux arriver au Plateau avant 8 heures 30, tu le sais bien. Va t'habiller, on va être en retard.»

Quinze minutes plus tard, dans la voiture, papa klaxonnait pour la dixième fois alors que maman, le manteau sur le dos, se repeignait le rouge des ongles, tandis que nous lui enfilions ses couvre-chaussures doublées de fourrure et qu'elle nous disait: «Finissez la vaisselle, voulez-vous les enfants ? Et ne vous couchez pas trop tard. S'il y a quelque chose, Laurette et Jules sont en haut.»

Cette scène se répétait systématiquement toutes les semaines, à chaque *Molson*. Mais aussi les autres soirs de concert, et même à chaque sortie mondaine, moins à la minute pourtant, du couple Deslauriers. Lors de grandes soirées genre Gala des Artistes, Jeanne prenait tout de même

Au Bal des Artistes, en mai 1948.

un peu plus de quinze minutes pour s'habiller et se faire belle. Pour ce genre d'occasion, Jean, lui, avait des goûts bien précis sur la couleur et la ligne des robes de sa femme. Il les voulait toujours soit blanche, rouge ou noire, toutes moulantes, en crêpe de soie ou en velours et perlées souvent. «Fais-la faire», lui disait-il. Jeanne commandait alors à Madame Legault, sa couturière, des robes — magnifiques je me souviens — selon les goûts, en général de son «mari et maître».

Entre leur groupe de quilles et leur groupe de cartes, entre toutes les invitations professionnelles et personnelles qu'ils recevaient et acceptaient, après ou en plus des nombreuses émissions radiophoniques et divers concerts de mon père, mes parents n'étaient pas très souvent à la maison, le soir. Mais c'était bien ainsi. On savait qu'ils étaient ensemble, et à l'heure !... et qu'à travers la radio, la musique, et les quatre autres d'entre nous, nous étions avec eux, et eux avec nous.

Une autre scène très nette, mais cette fois lorsqu'ils étaient à la maison, le soir, et que j'allais leur dire bonsoir : papa et Monsieur Plante, installés sur la table de la salle à manger-salon, étaient très occupés à couper leurs opéras ; maman, elle assise sur le divan, à côté d'eux, cousait et reprisait. Souvent, quand je me relevais au milieu de ma nuit pour aller faire pipi, ils étaient encore là à travailler et à repriser ; ou alors, ils étaient rendus dans la cuisine, en train de manger et de discuter musique.

Ce genre de «scène de vie familiale» sont deux de celles qui sont restées le plus nettement dans mon esprit. La première surtout me fait toujours autant sourire quand je la revois : à cause du plaisir que j'éprouvais à les voir recommencer, comme prévu, le même numéro, à chaque sortie ; et à cause du sentiment de sécurité qu'il m'en reste avec le recul. Ensemble ils étaient ainsi, et ainsi je voulais surtout qu'ils demeurent. Mes parents.

* * *

Si, jeune, on m'avait demandé, à l'école, de dessiner mon père tel que je l'imaginais le mieux, c'est surtout cette image que j'aurais essayé de reproduire entre tant d'autres : papa, assis à son bureau, écrivant de la musique avec sa grosse plume noire à pointe carrée ; il va vite, il est concentré. Son pyjama, à rayures verticales bleues et blanches, flotte sur son corps, et ses bas de grosse laine grise tombent sur ses chevilles. Il fait nuit ; il n'y a qu'une seule lampe allumée dans la maison, c'est la sienne, placée devant lui sur son énorme bureau, massif, foncé, et encombré de toutes sortes de partitions. Sa lampe n'éclaire que son travail. À côté du papier à musique, de ses buvards tachés et de son encrier noir, la pinte de lait à moitié vide, le verre à moitié plein, le sac de biscuits et le paquet de cigarettes. Autour de cette image, tout est noir, immobile, silencieux. Tout le monde dort sauf mon père et moi. Lui qui travaille, moi qui l'aime.

Je crois que la nuit, je me suis plus souvent levée en espérant le trouver ainsi que parce que j'avais vraiment un gros pipi à faire...

Quand, plus tard, j'ai décrit cette scène à une copine de couvent, elle m'a répondu : « Oui, on m'avait bien dit à la maison que vous ne viviez pas comme tout le monde, les Deslauriers. C'est vrai qu'avec un père musicien... Avec la vie à l'envers qu'il doit mener, il ne doit pas avoir beaucoup de temps pour s'occuper de vous, j'imagine ? Non ? »

Qu'est-ce qu'elle voulait dire, « pas comme tout le monde » ?! On mangeait trois fois par jour et on était habillés comme tout le monde ; on étudiait dans de bonnes institutions privées, comme beaucoup de monde — comme elle en tout cas — ; mes parents étaient mariés, comme tout le monde ; et même à l'envers du 9 à 5, ce qui n'était pas désagréable, mon père gagnait sa vie, comme tout le monde.

Quant à s'occuper de nous, elle avait tort... Tout son temps libre, qui n'était pas plus rare que celui des autres pères de famille, mais seulement partagé autrement, il le gardait pour nous, il l'utilisait en fonction de nous, en ne faisant qu'avec nous toutes les choses qu'il aimait faire, en n'allant qu'avec nous dans les endroits qu'il voulait connaître, en ne vivant qu'avec nous les vacances qu'il avait besoin de prendre.

Mais elle avait également raison, cette copine de couvent. Le travail de mon père n'était en effet pas « comme tout le monde », loin de là : il n'y avait aucune routine dans son travail ; l'atmosphère pleine de création et de musique à tue-tête et à toute heure qu'il faisait régner dans la maison ne l'était pas non plus, « comme tout le monde ». Alors pourquoi la façon dont il s'occupait de nous l'aurait-elle été, « comme tout le monde » ?...

La nature sous toutes ses formes étant une passion de mon père, il était normal qu'il veuille nous la faire connaître. Pendant les six ou sept premières années 40, nous avons donc passé d'innombrables samedis ou

120

dimanches de printemps et d'automne à l'accompagner là où la nature de la saison était à son meilleur.

À chaque printemps, le Jardin Botanique de Montréal venait à peine de s'habiller de toutes les couleurs et variétés de fleurs et de plantes que Jean Deslauriers arrivait avec Yolande, puis avec Yolande et Nicole, puis avec Yolande, Nicole et Gilles (puis plus tard, avec Gilles et les jumelles). Pendant qu'on courait se mettre le nez au cœur de tous les parfums ou qu'alors, curieux, fascinés, on regardait faire papa, celui-ci, accroupi ou le cou étiré, retenait son souffle pour mieux photographier en gros plan ses fleurs préférées ou de nouvelles variétés qu'il ne connaissait pas. Après nous avoir dit le nom savant de celle-ci ou de celle-là, en le lisant lui-même sur chaque petit bâtonnet vert leur servant d'étiquette, on allait visiter les arbres, dehors, derrière les serres. Il y en avait des kilomètres, à travers lesquels on courait, tout en les caressant au passage. Le soleil se couchait dans nos yeux quand enfin, on rentrait, par la rue Sherbrooke, vers la rue Fullum. Ce soir-là, une fois couchés, ça sentait encore bon et c'était encore beau dans nos têtes.

D'autres dimanches, c'était dans les immenses vergers en fleurs des moines cisterciens, à Rougemont, qu'on allait se balader. Alors qu'on s'élançait à nouveau, cette fois sous de vrais nuages de fleurs blanches, tout en s'arrêtant ici et là pour cueillir des pétales de pommes, notre père nous photographiait, toujours et encore, avec sa femme à son bras. Dans notre chambre, ces soirs-là, c'est la plafond qui était fleuri à travers nos paupières ensoleillées. L'automne suivant, on y retournait plusieurs fois, d'abord bien avant que les pommes ne soient toutes cueillies ou tombées ; puis bientôt pour les ramasser, toujours sous l'appareil-photo de papa, et rentrer à la maison avec le coffre de la voiture plein de boules rouges encore vivantes de bonne odeur et de jus délicieux.

Il y avait aussi, à Montréal, le parc Lafontaine, avec sa verdure, ses canards, ses chutes miniatures sous lesquelles on passait en criant de peur et de plaisir ; le lac des Castors, sur la montagne, où on voyait plein d'oiseaux, de canards, de policiers à cheval, d'arbres... mais pas de castors ! Alors, le dimanche suivant, on allait en voir de vrais dans un centre d'élevage, à Terrebonne, près de Montréal ; pendant de longs moments, on les regardait alors charrier des branches d'arbres, façonner, tapisser, solidifier leur barrage avec leur queue et leurs dents, puis plonger dans l'eau glacée pour en ressortir plus loin, leur fourrure aussi lisse et brillante que celle d'une loutre de mer.

L'hiver, c'était la traîne sauvage, dans les champs en collines juste en face de la maison. Yolande était aux premières loges, moi au milieu, et Gilles entre les jambes de papa, puis on changeait de loges. Pour ma part, j'aimais mieux être entre les bras protecteurs de mon père, qui n'avait peur de rien, qu'en avant, à voir venir la pente, si vite... Parfois, on allait avec des amis à Saint-Sauveur, passer quelques jours ; ballades en traîneau sous des couvertures de fourrure, et ski et traîne sauvage dans la côte de la « Marquise », le jour ; le soir, feux de bois dans le foyer en pierre de la pension où nous logions.

L'été, ce fut Dorion, le lac Ouimet, Belle-Plage et Mabaie ; pendant trois semaines, un mois, deux mois ; papa se rendant à Montréal en train, pour y remplir son contrat, annuel, de *Sérénade* hebdomadaire. Mais cette obligation ne durait qu'une journée. Le reste du temps, il le passait avec nous, dans l'eau, sur l'eau, dans les bois, dans les champs. Pendant les années 40, le bout ouest de l'île, c'était encore la campagne.

C'est alors qu'à la fin du printemps 47...

Harry Junkin, avec qui mon père faisait *Sérénade aux Étoiles*, l'emmène, un jour avec ma mère et son épouse, voir le lac l'Achigan, dont papa avait entendu parler. En mettant les pieds sur le sable de la plage de l'hôtel l'Hirondelle, située dans la grande baie de gauche, au bout du lac, Jean dit à Jeanne : « C'est ici qu'on vient cet été. »

Début juillet, le soir du départ pour trois semaines à l'hôtel l'Hirondelle du lac l'Achigan — à 105 $ par semaine pour cinq personnes logées-nourries —, papa arrive plus tard que prévu, mais avec une Plymouth grise qu'il venait d'acheter au marché noir d'après-guerre. Denise Germain, une jeune amie à eux s'étant offerte pour nous emmener au lac, puisque jusqu'à ce soir-là nous n'avions pas de voiture, Denise, donc, n'eut plus qu'à vider le coffre de sa voiture de tout notre barda et regarder Jean le ranger, rapidement comme toujours, dans le sien.

Pendant ces trois semaines de vacances, la conquête de mon père par la nature sauvage qui nous entourait fut totale ; ce besoin viscéral en lui fut comblé : l'immense lac, si pur, si transparent, si doux et si changeant ; le sable fin de ses plages et de son fond ; cette ceinture verte, sans trous de maisons, qui l'entourait au loin ; les forêts s'approchant jusque dans le dos de l'hôtel, et au cœur desquelles on pouvait s'enfoncer à volonté et à l'infini ; les fleurs sauvages dans les deux champs couchés au pied de ces densités vertes et montagneuses ; la netteté de la chaleur du jour et de la fraîcheur du soir ; les hirondelles qui vous visitaient à tout moment ; tout ce que vivait de faune au fond de l'eau et de ces forêts, qu'on imaginait dormant, courant dans la nature, et heureux, paisibles parce que dans leur élément.

Papa aussi était dans son élément, il était conquis, heureux. Maman et nous, les trois enfants, l'étions aussi, par le fait même.

D'autre part, Jean Deslauriers, le chef d'orchestre qu'absolument tous les gens du lac et de l'hôtel connaissaient de nom, conquit lui aussi, et avec son épouse, la petite communauté, très restreinte et très ouverte en même temps, de ces pensionnaires venus chercher la même chose qu'eux dans ce coin encore inconnu et calme.

Mais plus que tout, ils conquièrent Ella et Ernest Cadieux, les premiers arrivés dans ce « bout du lac », et qui étaient les propriétaires de l'hôtel, des montagnes et forêts voisines, de ces champs fleuris et des quelques maisonnettes nouvellement construites par eux sur la colline derrière, qu'ils louaient à ceux dont la tête leur plaisait, ce qui donnait, par le fait même, à ces privilégiés le droit à la plage et aux services de l'hôtel.

Accepté et privilégié d'Ella et d'Ernest Cadieux, le couple Deslauriers le fut... à un point tel que le soir du 24 juillet de cet été 1947, à peine deux semaines après notre arrivée, ils organisaient dans leur grande maison à eux une « surprise-partie » pour le dixième anniversaire de mariage de leurs deux jeunes amis.

La surprise fut totale. Marcel, le fils de la maison, et Mariette, sa jeune épouse, les avaient invités à prendre un verre à l'hôtel ; alors qu'ils se levaient pour rentrer, Marcel suggéra un bonsoir à dire, en passant, à Ella et Ernest. Une fois les deux couples dans la maison, quand soudain le salon s'est éclairé, tous les amis de « la baie » et des Cadieux étaient là. Même Yolande, Gilles et moi nous y trouvions, après avoir été réveillés et habillés, en hâte, de nos plus beaux atours blancs. Désormais, Jeanne et Jean Deslauriers faisaient définitivement et plus que jamais partie intégrante des « gens de la baie à Cadieux ».

Tous les jours, à l'hôtel, il s'y passait quelque chose. Le lundi soir : cinéma, que notre père ne manquait jamais, comme nous.

Le mardi : compétitions de toutes sortes de sports, dont le tir à l'arc « pour les grands seulement » ; tout se passait dans le champ le plus près de l'hôtel, et mon père, lui, passait quelquefois à côté de la cible.

Le mercredi soir : feu de camp géant, dans le même champ d'à côté, juste au pied de la montagne descendant vers l'hôtel. La noirceur était à peine tombée sur nous que le feu était allumé et que les chants et les danses commençaient, animés par une jeune troupe de folklore venue de Montréal sur commande.

Le jeudi midi : grand pique-nique sur « la roche plate », à l'autre bout du lac, dans une baie absolument vierge de toute habitation et de toute route. Chansons à répondre et « à boire », histoires plus ou moins drôles, autres compétitions d'adresse et de souplesse, balades dans les bois, et baignades dans une eau d'une limpidité extraordinaire.

Le vendredi soir : concours d'amateurs, dans le « pavillon ». C'est là que pour la première fois, j'ai vu mon père coudre un bouton invisible avec du fil et une aiguille tout aussi invisibles (invisible ou pas, jamais je n'avais vu — ni n'ai revu — papa coudre un bouton). Il ne m'a jamais autant fait rire.

Le samedi soir : dîner et danse pour les adultes. C'était un plaisir de s'asseoir sur l'immense pelouse qui séparait le pavillon des chambres, et de voir passer tous ces couples élégants. Mais pour moi, c'était mes parents les plus beaux. Grands et minces tous les deux, habillés de blanc très souvent, ça devait probablement être vrai de toute façon, et aux yeux de tous.

Le dimanche : après la messe au village de Saint-Hippolyte ou au camp Bruchési, de tous les bouts du lac les voiliers arrivaient les uns après les autres dans « la baie ». C'était les régates du dimanche ! Je ne me rappelle pas qu'il ait plu un seul dimanche. L'eau était toujours si bleue, le soleil si gai, les voiles si blanches, les hirondelles si nombreuses, les adultes si heureux et si gentils entre eux et avec nous, papa et maman si amoureux...

C'était le paradis ! Un paradis impossible à quitter...

Nos trois semaines en ont duré sept ! Une fois par semaine, papa partait pour Montréal, le matin, tôt, et il rentrait le même soir, très tard, après *Sérénade*. Parfois, il faisait si bon qu'en arrivant, il se déshabillait en vitesse — on l'entendait de notre chambre —, enfilait son maillot et courait se jeter dans l'eau noire.

Le lendemain matin, il recommençait avec nous. Puis c'était des promenades dans les bois, des courses au trésor, des remontées de ruisseau, de longues balades en chaloupe, des cueillettes de fraises des bois, puis de framboises et de groseilles. Tout cela pris en photo ou en ciné 8mm par Jean Deslauriers.

Après sept semaines de ce régime paradisiaque, nous sommes rentrés tout bronzés à Montréal. Dans la voiture, nos parents nous ont annoncé deux nouvelles : le prochain été, on le passerait entièrement au lac l'Achigan, mais « chez nous » cette fois ; avant de partir, ils avaient réservé une des trois petites maisons, à louer, de Monsieur Cadieux, sur la colline derrière l'hôtel. La deuxième nouvelle était plus vague : tout ce qu'ils nous ont dit, c'est qu'au mois de février prochain, on aurait un autre petit frère, ou alors une petite sœur. On verrait...

À la fin du mois de juin 48, toute la famille s'installait, avec Louise et Marie les DEUX nouvelles petites sœurs ragoûtantes, dans cette petite maison sur la colline, au lac l'Achigan.

On y a passé les trente étés suivants ! Et toutes les fins de semaines et vacances scolaires possibles entre chacun de ces étés !

En 1950, mon père achetait ce morceau de colline et sa maisonnette. Bien sûr, ce n'était pas le bord de l'eau dont il avait déjà rêvé. Mais dans « la baie », il n'y avait plus de bord de l'eau à vendre ; et comme c'était dans « la baie » qu'il était arrivé, c'est là qu'il voulait rester. De plus, acheter un terrain, construire une maison, ça coûte cher, surtout s'il faut louer une autre maison pendant ce temps.

À part ça, tout ça, ça prend trop de temps ! C'est maintenant que Jean Deslauriers veut être chez lui. Monsieur Cadieux lui fait un prix d'ami, la maison est déjà meublée en Thibault de Sainte-Thérèse, on aura droit à la vie de l'hôtel et à la plage, comme avant, et c'est à deux pas. Et puis, quelle vue on a, surélevé comme ça... Le reste, c'est le nouveau propriétaire lui-même qui y verrait, « ça ne serait pas une traînerie »...

Derrière la maison et le terrain, il y a un ravin peuplé d'arbres centenaires. Au fond du ravin, un large ruisseau serpente à travers d'autres arbres et la campagne marécageuse plus loin. Donc, de ce côté, on n'aurait jamais d'autres voisins que les castors. Devant, c'est la vue surélevée sur la baie et le lac, qui est vraiment à deux pas, en effet ; à nos pieds, il n'y a qu'un champ de fleurs et de verdure, le petit chemin de terre permettant d'accéder, en voiture, à l'arrière des trois maisons « de la côte », sur la colline, se termine chez nous. Par contre de chaque côté de la maison il y a des voisins, pas trop près quand même, mais tout de même.. Il n'y a pas d'arbres ; il faudra donc en planter. Après, on sera vraiment chez nous. Par contre, le terrain, devant, n'est qu'une pente de sable et de mauvaises herbes. Quant à l'escalier : des planches de bois... « On va y voir, » dit mon père.

La maison est solide, « d'hiver et d'été », mais sans soleil aucun ; et plutôt petite : deux chambres à coucher pour sept personnes, ça va une fois, deux fois pour deux mois d'été, surtout qu'il y a également une bonne galerie grillagée ; mais pour la vie, et surtout pour l'hiver, quand on y viendra avec les petits qui grandissent si vite, les amis, et la famille en visite... « Il faudra deux chambres de plus, voilà tout, » déclare papa.

Deux ans plus tard, le tiers gauche, rajouté à la maison, était terminé ; dans le sous-sol sous ces deux nouvelles chambres, régnait maintenant un vieux rêve à lui : le grand foyer en pierre des champs.

Dehors, à gauche, un voisin, ami et esclave de papa, tond le gazon qui pousse vite dans la tourbe, posée par centaines de petits morceaux une fois le terrassement terminé... en deux fois : le poids du cheval, du sillon et de l'ouvrier sous les ordres du chef d'orchestre avaient fait s'écrouler le premier talus sous le sable pas encore assez « enterré », tassé.

L'escalier, lui, est maintenant le plus beau de la côte, de la baie, du lac même. Le soir, la pierre des marches s'éclaire grâce à la lumière d'ampoules encastrées à trois différents niveaux. Son créateur est très fier de cet escalier.

Quant à la vingtaine d'arbres naissants et nouvellement plantés... Pour l'instant, ils sont si petits qu'ils ont l'air perdus et esseulés, éparpillés partout sur cette verdure encore un peu brute. Les trois cèdres, que mon père a réunis en un seul tellement ils sont maigres, font un peu rire les amis ; sa grande épinette toute squelettique aussi. « Ils ne vivront jamais tes "cotons", Jean », disent-ils. Pour ce qui est de ses bébés sapins verts, des bleus là-bas, et de ce pin de Colombie miniature, « tu auras le temps de mourir deux fois avant qu'ils ne deviennent grands, mon Jean », insistent-ils.

Mais papa souriait, sans répondre. Il y croyait, lui, à ses « cotons » ; alors il les étudiait, il les caressait et il attendait. Il savait lui, que tous ses arbres prendraient, épaissiraient, grandiraient.

« Vous verrez, nous disait souvent papa. Avec un peu de soin et de patience, ces arbres deviendront grands. Vous verrez. »

Pendant ce temps, nous grandissions aussi...

Quand, avec son fils unique comme ombre, notre père ne plantait pas un arbre ou une fleur, ne peinturait pas une chaise ou une boîte à fleurs, ne construisait pas une cabane à oiseaux dans son établi au sous-sol, il s'occupait de nous, à sa façon. De son côté, notre mère en avait encore plein les bras avec ses jumelles.

C'est ainsi que *Butch* est né, dès 1949. Avec ce bateau, baptisé ainsi après ce surnom donné à Gilles par je ne sais plus qui ni pourquoi, nous avons tous appris à faire du ski nautique. Inlassablement, sans jamais s'impatienter, chacun à notre tour notre père nous a fait essayer ce sport jusqu'à ce que nous restions bien debout sur nos skis. Alors, il sortait de la baie et sillonnait le lac dans tous ses sens et recoins avec, derrière lui, un, deux, et même parfois trois jeunes, copains et copines inclus dans le lot et dans le bateau. Cela pendant des journées et des réservoirs d'essence, entiers, avec son fils assis devant, dans le bateau ; jusqu'à ce que ce soit son tour de monter sur les skis, à 6 ans.

Excursions dans les bois ; courses vers l'eau glacée le matin ; « ball boys » pendant les matches de tennis entre adultes, chez Cadieux ou chez Beaudin, le dimanche matin après la messe ; visites chez les voisins à n'importe quelle heure décente ; provisions à faire au village ; services ou conseils à aller demander à Fernand (Beauchamp) — un des costauds locaux, gardien de la maison et homme de confiance et à tout faire de Monsieur Deslauriers, entre autres clients ; pépinière de Sainte-Thérèse à aller explorer... Où qu'il aille et quoi qu'il fasse, papa offrait à qui était là de l'accompagner, de le suivre, de le faire avec lui. Sans plus parler, en général, après le « qui vient avec moi chez Fernand ? » Et à part Gilles, qui, lui, était déjà automatiquement installé dans la voiture.

Au début des années 50, s'est ouvert, dans un garage de Saint-Hippolyte, un cinéma. Mon père est donc redevenu chauffeur, sur terre cette fois, de tous les jeunes du coin, à l'aller et au retour, deux, trois fois par semaine. Les autres soirs, c'était « chez Deslauriers » que ça se passait. Parce que je devais rentrer plus tôt que les autres, tout mon groupe suivait, et la soirée se continuait en bas, au sous-sol. Ça commençait par le ping-pong, avec soûlades au Coke et 7-Up puisés à même la réserve paternelle prévue à cet effet ; ça continuait ensuite au son de *Rock around the Clock*, Rose Mary Clooney, Ertha Kitt et autres boogies et chanteurs de l'époque ; puis, imperceptiblement, les jeux s'organisaient : la « bouteille » entre autres. C'est alors que la musique ralentissait, que les couples se formaient, que la lumière et le ton des rires diminuaient...

Quelques, ou parfois, plusieurs minutes plus tard, on entendait de gros pas bien marqués au-dessus de nos têtes... Mon père nous annonçait ainsi qu'il venait nous dire bonsoir... qu'il était 10 heures... Quand il arrivait, les rires et la lumière avaient repris leurs couleurs, et le copain

Jean Beaudin était à nouveau suspendu, par les pieds, aux deux petits tuyaux noirs parallèles courant discrètement au plafond. «Bonsoir Monsieur Deslauriers», disait-il les bras croisés et le visage plein de sang. «Vous venez danser?»

Un tour de tango avec sa fille — ou avec Jeanne, qui suivait parfois — pour la galerie, un échange de quelques histoires pas toujours drôles, la promesse de faire faire du ski à tout le monde le lendemain, et puis: «Bonsoir, les jeunes». En remontant, il ajoutait: «S'il vous plaît, les gars, rendez-moi les bouteilles de Coke et de 7-Up que vous cachez dans vos poches. Comme ça, vous en aurez jusqu'à la fin de l'été. Rangez donc aussi un peu, tout le monde, avant de partir. Et surtout, Nicole, n'oublie pas d'éteindre avant de monter. L'Hydro-Québec est bien plus riche que moi.» Cette dernière requête était généralement inutile. Dix minutes plus tard, c'est Yolande et ses amis qui débarquaient à leur tour.

Quand les gens demandaient à mes parents si toute cette jeunesse grouillante ne les dérangeait pas, ils répondaient: «Non. C'est mieux que de ne pas savoir où ils sont et de s'inquiéter.»

Le «grand événement de l'été», chez les Deslauriers, c'était l'épluchette de blé d'Inde qu'on organisait presque chaque année à la fin des vacances. Pour tout le monde! S'il n'y avait pas au moins cent jeunes et adultes, ce soir-là, derrière la maison, il n'y en avait pas un. Autour de la grande marmite bouillante d'épis et de la table de ping-pong couverte de salières, de livres de beurre, de bière et de «soft drinks», c'était la fête, des plus petits aux plus grands. La musique et les couples «swingnaient», les poches de blé d'Inde se dégonflaient les unes après les autres, le «fun» augmentait. C'était la parfaite réussite à chaque fois.

Une fois l'été retiré et les amis en vacances rentrés en classe, les fins de semaines d'automne que nous passions au lac, après que nos parents nous aient tous cueillis à l'école et au couvent, le vendredi soir, étaient plus calmes, plus intimes, alors que la nature, elle, s'imposait une fois de plus dans toute sa splendeur multicolore, si unique et de si courte durée. À peine le temps de se soûler de couleurs pendant nos longues marches dans les bois ou les petits chemins de rang derrière notre colline, à peine le temps d'en profiter que, deux semaines plus tard, on pouvait courir dans les bois soudain tout déshabillés, donner des coups de pied ravis dans d'épais tapis tissés de milliers de feuilles d'érable prenant de plus en plus les couleurs de la mort et de l'hiver.

L'automne, mon père prenait le temps d'aller chasser le chevreuil, entre hommes, et avec sa grosse *Mauser* datant des années 30, dont l'abbé Pilon s'était séparé pour la lui vendre, uniquement parce que c'était dans les mains de son ami Jean Deslauriers qu'elle passerait.

(On pourra, dans la famille, ne pas être d'accord, mais moi j'ai toujours senti que 50% du plaisir que mon père retirait de ces chasses provenait de ces longues marches, entre hommes silencieux, dans le bois. Quant à l'autre moitié... Si, jeune il photographiait les chevreuils, plus tard, il en a tué quelques-uns, et avec un certain plaisir, celui d'avoir visé juste surtout, je crois. Mais à chaque fois qu'il en ramenait un, il nous expliquait bien que c'était un mâle d'au moins deux ans, que jamais il ne fallait tuer la femelle, ni un jeune mâle, et qu'il savait tout de suite les différencier des mâles adultes, par leurs bois justement, par la quantité des pointes déjà sorties, ou quelque chose du genre... Mais il nous expliquait toujours, un peu, on aurait dit, pour se justifier.)

Une fois, il n'a pas eu à le faire... Parti à la chasse avec un ami et un guide, il était revenu avec un ours, un gros ours brun-noir. « C'était lui ou Marcel Turgeon », nous a-t-il dit. Comme c'est moi qui l'ai achevé, c'est moi qui hérite de sa peau. Et d'une partie de sa viande. Préparez-vous à manger de l'ours les enfants. On en a pour un bout de temps. »

Le printemps, partant du lac, on allait déjeuner à la Sapinière, à Val David. De là, le long de la Rivière du Nord, on s'arrêtait pour regarder couler l'hiver en torrents sous le soleil couchant. Sinon, les deux pieds caoutchoutés dans la neige fondante, on suivait papa qui faisait la tournée de l'extérieur de la maison, des talus, de l'escalier et des arbres, pour voir quels dommages l'hiver avait pu leur faire.

Et l'hiver ? Ah, l'hiver au lac !... On a passé des samedis et dimanches après-midi entiers à faire, à trois, quatre ou cinq, du ski « djöring » derrière la voiture. Sur des chemins moins fréquentés, où la neige était à peine tapée ; sur la route vers Saint-Hippolyte, où il déposait ceux d'entre nous qui préféraient aller patiner derrière l'église ; mais surtout sur le lac, une fois la glace bien épaisse. Parfois, quand on regardait les skieurs en contre-jour d'un coucher de soleil rougeoyant, sur l'étendue si blanche du lac figé par le froid, on voyait la poudreuse se soulever sous leurs virages glissants de marionnettes toutes noires. L'effet était extraordinaire.

En rentrant, engourdis de froid, c'était un feu de cheminée au sous-sol, et l'envie de recommencer le lendemain. « D'accord », disait seulement notre chauffeur paternel, tout en nous aidant à ranger nos skis et nos patins près de ses raquettes — qu'il n'a presque jamais utilisées, mais qui étaient le symbole d'un mode de vie qui le fascinait, le faisait rêver : les trappeurs, les Indiens, les bêtes sauvages, les campements dans le bois, l'hiver, autour du feu...

Quand Noël approchait, papa, et qui voulait l'accompagner, partaient avec sa hache, souvent avec Fernand, pour aller couper deux arbres à même la forêt de Monsieur Cadieux, dont il avait reçu la permission de le faire il y a longtemps, et une fois pour toutes. Un sapin pour le salon, l'autre dehors, pour monter la garde et inviter les amis à monter ; celui du salon croulera bientôt sous toutes sortes de boules et de bébelles, après qu'il ait lui-même installé le filage électrique des petites lumières — sans trop se préoccuper de l'équilibre visuel de son œuvre ; ça prend bien trop de temps pour rien ! Pendant qu'il nous laisse achever la décoration de l'arbre, lui va s'habiller et sort illuminer celui qu'il a installé dehors tout à l'heure.

Ces Noëls passés au lac ont été féeriques ! Même lorsque nous étions la seule famille de Montréal sur la côte et même dans le coin. Car il y avait déjà, là-bas, tous les éléments d'un conte de fée moderne : la messe de minuit avec les habitants de Saint-Hippolyte, et quelques autres Montréalais aussi mordus que nous dans de tels moments spéciaux ; l'encens des sapins dans l'église ; l'atmosphère de recueillement en fête ; la musique locale dont les écorchures vous distrayaient ; l'aller-retour, parfois, en traîneau ; les couvertures, les chants de Noël, les grelots ; la neige qui tombe tout à coup ; l'arbre illuminé qui vous apparaît et vous clignote ses étoiles multicolores de bienvenue aux yeux quand, dans le noir, vous tournez à gauche, vers votre colline ; les cadeaux sous l'autre arbre, bien au chaud ; les surprises, les cris de joie, les gros becs, le réveillon d'ensuite, en famille, ou avec les voisins ; et enfin, le lendemain, jour de Noël, le confort intime du matin en famille et au chaud, les nouvelles acquisitions à retrouver, le grand tapis aveuglant de neige ensoleillée, dehors, les visites à faire, vos meilleurs cousins qui arriveront tout à l'heure, le ski, le patin, la neige qui crisse sous vos pieds, le froid, le vent, l'air pur, la fourrure, le feu dans la cheminée... Et tout cela demain encore, puis après-demain...

« A man for all seasons » ; « un homme pour chaque saison »... C'était mon père. À sa façon de musicien, d'impulsif, de fonceur, de rêveur ; à coups de cœur muet de pudeur, à coups de sentiments se transposant en images pour nous, à coups de passions viscérales... Tout cela déteignant, se déversant sur nous. Sans qu'il puisse nous les transmettre avec des mots, la politique, les discussions, l'analyse, les affaires n'étant pas en lui... Par contre, qu'est-ce qu'il pouvait être éloquent avec la musique, la nature, le rêve, l'action, les sensations, l'aventure... Et le cinéma...

Petits, en plus de nous photographier, mon père nous a beaucoup filmés tous les cinq.

D'abord, en 8mm noir et blanc, il a capté toutes les mimiques de Yolande, puis les miennes, et ensuite celles de Gilles. Après que le film ait été développé, s'il n'aimait pas un morceau d'image ou un autre, il le coupait, puis avec un petit appareil à montage, il réassemblait, recollait, limait, brossait, vérifiait... recommençait... Une fois satisfait, il ajoutait, au début du film, les titres dorés qu'il avait lui-même créés et dessinés.

Puis, en 1947, il a dirigé la musique du film *La Forteresse*... Peu de temps après, il s'équipait entièrement pour tourner en 16mm couleur : ciné-caméra Paillard-Bolex, et gros projecteur RCA Victor, avec son et haut-parleur, s'il vous plaît. Quand les jumelles sont nées, il était prêt à en faire des vedettes. Là où nous, les trois premiers, il nous avait tout simplement suivis dans nos états naturels, avec les jumelles, il prépara de plus en plus ses mises en scène et ses scénarios pris à même leurs mauvais coups. (Plus tard, au lac, il parlera même d'écrire un vrai scénario de grande aventure et de le tourner lui-même, avec nous et tous les jeunes du coin comme comédiens. Il ne réalisera jamais ce projet.)

C'était bien gentil à regarder tous ces mignons scénarios de famille, mais ce n'était pas très excitant ni passionnant d'aventure ; au bout de la cinquième fois, on les connaissait par cœur. De plus, il y avait cet énorme projecteur qui ne servait pas à grand-chose finalement... C'est là que papa eut une idée, qui s'avéra formidablement populaire, pendant des années, auprès de ses cinq enfants, de leurs cousins, de leurs amis d'école, et de tous leurs copains des alentours : il se mit à louer des longs métrages ! Chez France-Film, en français ; et de je ne sais qui, en anglais.

Pendant les huit ou neuf années suivantes — sauf l'été naturellement —, tous les samedis après-midi où, pour une raison professionnelle ou mondaine, nous ne « montions » pas au lac pour la fin de semaine, mon père a fait le bonheur de dizaines d'enfants — et le sien également — avec le cinéma. Tous assis par terre dans la salle à manger-salon, puis plus tard, dans le sous-sol de notre seconde demeure, toujours sur la rue Fullum, nous avons mangé de l'aventure, de la romance, de la musique, de la nature, du rire, de la farce, de l'histoire. Quand les films étaient en anglais, papa nous résumait l'histoire avant de commencer ; puis entre chaque bobine, il nous donnait des détails additionnels. Parfois, il s'arrêtait même en pleine action pour être sûr que nous comprenions, ou alors il nous expliquait au fur et à mesure que quelque chose d'important se déroulait sur l'écran.

Une variété infinie de toutes les sortes de films imaginaires de l'époque sont passés par chez nous : tous les dessins animés de Walt Disney ; tous les *Charlie Chaplin* et les *Laurel and Hardy* ; des westerns et des indiens à en avoir une indigestion ; les *Lassie* ; les *Zorro* : les *Tarzan* : de nombreux films d'aventure et de cap et d'épée, dont *Les Trois Mousquetaires, Michel Strogoff, Le Comte de Monte-Cristo, Les Ferrets de la Reine, L'Homme au Masque de Fer* ; et des dizaines de comédies musicales américaines, avec Diana Durbin, José Iturbi, Xavier Cugat, Janet McDonald, Howard Keel, Nelson Eddy...

Une vraie orgie de cinéma ! Quelles belles années que cette époque-là !

*   *   *

Oui, en effet, quelles belles années que cette époque-là. Pour nous ; mais aussi pour mon père.

132

Jean Deslauriers avait tout reçu pendant ces années 40!

Il avait une femme en or et cinq enfants, beaux, sains, et réceptifs à tout ce qu'il aimait, tout ce qu'il leur apportait, tout ce qui avait de la valeur à ses yeux.

Il avait «sa» maison, finie, habillée, fleurie, encoquillée de ses propres mains, et cela en pleine nature, où il pouvait respirer, «vivre» à son goût, loin de toute considération anti-nature.

Enfin, il gagnait plutôt bien sa vie en faisant ce qu'il aimait le plus au monde : la musique. Mieux que cela, grâce à son travail, sa carrière de chef d'orchestre ne semblait plus vouloir s'arrêter d'évoluer, d'élargir, de s'épanouir, de s'enrichir.

La radio l'avait tant choyé depuis le début! Qu'est-ce que ce serait quand, en plus, la télévision viendrait y ajouter sa toute nouvelle dimension, visuelle celle-là, dans peu de temps... À l'automne 52!

Les années 50

La télévision

Jeudi, 20 septembre 1953 : 21 heures 30 ;

C'est soir de grande première à CBFT/CBMT, le poste de télévision bilingue de Radio-Canada, à Montréal ; pour la première fois dans l'histoire de la toute nouvelle télévision canadienne, née l'automne précédent, un opéra sera présenté au public.

L'opéra choisi pour cette inauguration, est *Faust*, de Charles Gounod. La distribution comprend :

> Faust : Pierre Boutet
> Marguerite : Irene Salemka
> Méphisto : Yoland Guérard
> Dame Marthe : Jeanne Desjardins

Les décors sont de Pierre Delanoë ; la direction technique, de Jean-Louis Huard ; la mise en scène, d'Irving Guttmann ; et la réalisation est signée Pierre Mercure. Au pupitre ; Jean Deslauriers.

Légèrement « élagué », *Faust* durera une heure et demie. Étant très visuel, les effets à la télévision en seront donc puissants ; la musique est belle, dramatique, connue ; le texte est français. C'est un choix parfait pour ce grand événement, cette grande première. Et pour mon père, c'est un honneur d'inaugurer la carrière de l'opéra à la télévision canadienne. (C'est également lui qui, lors de l'inauguration de la télévision canadienne elle-même, dirigera le ballet *Rose Latulippe*, de Maurice Blackburn, avec dans le rôle titre, Lise Gagnier.)

« Ce sont deux honneurs que Jean méritait, me dit-on de source sérieuse. Son nom est venu spontanément, automatiquement même, sur toutes les lèvres fraîchement dirigeantes de la maison. »

Trois mois plus tard, le 6 décembre, Jean Deslauriers sera à nouveau au pupitre de l'opéra télévisé. À nouveau aussi, Irving Guttman et Pierre Mercure, seront metteur en scène et réalisateur de ce deuxième grand spectacle lyrique présenté par Radio-Canada.

L'œuvre à l'affiche cette fois est *Le Barbier de Séville* de Rossini. Ce sont Yoland Guérard, Pierre Boutet, Napoléon Bisson, Nelly Mathot, Fernand Martel (et Jeanne Desjardins, qui n'apparaît pas sur la photo

Avec Irving Guttmann et Pierre Mercure.

ci-contre) qui interpréteront les rôles de Don Basile, le Comte Almaviva, Don Bartolo, Rosine, Figaro (et Marcelline).

Depuis septembre, il y a eu deux opéras présentés à la télévision. C'est Jean Deslauriers qui les a dirigés tous les deux. Pour lui, et pour nous aussi, ceci est significatif : culturellement, la télévision attaque. Elle fera de grandes choses. Et mon père en fera partie. Sans en douter vraiment avant son avènement, il s'était secrètement posé la question, et gardait en lui ce besoin d'être rassuré. Maintenant il l'est !

Le 14 janvier 1954, après quelques émissions «pilotes», commence la plus prestigieuse série culturelle, musicalement, de Radio-Canada : *L'Heure du Concert*. Pendant douze ans, son thème — le «Pas de Deux», tiré de la suite *Casse-Noisette*, de Tchaikovsky —, fera frissonner tous les mélomanes ; pendant douze ans, ballets, concerts d'orchestre, solistes, opéras et récitals, (faits ici, mais également ailleurs, surtout à partir des années 60) s'y succéderont ; pendant douze ans, les réalisateurs «musique» de Radio-Canada y rivaliseront de qualité, tant dans la présentation visuelle et la qualité technique que dans le choix des artistes invités, de la programmation, et des chefs invités à y diriger.

À l'occasion de l'inauguration officielle de la série, ce soir-là du 14 janvier 1954, c'est à nouveau Jean Deslauriers qui est au pupitre. Mais en habit à queue, car il est à l'écran cette fois. «Là aussi, me dit-on, la décision fut immédiatement unanime. On sait aussi qu'il fut même question que votre père soit nommé chef attitré de la série, ce qui aurait été un choix parfait, étant donné qu'il était, sans doute possible, le meilleur de nos chefs canadiens. Mais il fut décidé de n'y présenter que des chefs invités, ce qui, bien entendu, était tout à fait normal.»

(Trente ans plus tard, ça fait toujours plaisir à entendre. Mais, au couvent, le lendemain de ce concert, qu'est-ce que j'étais fière de mon père ! Sans trop l'avouer à quiconque, naturellement ; mais les filles, du moins certaines, me le disaient elles-mêmes spontanément : «Qu'est-ce qu'il est beau, ton père, à la télé, Nicole. "Qu'est-ce qu'il est digne ! Et sérieux ! Qu'est-ce que ça fait de voir son père, comme ça, à la télé, hein ? Tu dois être fière, non ?»)

Le programme de cette première était très complet. Pierrette Alarie et Léopold Simoneau chantèrent la dernière scène du premier acte de *La Traviata* de Verdi ; le violoniste Arthur Leblanc interpréta *Introduction et Rondo Capricioso* de Camille Saint-Saëns ; sur une chorégraphie d'Eric Hyrst, ce dernier dansa avec Christina McDonald et Edith Laudori le «Pas de Trois», extrait de *Soir de Fête* de Léo Delibes ; et l'orchestre joua le *Carnaval Romain* de Berlioz et «La Danse des Heures» tirée de *La Joconde* de Ponchielli.

Cette variété de forme et de musique fut, pendant quatre ou cinq ans du moins, la formule la plus utilisée à *L'Heure du Concert*. Ballet, soliste instrumentiste, opéra, orchestre : chaque mode d'expression de la musique y trouvait sa place, à la même date très souvent, ou parfois en « solo ».

Mon père y eut aussi la sienne, surtout pendant les deux premières années (c'est également lui qui dirigea le premier concert de la saison 55-56), alors que l'émission était présentée chaque semaine, jusqu'en juin au printemps 54, puis d'octobre à la fin mars pendant les deux saisons suivantes. (À partir de l'automne 56, *L'Heure du Concert* paraîtra à toutes les deux semaines, en alternance avec le *Téléthéâtre* de Radio-Canada ; puis, plus tard, une fois par quatre semaines, pour revenir, vers la fin de sa carrière, à toutes les semaines.)

Sous la baguette de Jean Deslauriers — et sous celle de plusieurs autres chefs d'orchestre canadiens et étrangers —, à *L'Heure du Concert* les compositeurs de toutes les époques et de toutes origines furent célébrés ; par le chant, la danse, divers instruments, et par les musiciens de l'orchestre de Radio-Canada.

Papa dirigea des actes entiers de nombreux opéras, dont *Madame Butterfly, Roméo et Juliette, L'enlèvement au Sérail, Don Juan, Manon, La Force du Destin, Falstaff, Carmen.*

L'alphabet entier des chanteurs est passé sous sa baguette : de Pierrette Alarie à Irene Salemka ; de Napoléon Bisson à Jon Vickers. Celui des artistes invités également : Hyman Bress, Jean Dansereau, Walter Joachim, Sylvia Marlowe, John Newmark, Gyorgy Sandor, Gérard Souzay, Paul Tortelier...

Les plus célèbres « Pas de Deux » n'y ont pas échappé non plus : ceux, entre autres, du *Lac des Cygnes*, des *Sylphides*, de *Raymonda* ; les ballets *Giselle, Casse-Noisette, Coppélia, Le Festin de l'Araignée, Ruses d'Amour, Isoline, La Belle au Bois Dormant* également ; et les danseurs de Madame Chiriaeff les ont dansés, ainsi que Loys et David Adams, du Ballet National, Irène Apiné et Jury Gotshalks...

Ce fut pour Jean Deslauriers, pour les artistes et pour tous, une époque riche en belle musique.

« Pour moi, m'écrit Ludmilla Chiriaeff, le souvenir de Jean Deslauriers est intimement lié à une des périodes les plus exaltantes de ma vie : lors de mon arrivée au Québec, en 1952, alors que débutait la télévision de Radio-Canada, une période de création artistique intense dans une atmosphère de camaraderie et de profonde honnêteté intellectuelle. C'était pour le Québec cette fenêtre miraculeuse sur le monde, et nous nous savions pionniers. Votre père et moi avons souvent collaboré dans ce cadre et cette atmosphère. »

Le 11 juin 1955, seize ans et demi après la création de *Sérénade pour Cordes* à la radio, naissait à la télévision *Sérénade pour Cordes*, une autre

Paul Tortelier,

... et Pierrette Alarie et Léopold Simoneau.

«fenêtre» musicale pour les Québécois et, pour Jean Deslauriers, une série bien à lui, comme l'avait été pendant déjà quinze ans, son *Sérénade pour Cordes* sur les ondes radiophoniques.

(Le 5 juin 1954, un an plus tôt, *Sérénade pour Cordes* avait repris l'horaire sur les ondes de la radio de Radio-Canada, après une absence de trois ans. Pendant les premiers six mois, Irene Salemka et Denis Harbour en furent les artistes réguliers, et François Bernier réalisa l'émission. À partir de janvier 55, ce fut Claire Gagnier qui prit place régulière aux côtés de Denis Harbour, avec Gilles Potvin comme réalisateur depuis l'automne 54. Très vite l'émission redevint aussi populaire et appréciée des radiophiles qu'elle l'avait été par le passé. Sauf pour deux interruptions, l'une de trois mois et l'autre de cinq mois, elle continuera jusqu'à la fin mai 1958. À ce moment-là, c'est Marcel Henry qui la réalisait.)

Si, à la télévision, les fidèles de *Sérénade pour Cordes* et de Jean Deslauriers retrouvèrent le même titre et le même thème que par le passé, à la radio par contre la musique qui leur fut offerte n'était plus du tout la même qu'à la création de *Sérénade*, en 1938, celle-ci étant exclusivement «classique sérieuse», tandis que celle-là était plutôt «légère».

Il y a deux raisons pour ce changement. Premièrement, *L'Heure du Concert* ayant reçu, à la télévision d'hiver, cette mission d'offrir au public de la musique «classique sérieuse», *Sérénade pour Cordes* reçut donc celle, l'été, de divertir le public avec de la musique «plus facile d'accès en cette période de vacances», tel que l'écrivit LA SEMAINE À RADIO-CANADA à un moment.

L'autre raison nous fait retourner bien en arrière, jusqu'à l'époque de la Deuxième Guerre mondiale. Jusqu'en 1944, *Sérénade pour Cordes* ne présenta à la radio que de la musique «classique», dans le sens «sérieux» que semblent depuis toujours représenter les Bach, Beethoven, Vivaldi, Brahms et autres aux yeux du milieu musical en général. Puis, pendant la Deuxième Guerre mondiale, en 1944 si je me fie à ce que j'ai trouvé, Radio-Canada eut l'excellente idée de faire parvenir par ondes courtes aux troupes canadiennes stationnées un peu partout en Europe et en Afrique, des émissions de leur pays, dont *Sérénade pour Cordes*.

Dans le but de satisfaire aux goûts plus «populaires» de nos militaires, la direction musicale de l'époque à Radio-Canada, suggéra de donner, à l'intérieur de la programmation «classique sérieuse» de l'émission, une large place aux œuvres «semi-classiques» et même «légères»; ce qui fut fait. C'est ainsi que, comme l'explique Geneviève Barre, en 1954, dans RADIOWORLD, «the program, still retaining some of the classical flavour in Deslauriers' own arrangements, was given the popular touch through arrangements made in symphonic style by Alan McIver, of a good number of musical comedy and Hollywood tunes.»

Tant à la radio canadienne que dans les camps d'outre-mer, l'émission obtint, avec sa nouvelle formule, un succès immense et encore plus général qu'avant. La guerre terminée, que mon père le veuille ou non, la formule resta, et le succès continua.

Quant vint le tour de la télévision, non seulement celle-ci, voulant toucher le plus de monde possible, et ayant déjà son *Heure du Concert* très «classique», adopta ce style, mais elle en «popularisa» encore plus la formule. Le 14 août et le 1er novembre 53, deux émissions pilotes furent donc présentées. Les sondages qui suivirent étant sans exception tout à fait favorables, le samedi 11 juin 1955, à 21 heures 30, naquit, à la télévision et dans sa formule «musique légère», *Sérénade pour Cordes*, qui durera ensuite trois saisons d'été : dix-sept semaines en 1955, et vingt et une semaines en 1956 et 1957. Trois saisons pendant lesquelles Claire Gagnier et Denis Harbour feront partie intégrante de l'émission, tant à la radio qu'à la télévision. Toutefois, en 56 et 57, chaque semaine des artistes de toutes sortes seront invités à se joindre à eux. Pour sa part, l'orchestre de *Sérénade pour Cordes* est composé de vingt-huit musiciens, tous des cordes bien entendu, et d'un chœur féminin de seize voix. René Lecavalier présente l'émission.

Musicalement, l'émission est tout à fait à la hauteur de ce qu'on attendait d'elle. «Le style de l'orchestre de Jean Deslauriers», écrit Michel Pierre dans LE DEVOIR du 9 juin 1956, «ne peut heureusement pas être recouvert de l'horrible nom de "musique semi-classique". C'est une musique légère, agréable et peu difficile d'audition, mais ayant les plus solides qualités musicales.»

Mais visuellement... «Le chœur», continue Michel Pierre, «ajoute le charme de jolies voix bien dirigées et bien travaillées. Mais le conventionnel d'un tel groupe a peu d'intérêt visuellement, défaut augmenté par la laideur des robes-uniformes.»

Le 8 mai 1957, Monsieur Pierre écrira, toujours dans LE DEVOIR : «Le réalisateur de l'émission, Guy Parent» (Françoys Bernier avait réalisé la saison 55, et Guy Parent, celle de 56 : en 57, Pierre Mercure, Guy Parent, Françoys Bernier et Jean-Yves Landry s'étaient partagé les vingt et une émissions de la saison) «Guy Parent, s'il en a les moyens techniques, pourrait faire appel à des mimes, à des illustrations, à des effets spéciaux. Il y a certainement un gros travail d'invention de ce côté»... «En bref, nous sommes fort heureux de retrouver *Sérénade pour Cordes* dont les qualités d'interprétation sont un fait acquis, mais nous souhaiterions que la présentation sur nos écrans échappe le plus possible aux solutions de facilité.»

Monsieur Pierre avait certes un peu raison. Visuellement, ce n'était pas le pactole. Les costumes surtout étaient plutôt banals (et démodés pour l'époque : on n'en était pas encore aux modes «rétro» par choix), et à la longue, la présentation des invités se faisait trop en deux dimensions seulement et toujours de la même façon. Les décors étaient «de base», réduits à l'essentiel, et manquaient de vie et de troisième dimension.

Mais c'était les débuts de la télévision, c'était, en noir et blanc, l'époque de l'étude, de l'expérimentation sans trop de frais ; l'époque aussi d'une certaine timidité visuelle; surtout, il fallait avant tout — c'était le but même de l'émission — attirer le grand public, lequel, malgré sa curiosité et sa grande réceptivité, avait tout de même besoin d'être apprivoisé et non envahi, agressé dans sa simplicité. Si l'imagination des réalisateurs n'éclatait pas encore, par contre le bon goût et la sobriété étaient sans contredit chaque semaine au rendez-vous.

Une chose sur laquelle tout le monde est d'accord: «Enfin, on peut voir Jean Deslauriers en personne!»

Je crois que c'est ça que l'immense public radiophonique de *Sérénade* attendait le plus. Voir enfin Jean Deslauriers de près, de face, de profil, sérieux, concentré, animé... Et voir sa musique autant que l'entendre, voir ses musiciens dont le son des cordes les enchantait depuis si longtemps... C'est cela que tout le monde voulait: Jean Deslauriers, son fameux orchestre à cordes, le bon goût, la sobriété, la classe, deux belles voix, de la belle musique accessible, écoutable, reposante, pour tous quoi...

Le public a adoré et accepté d'emblée l'émission. Tellement que lorsque à l'automne 56, après deux saisons de succès, la rumeur est sortie des murs de Radio-Canada, à savoir que *Sérénade* ne reviendrait plus à l'écran l'année suivante, ni plus jamais, 5 757 personnes ont signé une éloquente pétition, préparée par un monsieur Alfred Roy, simple connaissance de la famille, mais par contre un fidèle auditeur de *Sérénade*.

«Quand j'ai appris la nouvelle par un musicien, m'a dit Monsieur Roy, j'en ai été tout bouleversé, de tristesse mais aussi d'indignation. Je sentais comme à tous, qu'on m'enlevait, quelque chose d'important, d'enrichissant.

Alors, j'ai tout de suite rédigé une pétition, et je suis allé voir des juges, des fonctionnaires, des ouvriers dans des manufactures, des avocats, des hommes d'affaires, mes voisins, des gens âgés, des femmes... Un mois et demi plus tard, la plus grosse pétition que Radio-Canada avait jamais vue était dans les mains des directeurs de la programmation de la maison. Résultat : jeudi, le 24 avril 57, et pendant tout l'été de cette année-là, *Sérénade pour Cordes* fit encore le bonheur de beaucoup de monde. »

Quelques années plus tard, dans un hebdomadaire montréalais, en racontant le longue vie de *Sérénade pour Cordes* et le succès de papa, Phil Laframboise écrira, en parlant de cette pétition : « Ainsi, grâce à Jean Deslauriers, dans la province de Québec, la belle musique, pour la première fois de son histoire, l'emportait sur les médiocrités courantes du quotidien. »

Mais ne l'emporta que le temps d'un été encore... celui de 1957, du moins sous le titre de *Sérénade pour Cordes*, (à la radio, *Sérénade* fut remis à l'horaire dès janvier 57, s'interrompit pendant l'été et, à l'automne, revint pour un autre hiver, avant de se terminer à la fin du printemps 1958.)

Après le bruit que la pétition avait fait dans les journaux, Radio-Canada dut trouver qu'elle n'avait pas intérêt — ni l'envie, j'imagine — à faire disparaître celui que tous les médias appelaient depuis presque vingt ans « l'artisan, l'âme dirigeante de *Sérénade pour Cordes* et un "symbole de belle musique" à Radio-Canada. »

« Par contre », m'ont dit deux réalisateurs de la maison, « la télévision exigeant de la nouveauté et le public aimant la variété, il fallait changer quelque chose, le titre, la formule, les costumes, l'éclairage, quelque chose... »

Alors, en 1958, Radio-Canada mit au monde d'été *À la Claire Fontaine*, toujours, bien sûr, avec Jean Deslauriers, son orchestre à cordes et son chœur de seize voix féminines. Les variations ? Le chœur et les décors avait changé d'allure, la musique, tout en étant aussi « légère », sentait moins la comédie musicale américaine ; Denis Harbour avait disparu de l'affiche, et des invités différents apparaissaient chaque semaine aux côtés de Claire Gagnier, désormais seule vedette attitrée d'une émission dont le titre annonçait subtilement et folkloriquement le nom.

D'une émission qui, elle, ne dura qu'un seul été... sous ce titre, car l'année suivante...

PHOTO-JOURNAL, semaine du 15 au 22 août 1959 :

« C'est à Jean-Yves Landry que la télévision a demandé de faire une émission, cet été, qui ferait pardonner à Radio-Canada le signor Mantovani », mentionne le petit article (le journaliste sans nom aurait pu

145

À la Claire Fontaine,

... et Sérénade Estivale.

ajouter « et la signora Liberace des débuts de la télévision »), qui continue : « Et Jean-Yves Landry nous donne *Sérénade Estivale* avec Jean Deslauriers, un programme qui honore notre télévision et tous ceux qui y participent, et fait notre joie. »

Jean-Yves Landry ne demandait pas mieux, lui. À 15 ans, en 1943, son cousin photographe l'avait emmené à la répétition de ce concert que papa avait dirigé avec Hertha Glaz, à Trois-Rivières. « Indirectement, je dois ma carrière à Jean, m'a dit Jean-Yves. C'était la première fois que je voyais un chef et son orchestre en plein travail. Jean m'a tellement fasciné par son enthousiasme et son dynamisme au pupitre, que c'est là que j'ai décidé que moi aussi je serais chef d'orchestre. »

En 1959, ce fut donc un peu le coup de foudre, si je puis dire, entre mon père et Jean-Yves, devenu depuis chef d'orchestre, puis réalisateur à Radio-Canada. Il s'est tout de suite installé entre ces deux-là une complicité professionnelle et une amitié personnelle qui ne se sont jamais essoufflées, même un instant (la suite et la fin de cette histoire le démontreront toutes seules).

Ensemble donc, il feront naître *Sérénade Estivale*, et grâce à sa formule un peu différente de *Sérénade pour Cordes*, pendant sept ans, ils en raffineront l'image et en élargiront l'esprit, tout en respectant le but premier de l'émission, voulu par Radio-Canada, celui de plaire à tous.

Dans une interview que mon père donna à Phil Laframboise et qui parut dans le JOURNAL DES VEDETTES, le 16 juillet 1961, après avoir parlé de ce besoin de changement qu'exigent le public et la télévision, il continue en lui expliquant la formule de *Sérénade Estivale* : l'orchestre était plus nombreux puisqu'il comptait maintenant quarante-cinq musiciens, avec également des bois et des cuivres ; le chœur avait disparu ; chaque semaine le ou les artistes invités variaient ; c'était des artistes canadiens avant tout.

Ce souci de « surveiller jalousement les intérêts artistiques canadiens » tel qu'en parle LA SEMAINE À RADIO-CANADA en juillet 1960, dans un résumé qu'elle fit de la formule de *Sérénade Estivale*, ce souci est le même chez Jean-Yves Landry et Jean Deslauriers, et ensemble ils verront à ce qu'il soit satisfait.

À partir de ce tandem initial, pendant sept ans défileront à l'écran de *Sérénade Estivale* tellement d'artistes canadiens qu'il est impossible de les énumérer sans en oublier. Disons seulement qu'ils y sont tous passés : chanteurs, danseurs, pianistes, instrumentistes de toutes sortes ; le talent artistique sous toutes ses formes se rattachant à la musique quelle qu'elle soit — folklore, jazz, rétro, mais aussi et en grande partie, opéra et classique pur (là aussi la formule avait évolué...) — pourra s'exprimer « en famille », et les artistes en bénéficieront à tous les points de vue : expérience, « exposure », futurs engagements, et des $$$. Ce qui fera dire à Phil Laframboise, à la fin de son article, ce 16 juillet 1961, dans LE JOURNAL DES VEDETTES : « Ne pourrait-on pas conserver une telle émission (*Sérénade Estivale*) tout au cours de l'année, si l'on songe que nos artistes lyriques, nos voix, etc., n'ont presque plus l'occasion de se produire à la télévision, en dépit du fait que le public les réclame sans cesse, heureusement et pour cause. »

(Peut-être Phil Laframboise voulait-il indirectement faire remarquer que les *Heures du Concert* s'espaçaient et surtout venaient de plus en plus d'ailleurs, et qu'à part la courte série *Concert*, il n'y avait plus, en 1961, de possibilité pour les artistes «musique» de paraître à la télé canadienne, et, par ce moyen «miracle» de se produire sans demander d'argent au public, en gagner un peu, justement, de l'argent.)

La présentation visuelle aussi varie à *Sérénade Estivale*, et pour le mieux désormais : pendant la seule saison de 1960, qui durera sept semaines — seulement —, il y aura un décorateur différent pour chaque émission. Du studio 40 où se faisait *Sérénade pour Cordes*, toute l'équipe de *Sérénade Estivale* a d'ailleurs passé dans l'immense studio 42, le plus grand de l'ancien hôtel Ford de la rue Dorchester ouest, où Radio-Canada avait emménagé au tout début des années 50, avant même l'avènement de la télévision.

Les réalisateurs également varient à *Sérénade Estivale* : à Jean-Yves Landry s'ajouteront pendant les années suivantes Françoys Bernier, Louis-Philippe Beaudoin, Pierre Mercure, Marcel Laplante, Guy Parent, Pierre Morin et Claude Routhier.

En 1965, la dernière saison d'été dans la vie de *Sérénade Estivale* se passera, avec public, au Théâtre de Verdure du parc Lafontaine... du moins les soirs de beau temps... Sinon, le studio 42 est toujours à la disposition de toute l'équipe et du réalisateur malchanceux de cette semaine-là. Pour Nicolas Doclin, Jean Saint-Jacques, Lisette Le Royer, Louis-Philippe Beaudoin ou Marcel Brisson, les cinq réalisateurs de cette dernière saison 1965, tout se décide le matin même de l'enregistrement (à partir des années 60, la plupart des émissions seront désormais enregistrées sur magnétoscope [1], au moment où Radio-Canada téléphone au bureau météorologique de l'université McGill).

Si tous les décorateurs et réalisateurs «musique» (et même «variétés») de Radio-Canada ont à un moment ou à un autre mis la main à la pâte de *Sérénade Estivale*, encore plus qu'à celle de *Sérénade pour Cordes*, plusieurs compositeurs et «arrangeurs» du Québec ont eux aussi participé à ces deux importantes émissions de Radio-Canada offrant, par excellence, de la «belle musique pour tous». Neil Chotem, entre autres, a eu l'occasion de jouer ses propres compositions aux deux *Sérénades*, et Clermont Pépin a spécialement écrit, pour l'émission, un pot-pourri basé sur le folklore canadien.

---

1. On pouvait ainsi présenter une émission à une date ultérieure, et, contrairement au direct qui ne permettait pas d'erreur, reprendre là où il y en avait eu une — laquelle erreur devait tout de même être monumentale pour nécessiter une reprise, les coûts d'une seule demi-heure d'enregistrement étant énormes.

Pendant dix ans, musiciens et compositeurs, arrangeurs d'occasion ou de métier, tels François Morel, Neil Chotem, Lucio Agostini, Paul de Margerie, Art Morrow, Maurice Dela, John Burt Art Philipps, Rusty Davis et Jean Deslauriers feront, referont, déferont arrangements, orchestrations et transpositions. De Gershwin à Massenet, de Félix Leclerc à Mozart, de Cole Porter à Rachmaninoff, de Daunais à Beethoven, de Vigneault à Fauré, de Trenet à Verdi...

«Ton père», me dit Pauline Paré, scripte-assistante de Jean-Yves Landry à l'époque, «a fait sortir les arrangeurs de l'ombre avec ses deux *Sérénades*. Non seulement il leur a donné du travail, mais il leur a de plus laissé une certaine liberté dans leurs arrangements : tout en les guidant, il leur faisait confiance. C'est rare. Surtout pour quelqu'un qui orchestrait et arrangeait tellement bien lui-même.

«Je me rappelle quand Félix Leclerc a été invité à *Sérénade Estivale*. Il avait tellement peur que ses chansons soient englouties par l'orchestre ! Quand il a su que c'était Jean Deslauriers qui s'était lui-même chargé d'en faire l'orchestration, il a été rassuré. Mais tout de même, en arrivant au studio, il était un peu paniqué. C'était, je pense, la première fois qu'il chantait avec un vrai orchestre. À un moment, j'ai même eu peur qu'il recule. Mais ton père l'a totalement mis à l'aise et tout s'est parfaitement passé. Ses chansons étaient encore plus belles, plus prenantes, plus fortes avec l'orchestre. »

Art Morrow, qui a beaucoup fait de copie puis des arrangements pour *Sérénade pour Cordes*, surtout à la radio, avoue pour sa part qu'il a eu longtemps la nostalgie de cette époque «qui donnait l'opportunité de faire des arrangements. Il n'y a plus aujourd'hui ce genre d'émission, comme les *Sérénades*, permettant à tant de compositeurs et d'arrangeurs de faire des arrangements, de travailler quoi. Avec Jean, on a eu de la chance !

«Et nos chances ! Au début, vers 1945, alors que je faisais de la copie pour lui, un jour, j'ai demandé à René Auger de demander à votre père de me permettre de faire un arrangement, la chanson *Laura* — une musique de film —, pour *Sérénade aux Étoiles*. "*Laura*, hein ? a dit Jean. Il veut avoir une opportunité ? O.K. L'aura." Après ça, j'ai fait des arrangements pour lui pendant des années, sans qu'il n'y ait jamais un accroc entre nous. C'était aussi simple que ça avec Jean. »

Pour les arrangeurs peut-être... Marielle Pelletier, Monique Savard et Corrine d'Eon m'ont parlé, elles, de leurs expériences de choristes avec Jean Deslauriers, chef d'orchestre...

«Quelle oreille impitoyable il avait», m'ont-elles dit toutes trois. «À *Sérénade pour Cordes* à la télévision, lorsqu'une de ses "girls", comme il nous appelait hors du studio, avait le malheur de fausser d'un poil de seizième de ton, il lui envoyait alors, avec ses beaux yeux bleus, un de ces

regards glaçants dont il avait le don à vous en donner froid dans le dos ! »

« Mais aussi quelle oreille incroyable », me dit ma sœur Yolande, qui à l'époque fit partie de ses « girls ». « Le chœur avait atteint un point de justesse tout à fait incomparable ! »

« J'ai rarement vu quelqu'un faire répéter comme lui, me dit Monique Savard. Il était un vrai maniaque de la justesse, à vous en rendre malade presque. Le matin, à 9 heures 30, dès qu'on arrivait à la répétition des "premières lectures" pour l'émission de la semaine qui venait, il nous demandait de chanter séparément, à vue, de la musique que souvent on n'avait encore jamais regardée de notre vie. Il aimait ça nous mettre "au pied du mur", comme il disait. »

« C'est le moins qu'on puisse dire, se rappelle Corrine d'Eon. Quand je suis arrivée de Nouvelle-Écosse — je parlais à peine le français —, j'ai auditionné devant Monsieur Deslauriers. J'étais très nerveuse, et lui n'a manifesté aucune réaction à mon audition. Deux semaines plus tard, alors que j'étais certaine d'avoir raté mon coup, ton père m'appelle. J'étais engagée ! Quand je suis arrivée au studio, il me dit, devant tout le monde et même s'il sait très bien que je suis en retard de presque une semaine sur les autres : "Mademoiselle d'Eon, voulez-vous chanter cela ?" C'était l'accompagnement du chœur pour une chanson de Claire Gagnier. N'ayant ni le temps ni le culot de refuser, je m'exécute donc. Et je m'en sors plutôt honorablement. "Merci, Mademoiselle d'Eon, me dit-il alors tout simplement, les bras encore croisés de m'avoir écoutée. Ceci est votre initiation au groupe." »

« Par contre, dit Marielle Pelletier, il connaissait vraiment son affaire, et les résultats étaient là. »

« Il y en a qui paniquaient, continue Corrine. Ce qui faisait qu'elles se trompaient encore plus. Un jour qu'il s'acharnait particulièrement sur l'une de nous, celle-ci se mit à pleurer tellement elle était nerveuse. "Monsieur Deslauriers, moi j'abandonne", lui a-t-elle dit, en larmes. Tout surpris, il change aussitôt d'air, et de victime, pendant qu'elle se rassoit en se mouchant. À la pause, il s'approche d'elle, et lui dit, doucement : "Ben voyons. Il ne faut pas être nerveuse. C'est juste une répétition." Puis une petite tape sur l'épaule, et il repart dans l'autre sens.

« Répétition ou non, continue toujours Corrine, dès mon initiation, moi j'avais compris son message. Avec lui, il fallait toujours être prête. Depuis, je ne suis jamais arrivée aux répétitions sans l'être parfaitement. Ce qui ne m'a jamais empêchée d'avoir peur de ne pas bien savoir ma musique — que je savais pourtant — une fois devant lui. Alors, dans l'autobus, je gardais le nez plongé dans ma partition au point, parfois, de ne pas me rendre compte que j'étais arrivée à Radio-Canada, et de rater l'arrêt. »

« On ne savait jamais à quoi s'en tenir avec lui, reprend Marielle. Tout à coup, il vous dit : "Ménagez-vous, vous chanterez à l'émission", puis l'instant d'après : "On ne vous entend pas."

« — Par contre, Monsieur Deslauriers, lui ai-je répondu un jour en souriant, vous nous entendez toujours lorsqu'on fausse ou qu'on se trompe.

« — J'aime autant vous entendre, m'a-t-il répondu, en souriant lui aussi. Au moins, comme ça, on peut corriger l'erreur. »

« Qu'il sourie ou non, ajoute Corrine, moi j'ai longtemps eu un peu peur de lui et de son air si sérieux, si menaçant même souvent. Quand parfois, il y avait des petits solos à chanter, avec ses gros yeux, il se mettait à nous scruter pour trouver laquelle de nous ferait l'affaire. Lorsque ses yeux tombaient sur moi, je baissais les miens pour qu'il ne me choisisse pas. »

« Par contre, poursuit Monique, aux "breaks", c'est à qui de nous pouvait s'asseoir à côté de lui. Toutes les filles voulaient être assises à sa table, lui apporter son café, faire des blagues avec lui.

« Pour ma part, conclut-elle, à partir du moment où j'ai fait partie du chœur de *Sérénade*, j'ai décroché plein d'autres engagements importants. Le chœur de *Sérénade* c'était la porte ouverte sur le reste. »

« D'autre part, conclut à son tour Corrine, Monsieur Deslauriers m'a permis de me dépasser. Un jour, il a été décidé à la dernière minute qu'il restait suffisamment de temps pour ajouter *Mademoiselle de Paris* au programme. Le chœur avait un peu plus d'une demi-heure pour apprendre trois couplets.

« — Monsieur Deslauriers, ai-je dit inquiète à ton père, je ne sais pas si je suis capable de mémoriser tout ça en français en si peu de temps.

« — Corrine, m'a-t-il répondu en me regardant droit dans les yeux, tu es dans mon chœur comme les autres. You took the job, you do it. Il faut essayer de le faire avant de dire que tu en es incapable.

« Il m'a dit cela avec un sérieux si paternel... Le jour où il m'avait fait subir mon test d'initiation, j'avais pensé ; quel homme dur ! Plus maintenant ; je sentais bien que sous ce regard si sévère et si préoccupé, se cachait un homme bon, compréhensif, et sensible à l'excès.

« J'avais raison. Lorsque j'ai eu l'occasion d'aller chez lui à Montréal puis au lac l'Achigan, j'ai vu quel homme d'amour et de bonté il était au fond. »

Il y avait bien des raisons se cachant sous ce regard sévère, autoritaire, préoccupé. Des raisons d'éducation, de tempérament, d'exigence, de souci de la perfection, de besoin de respect... Mais il y en avait une en particulier qui préoccupait tous ceux et celles qui, avant 1960, avaient à la radio, et encore plus à la télévision, une part de la responsabilité d'une émission sur leurs épaules : les exigences du « direct » !

Récemment, on m'a dit, en parlant de l'époque où tout se faisait en direct à la radio puis à la télévision, que c'étaient vraiment des «professionnels complets» que ceux et celles, artistes, réalisateurs et techniciens, ayant réellement goûté à cette expérience unique. Et qui en étaient sortis vainqueurs et... vivants naturellement.

Mon père a été un de ceux-là, et pas des moindres, depuis les tout débuts de la radio, mais surtout depuis que la télévision existait ! Le soir de la présentation de *Rose Latulippe*, en 52, puis de *Faust*, à l'automne 1953, les heures d'opéra hebdomadaires du *Théâtre Lyrique Molson* ont dû lui sembler du gâteau tout à coup... Quoique tout se soit très bien passé lors de ces deux premières, et lors de tout ce qu'il a fait par la suite en direct. (Pendant les étés 55 et 56, à la radio *Sérénade pour Cordes* se terminait une demi-heure avant l'heure de *Sérénade pour Cordes* à la télévision. Un suspense double chaque semaine, avec, sans avoir le temps d'avoir à nouveau le trac, ballets, décors, costumes, smoking et image à rajouter au même programme.)

«Jean avait un talent inné pour ce genre de défi», me raconte Jean-Claude Rinfret, décorateur pour Radio-Canada, à l'époque. «Il a tout de suite saisi et assumé l'importance du rôle du chef d'orchestre dans de telles situations. Instinctivement, il s'est fait le deuxième lien entre le plateau et le "contrôle" en haut, d'où le réalisateur, entouré de ses collaborateurs, envoyait ses ordres de mouvements de caméras et de "cues" de départ dans les oreilles du régisseur, lequel, dans l'ombre, les donnait au chef surtout lorsque celui-ci, étant à l'écran, ne pouvait pas porter d'écouteurs. Une fraction de seconde d'inattention ou de manque de communication entre le chef et le régisseur, et toute la coordination et la bonne marche de l'émission pouvaient être sérieusement ébranlées. C'était à tous points de vue une responsabilité énorme pour le régisseur et pour le chef. Jean le comprenait et l'assumait avec une conscience professionnelle que n'ont pas tous les grands chefs dès qu'ils ne sont plus devant leur auditoire de concert.»

Je crois que mon père et les régisseurs de Radio-Canada se sont toujours bien entendus, bien compris. Mais Jules Lazure, un des premiers régisseurs (on dit maintenant «assistant à la production») de la télévision, était son meilleur. Et réciproquement : cela pouvait se sentir et même se voir quand l'un ou plusieurs d'entre nous allions assister à certaines répétitions. Jules nous installait dans un coin du studio, bavardait un peu avec nous, puis disait : «Bon, à plus tard. Je dois aller m'occuper de Jean. »

Deux vrais complices, deux doigts de la main, deux amis. Jean Deslauriers venait d'engueuler les musiciens? Jules s'approchait de lui pour lui donner une indication et papa lui souriait, écoutait, acquiesçait.

«Je me sentais comme son ange gardien, m'a dit Jules sur un ton affectueux. Je crois que ma présence le rassurait. Il savait qu'il pouvait compter sur moi. Quand je lui disais que je serais derrière les violoncelles, à sa droite, parce qu'il serait tourné vers eux au moment où je devais

l'avertir que dans dix secondes la caméra le prendrait de profil, ou alors lui indiquer qu'il n'avait plus que trente secondes pour terminer la pièce qu'il serait en train de diriger, alors j'y étais. Un jour, beaucoup plus tard que l'époque du direct, à l'église Notre-Dame, je m'étais mis en smoking et je m'étais mêlé aux musiciens du fond pour pouvoir être là moi aussi, pour lui. Je me serais déguisé en n'importe quoi pour que Jean puisse me voir et être plus en sécurité. Il portait une telle responsabilité sur ses épaules à chaque émission. Il était le lien unique entre le spectacle, à l'écran, et l'organisation, en coulisses. Non seulement il devait diriger un orchestre et interpréter la musique en dirigeant, mais il fallait aussi qu'il pense aux caméras, au minutage... Et aux artistes invités! qui, eux, dépendaient de lui, de son bâton et de son expérience, surtout les débutants.

«Les chanteurs, danseurs, instrumentistes, tous pouvaient vraiment compter sur lui, pendant cette époque du direct surtout. Il était avec eux au quart de seconde, même lorsqu'ils étaient dans son dos, à l'autre bout du studio. Quand le système de minutage était inutilisable, il descendait alors souvent de son podium, tournait à moitié le dos à l'orchestre et se plaçait pour être vu des artistes. Plus tard, avec les moniteurs, il ne dirigeait plus que pour eux, à travers la caméra qui leur transmettait son regard, sa baguette, ses directives, son assurance.

«Pour ma part, il faisait tout pour me rendre la tâche plus facile. Un jour, alors que nous préparions un opéra, je ne me rappelle plus lequel, le réalisateur m'avait laissé la responsabilité du son. Beaucoup de coupures ayant été faites à la dernière minute, lors de ma première grosse répétition j'étais bien malheureux car je devais donner des indications à Jean et je ne savais pas où se trouvaient ces coupures que seuls le réalisateur et lui-même connaissaient. Le lendemain, Jean me tend une partition: "Tenez, Jules, je vous en ai préparé une avec toutes les coupures. Comme ça, vous pourrez mieux suivre."

«Jean aimait vraiment les gens avec qui il travaillait. Il faisait équipe avec tout le monde, chacun dans son domaine, et tout cela en même temps. Il aimait l'atmosphère grouillante d'un studio, cette atmosphère d'équipe sous tension, de collaboration intense, d'efficacité et de précision obligatoires.»

Heureusement qu'il aimait, car dans ce domaine il a été comblé, surtout un certain soir de 11 février 1958...

Ce soir-là, de 22 heures à minuit, *L'Heure du Concert* de Radio-Canada offrait à ses téléspectateurs le célèbre opéra de Puccini, *Madame Butterfly*, en entier, avec, comme distribution, Claire Gagnier, Richard Verreau, Louis Quilico, Joan Hall, Napoléon Bisson, Claire Duchesneau, Léon Lortie et Denis Harbour. Les chœurs avaient été préparés par Marcel Laurencelle; Françoys Bernier, assisté de Pauline Paré, réalisait l'émission; et Jean Deslauriers était au pupitre.

À 21 heures, 59 minutes et 30 secondes, à la salle de l'Ermitage et, simultanément, dans le studio 40 de Radio-Canada, rue Dorchester ouest, on entend: «Mesdames, messieurs, 30 secondes... 20 secondes... 10 secondes... 5, 4, 3, 2, 1...»

À 22 heures tapant commençait, et cela pour deux heures impitoyables, l'épreuve par excellence du «direct» à son plus aigu, son plus exigeant, son plus sadique. Pauline Paré s'en souvient bien, ça lui a coûté, entre autres, une couronne.

«Pendant trois semaines, ton père a répété à l'Ermitage, avec Jacqueline Richard à côté de lui, au piano, alors que les chanteurs, eux, se trouvaient dans le studio 40, rue Dorchester. Le son du piano et les indications de Monsieur Deslauriers se rendaient jusqu'à eux, mais en retour, lui n'entendait les chanteurs que dans ses écouteurs, ce qui voulait dire que Jacqueline Richard, elle, pour accompagner les chanteurs, n'entendait et ne voyait strictement rien d'autre que les indications et les mains de Monsieur Deslauriers. Lorsque, deux jours avant l'émission, l'orchestre s'installa à la place du piano, sur la scène de l'Ermitage, rien ne changea. Ce n'est qu'au moment même de l'émission que le son, se rendant de l'Ermitage au studio, se rendit également du studio à l'Ermitage. Et pendant la télédiffusion de l'opéra, après le premier acte au cours duquel le chœur féminin était à l'écran, une fois ces geishas allégées de leurs obis et de leurs kimonos, un autobus les a emmenées à l'Ermitage pour que ton père puisse les avoir devant lui au moment où avec un chœur de ténors, elles auraient à chanter, en "humming" la fin du deuxième acte de l'opéra.

«Il était 21 heures 40 quand on a terminé la générale. Durant les vingt minutes suivantes, tout le monde sur le plateau était d'une telle nervosité! Monsieur Deslauriers également était très tendu, ça s'entendait dans le micro. On l'aurait été à moins... Je trouve que ton père a fait preuve de beaucoup d'audace en acceptant de travailler ainsi. C'était la première fois que le coup était tenté!

«Mais tout s'est très bien passé, sans bavure aucune. Sauf que moi, à un moment entre 22 heures et minuit, j'en ai cassé une couronne tellement j'étais nerveuse. Pendant quelques secondes, je me suis demandé quand je m'étais mis un bonbon dans la bouche, jusqu'à ce que je siffle dans le micro en parlant aux caméramans...

«Après que tout ait été fini, je me suis mise à pleurer. Il paraît que ton père avait l'air d'être passé sous la douche tout habillé. Quelle soirée! Quelle époque! Il fallait avoir le cœur solide pour survivre à de pareilles expériences!»

1960

Rien ne va plus

Dessin de Normand Hudon.

Dans la soirée du samedi 5 mars 1960, à l'Ermitage, mon père est en pleine répétition avec l'orchestre de Radio-Canada et le soprano Constance Lambert. Demain dans la matinée, toute l'équipe répétera, avec caméras cette fois, à l'auditorium du collège Saint-Laurent d'où, à 15 heures l'après-midi même, sera diffusée l'émission *Concert*. Au programme : Gounod, Liszt, Puccini, Strauss, Verdi et Weber.

De son côté, au même moment ce samedi soir-là, ma sœur Yolande se prépare à se rendre, elle aussi à l'Ermitage. En vraie fille de son père, elle étudie le chant et adore assister à autant de répétitions qu'elle le peut. De plus, Eugène, son « beau », joue dans l'orchestre et elle va le rejoindre.

Mais quand elle arrive là-bas, au lieu de trouver papa suant et gesticulant sur scène, elle l'aperçoit, de loin, assis au fond de la salle. Plusieurs personnes sont autour de lui. Plus elle s'approche de lui, plus elle se rend compte que quelque chose ne va pas. Il est d'un blanc cadavérique, il a de la difficulté à respirer, ses yeux sont vitreux, exténués, perdus, ses cheveux sont en bataille et en sueurs. Tout à coup, il paraît être d'une fragilité effrayante.

Au moment où elle se penche vers lui, on lui apprend que tout à l'heure sur scène, il était encore plus défait, plus essoufflé, plus décoloré, et deux fois plus en sueurs que d'habitude, ce qui n'est pas peu dire. Avant qu'il ne s'effondre sur son podium, on l'avait alors fait s'asseoir dans la salle, et on lui avait apporté un café. Mais il n'en avait pas avalé la moitié qu'il avait été secoué de convulsions et n'avait eu que le temps de se rendre aux toilettes avant de se mettre à vomir avec une violence inouïe et inquiétante. Pendant tout ce temps, il se massait le poumon, l'épaule et le bras gauche...

Alors que l'altiste Lazlo Gati prenait sa place au pupitre — il le fallait bien, l'émission devait se faire coûte que coûte le lendemain, et le temps des musiciens s'écoulait sans répit au sablier inflexible de l'Union des Musiciens — Yolande ramenait papa en taxi vers la rue Fullum, où maman, comme souvent, attendait son retour en jouant aux « cœurs » avec des amis.

Tout s'est alors fait rapidement et sans panique, je m'en rappelle, j'étais là ce soir-là. Avec son sang-froid habituel dans ce genre de circonstances pourtant bouleversantes, ma mère mettait son mari au lit, doucement mais rapidement, tout en suggérant d'appeler un médecin. Ce à quoi il s'est opposé, en disant que ce n'était qu'une mauvaise indigestion, rien de plus. Les amis partis et papa couché, elle téléphona tout de même, de la cuisine, à Docteur Grenier, un «généraliste». «Je viens tout de suite, avait-il répondu sans hésiter.» (Quelle belle époque...)

Une heure plus tard, tout aussi fragile dans son lit, mon père reposait après avoir reçu un calmant par injection. Dans le salon, Docteur Grenier disait à maman: «Je ne suis pas spécialiste, mais je vous conseille de consulter un cardiologue dès lundi matin. D'ici là, qu'il reste couché.»

Dès lundi matin?... Il connaissait mal Jeanne Deslauriers... Le lendemain vers la fin de la matinée — et là papa ne s'était pas objecté —, elle téléphone à Laurette et René Germain, de vieux amis, pour savoir où rejoindre, un dimanche, André Proulx, cardiologue à l'hôpital du Sacré-Cœur de Cartierville, qu'elle et papa avaient déjà rencontré chez eux.

Au début de l'après-midi, mon père partait en ambulance pour l'hôpital du Sacré-Cœur. Une heure plus tôt, Docteur Proulx était arrivé, armé de son électrocardiographe. Après avoir examiné papa et, quelque temps plus tard, l'électrocardiogramme, il avait dit à maman: «Votre mari, Madame Deslauriers, vient de faire un sérieux infarctus du myocarde. Malgré l'injection d'hier soir, il est encore en crise» (ce qui ne la surprenait pas; elle avait d'ailleurs été inquiète toute la nuit: quelques années plus tôt, un de leurs amis ne s'était plus jamais réveillé après qu'on lui eût injecté un calmant alors qu'il était en pleine crise cardiaque). «Il faut le transporter à l'hôpital. Il a besoin de soins professionnels intensifs. Il ne passerait pas au travers d'une deuxième attaque comme celle-là.»

— *Ils ne m'ont même pas laissé téléphoner à Roger Barbeau, réalisateur à Radio-Canada, pour lui annoncer que je ne serais pas à notre répétition, le lendemain. On préparait* Les Trois Valses, *d'Oskar Straus pour* L'Heure du Concert *du 17 mars suivant. C'est Mathé Altéry, la soprano française, qui en était la vedette.*

— *Et c'est Otto Werner-Muller qui t'a remplacé, je me souviens.*

Mon père resta cinq semaines à l'hôpital. Après une première semaine aux soins intensifs et, souvent, à l'oxygène, Docteur Proulx était encore inquiet. Son état ne s'améliorait pas vraiment. Il demanda alors une consultation avec le Docteur Paul David, «l'expert par excellence en cardiologie». Il avait dit, honnêtement à maman: «Monsieur Deslauriers est un homme public, connu. J'ai besoin d'un autre diagnostic officiel. C'est une trop grande responsabilité à porter seul.»

Mais Docteur David ne fit que confirmer le diagnostic et seconder l'ordonnance du traitement déjà en cours. Il n'y avait plus qu'à continuer, et espérer.

Quatre semaines plus tard, papa rentrait à la maison, avec, comme on l'imagine, des recommandations précises et strictes, que Docteur

Proulx lui avait prescrites avec force détails pendant une heure, dans sa chambre — et devant sa femme... — avant qu'ils ne quittent l'hôpital, plus jamais une cigarette... — lui qui en fumait deux paquets par jour depuis qu'il avait allumé sa première cigarette de jeunesse, et cela autant en marchant à la chasse ou en attrapant un poisson que pendant ses nuits à faire des orchestrations ; une cuillerée à soupe d'huile végétale, pour les intestins, avant chaque repas ; «cintrons» tous les jours, pour garder le sang clair ; comme nourriture à éviter ; tous les gras, la crème glacée, les gâteaux, les œufs ; un alcool blanc à prendre une fois par jour, comme remontant ; examens et prises de sang toutes les semaines ; et surtout, trois mois de repos complet. Après seulement, on verrait, spécialement au sujet de la direction d'orchestre.

Jeanne fit respecter à Jean tous ces ordres et à la lettre ; et lui les respecta donc, sans trop rechigner. Il avait eu peur, je crois, même s'il en riait maintenant avec les amis qui venaient lui rendre visite à la maison.

Dès que le danger fut passé, c'est-à-dire environ deux semaines après son entrée à l'hôpital, mon père compensa vite le besoin non encore apaisé de fumer une cigarette, en suçant des bonbons à la menthe, aussitôt que le besoin d'une cigarette se faisait sentir. L'habitude lui est restée longtemps (Quand j'y repense aujourd'hui, avec tout ce qu'on sait sur le sucre et sur les dommages qu'il cause...)L'huile, elle, passait assez facilement avec, vite, un jus de tomate à sa suite et une grimace devenant de plus en plus rieuse et pour la forme quand on était là. Les examens, prises de sang et médicaments à prendre, tout ça était devenu automatique dès le début — c'était «médical», il le fallait donc — ; la nourriture ce fut une autre histoire, et tout un cas de patience et d'entêtement pour ma mère ; l'alcool blanc, «son dry gin», il y prit goût le soir avant le dîner, mais pas plus — avant sa crise il buvait encore moins...

Quant au repos complet... «Il a tourné en rond pendant trois mois», résume maman. On ne se refait pas... et pour mon père, rester en place, et calme, longtemps, c'était une vraie torture. Malgré tout, à sa façon et grâce à son chien de garde — Jeanne —, il observa ce repos pendant trois mois, ou presque.

À 21 heures 30, le 3 juillet suivant c'est-à-dire trois mois moins une semaine après son retour à la maison et le début de ses trois mois de convalescence, Jean Deslauriers refaisait, bâton à la main, son apparition à la télévision, lors d'une nouvelle saison d'été de *Sérénade Estivale*. Pour lui, il n'avait tout simplement pas été question de ne pas le faire. Quand en mai, Jean-Yves lui avait annoncé le désir de Radio-Canada de remettre la série à l'horaire pour l'été, il avait déclaré qu'il se sentait tout à fait bien, et qu'il commençait d'ailleurs à ne plus endurer ce repos, dont il n'avait plus besoin. S'il ne dirigeait pas bientôt, il deviendrait fou... — et nous aussi. Trouvant effectivement que son patient avait l'air bien d'après les derniers examens, Docteur Proulx, de son côté, n'y vit pas d'inconvénient. Ma mère non plus, sentant trop bien quand elle n'avait plus le choix, ni même un mot à dire.

« De toute façon », avait dit Jean-Yves Landry, à nouveau réalisateur de l'émission, « cette année *Sérénade Estivale* ne durera que sept semaines. Ce sera court. Et puis, Jeanne, si vous êtes là à chaque émission, à nous deux on pourra le surveiller, l'empêcher de trop se dépenser. »

Bien entendu qu'elle serait là, tout près, à toutes les répétitions ainsi qu'à l'émission, voyons ! Elle était trop inquiète intérieurement (Docteur Proulx avait, lui aussi, assisté aux premières répétitions et émissions). Alors il fut décidé qu'on louerait la maison du lac, oh, pour juillet seulement. Le voyagement ne ferait que fatiguer Jean, et comme l'idée même que sa femme ne soit pas tout le temps avec lui était risible en soi... Même « avant », à partir du moment où nous avions tous été assez vieux pour nous passer d'elle pendant quelques heures, les répétitions et l'émission se faisant dans la même journée, elle se rendait souvent à Montréal avec lui. Alors maintenant...

Maintenant vient le temps de parler des deux autres raisons pour lesquelles mon père a fait cet infarctus : deux raisons interdépendantes, d'une certaine façon ; deux raisons qui n'avaient rien à voir avec la cigarette, la crème glacée ou les matières grasses ; deux raisons qui l'avaient miné, lentement, de l'intérieur, jusqu'à ce que tout bloque, étouffe, éclate...

En réalité, mon père n'avait jamais vraiment digéré le fait qu'après la guerre, en 1945, la formule de « son » *Sérénade pour Cordes* ne redevienne pas celle qu'il avait créée en faisant naître *Sérénade*, en 1938, c'est-à-dire une émission faite uniquement de musique « classique » dans le sens traditionnel du terme, avec, parfois une musique presque « de chambre ». Pas plus qu'il ne digéra, une fois la série présentée à la télévision, qu'on en supprime, presque entièrement sinon totalement, le peu de musique classique déjà « populaire » qu'il avait réussi à y conserver malgré tout.

Déjà, jeune homme, il avait dû faire de la musique de danse dans les hôtels et sur les bateaux, cela après le vaudeville et les films muets, lui qui se destinait au prix d'Europe et à la grande musique, lui pour qui, depuis sa plus tendre enfance, il n'y avait eu que ça dans son cœur, dans son ventre et dans ses veines, le « classique ».

Mais à cause de la dépression, de sa famille à aider après tous les sacrifices faits pour lui, il avait compris, accepté cette diversion temporaire à son idéal de puriste. Puis ce hasard de la vie, tout en lui retirant sa possibilité de devenir le grand violoniste qu'il rêvait d'être, l'avait en même temps orienté vers une carrière de chef d'orchestre, rôle qui, en fait, lui collait parfaitement à la peau, au tempérament et à l'allure, en plus de le replacer dans une position lui permettant de faire la musique qu'il aimait.

Et voilà qu'après avoir créé un style «classique» bien à lui avec son petit orchestre à cordes et ses programmes faits de musique recherchée, raffinée, voilà que la guerre, et la direction des émissions musicales de l'époque à Radio-Canada, lui imposent une programmation plus populaire, où il fallut insérer de la musique plus «légère», plus «accessible» pour les soldats se trouvant outre-mer, seuls, loin de leurs familles, et faisant la guerre des autres.

Comment refuser! *Sérénade* était son principal gagne-pain à ce moment-là; puis c'était pour une bonne cause; et c'était temporaire, croyait-il. (Peut-être même que c'est ce qu'on lui avait promis.) Mais après la guerre, la formule «semi-classique» resta. Encore une fois il l'accepta, non sans un peu de mécontentement et de protestation... inutiles, et de bien peu de force : *Sérénade* était toujours un morceau important, régulier et «à l'année» de son budget. De plus et malgré tout, c'était encore et toujours son *Sérénade* à lui, et il avait tout de même réussi à garder «classique» la moitié du programme, même si ce «classique» était de plus en plus «populaire».

D'autre part, quand sont arrivés les *Radio-Concerts Canadiens*, puis le *Théâtre Lyrique Molson* et son résumé hebdomadaire d'opéra, et enfin *Concert d'Opéra*, en 1953, la blessure s'est un peu engourdie, puis presque cicatrisée, bien nourrie qu'elle était par tant de nouvelles joies, de nouveaux horizons — papa s'étant découvert une passion, et du talent, pour l'opéra —, et également par le fait qu'ainsi, le nom de Jean Deslauriers était à nouveau synonyme de «belle musique» de la «seule vraie musique» à ses yeux, le classique, quelle que soit sa forme d'expression : récital, musique de chambre, symphonie, ballet ou opéra.

Ceci lui fut confirmé quand, avec les premières années de la télévision et de *L'Heure du Concert*, on lui donna la possibilité de reprendre sa place, face à son idéal encore plus qu'aux yeux des autres. Il était également certain que Radio-Canada l'appréciait pour ce qu'il était, un chef d'orchestre «classique».

C'est probablement un peu à cause de cette sécurité d'esprit et de cœur qu'en 1955, après deux *Sérénades* pilotes, il accepta de redevenir, à la télévision, le Jean Deslauriers de *Sérénade pour Cordes* et de sa musique «pour tous». Pourquoi pas... puisque sa fierté et sa réputation de chef «sérieux» étaient désormais nourries et entretenues par *L'Heure du Concert*.

Il signa donc. Question de sous, aussi, d'un certain sens d'obligation envers Radio-Canada, et sûrement d'un peu de crainte, s'il refusait, qu'on le trouve difficile et qu'on le lui fasse sentir autrement... Mais également, certainement parce qu'il était très attaché à son bébé vieux de presque 20 ans maintenant, même s'il ne lui en restait plus que l'image — et le son — des cordes et son titre de *Sérénade pour Cordes*. Et puis, il se débrouillerait bien pour y insérer une bonne quantité de classique, au moins « populaire ».

Malheureusement pour ses espoirs, cet été-là de 1955, ce ne fut presque exclusivement que de la musique « légère américaine » qui fut présentée à *Sérénade*. Plus quelques chansons françaises et canadiennes. Mais aucune sorte de « classique ». C'est ce qu'on lui avait « offert » en faisant la programmation. C'était à prendre ou à laisser pour lui et pour les réalisateurs Bernier et Mercure, tout aussi, sinon plus, « classiques sérieux » que lui.

L'émission eut un succès fou auprès du grand public et même de la grande majorité des mélomanes. À cause, me diront beaucoup de gens, de la douceur de ce genre de musique, les soirs d'été ; à cause du bon goût général de la présentation de l'émission ; à cause de ses artistes invités, tous des « classiques », et de son orchestre, sérieux et composé des meilleurs (tous les musiciens faisaient, sauf exception, partie de l'Orchestre Symphonique de Montréal) ; à cause des arrangements élaborés faits par des « classiques » de formation, ce qui donnait à ce genre de musique « facile » une dimension presque « classique populaire ».

« Et puis », me dit aussi Henri Stadt, cinéaste français s'étant installé à Montréal dans les années 50, « à cause de votre père. Pour quelqu'un arrivant de Paris, le nom de Jean Deslauriers devenait vite réconfortant. Quand on l'entendait annoncer, on savait alors qu'on entendrait autre chose que de la guimauve sirupeuse et molle à l'américaine. Pour moi, Jean Deslauriers est devenu synonyme de musique classique accessible. »

En effet, si en 1955, les classiques ont été à peu près totalement évités (une fois seulement, en étudiant de près les SEMAINES À RADIO-CANADA de l'époque, j'ai aperçu au programme le *Rêve d'Amour* de Franz Liszt et *Coming Home* de Drorak), par contre, en 1956 et, surtout, en 1957, sont apparus, et cela de plus en plus en force, les « classiques ».

Puis vinrent *À la Claire Fontaine*, et *Sérénade Estivale*. À partir de ces deux émissions, je ne sais pas comment mon père s'y est pris, mais entre des mélodies telles *Smoke Gets in your Eyes, Old Man River, Begin the Beguine, Dans tous les Cantons, Brazil, Ebb Tide, Stardust* et *Je Suis Seule ce Soir*, se sont discrètement infiltrées — et parfois littéralement glissées, grâce à un procédé d'enchaînement réalisé à l'arrangement — *Le Cygne* de Saint Saëns comme de Grieg ; *La Romance* de Wieniawski ou le *Clair de Lune* de Debussy ; l'« O mio Babino Caro » de *Gianni Schicchi* ou « Il est Doux, il est Bon » de *Hérodiade* : le *Scherzo* de Mendelssohn ou la *Sérénade pour Cordes* de Tchaikovsky ; le *Mouvement Perpétuel* de Paganini ou la suite *Mascarade* de Khatchaturian ; *Nocturne* de Clermont Pépin ou *Après un Rêve*, de Fauré ; *Polka et Danse* de Shostakovitch, *Chant Russe* de Stravinsky ou *Chant Indou* de Rimsky-Korsakoff...

Le mariage fut tellement parfait que parfois, on ne savait plus si *Sérénade Estivale* était une émission de musique « légère » agrémentée de musique classique, ou plutôt l'inverse. « Moi qui ne suis pas mélomane de grande musique », me dit l'avocat Marcel Robitaille, « j'aimais *Sérénade*, je

166

trouvais sa musique belle et accessible. Pour ceux qui n'étaient pas des intellectuels de la musique, Jean fut un guide, un professeur. Il a fait la joie et l'éducation de plusieurs générations. Sans les brusquer, il les a apprivoisées, leur a appris à s'initier, à connaître puis à aimer la musique classique. Jean a été un pionnier au Québec.»

Ainsi, tout en entraînant à sa suite un nouveau public, mon père revenait subtilement à ses amours, la musique classique.

Mais aux yeux de Radio-Canada, du moins de je ne sais quelles personnes étant à ce moment-là en charge des émissions musicales de la maison, il était trop tard. Dans leur esprit, Jean Deslauriers c'était «Begin the Beguine et rien d'autre, rien de mieux», disait-on, paraît-il, en haut lieu. Conclusion: à partir de 1956, les *Heures du Concert* lui échappèrent de plus en plus. Cette année-là il n'en dirigea que deux; en 57, une seule, plus à Noël un concert de musique de Noël; en 58 il fit *Butterfly*, le fameux soir de ce «direct» impossible (là on pensait à lui par contre); en 59 il n'en dirigea aucun. Quand, vers 58, 59, la série *Concert* commença après les *Concerts pour la Jeunesse*, il en dirigera deux, et ne se rendra pas au bout de la répétition du troisième, en mars 1960.

Pour lui aussi, il était trop tard. Le cholestérol accumulé par un peu trop de gras et de nicotine, mais encore plus par beaucoup de frustration et d'humiliation (il savait, en fait, pourquoi on ne le demandait plus) fit le reste sur son physique. Comme fit également effet l'inquiétude financière grandissant au fur et à mesure que diminuaient les engagements, surtout à partir de 1956.

Une inquiétude qu'il n'avait jamais connue... à ce point en tout cas...

Comme tous les artistes, depuis ses tout débuts, mon père avait dû vivre avec l'insécurité inhérente à son métier. Mais jusqu'à 1956, sans faire fortune, il avait toujours eu du travail, beaucoup même à l'époque des années 40. Tellement que ce sentiment d'insécurité faisant normalement partie de la vie de l'artiste s'était peut-être un peu engourdi, estompé en lui. Même s'il n'avait jamais été qu'à la pige à Radio-Canada comme ailleurs, il faisait à ce point partie de la maison — dès 1942 d'après une caricature — qu'avec le temps et les séries de *Sérénades, Radio-Concerts Canadiens, Molson* et tant d'autres se succédant, se chevauchant même, l'idée que tout cela puisse s'arrêter un jour ne lui était plus que rarement venue à l'esprit. Surtout pas pour la raison mentionnée plus haut. Laquelle raison fut la principale cause de ce vide de travail à partir de 56, c'est évident.

Du moins, ça l'est devenu à mes yeux, après que j'aie épluché un à un les horaires hebdomadaires de Radio-Canada, cela à partir du premier numéro de RADIOMONDE en 1939, jusqu'à celui du 30 mai 1978, dans ICI RADIO-CANADA.

Avant, j'avais surtout l'impression, non pas que Radio-Canada avait

Chez les chefs d'orchestre de Radio-Canada

EUGENE CHARTIER

J. J. GAGNIER

JEAN BEAUDET

GUISEPPE AGOSTINI

JEAN DESLAURIERS

Croquis de Jacques Gagnier
Montréal 1942

« abandonné » mon père en particulier, comme me l'avaient affirmé plusieurs personnes, même intra-muros, mais qu'on avait plutôt laissé tomber la musique classique en général, entre autres au profit du sport et de ses commanditaires si payants et « money-minded » — tout le monde sait bien que la cote d'écoute de la musique classique, à la télévision, a toujours été minime comparée à celle du sport !

C'est d'ailleurs un peu ce qui s'est passé à la fin des années 50, pendant un moment du moins. Mais je me suis en même temps aperçue qu'après cette période 57/63, pendant laquelle les présentations de *L'Heure du Concert* se sont espacées — ces spectacles produits à domicile coûtaient de plus en plus cher et, si je ne me trompe, n'étaient pas commandités —, l'émission est redevenue hebdomadaire et n'a disparu qu'en 1966. Pourtant, à partir de 1956, après avoir dirigé douze *Heures du Concert* pendant les douze mois que durèrent en tout les deux premières saisons de la série!, mon père n'en a pour ainsi dire plus dirigé — sauf quelques rares exceptions —, contrairement à d'autres chefs canadiens pas plus, sinon beaucoup moins, qualifiés que lui (même si je la partage, cette opinion générale me vient entre autres d'experts et de « noms » dont l'opinion en musique, elle, est incontestable).

Une autre preuve de cet « abandon » : même à la radio, où il n'y avait que ça de la musique, j'ai bien été obligée de me rendre compte que là aussi, Jean Deslauriers était « banni » de la musique dite « sérieuse ».

Pas plus qu'il n'a dirigé, à la télévision — si je me fie aux horaires pas toujours détaillés de LA SEMAINE À RADIO-CANADA quand il s'agit d'émissions de moins grande importance —, de *Concerts pour la Jeunesse* avant 1959, alors que le nom de l'émission devint *Concert*. Il en fit deux... et demie. Plus trois *Divertissements* classiques populaires pendant l'hiver 57-58...

Mais le mal était fait, on l'avait « banni » de l'émission musicalement la plus prestigieuse de la télévision, la seule qui classait les chefs d'orchestre invités, canadiens ou étrangers, dans cette catégorie supérieure de « vrais » chefs d'orchestre, de « bons » chefs d'orchestre, des chefs d'orchestre capables de faire de la musique sérieuse, de la grande musique. « Pourtant », me dirent entre autres Armand Plante et Jean Vallerand, « plus que n'importe qui au Canada, ton père était tout à fait capable d'en faire de la grande musique ! »

D'un autre côté et d'une certaine façon, Radio-Canada n'avait pas « abandonné » Jean Deslauriers ! *Sérénade pour Cordes. À la Claire Fontaine* et *Sérénade Estivale* ont été, à la télévision, les seules séries — d'été comme d'hiver — d'émissions musicales proprement dites, « légères » ou « sérieuses », à avoir un chef attitré, unique, et exclusif : Jean Deslauriers. Et cela mon père l'a toujours apprécié. « Jamais, me dit encore Jean Vallerand, Jean n'a critiqué Radio-Canada ni démoli qui que ce soit ayant du travail quand lui n'avait rien. Jamais il ne m'a dit : "Pourquoi Radio-Canada ne laisse pas tomber untel autant que moi ?" Jamais. »

Mais même en excluant la blessure morale causée par cette frustration de ne faire que de la musique « légère », financièrement ces séries d'été ne suffisaient plus à faire vivre leur homme. Les hivers 56 et 57 ayant été plus que maigres, l'hiver 58 le fut plus encore. Après la dernière d'*À la Claire Fontaine*, le 6 octobre 1958, papa a rangé sa baguette avec les autres dans leur étui de cuir noir doublé de velours ocre et ne l'a plus réouvert avant le 13 juillet 1959, date de la première d'une nouvelle série de *Sérénades Estivales*, laquelle ne dura d'ailleurs que huit semaines.

Depuis vingt ans, c'était la première fois qu'il rangeait sa baguette pour plus longtemps qu'un mois... et de combien plus...

« Quelque temps plus tard, me dit Fernand Quirion, alors réalisateur à la télé, j'ai rencontré Jean. Il me semblait malheureux comme les pierres.

Et très triste. Lorsque je lui ai demandé ce qui se passait, tout ce qu'il m'a répondu c'est : "Comment se fait-il, Fernand que je ne puisse même plus gagner ma vie avec la musique ?" Il était tout désemparé, il ne comprenait plus rien à rien. Je n'ai pas su quoi lui répondre... »

N'ayant jamais fait autre chose que de la direction, papa fut pris « les culottes baissées » selon une de ses expressions favorites. Où se tourner, comment gagner quelques sous pour ne pas s'enfoncer à jamais dans les dettes, le découragement et l'écœurement ? Comment continuer à faire vivre décemment sa femme et ses cinq enfants ? Même si Yolande et moi nous débrouillions nous-mêmes pour payer, Yolande ses cours de chant et moi la harpe que je venais d'acheter — mes cours au conservatoire ne coûtant rien —, nous habitions toujours rue Fullum ; Gilles et les jumelles, eux, étaient aux études, et pour longtemps encore, sûrement. Puis il y avait la maison du lac ! Et ça c'était vital, l'idée même de la vendre lui était insupportable (à nous aussi d'ailleurs...).

Il se creusait encore la tête sans trouver de solution lorsque, à la fin de l'été 58, une vague connaissance, Léo Lefebvre, dépositaire GM à Sainte-Thérèse, lui proposa de vendre des voitures pour lui. Proposition qu'il accepta, en attendant...

Cette fin de 1958 et ce début 1959, je m'en souviendrai toute ma vie ! C'est moi qui dactylographiais les propositions de prix et de divers accessoires à inclure en détail, qu'il remettait ensuite à ses clients éventuels, la plupart étant des amis devant — ou ne devant pas nécessairement — changer de voiture en 1959. J'en connais deux qui, uniquement pour l'aider, ont acheté une nouvelle automobile de lui. Depuis, à chaque fois que dans un film, je vois les ailes en flèche d'une Cadillac 1959, ou celles en papillon de la Chevrolet de cette année-là, j'ai le cœur qui fond. Qui fond de douleur réminiscente de celle que je sentais en mon père quand il était au téléphone alors que je tapais à la machine à côté de lui, à son bureau. D'un ton faussement blagueur et philosophe, il annonçait à un nouveau « prospect », comme il disait, son nouveau métier par la force des choses. C'est la première fois que j'ai entendu mon père parler avec cynisme de la musique...

Douleur de frustration, douleur d'humiliation, douleur de désespoir... Douleur de découragement aussi quand son « prospect » n'était pas intéressé, ou que la réponse à sa proposition de prix était négative... Il raccrochait alors en baissant les yeux, disparaissait aux toilettes, et réapparaissait avec les yeux rouges et l'air embarrassé...

Je m'en souviendrai toute ma vie...

Il arrivait souvent qu'il ne vende pas. Trop souvent... Il lui fallut donc, début 1959, se séparer de certaines choses. En plus de le dépanner par moments, son frère Édouard lui acheta sa caméra 16 mm, puis également, pour sa fille Francine qui étudiait le violon et à qui mon père l'avait déjà prêté, son violon autrichien, le dernier, avec lequel il avait joué aux Concerts Symphoniques jusqu'en 1942.

« Maintenant, je comprends mieux, papa, pourquoi, après, tu t'es détaché de tout : photos signées par Defauw, Grandjany et autres ; trophées Laflèche et plaques RadioMonde que tu avais gagnés ; ta musique, tes programmes... »

Puis un jour de printemps 59, un « prospect » infructueux lui offrit, lui, par contre, de vendre de l'assurance-vie pour sa compagnie. Surpris et curieux — c'était tellement moins... moins « commercial » que des automobiles —, mon père allait répondre que ça l'intéressait d'en savoir plus long quand son interlocuteur ajouta : « Si vous acceptez, Monsieur Deslauriers, je vous le dis tout de suite, il faudra que vous travailliez de 9 à 5, comme tout le monde... Quoi ?... Non, il ne sera pas question de vous absenter pour une répétition. Voyez-vous, le bureau ne peut pas se permettre de faire d'exception. En fait, pour avoir votre permis d'assureur, il va même falloir que vous abandonniez la direction d'orchestre. Les agents d'assurance ne peuvent pas avoir un autre travail. C'est interdit, vous comprenez ? »

Oui papa comprenait, comme il a tout de suite compris que ce genre d'arrangement n'était pas pour lui. Même si elle le servait mal depuis quelques années, la musique passerait toujours en premier. Jamais il ne refuserait de diriger, même gratuitement — ce qu'il a souvent fait —, à cause d'un travail de 9 à 5 — ce qu'il n'avait jamais fait —, et encore moins d'un 9 à 5 sans plus de sécurité que sa musique, puisqu'il serait à pourcentage ! Mais même à salaire fixe... Non, l'idée de refuser un concert parce qu'il vend de l'assurance... l'idée de faire du 9 à 5 assis à un bureau... Juste à y penser, il en venait tout mal... Il aimait encore mieux vendre des voitures, chez lui, de temps en temps...

Jusqu'au jour de fin d'avril 59 où un certain Paul Lirette, gérant d'une succursale de la compagnie d'assurance-vie Montreal-Life, lui téléphone. « J'avais lu dans les journaux ou alors j'avais entendu dire », m'a-t-il raconté, « que votre père était obligé de vendre des voitures pour gagner sa vie. Je n'en revenais pas... Jean Deslauriers... ce n'était pas croyable ! Alors je l'ai appelé. Il ne me connaissait pas, mais moi, si. Je lui ai simplement dit qu'au lieu de vendre de l'automobile, avec tous les contacts qu'il avait et tout le monde qu'il connaissait, il pourrait faire beaucoup d'argent en vendant de l'assurance-vie ; que moi j'avais une proposition à lui faire ; que je serais au bureau toute la journée le lendemain ; et que, s'il en avait le temps, de passer me voir. Il m'a écouté sans dire un mot, puis il a répondu qu'il viendrait.

« Mais il n'est pas venu, ni le lendemain ni les jours d'après. Alors je l'ai rappelé. C'est là qu'il m'a dit que c'était inutile d'insister, qu'il n'était pas question qu'il abandonne la musique pour vendre de l'assurance, pas plus qu'il n'était question pour lui de faire du bureau de 9 à 5.

« — Mais qui vous parle d'abandonner la musique ? lui ai-je dit, surpris. Qui vous parle de faire du bureau de 9 à 5 ?

« — Mais on m'a dit...

« — Écoutez, Monsieur Deslauriers, laissez faire ce que les autres vous ont dit et venez me voir. Moi je vais vous expliquer ce que je veux vous offrir comme conditions.

« Le 5 mai 1959, à 11 heures 30 pile, votre père entrait dans mon bureau. Pendant plus d'une demi-heure, je lui ai expliqué comment je voulais l'utiliser. Il vendrait de l'assurance OÙ il le voudrait et QUAND il le pourrait : entre deux répétitions, à la chasse, au restaurant, au téléphone ; à minuit ou à midi, le jour de Noël ou de la Pentecôte... Au début, j'irais à ses rendez-vous avec lui, pour qu'il apprenne. Après je n'aurais à être présent qu'à la signature. Ses propositions de plans différents, il pourrait les préparer chez lui, le soir, au lac la fin de semaine, dans une loge à Radio-Canada, ça c'était son affaire. Il n'aurait à venir au bureau que pour faire taper ses contrats et chercher ses pourcentages. Même là, on pourrait lui faire parvenir ses chèques par la poste.

« Alors qu'on se serrait la main sur une première entente verbale, il me dit : "Il me reste trois dollars dans mes poches. Je vous invite à dîner." On est allés manger un "smoked meat" ensemble. Alors qu'on était attablés, je lui ai dit :

« — Avec votre réputation et la quantité de gens que vous connaissez et qui vous aiment, Monsieur Deslauriers, bientôt c'est au champagne que vous pourrez m'inviter.

« — Et mon permis d'assureur ?

« — Je m'en occupe. Vous, commencez à téléphoner à vos connaissances et amis.

« Trois jours plus tard, ensemble on allait rencontrer Claude Lorrain, le patron du Motel Lucerne, rue Sherbrooke est, pour signer la première vente de votre père. "Jean, lui avait dit Monsieur Lorrain au téléphone, moi je vais te donner un 'break'. Tu es un ami de toujours, et puis ça ne me fera pas de mal d'augmenter mes assurances."

« La prime, et par le fait même la commission du vendeur, était plus que substantielle ! Quand on est remontés dans l'auto, votre père était aux anges. Moi encore plus que lui. Ça promettait !

« La première année, il a gagné 26 000 $! Au moment de sa crise, le directeur de la compagnie — une compagnie canadienne-anglaise — m'a dit : "On va continuer à lui payer un salaire de 150 $ par semaine pendant tout le temps qu'il faudra. Je sais que c'est un risque, mais j'ai confiance."

« Il a eu raison. Aussitôt que Jean a pu respirer normalement à nouveau, il s'est mis à donner des coups de téléphone de son lit d'hôpital. Il a vendu je ne sais combien de polices d'assurance pendant son séjour à Sacré-Cœur. Après sa sortie il a fait un mois record !

« Dès le début, Jean a pris son travail très au sérieux. Il lisait constamment des choses sur l'assurance, il assistait à toutes les conférences. Il a vite appris et est devenu un vendeur hors pair. En fait, pendant les trois premières années, il a été le meilleur vendeur de toute la compagnie.

« Je pense qu'il n'y a pas un artiste de Montréal que Jean n'a pas assuré... Comédiens, chanteurs de jazz, de cabaret, de concert et d'opéra, musiciens, solistes, peintres, ils y ont tous passé. » (Certains d'entre eux, tels Yvette Brind'amour et Jean-Louis Roux, n'en ont acheté que « parce que ça me faisait trop mal de voir un musicien de la qualité et de la réputation de Jean Deslauriers obligé de vendre de l'assurance-vie pour ne pas crever de faim. » Jacques Létourneau, lui, a « tout simplement été révolté », me dit-il. « Mais », ajoute Louis Charbonneau, un musicien, « Jean a vendu de l'assurance de la même façon qu'il faisait de la musique. Avec dignité, avec respect. »)

« Parfois, continue Paul Lirette, après un rendez-vous, votre père m'appelait : "C'est épouvantable, Monsieur Lirette![1] Les artistes n'ont aucune, mais aucune assurance sur la vie ni plan de retraite. Ils disent tous qu'ils n'y ont jamais pensé. Vous voyez ça?! Avec l'insécurité dans laquelle ils vivent, c'est insensé!" »

« Tu pouvais bien parler, toi, mon père! Toi-même tu ne t'es assuré que quelque temps avant ta crise. Quand je pense qu'à l'examen, on t'avait déclaré "assurable"... »

« C'était un fin vendeur, poursuit Monsieur Lirette. Les artistes n'étant pas d'affaires, pour obtenir un rendez-vous Jean les prenait par surprise : "Si tu meurs, mon vieux, tu ne laisses rien. Regarde-moi." Puis une fois assis avec eux, à table le midi en général, plutôt que de parler de la mort, il parlait de la vie, d'investissement, il leur expliquait le système des rentes viagères à 65 ans.

« Votre père n'approcha pas que les artistes. À Radio-Canada, il les a tous contactés : du poste le plus élevé à l'employé le plus effacé. Dès qu'on lui souriait dans les corridors, il attaquait. Ou alors, ça se passait entre deux répétitions, après une émission.

« Quant aux hommes d'affaires... Le midi, on allait souvent manger à la taverne du Père Gédéon, située près du bureau. C'était toujours bourré d'hommes d'affaires qui le connaissaient, très bien ou seulement de réputation ; d'autres ne l'avaient rencontré qu'une fois, chez des gens. Tout le monde le regardait quand il rentrait, puis en mangeant, alors il souriait en leur faisant un petit salut poli de la tête... et hop, ils étaient pris ! Doris Lussier n'y a pas plus échappé que les autres.

« Jean avait, entre autres, une qualité rare. Il pouvait s'adapter au langage de tout le monde. Un jour d'hiver où on se rendait à Berthier pour y rencontrer un important personnage, on voit, dans un rang, un

---

1. Sauf, parfois, en jouant aux cartes, papa et Paul Lirette se sont toujours adressés l'un à l'autre en s'appelant « Monsieur Deslauriers » et « Monsieur Lirette ».

cultivateur pris dans un banc de neige avec ses chevaux. L'homme battait la mesure pour aider ses bêtes à se déprendre. Votre père me dit alors : "Lui, je vais lui en vendre, de l'assurance." On s'arrête donc près de lui, Jean sort de la voiture, lui serre la main en se présentant, et lui dit : "Veux-tu faire une piastre, mon vieux ?" Après notre rendez-vous initialement prévu, on s'est arrêtés chez l'homme, qui voulait "partir à son compte une fois plus vieux", comme il disait. Pendant une demi-heure, Jean lui a parlé de sécurité, d'investissement... Et lui a vendu une police d'assurance avec plan de retraite.

« Voilà ! C'est simple ! Il obtenait généralement ce qu'il voulait. Et cela de tout le monde... Un jour, plus tard, une fois qu'il eût fait le tour de ses contacts et connaissances et qu'il vendait moins, il demanda au directeur une avance qui lui fut refusée. Le surlendemain, il déposait des billets de concert auprès de sa secrétaire. Sans se faire annoncer, il repartit aussi vite. L'avance lui fut accordée. Et vite remboursée par une grosse vente, la semaine suivante.

« Je crois que Monsieur Deslauriers a été heureux avec nous. "Dans l'assurance, m'avait-il dit, il n'y a pas d'ennemis." C'est ce qu'il croyait... Il ne savait pas à quel point je m'étais battu pour lui faire obtenir son permis, et pour qu'il le garde après que je l'aie emmené à un congrès des assureurs, trois mois après qu'il eût signé avec nous, en 1959.

« Quelques jours après ce congrès, un groupe d'assureurs du Québec — notre compagnie était fédérale — ont tenté de faire annuler son permis en invoquant comme raison qu'il était un employé de Radio-Canada. Mais en vain : nous avons prouvé qu'il n'était qu'à la pige avec eux. Alors ils sont revenus à la charge, en disant cette fois qu'il était membre de l'Union des Artistes. Votre père m'avait alors dit de leur répondre que c'était faux, qu'il ne faisait pas partie de l'UdA — ce qui était vrai —, et surtout de bien leur dire qu'il n'était pas un artiste, mais seulement un musicien...

« Je ne me rappelle plus si c'est ce jeu de mots que j'ai apporté comme argument, mais la tentative d'annulation de son permis est tombée à l'eau, ou dans l'oubli. Et nous, on a gardé Monsieur Deslauriers ! On y tenait. C'était de l'or en barre pour nous, à tout point de vue. Comme vendeur, comme prestige, comme ami. »

Pour mon père également, le flair génial de Paul Lirette, la confiance de Montreal-Life et l'importance de l'assurance-vie pour sa survie ont été de l'or en barre.

Sa commission à chaque vente d'assurance, plus, sur chaque renouvellement annuel, un pourcentage gagné sans à peine lever le petit doigt — sauf pour s'assurer par téléphone que son client allait le renouveler, son contrat —, tous ces revenus lui ont sauvé la vie. Parfois, je me demande encore comment les choses auraient tourné pour lui — et pour nous — si Monsieur Lirette n'avait pas lu cet article ou entendu dire que..., s'il ne

174

l'avait pas appelé, si...

Mais pas de « si » inutiles et torturés ! SI, de son côté, Radio-Canada n'avait pas encore — pour l'instant — fait son petit examen de conscience vis-à-vis de Jean Deslauriers, pendant ce temps, celui-ci avait retrouvé une certaine sécurité financière, tout en gardant sa liberté de mouvement, et surtout sa fierté d'homme. Ce qui lui permit de recouvrer pleinement la santé, de reprendre goût à la vie et, en 1962, de fêter dignement ses noces d'argent avec sa Jeanne, ses cinq enfants, sa grande famille et ses nombreux amis — et clients... !

1962

Vingt-cinq ans plus tard

*Jean, la musique c'était toi, la musique c'est nous! la musique c'est ce qui nous rejoint
encore!... et à jamais!
Jean, mon ami, la musique!*

Dessin de Richard Lorain.

JEANNE ET JEAN

« Jeanne a été la femme de sa vie. » ... « She gave herself to Jean. » ... « Jeanne a épousé Jean dans le vrai sens du mot. Pas un instant elle n'a cessé d'être à ses côtés, derrière lui, avec lui. »

La pianiste Gilberte Martin, l'altiste Steve Kondaks et le juge Jacques Vadboncœur m'ont ainsi résumé les quarante ans, dix mois et deux semaines qu'ont vécu, ensemble, en couple, Jeanne et Jean Deslauriers. Elle à ses côtés, derrière lui, avec lui ; le jour et la nuit, en famille et en société, en vacances et au travail, en joies et en difficultés, en accords et en contraires, en plaisirs et en contrariétés, en unions et en absences.

Jeanne donnant beaucoup, Jean prenant beaucoup. Et vice-versa, tout de même un peu, au fond.

Car si mon père, autant par son tempérament que par son métier, ainsi que par ses responsabilités d'homme né avec, et viscéralement fidèle à la tradition de son rôle, si mon père prenait toute la place en tant que chef d'orchestre et chef autoritaire et incontesté de la famille, ma mère, elle, plus subtilement peut-être, prenait toute la place au centre équilibrant de cette famille, ainsi que comme point d'appui invisible et indispensable à la carrière de son mari.

Souvent, en parlant de telle ou telle femme, Jean disait à Jeanne : « Celle-là, je ne l'aurais pas endurée six mois. » À quoi elle répliquait, en riant : « Elle non plus ne t'aurait peut-être pas enduré longtemps. » Haussement d'épaules du maestro, parfois avec un sourire amusé, parfois sans sourire du tout. Il savait trop que sa femme avait raison. Il admettait lui-même ouvertement, parfois : « Je le sais que j'ai un caractère de cochon. »

Somme toute, même si comme dans chaque couple, tout était loin d'être parfait et facile, mes parents ont été un couple heureux. Sinon, comment auraient-ils pu, 25 ans plus tard, rire autant, en même temps et aussi affectueusement en entendant René Germain raconter leurs traits de couple et péripéties passées ?! Selon leurs moyens et leurs limitations, ils s'aimaient donc toujours et étaient encore heureux.

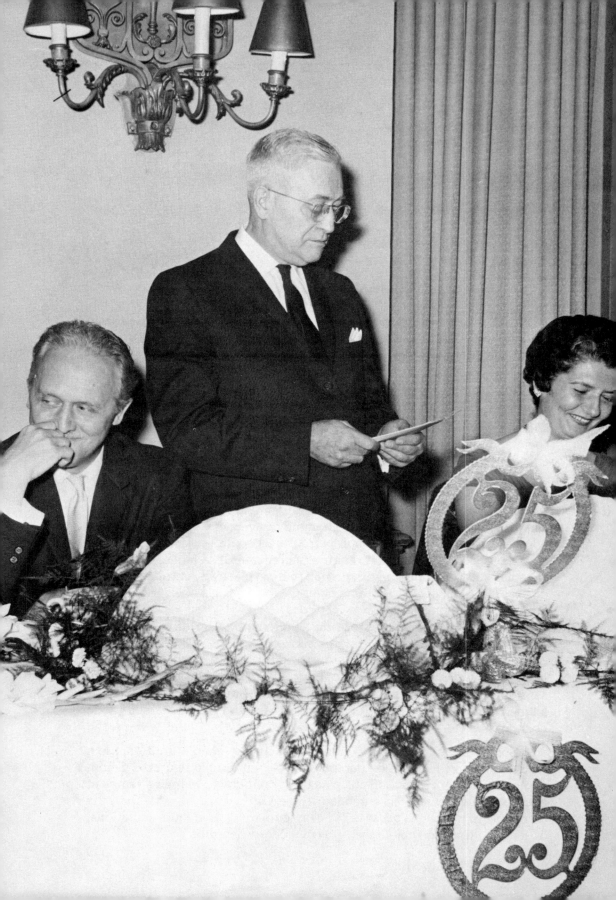

Avec Jacques Desbaillets et Roger Baulu, lors du cinquan-tenaire de CKAC.

181

Depuis 25 ans donc — et jusqu'à la fin —, Jeanne Gariépy avait été aux côtés, derrière et avec son maestro de mari, en studio, dans les salles de concerts, dans les contrôles, dans les coulisses. Là aussi, sauf lorsque les circonstances ne le permettaient vraiment pas, quand nous étions petits, rien n'avait donc changé depuis 1935.

Quoique si, un peu... En 1945, je me rappelle que ce sont deux amoureux qui s'étaient quittés puis retrouvés deux jours plus tard sur le quai de la gare Windsor. Yolande et moi léchions nos cornets de crème glacée pendant que, seuls au monde, Jeanne et Jean s'embrassaient et se tenaient enlacés. Pourtant il n'était parti que deux jours sans elle à Toronto... Tandis que vingt-cinq ans plus tard, en mai 70...

Cette année-là, mon père était juge aux Concours de Musique du Québec. Quelques jours avant son départ pour Baie Comeau, où se déroulaient cette fois les finales, il dit à maman, plutôt bêtement :

— Dans quelques jours, je m'en vais à Baie Comeau, et j'y vais tout seul. Tu ne viens pas.

— Mais, lui répond-elle, je ne t'ai rien demandé. Vas-y à Baie Comeau. Moi je suis très bien à Montréal.

Parti très tôt un matin, quelques heures plus tard, il téléphone de Baie Comeau : « Prends l'avion, pis viens-t'en. Rose Bampton est ici avec Wilfrid Pelletier. On t'attend. »

Avec les trois mille personnes se rendant ces jours-là à Baie Comeau pour le concours, ce n'est que le lendemain soir que ma mère s'y est posée à son tour, « dans une boîte à savon, dit-elle, qui a dû faire au moins dix escales, tout en traversant le Saint-Laurent je ne sais plus combien de fois. Moi qui ai peur de l'avion... » Mais le voyage en avait valu la peine : les finalistes étaient bourrés de talent cette année-là ; Jeanne et Jean Deslauriers avaient été reçus et traités comme des rois ; un chauffeur les avait même déposés, au pied de l'avion du retour — plus gros celui-là — qui attendait leurs retardataires un peu spéciaux ; surtout, Jean avait été plus qu'aimable et attentionné envers Jeanne pendant tout leur séjour.

À sa façon, mon père avait voulu se prouver qu'il pouvait se passer de ma mère ; à sa façon, il lui a prouvé qu'il avait besoin d'elle... Une source plus près des Concours m'a également fait remarquer que, toujours soucieux de ne pas s'imposer ni de se faire remarquer, il n'avait peut-être pas osé l'emmener sans s'être premièrement assuré qu'il ne serait pas le seul homme à avoir sa femme avec lui.

Il y a eu une circonstance, un voyage, où au contraire, papa n'aurait jamais pensé ni voulu y aller sans maman. Mais où cela faillit bien se passer ainsi... Quand, en 1967, il fut décidé à deux semaines d'avis, que certains des commissaires — dont entre autres Jean Deslauriers — faisant partie de la Commission d'enquête sur l'enseignement des arts au Québec devaient aller en Europe pour étudier la situation des conservatoires là-bas, financièrement mon père n'était, à nouveau, pas très à l'aise, pas assez en tout cas pour payer, comme ça, tout d'un coup le voyage de maman, qu'il voulait pourtant avec lui pour cette première à tous les deux.

Étant moi-même en Italie à cette époque, j'ai tout de suite senti, lorsque papa m'a téléphoné pour m'annoncer son arrivée prochaine, une tristesse non dissimulée dans sa voix, avec, en plus, une teinte de déception vis-à-vis de lui-même, à cause du fait qu'il ne pouvait même pas offrir ce voyage à sa femme, après trente ans de mariage.

Heureusement, un petit miracle s'est produit, ce qui deux semaines plus tard, a permis à Jeanne, de venir retrouver Jean à Paris, après son grand tour à lui jusqu'à Moscou, en passant par l'Italie. Bras dessus, bras dessous, moi entre ces deux vieux amoureux silencieux, cernés, enrhumés et heureux comme de vrais enfants à Disneyworld, on s'est promenés dans Paris pendant deux jours. « J'espérais tellement que tout s'arrange », m'a dit papa quand je suis allée les retrouver, « que par précaution j'avais quand même fait faire le passeport de maman. »

« De maman »... Pour une fois, mon père avait dit « maman » au lieu de « ta mère » ! Il devait être bien heureux pour s'ouvrir ainsi devant nous deux.

À Montréal également, lorsque ma mère devait aller le retrouver en studio, mon père l'était, heureux. Et ça se voyait, d'après Jules Lazure.

« En studio, me raconte-t-il, je ne sais combien de fois en une heure Jean me disait que Jeanne allait arriver tout à l'heure, est-ce que je ne pourrais pas lui trouver une chaise et un coin d'où elle pourrait tout voir et tout entendre sans nuire à quiconque. Il prenait alors un ton de confidence et de complicité timide, comme un jeune homme attendant sa douce amie. »

Par contre, lorsqu'elle arrivait enfin, s'il la présentait à tout le monde et semblait tout à fait heureux de sa présence, pas de marque d'affection visible. Elle était là, cela lui suffisait.

« Bien des chefs eux n'aiment pas avoir leur femme dans leurs jambes », m'a confié un très bon musicien de l'Orchestre Symphonique qui travaillait souvent avec mon père. « On imagine pourquoi... Beaucoup de chefs sont avant tout des vedettes, des séducteurs, surtout avec toutes ces chanteuses autour d'eux. Tandis que pour ton père, c'était le contraire. Quand ta mère arrivait en studio ou à une répétition de concert avec auditoire, on le sentait plus... complet, plus détendu, rassuré. Comme si maintenant, tout était en ordre, à sa place. »

Quant aux chanteuses... Avec toutes ces femmes autour de lui pendant des années, une fois seulement il y eut un incident entre Jean et l'une d'elles, du moins que je sache, et dont maman a été témoin...

C'était à l'époque de son émission commanditée par le thé Lipton, dans les années 40. Muriel Birckhead, la chanteuse américaine — belle, blonde et talentueuse, tout le monde était d'accord là-dessus, surtout les hommes — était l'artiste régulière de l'émission. Depuis le début de cette série qui dura, sauf erreur, trois ans, après chaque concert tout le monde se réunissait en général chez le producteur-réalisateur de l'émission, Roland Beaudry, pour terminer la soirée mais également pour parler de la prochaine émission. Bien entendu, ma mère faisait partie de ces soirées.

Un soir qu'elle bavardait au salon avec Madame Beaudry pendant que dans le bureau de Monsieur Beaudry, Jean Deslauriers, Muriel Birckhead et ce dernier discutaient boulot, à un moment elle se lève pour aller aux toilettes. Devant nécessairement passer devant le bureau, dont la porte est ouverte, elle tourne tout naturellement la tête de ce côté. À ce moment précis, elle voit son mari qui embrasse la blonde Madame Birckhead sur la bouche. Sous le sourire amusé de Roland Beaudry.

Le temps d'une intuition coupable, Jean lève les yeux et aperçoit Jeanne qui le regarde, tout simplement, pour disparaître aux toilettes l'instant d'après, comme prévu.

« Quand je suis retournée au salon, dit ma mère, ton père y était, à moitié étendu sur un divan. Il venait d'avoir un malaise, me dit-on, et préférait rentrer. Ce que nous avons fait. Sans parler de l'incident ni dans l'auto, ni ce soir-là, ni jamais. D'ailleurs je dois dire que c'est la seule fois que ce genre de chose s'est produit, du moins devant moi. »

En disant cela, elle s'est mise à rire. « Au moment de partir, ajoute-t-elle, Roland à dit à papa : "Tu viens quand même à mon bureau demain matin, à 9 heures, hein Jean ?" À quoi moi j'ai répondu : "Si vous ne voulez pas que Jean tombe vraiment malade, Roland, il faudrait peut-être le faire travailler moins fort. Et moins tard." »

Lorsque j'ai demandé à ma mère pourquoi elle n'avait pas parlé de l'incident à papa, elle m'a répondu que c'était comme ça à l'époque. « Et puis, dit-elle, par nature je n'étais pas jalouse, j'étais même un peu flirt moi-même ; alors je me suis dit que ce baiser — d'ailleurs très court — ils se l'étaient peut-être donné en blague, et je n'y ai plus repensé. »

Flirt, ma mère l'était en effet un peu, gentiment, mais flirt quand même. Tandis que mon père... absolument pas ! « Il était trop sérieux, dit maman. Il en était même ennuyant par moments. Il était tellement "straight". Quoique... on dit souvent que ce sont justement ceux-là, les "straight", qui... et non pas eux, les flirts ouverts, qui... C'est parfois ce que je me suis demandé, mais jamais longtemps. En fait, qu'on ait eu tort ou non, je crois que papa et moi on n'a jamais réellement douté l'un de l'autre. »

Jeune, s'il tombait facilement amoureux, mon père n'était en effet ni tombeur, ni même flirt. Sûrement un peu par timidité, mais aussi par tempérament. En fait, en tout ce qui concernait les femmes, il ne savait, ni ne saurait jamais, ni jouer, ni avoir le sens de l'humour, ni celui de la blague un peu flirt — et ce n'est pas moi, qui suis un peu comme lui, qui vais le lui reprocher. Il n'avait même aucun sang-froid dans ce domaine... La preuve, ce malaise subit, ce soir-là chez Roland Beaudry. Et cette autre fois, il y a aussi très longtemps, alors que nous habitions toujours dans l'appartement de leur mariage :

Laurette Leblanc, leur voisine d'en haut et amie, sortait un jour de la douche avec pour toute décence, une serviette dans la main « quand la porte d'entrée s'ouvre en trombe, me raconte-t-elle, et que je vois apparaître Jean, tout essoufflé, dans le corridor. Il avait dû sonner et je n'avais pas entendu. Je n'ai jamais su ce qu'il venait demander ou chercher ; avec un air horrifié, il a fait demi-tour, a refermé la porte d'un coup sec et a dévalé l'escalier tellement vite que j'ai vraiment eu peur qu'il tombe et se casse quelque chose. »

Vingt-cinq ans plus tard, il n'avait pas changé en ce qui concernait les femmes : pas plus qu'avant, il n'était flirt, ni joueur, ni blagueur dans ce domaine ; ce sang-froid et cet art de la ruse offrant à d'autres la possibilité de profiter de certaines situations, il n'avait toujours pas ; et le sens de l'humour non plus. Ce qui fit qu'aux yeux des hommes absents toute la semaine du lac, l'été, il était le « sorteux des femmes » par excellence. Et avec ces femmes, ainsi qu'avec leurs amies à tous les deux, jeunes et vieilles, belles ou non, il était, m'ont-elles dit, « délicat, prévenant, attentif, tendre, aimable, doux ; un grand frère et un ami. »

Avec Annette Renaud et Yvonne Bergeron.

Pour sa femme, les résultats étaient quelque peu différents parfois ; plus possessif avec le temps, cela agaçait toujours autant mon père quand elle flirtait, même pour rire. À d'autres moments, simplement aller marcher avec la femme de son ami et voisin immédiat au lac, René Vinet, ça n'était pas qu'une petite affaire pour maman...

Un soir d'automne des années 70, au lac, après avoir agréablement dîné tous les quatre ensemble chez René, les femmes ont fait la vaisselle pendant que les hommes faisaient du feu dans le foyer. Quand une fois la cuisine propre, elles sont allées s'asseoir avec eux, ces deux compères ronflaient dans leurs fauteuils. Voyant ça, elles ont donc décidé d'aller marcher. Il faisait doux, la nuit était claire, et surtout ce serait moins bruyant pour bavarder. «Dans une demi-heure, dit Carmen à Jeanne, René va aller se coucher, je le connais.» «Jean aussi, répond maman. De toute façon on va probablement être revenues avant qu'ils aient bougé.»

Du chemin à la route, puis au petit pont, et enfin jusqu'à un dernier digestif au bar vide du petit hôtel de l'autre côté de la rivière, tout ça en bavardant toujours, vers 2 heures du matin, elles sont enfin rentrées, toujours aussi tranquillement qu'à l'aller, vers «la côte». Quant tout à coup, au moment d'arriver au pied de leurs escaliers de pierre voisins, elles voient une voiture qui vient vers elles. Sans hésiter, ma mère dit à Carmen : «Ça, c'est Jean.» Comme de fait... En pyjama — il était en effet allé se coucher, mais il s'était réveillé et avait trouvé la maison vide —, l'air furieux, comme il savait si bien le rendre, avec à ses côtés et en pyjama lui aussi, un René qui, lui par contre, riait sous cape tout en expliquant que Jean les cherchait depuis un moment et qu'il était allé le réveiller pour qu'il l'accompagne à leur recherche, mon père a alors dit sèchement en ne regardant que sa femme à lui : «Où étiez-vous ?» Ce soir-là, ce fut ses seules paroles. Puis, comme dit maman «à un moment donné, le lendemain il s'est tanné de faire la tête pour lui tout seul. Le soir, au souper, il n'y pensait plus.»

Qu'il cherche sa femme la nuit ou qu'il veuille lui faire un cadeau, en général mon père ne s'embarrassait pas de subtilités et de manières. C'est ainsi que quelques jours avant Noël 76, il me dit, devant elle : «Je veux que ta mère ait un manteau de fourrure noir. Va en acheter un avec elle. J'ai tant d'argent à dépenser, pas plus.»

Heureusement, quand papa voulait offrir un cadeau à maman il s'en remettait souvent à nous les enfants, car lui-même achetait tellement impulsivement n'importe quoi que lorsqu'il s'en chargeait personnellement, et tout seul, ce n'était pas toujours réussi ou très approprié, même si c'était sur un coup de cœur et très souvent sans occasion spéciale à souligner.

Pendant les six ans où j'ai habité Paris, je ne sais combien de fois il m'a téléphoné pour me demander : «Achète donc quelque chose pour ta mère, un beau bijou, je ne sais pas, moi. Mais quelque chose de beau. J'ai de l'argent en ce moment, alors vas-y, et pas avec le dos de la cuiller», (sa pleine cuillerée à lui n'étant généralement, à Paris, que le dos de l'ustensile).

Que ce soit pour faire des cadeaux ou pour autre chose, dès que mon père avait de l'argent dans ses poches — ou même pas encore dedans mais seulement à venir —, il voulait tout acheter : chaque gadget, électrique ou pas, pour la cuisine ou pas, qu'on annonçait à la télévision ; les mêmes meubles qu'il venait de voir rentrer dans la maison du voisin ; un manteau en même fourrure que celui de la femme qui traversait la rue devant la voiture... Et son budget ? De sa vie il n'en fit jamais. Mais il ne voulait pas non plus que sa femme s'en mêle...

« Parfois, m'a raconté ma mère, il me rendait malade ! En 1948, le premier été que nous avons passé dans la petite maison que nous avions louée au lac, papa m'annonce, un jour qu'il a acheté le terrain sur le coin de la butte, là où le chemin de terre tourne pour venir jusqu'à la maison.

« — Je viens de donner le premier versement à Monsieur Cadieux, me dit-il sur un ton définitif.

« — Mais Jean, lui ai-je dit, découragée d'avance, on a à peine de quoi joindre les deux bouts, et tu achètes un terrain !... Veux-tu me dire alors avec quel argent on va construire la maison, et où on va habiter l'été, en attendant ?

« — On va louer ici pendant que je vais la faire construire et y mettre moi-même la main à temps perdu, m'a-t-il répondu très relaxe.

« Les deux bras m'en sont tombés. Heureusement quelqu'un — un homme d'affaires — lui a vite conseillé d'acheter la maison, et son terrain, qu'on louait déjà ; que l'argent qu'il avait versé à Monsieur Cadieux pourrait servir à l'achat puisque ce dernier était aussi propriétaire de la maison ; et que cette maison, il pourrait l'agrandir lui-même, mais qu'au moins ainsi il aurait déjà un toit, et un toit solide, à lui pour ses vacances d'été, et d'hiver. »

Ce que, heureusement, mon père a fait... Mais c'était plus fort que lui ce besoin d'acheter. Il avait toujours été comme ça. Il n'avait pas 15 ans qu'il se rendait au 5-10-15 du coin, il achetait des poupées pour sa petite sœur Lucienne — des poupées deux fois plus grandes qu'elle — et les faisait charger au compte de son père. Sans le lui avoir demandé au préalable, cela va de soi. « Je vais vous les payer bientôt », lui disait-il tout simplement en lui donnant la facture.

Vingt-cinq, trente-cinq ans plus tard, il était toujours le même... « Quand je le voyais arriver », m'a raconté Monsieur Tremblay, vendeur chez Payette, le magasin d'électronique de la rue Saint-Jacques ouest, « je savais tout de suite qu'il avait eu ou allait bientôt avoir un concert à diriger..., quoique souvent il venait faire des achats pour les autres. On était encore à se serrer la main qu'il me demandait ce que j'avais de nouveau à lui montrer. Si j'avais voulu, j'aurais pu lui vendre tous les derniers arrivages du magasin. Finalement, il repartait souvent les mains vides, ou alors seulement avec quelques rubans à enregistrement. Je savais très bien qu'il avait tout ce qu'il lui fallait à la maison. C'est moi-même qui lui avais vendu radio, tourne-disque, amplificateur, magné-tophone à cassette, enregistreuse à ruban, haut-parleurs, écouteurs, etc. "Je veux de l'aussi bon qu'à Radio-Canada", me disait-il à chaque fois qu'il venait me voir pour acheter quelque chose. » (« En tout cas », aurais-je peut-être ajouté si j'avais été là, « que ce soit meilleur que ce qu'il a en ce moment à la maison... »)

Quelques années plus tôt, à l'époque des « meubles stéréo pas cher », sans avoir pris le temps de demander un avis professionnel quelconque, ni bien sûr, celui, plus pratique, de sa femme, mon père s'était acheté un de ces appareils qu'on annonçait partout depuis quelque temps.

L'appareil était une vraie casserole dans une enveloppe de teck impersonnelle ! Et mon père berné de trois façons : par la publicité trompeuse ; par le bon vendeur sentant la proie parfaite ; et surtout par sa propre hâte d'acheter dès le premier emportement. Une fois coincé avec cet appareil, pour essayer de se convaincre qu'il était bon, il essaya d'en convaincre tous les gens qui venaient à la maison en leur faisant jouer, encore plus fort qu'à son habitude, ses meilleurs disques, produits par les meilleures compagnies d'enregistrement. Après tout de même quelques années à jouer ce petit jeu d'autruche, il a finalement et ouvertement admis ce qu'il savait au fond depuis le début, et décida d'aller voir Monsieur Tremblay, chez Payette. Une fois sérieusement équipé, il vendit sa casserole à un étranger — tout de même pas à un ami... — après avoir placé une annonce dans les journaux.

Quand parfois, il rentrait à la maison avec un mystérieux paquet, sans oser dire un mot, maman ne pouvait pas s'empêcher de regarder le paquet, puis son mari, d'un air curieux et un peu moqueur. Selon son humeur, papa se mettait alors à vanter, avant même de l'avoir déballée, la merveille qu'il venait d'acheter — un jour ce fut un cadran réveille-matin indiquant la date et l'heure à la seconde, et cela même dans le noir ! ; « c'est commode la nuit », avait-il dit en le plaçant sur son bureau de travail... —, ou alors il enlevait son manteau, passait devant sa femme sans la voir, tout ça avec un air mi-préoccupé mi-contrarié, et allait s'installer à son bureau après avoir fermé la porte donnant sur la cuisine. Quelques minutes après, l'air impatienté et le ton bourru, il ouvrait la porte et demandait à maman : « Quand est-ce qu'on mange ? » Si alors, elle osait discuter de l'utilité, ou de l'inutilité, de l'objet en cause après lui avoir fait dire ce qu'il avait acheté, il rétorquait, dans un soupir agacé : « Bon, je suppose que je n'aurais dû rien acheter », ou bien, autoritaire : « Je suis chez moi ici, c'est mon argent, je peux faire ce que je veux avec. Point final. » Parfois, deux jours après la bébelle en question avait disparu. Il était allé la reporter.

Panier percé et impulsivement généreux, le fait de ne pas avoir beaucoup d'argent rendait mon père inquiet, malheureux, et extrême dans ses réactions. Dépensant trop pour une bagatelle, un caprice, un restaurant pour rien ou un cadeau, il détestait ensuite payer certains comptes. « Qu'ils attendent, ils sont plus riches que moi », disait-il sèchement. Il avait certes parfois raison, entre autres lorsqu'il s'agissait d'un compte d'essence. Mais ce que maman pouvait être mal à l'aise quand il engueulait Jules Pelland, son propre beau-frère et son courtier d'assurances générales, lorsque celui-ci l'appelait pour lui rappeler — gentiment — que son compte d'assurance feu-vol n'avait pas encore été payé, après deux mois, et qu'il ne pourrait pas le « couvrir » beaucoup plus longtemps MÊME s'il était marié à sa sœur... Après avoir raccroché durement, papa disait, en grognant toujours : « Je vais changer de compagnie !... Maudit argent ! Dès qu'on en a un peu en banque, il faut tout de suite payer quelque chose. Maudit argent ! On peut pas faire de la musique en paix, non ?... »

L'argent, l'insécurité ; avoir du travail ou non... tout ça l'avait toujours inquiété, et l'inquiéterait toujours. C'est un poids qu'il traînerait toute sa vie. Mais artiste mon père resterait, avec son insécurité et les angoisses qu'elle lui provoquait, avec les défoulements qu'il laisserait couler sur sa femme.

Sa femme savait tout ça bien sûr, elle l'acceptait, l'endurait, et le comprenait aussi. Elle comprenait que si son maestro de mari était à jamais un coléreux, un impulsif et un maladroit, ses colères, ses frustrations et ses gaucheries étaient également dues et entretenues par cette vie difficile d'artiste qui était la sienne et qu'elle avait épousée en l'épousant, lui. C'est ainsi qu'en mars 1960, lorsque la maladie de papa a éclaté, elle a compris, une fois de plus ; et plus que jamais, elle a été à ses côtés à chaque instant. Tous les jours, pendant cinq semaines, beau temps mauvais temps, elle partait, avant midi, de la rue Fullum, traversait la ville en voiture et passait les prochaines douze heures avec lui, à l'hôpital du Sacré-Cœur. Avant de quitter la maison, elle avait tout préparé pour nous ; les vieux s'occuperaient des plus jeunes, elle n'était pas inquiète à ce sujet. À minuit, Laurence, la plus jeune sœur de Jean, qui était infirmière, venait la remplacer, du moins durant les trois premières semaines, les semaines les plus critiques.

Pendant ces cinq semaines, ma mère n'a pas bronché, n'a pas changé d'humeur, ni de ton, ni de façon d'agir avec nous. Il fallait que la vie continue, elle y voyait donc, sans faire de drame avec la maladie de son mari, sans attendre ni médaille ni admiration pour l'énergie, le sang-froid et le calme qu'elle a maintenus en elle pendant tout ce temps. Même son inquiétude elle l'a gardée pour elle, et l'a calmée à sa façon... en faisant une promesse : si papa s'en sortait, elle arrêterait de « prendre un verre », comme elle dit elle-même, pendant un an. Si ça n'a pas été facile — maman aimait bien son ou ses « gin Bols », surtout en party —, personne ne s'en est rendu compte, papa, le premier.

Ce n'était pas le premier chantage du genre que maman imposait à la vie : au début des années 50, elle avait promis, pour que *Molson* reprenne à l'automne suivant — rien n'était jamais sûr d'une saison à l'autre — d'arrêter de fumer pendant six mois. « Ç'a été bien plus dur de ne pas fumer pendant six mois que de ne pas boire d'alcool pendant un an », m'a dit maman. « Mais, ajoute-t-elle en riant, ç'a quand même marché aussi bien la deuxième fois que la première ! »

Sept ans après cette attaque cardiaque, lors de leur trentième anniversaire, c'est la famille Deslauriers qui les fêta. Et qui raconta, encore une fois, que :

Jean sera toujours en avance d'une demi-heure partout, alors que Jeanne, elle, arrivera toujours à la dernière minute.

Jeanne sera toujours heureuse, étendue et suant au soleil, alors que Jean, lui préférera toujours le froid à la chaleur et l'ombre au soleil :

de nature, mon père a toujours été un lève-tôt qui aime les levers de

de nature, mon père a toujours été un lève-tôt qui aime les levers de soleil. Ma mère, elle, préfère voir les levers de soleil avant d'aller se coucher, et dormir, dormir très tard pendant la matinée. Une preuve : quand ils reçoivent, ce qu'ils font beaucoup au lac encore plus qu'à Montréal, vers 11 heures, Jean disparaît, surtout quand ça joue aux cartes, et reparaît une heure plus tard, encore tout endormi mais de très bonne humeur. Pendant ce temps, la bonne humeur de Jeanne n'a pas dérougi. Jusqu'au départ des derniers, aux petites heures, c'est la plus en forme de tous. Chez elle, et chez les autres ;

chez les autres justement, ma mère adore les soirées où il y a beaucoup de monde, où, deux heures après que tout le monde soit arrivé, la fête commence vraiment alors qu'on n'a pas encore passé à la bouffe. Mon père, lui au contraire, descend un ou deux « dry gins », noyés de Schweppes, comme si c'était de l'eau, car il a très soif. Et très faim. Si ce n'était que de lui, il mangerait aussi vite, puis irait se coucher. « C'est pour cela, me dit maman, que j'essayais d'arriver le plus tard possible dans ce genre de soirée. Sinon, les gens arrivaient encore que papa ne tenait déjà plus en place » ;

pour elle, c'est presque une vocation de contester : la richesse, le pouvoir, le capitalisme surtout. Alors à table, elle adore provoquer la discussion, puis en entretenir le feu à propos des sujets les plus susceptibles de commencer une guerre, seulement familiale ou de société dans son cas, tels la religion, la politique, l'injustice et les inégalités sociales, les privilèges, etc. Dans ce temps-là, on voit papa qui, chez nous surtout, se lève tout à coup et va regarder la télévision dans le « den » avec ses petits-enfants. On m'a beaucoup dit de mon père qu'il avait peur de s'engager dans les polémiques. Moi, je crois plutôt que si, en effet, il ne s'engageait pas dans ce genre de batailles, c'est qu'il était foncièrement apolitique, premièrement parce qu'il n'aimait pas analyser la vie et ses affaires, mais aussi parce qu'il savait tellement que ça ne donnait rien de mieux que ça, justement, d'autres discussions et batailles.

Par contre, ils aiment la même musique, la même peinture, la même nature ; ils ont les mêmes valeurs humaines et sociales ; le même genre de simplicité et de chaleur, le même sens de la famille et de l'amitié... À cause de cela, à leur façon, pendant trente, puis quarante ans, ils ne seront qu'un dans leur cœur, dans le nôtre et dans celui de leurs nombreux amis et connaissances.

C'est cela le portrait que je garde d'eux ; ce portrait-ci et, aussi, celui que j'ai gardé d'eux à Paris, en 67, quand je les ai quittés sur le boulevard Saint-Germain, alors qu'ils étaient sous un lampadaire devant leur petit hôtel Madison : c'était un couple dans la cinquantaine ; ils se tenaient par la taille et par l'épaule ; c'était mes parents ; petite, j'avais été heureuse avec eux, par eux ; à leur façon, ils s'aimaient encore ; et moi, à ma façon je les aimais et les aimerais toujours. C'est tout ce qui comptait.

* * *

PAPA

« Jean ne saura jamais », m'a dit Raymond, le benjamin de sa famille, « combien il a été un dieu pour nous. C'était le grand frère adulé, respecté, admiré. »

« Il nous a apporté, continue Thérèse, la fantaisie, l'enthousiasme, le sens de l'aventure et le goût de voyager. Un peu de folie, quoi, dans un quotidien plutôt difficile et sévère. »

« Lorsque Jean m'emmenait à ses répétitions, raconte Lucienne, il fallait s'asseoir près de lui et ne plus bouger. Mais c'était fantastique, toute cette musique qu'il jouait si sérieusement. »... « À la maison, continue-t-elle, quand Raymond, petit, ne savait pas quoi faire, Jean le prenait par la main, l'installait à une table, lui donnait une vieille carte de Noël, un crayon et du papier, et lui disait : "Dessine, mon petit gars." Est-ce une coïncidence ? Raymond est devenu dessinateur commercial. »

« Moi, se rappelle Laurence, ce sont les poupées dont je me souviens le plus. Celles qu'il m'apportait quand j'étais petite fille. Une poupée, en particulier, était tellement grosse qu'avec mes cinq ans, je n'arrivais pas à la tenir dans mes bras. »

« C'était un privilège, raconte à son tour Émilienne, pour celle des filles que Jean décidait d'emmener faire les commissions avec lui. Surtout quand il faisait noir, l'hiver ! Il avait transformé en traîneau une boîte à bois, y avait mis un fanal — une boîte de conserve avec une bougie dedans — et traînait sa passagère en courant presque tout le long du trajet. Un vrai voyage. C'est à qui serait la chanceuse ! »

« En même temps, déclare Simonne, plus tard certaines de nous, les filles, avons peut-être parfois été un peu envieuses de lui. Toutes nous aimions la musique, et celles d'entre nous qui auraient voulu en faire sérieusement n'ont pas eu la chance d'étudier comme lui. Il fallait travailler ou se marier. Mais d'un autre côté, qu'est-ce qu'on était toutes fières de lui, de notre grand frère ! »

« En ce qui me concerne, conclut Édouard, quand, plus tard, je suis devenu ingénieur, le fait d'être le frère de Jean Deslauriers m'a aidé à réussir. Et j'en ai été très fier. J'étais fier de ce grand frère que tout le monde connaissait et aimait.

« Par contre, ajoute-t-il en souriant, heureusement que je n'ai pas voulu apprendre le violon avec lui, contrairement à certaines de mes sœurs, Émilienne en particulier. La pauvre ! Jean la faisait "filer" pendant des heures, et cela durant six mois avant de lui permettre de jouer une pièce quelconque. Pendant qu'elle "filait", les fins de semaine, Jean, lui, était ailleurs, en train de jouer du violon... ou de se fiancer ! »

Cinquante ans plus tard, mon vieux copain Gilbert, venait, à son tour, dire un dernier bonjour silencieux à papa, au salon funéraire. « Ton père, a-t-il dit à Yolande, c'est le père que j'aurais voulu avoir. Qu'est-ce que vous avez eu de la chance d'avoir un père comme lui ! C'était un vrai copain pour vous autres. Heureusement, moi aussi j'en ai un peu profité au lac, et je m'en souviendrai toute ma vie. »

Même si pendant plusieurs années, les parents de Gilbert avaient loué une maison d'été près de la nôtre, au lac l'Achigan, Gilbert était un régulier chez nous ; nous avions le même âge et nous étions toujours ensemble. Un peu plus tard, quand il est parti étudier au collège militaire Saint-Jean, la maison lui fut encore plus ouverte qu'aux autres « boyfriends » des filles de Jean Deslauriers. Chaque fois qu'il revenait passer la fin de semaine au lac, le sous-sol était à lui autant qu'il voulait, et notre table aussi... Entre autres, pour une raison bien simple : mon père admirait tout ce qui était militaire, discipliné, droit. Surtout chez ces jeunes solitaires débrouillards comme Gilbert, lequel, tous les matins à l'aube, cirait ses bottes derrière la maison, faisait son lit tout seul, était poli, drôle, taquinait ses deux grandes filles sans flirter avec elles, jouait avec Gilles, courait après les petites jumelles... et aidait même Jeanne à faire la vaisselle ! Alors à sa façon, il lui a fait sentir l'admiration et l'affection qu'il avait pour lui.

Gilbert avait raison. On en avait eu de la chance. Papa avait été un vrai copain pour nous, surtout avant ces durs moments à passer pendant les dernières années 50. Un copain plus qu'un père d'ailleurs. Enfin, tout dépend de ce qu'on attend d'un père...

Si c'est l'*autorité*, alors oui, un père. Mais un père plutôt à l'ancienne, qui doit (se) prouver par son autorité qu'il est le chef. Quand on demandait un pourquoi à une de ses décisions ne faisant pas notre affaire, il nous disait : « Quand MON père disait non, on n'avait pas à discuter. Alors je dis non, un point c'est tout. » Puis devant notre air piteux, et surtout quand on répondait que maman, elle, n'avait pas dit non — on allait toujours la voir en premier, et elle nous disait de demander à papa —, la plupart du temps, il nous jetait alors de son air mi-impatient, mi-désintéressé, et supposément vexé : « Bon, eh bien si votre mère a dit oui, pourquoi venez-vous me demander à moi ce que j'en pense ? Arrangez-vous avec elle. Moi, ça ne compte pas ce que je dis dans cette maison. » Puis il retournait à sa plume carrée et à ses portées, sans colère ni air contrarié, comme si en fait il ne s'était rien passé.

Si c'est l'*affection*, alors oui aussi. Et non. Petits, chacun à notre tour, nous étions toujours tous les cinq dans ses bras, main dans la main, ou collés sur lui, qui nous le rendait bien. Plus tard, sa vieille pudeur un peu scrupuleuse d'« ancien », sa grande sensibilité, trop à fleur de peau à tout instant pour un « vrai homme de son époque, qui ne pleure pas, voyons », sa peur maladive, par conséquent d'être un faible en exprimant sa tendresse vis-à-vis de ceux qu'il aimait, tout ça a repris le dessus sur le père amoureux de ses enfants, ce qu'il était pourtant.

Si c'est le *conseiller*, la réponse est la même que pour l'affection... sauf, à certains moments, où il a fait preuve de grande psychologie. Un exemple : quand est venu pour Yolande, puis pour moi, l'âge de fumer en cachette, au lieu de nous le défendre, il nous a simplement dit, (à Yolande, qui avait commencé à étudier le chant) : « Si tu veux devenir chanteuse, ma fille, je ne te conseille pas la cigarette » ; (et à moi, qui courais dans toutes les courses de natation du lac) : « Si tu ne veux pas que tes rivales te perdent dans la brume, la petite, tu ferais mieux de ne pas fumer. »

Et le *grand frère* ? Alors là, oui ! Et tout à fait, puisque ce fut en fait pour lui le meilleur moyen, en faisant beaucoup de choses avec nous, de nous exprimer, de nous donner toute l'affection qu'il avait pour nous. Une façon détournée, également, de nous guider, de nous donner des conseils, sans avoir à nous parler ouvertement.

Mais, cinq enfants, cinq interprétations et cinq séries de souvenirs différents de ce que notre père a été pour chacun de nous.

YOLANDE : « Enfant, mon père m'a laissé un souvenir de solidité, de sécurité et de tendresse malgré ses réserves de plus tard. Pour moi, sa relation avec maman a été celle d'un couple d'amoureux, d'un vrai couple. Et nous, les enfants, avons été le noyau de sa vie.

« Par contre, assez vite papa a provoqué en moi un esprit de rébellion, un esprit qui me restera toute ma vie. Tous ces ordres qu'il me donnait, et ces questions qu'il me posait... une vraie inquisition : l'heure, bien trop tôt à mon goût, à laquelle il avait décidé que je devais rentrer, même à 16 ans ; quels garçons est-ce que je fréquentais au lac — naturellement, j'étais l'aînée et sa première fille... — ; j'étais insultée, outrée quand tout à coup, je le voyais m'épier par une des fenêtres de l'hôtel l'Hirondelle, où j'allais danser, le soir, avec des garçons beaucoup plus vieux que moi ; les scènes aussi qu'il me faisait quand je rentrais trop tard — à son goût — et qu'il était certain que j'avais bu, ce qui était vrai, mais si peu ! D'ailleurs, pour le confronter, pour lui tenir tête, quand il me posait la question je lui disais la vérité, j'admettais que j'avais bu, en lui faisant bien sentir que je n'avais pas peur de lui.

« Qu'est-ce qu'on a eu comme affrontements, engueulades ! Mais au fond, il aimait ça que je lui tienne tête. Je lui ressemblais dans ces moments-là. Alors tranquillement, avec le temps, il s'est créé une complicité tacite entre nous.

« Puis il y a eu la musique qui a scellé tout ça. Toute jeune, c'est lui qui a provoqué en moi cet éveil à la musique, comme vis-à-vis tout d'ailleurs. Cela aussi ça m'est resté. Jusqu'à en devenir chanteuse. »

Il fallait voir la tête de Jean Deslauriers quand, plus tard, sa fille chantait sous sa direction. Toute sa tendresse se voyait alors. Un soir, surtout, à la télévision, en février 1977... Sa propre fille était en vedette, et chantait ces *Chants d'Auvergne*, de Canteloube, qu'il aimait tant ; Eugène, son gendre, était à la première chaise ; et c'est lui, leur père, qui dirigeait ! À la fin, au moment de saluer avec elle, j'ai bien cru à un moment que mon père allait embrasser sa fille. Mais c'est Eugène qui s'est levé et qui a embrassé son épouse. Papa, lui, a baisé la main de sa chanteuse de fille aînée. C'est le plus loin qu'il pouvait aller dans ses élans de tendresse filiaux, surtout en public.

À *MON TOUR* (selon l'ordre d'ancienneté) : « À moi, enfant, mon père a laissé... ce besoin d'écrire ce livre...

« Par tempérament, j'ai réagi seulement plus tard, et moins fort, à son autorité de père aussi possessif vis-à-vis de sa deuxième jeune fille que de sa première. De plus, au moment de ma réaction, cette autorité paternelle était plutôt chambranlante, Yolande l'ayant déjà pas mal ébranlée, et cela de plusieurs façons bien à elle. Puis avec sa maladie, la lassitude, l'âge...

« Ce que je peux dire c'est que je sens, je sais que c'est entre autres à travers l'atmosphère qu'il a créée et offerte à mon enfance, que j'ai pu arriver à vivre avec mes tripes, comme lui l'a fait, envers et contre tout.

« Je sais aussi que lorsque, à 20 ans j'ai abandonné l'étude de la harpe, il en a été très triste, sans me le dire à moi bien entendu. Et sans comprendre... Si seulement il m'avait, par son attitude, permis de lui expliquer, il aurait su à quel point j'avais trop le trac devant lui ; trop peur de ne pas être à sa hauteur, qui était pour moi si élevée ; et puis que la harpe, la musique, c'était une vocation, et que moi je ne l'avais pas, je crois.

« Par contre, je sais que plus tard, au moyen de mon métier de mannequin, j'ai vécu, pour nous deux, certains de ses rêves : j'ai beaucoup voyagé, et surtout, professionnellement, je suis allée plus loin que mon plafond local, que mon pays, et ça il en a été très heureux et très fier, tout en m'enviant un peu par moments.

« Quand un jour, je lui ai annoncé que je voulais écrire, et, peut-être faire du cinéma, devant mais surtout derrière la caméra, il m'a répondu : "Tu sais dans quoi tu t'embarques, la petite ? ! C'est tellement insécure tout ça. Pourquoi tu n'ouvres pas une boutique d'importations à Montréal ? Tu ferais de l'argent." "Papa, lui ai-je répondu à mon tour, où suis-je née, de qui suis-je la fille, dis-moi ?" Pour tout commentaire, il a haussé les épaules en souriant et en me donnant son habituelle petite tape dans le dos.

« Tendre... On la sentait si près sa tendresse ! Notre tendresse à nous, nous l'avons échangée à travers plusieurs lettres, pendant toute l'époque où j'habitais Paris. Oh, ce fut une tendresse bien camouflée, surtout de sa part. Entre les formules habituelles telle "ma chère Nicole... bonjour, ton père" — parfois il ajoutait même Jean Deslauriers — se glissait de temps en temps, et comme une caresse pour moi, une portée de musique avec notes et paroles : "Je n'ai plus 20 ans, mais j'ai le cœur content" — c'était pour mes 31 ans —, ou alors "ton jeune père", lors de ses 64 ans.

« De mon côté, tout en ayant peur de le violer émotivement, de plus en plus je lui ai écrit ouvertement, à lui et à maman. Lors de mon accident de moto, entre autres ; puis, après avoir pensé "m'endormir pour cent ans", comme je le leur ai écrit après une énorme peine d'amour. Cinq jours après avoir posté cette lettre, le téléphone sonnait chez moi. C'était eux, chacun sur leur appareil ; maman émue ; papa gai, parlant de tout et de rien. Quatre jours plus tard, arrive une lettre de lui. Puis une autre, un mois plus tard. Longues d'une petite page chacune, ça parlait de tout, toujours dans son style si formellement ancien. Mais au début, c'était écrit : "Chère Nico" ; à la fin de la première : "Chère Nico, porte-toi bien et lâche pas ! Des beaux becs" ; et à la fin de la deuxième : "Mille Bacios (...), Arrivederci !" La signature, dans les deux : "Papa". C'est comme s'il m'avait prise dans ses bras et bercée longuement. Papa... Après il n'a plus jamais signé autrement.

« Et une fois, en 76, il m'a serrée dans ses bras comme lorsque j'étais petite. Après qu'on se soit engueulés pour une bagatelle. Qu'est-ce que j'ai eu envie de toujours m'engueuler avec lui après ça... »

GILLES : « Quand, une fois mon primaire terminé, est venu le temps de choisir le collège où j'irais, papa est entré dans ma chambre, un jour, et m'a dit : "Viens avec moi. On va aller en visiter quelques-uns." On y a passé une journée entière, au bout de laquelle j'ai opté pour le collège Saint-Viateur, à Outremont. "C'est loin", m'a-t-il dit pour tout commentaire.

« J'ai passé cinq ans à Saint-Viateur. Pourtant, dès ma première année là-bas, je m'étais rendu compte que je n'aimais pas l'endroit autant que je l'aurais cru et voulu. Mais j'étais mal placé pour critiquer, et lâcher. C'était mon choix. Mon père ne m'avait rien imposé.

« Même à l'âge de me faire imposer des tas de choses, il m'a toujours laissé en mesure de choisir, d'étudier les différentes possibilités qu'il m'offrait. Mes décisions d'aujourd'hui ressemblent à celles de ma jeunesse : "Aller voir s'il y a de l'eau dans la piscine avant de plonger, pour ensuite sauter tête la première et les yeux fermés, parce qu'on connaît ce vers quoi on fonce."

« Un jour, à 18 ans, avec mon scooter, que je m'étais payé en travaillant l'été, je suis allé frapper à Boscoville. J'avais entendu parler de l'endroit, de ces jeunes gars à aider : ça m'intriguait. À cette époque, j'étais un peu perdu, je ne savais pas trop où me diriger. Au Mont-Saint-Louis, où j'étais allé après Saint-Viateur, ça n'avait pas été trop mal, mais... les sciences et moi... J'étais beaucoup plus zélé avec le groupe de danse folklorique dont je m'occupais, au centre de l'Immaculée-Conception...

« En rentrant de ma visite à Boscoville, ce soir-là, j'en ai parlé à ma mère, qui en a ensuite parlé à mon père. "Qu'est-ce que c'est ça?!" avait-il dit sur le coup, avec son air de boîte à surprise. Mais il était tout de même allé rencontrer Gilles Gendreau, le directeur de Bosco à l'époque. Il voulait comprendre, savoir. Sur la suggestion de Gilles Gendreau, on m'a fait passer des tests d'orientation. J'avais, concluaient les nombreux tests, beaucoup d'aptitude pour m'occuper des jeunes, les aider, les guider. Si je voulais travailler dur, le stage de psycho-éducateur m'était ouvert à Boscoville.

« "Psycho-éducateur", avait dit papa en haussant les sourcils devant ce mot nouveau, ne voulant rien dire à ses yeux comparé à ces bonnes vieilles professions libérales, si bien établies et si payantes, qui l'épataient tant et dont il devait très certainement rêver pour moi, un jour. Son fils avocat, médecin, notaire; sinon, alors homme d'affaires ou même ingénieur. Mais pas musicien... N'ayant moi-même jamais manifesté un intérêt particulier pour quelque instrument, mon père ne m'avait jamais poussé vers la musique. Je ne me rappelle pas qu'on en ait même jamais parlé. "Psycho-éducateur, hein?" avait-il dit, finalement. "Bon, si c'est ce que tu veux, vas-y. Essaye."

« Libre, je l'ai toujours été : d'aller partout avec lui, petit, ou de ne pas y aller ; de le regarder faire ce qu'il était en train de faire, ou alors de faire moi-même et seul quelque chose, à côté de lui... À 15 ans, l'été où la maison a été louée, sans demander la permission, je suis parti tout seul à bicyclette, et j'ai passé trois jours au lac. Quand je suis rentré, il n'a pour ainsi dire rien dit. La même chose, quelques jours plus tard, quand je suis rentré du parc Belmont à 2 heures du matin au lieu d'à l'heure du souper.

« Adolescent, efflanqué à ne rien faire le dimanche après-midi, il me disait souvent : "Va donc faire du ski à la montagne. Tu vas voir, tu vas aimer." Un jour, je me suis secoué, j'y suis allé... À 16 ans, à Noël, je suis parti faire du ski tout seul à Sankt-Anton, en Autriche. Et peu de temps après, je devenais instructeur...

« Mais, adulte, j'aurais voulu parler avec lui, longuement, profondément. Sans jamais le faire. Jusqu'au jour où, en faisant un stage d'études en "maladies terminales", j'ai vu tant d'autres personnes mourir. Il fallait que je lui parle, que j'essaie au moins une fois !

« J'ai attendu d'être au lac, un soir d'été. "Viens, on va marcher, lui ai-je dit. Il faut se parler." Dès le début de notre promenade, j'ai senti qu'il avait le trac, qu'il était essoufflé d'appréhension. Alors on est vite revenus vers la maison et on s'est assis côte à côte sur la galerie. Il faisait noir ; je me suis mis à parler, à lui dire tout ce qui me venait du cœur, tout ce qu'il avait été pour moi. Sans le voir, sans le regarder, j'ai su qu'il pleurait. Puis, je lui ai posé des questions, sur la musique, sur ce qu'il pensait de la vie, sur ses émotions. Il a répondu à quelques questions... mais pas assez... Je m'en suis voulu de ne pas avoir été plus loin, ce soir-là. J'aurais pu. La glace était brisée. J'aurais dû. L'été suivant, il n'était plus là. »

Louise et Marie, les jumelles, avaient 12 ans quand mon père a fait son infarctus ; elles en avaient 8 en 1956, quand les frustrations et les problèmes d'insécurité ont commencé à le préoccuper sérieusement, à le miner. Il n'a donc pu leur donner autant de lui-même pendant cette époque importante de leur vie. Elles n'ont pas connu, du moins pas autant et pas de la même manière que nous les trois premiers, le copain vif, enthousiaste, patient, drôle, gai, stimulant qu'il pouvait être ; ni l'ami, le protecteur, le guide silencieux ; ni, par le fait même, sa tendresse intangible mais si présente.

Leurs souvenirs d'enfance avec lui s'en ressentent donc. Mais leurs sentiments vis-à-vis de lui sont aussi forts, aussi entiers, et aussi émotifs que les nôtres.

MARIE : «J'ai toujours eu un peu peur de papa, de son regard si sévère, même quand il blaguait. Il changeait tellement vite d'humeur... Une minute il était dur, celle d'après il devenait doux et parlait d'autre chose sur un ton tellement gentil ! Je n'oublierai jamais la période, en 1962, quand il s'est démis et fêlé une épaule, le lendemain du Jour de l'An, dans le grand duplex sur la rue Fullum. C'est moi qui lui ai fait la barbe pendant trois semaines !... Il aurait eu un revolver chargé et pointé vers moi pour m'empêcher de l'égorger, comme dans les westerns, je n'aurais pas pu avoir plus peur tellement il était nerveux et impatient.

«Comme j'ai habité avec maman et lui jusqu'à sa mort, je suis un peu restée la seule enfant de la famille à ses yeux. Imagine ! J'avais presque 30 ans, et il m'attendait encore en me guettant dans la fenêtre du salon quand je rentrais tard... La tête, les yeux qu'il me faisait alors quand j'ouvrais la porte. Par contre, le lendemain, c'est encore moi qui devais lâcher, et tout de suite, n'est-ce pas !, ce que j'étais en train de faire ou alors le bon film que je regardais à la télé parce que, tout à coup, monsieur décidait qu'il voulait me faire écouter le dernier disque qu'il venait d'acheter. La maison en tremblait, d'ailleurs, tellement il le faisait jouer fort. Cré papa !

«Mes amies aussi ont tremblé à cause de lui. Il ne souriait jamais quand je lui présentais quelqu'un de nouveau. Il n'aimait pas toujours les filles que j'emmenais à la maison. Quant aux gars avec qui je sortais, ils étaient trop foncés à son goût... Séquelle de la Jamaïque britannique des années 30, je suppose. Il avait toujours peur pour moi, que je me fasse avoir... Il n'avait pas toujours tort...

«C'est quand je l'accompagnais à une de ses répétitions à la Place des Arts que je me sentais le mieux avec lui. Quand il dirigeait, il n'y avait plus rien d'autre qui comptait. Je le sentais bien. J'étais sa fille et j'étais avec lui. Il était mon père, et il était fier d'avoir sa fille derrière lui pendant qu'il faisait de la musique.

«C'est ce moment-là qui me manque le plus de mon père.»

LOUISE : «Le seul vrai souvenir d'enfance qui me soit resté très à fleur de peau vis-à-vis de mon père, c'est qu'il m'appelait "Louisette".

D'ailleurs jusqu'à sa mort, dans ses moments de tendresse envers moi, il m'a toujours appelée ainsi.

« Lorsque j'ai commencé à sortir "en femme" avec des garçons, il n'a pas trop mal réagi, parce que je lui ai vite fait sentir qu'on était dans les années 65, que ses gros yeux ne me faisaient pas peur et que je pouvais lui tenir tête. Cela a tellement bien marché qu'à une époque, alors que j'avais une relation plutôt compliquée avec quelqu'un, c'est lui qui m'a aidée à quitter, avec toutes mes affaires, le studio que ce quelqu'un — marié — et moi partagions au centre-ville ; puis à y réemménager, puis à le requitter... Il est venu me chercher souvent... J'aurais tant voulu, dans ces moments-là, lui pleurer dans les bras. Mais c'était déjà beaucoup de l'avoir là, au volant de sa voiture, m'appelant "Louisette", parlant doucement d'autre chose... et restant souvent silencieux. Je sentais qu'il respectait mes déchirements, je sentais sa tendresse.

« Puis j'ai rencontré Pierre, l'homme avec qui je me suis installée vraiment, mais sans me marier. Papa n'a pas pu s'empêcher, au début, de dire aux gens qu'on allait se marier, Pierre et moi... C'était un gros morceau à lui faire arracher de son bagage de traditions bien strictement catholiques (même si au fond, ses seules vraies religions à lui ont toujours été la musique et la nature). Enfin, il s'est vite adapté ; en n'en parlant plus, entre autres moyens.

« Quand, en 1976, je suis devenue enceinte, l'évolution de mon père était déjà pas mal avancée. — Entre temps toi, Nicole, tu avais divorcé, et il n'en a jamais parlé. » (Une fois, seulement, papa m'avait dit, quelque temps après que nous nous soyons quittés, mon mari et moi : « C'est vraiment fini avec ton mari ? Il n'y a aucune chance que ça reprenne ? » Après lui avoir seulement répondu non, il a ajouté : « Alors, divorce, mets une croix dessus, et recommence tout en neuf. »)

« Dans mon cas, papa n'a même pas demandé à maman si on allait se marier Pierre et moi. Par contre, pendant toute ma grossesse, quelle émotion j'ai sentie en lui, et quelles délicatesses il a eues pour moi ! Des riens, mais ça exprimait tout.

« François est né le 17 mai 1977, à 17 heures. En leur annonçant la nouvelle au téléphone, Pierrot a simplement ajouté : "Louise est très fatiguée. Ça a été dur." À 19 heures pile, qui est-ce que je vois quand même arriver dans ma chambre à l'hôpital ? Mes parents ! Je crois que de ma vie je n'ai jamais vu mon père aussi expansif, aussi ému et tendre. Il racontait de grosses blagues, puis tout à coup il se levait et se mettait à marcher dans la chambre en regardant partout, tout en donnant des tapes dans le dos de Pierre en passant près de lui... Pendant tout ce temps, il n'a pas cessé d'avoir les yeux dans l'eau. Ses beaux yeux bleus ! »

Et lui, notre père, comment parlait-il de ses enfants aux gens ? Il paraît qu'il en mettait ! Qu'il amplifiait tout ce que nous faisions. Que tout ce qui nous concernait était mirobolent, extraordinaire...

D'après lui, Louisette était devenue productrice de films depuis qu'elle s'occupait de budgets et de comptabilité pour une maison de production.

Marie, elle, la Place des Arts lui appartenait presque parce qu'elle y travaillait, à l'administration, depuis plusieurs années.

Au ténor Jean-Louis Pellerin, il disait, à chaque fois que Yolande changeait de professeur de chant : «Là, elle a trouvé le bon. Sa technique s'améliore à vue d'œil.»

De Gilles à Boscoville, quand il expliquait son travail à d'autres, on avait l'impression que son fils allait sauver l'humanité.

Au peintre René Gagnon, il racontait à quel point moi, son mannequin, je faisais de l'argent. C'était pas croyable comme je serais riche.

«Pas mal, hein? pour être faites à la noirceur et sans mesure», lançait-il quand l'une de ses quatre filles déjeunait avec lui quelque part et quelqu'un venait le saluer et lui disait : «C'est pas ta fille, Jean!?» ou «C'est votre grande fille, maestro!?» Quand les gens le regardait d'un air entendu sans savoir qu'il n'était en réalité qu'avec une partie de sa propre progéniture, au lieu de... qui sait..., ça le faisait bien rire.

«Nous, les hommes, par contre», dit un de ses vieux amis, Marcel Robitaille, «il ne fallait pas faire de blague un peu salée ou sexy à propos de vous quatre. Sinon qu'est-ce qu'on prenait comme coups de poignard avec ses yeux!»

Peut-être notre père ne savait-il ou ne pouvait-il pas donner ouvertement à ses cinq enfants tout l'amour, toute l'affection, toute la tendresse qu'il avait en lui pour eux, surtout une fois ces derniers devenus grands puis adultes. Mais il n'y avait pas d'erreur possible. Ses enfants, c'était sacré! Il ne fallait pas y toucher, un point c'est tout. Et ça, il ne se gênait pas pour le faire sentir à qui que ce soit!

* * *

PAPA JEAN

Juillet 1961 : Au lac, les arbres autour de la maison ont tous magnifiquement grandi — pas un n'est mort — ; c'est donc lui qui avait raison. Il faut même enlever à la base les branches de certains d'entre eux, tellement ils ont élargi. Son sapin bleu, en particulier, l'empêche maintenant d'aller planter ses fleurs sur la devanture de la maison, et ça c'est impensable. D'autres devront être éliminés complètement ; si ça continue, on ne pourra plus voir la maison, mais surtout, et ça aussi c'est impensable, on ne peut déjà plus voir le lac de la chambre des maîtres. « Mais ce n'est pas grave, disait-il, il y en a tant qu'un de plus, un de moins... »

De chaque côté du grand escalier de pierre montant vers la maison, les cèdres rampants disparaîtront également. Ils envahissent leurs voisins immédiats et bientôt ils se toucheront du bout de la branche au beau milieu de l'escalier.

Les fleurs éclatent de couleurs riantes partout, et les hirondelles gazouillent dans leurs petites cabanes blanches à toits bleus ou rouges, que leur ami musicien a construites pour elles. Le jour, les enfants sont maintenant ailleurs ; Jeanne dort au soleil ; Jean fait des orchestrations sur la galerie, répare une chaise au sous-sol, tond le gazon ou fait la sieste ; les voisins et les copains de l'autre bout du lac, la parenté ou les artistes citadins, tous, à leur tour, débarquent à tout bout de champ, à toute heure, sans avertir... Tout le monde sait que la maison est ouverte à tout le monde : « Venez nous voir », disait Jean Deslauriers à la ronde.

« La maison de Jean au lac, me dit Henri Bergeron, c'est tout à fait *The House that Jack built*, celle de la chanson pour enfants. »

« C'était sa soupape, son paysage à lui, dit Jean Vallerand. Un environnement, une façon de vivre à offrir à ses enfants. »

Et, à partir du 23 juillet 1961, à ses petits-enfants.

Paul-Émile, Yolande et Jean autour de Galina : quatre générations.

Avec Janike,

...Vanessa et Karine,

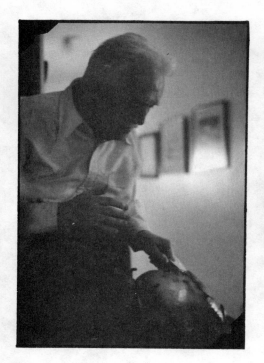

... et François.

Elle tombait à pic, Galina : après la maladie de papa ; à un moment où la musique le boudait encore ; l'assurance-vie ne lui prenant que très peu de son temps ; et, surtout, maintenant que ses enfants étaient trop vieux pour pouvoir les toucher, les embrasser sans rougir...

Mon père avait toujours aimé les poupons et les enfants ; leur parler en onomatopées gaga, les prendre dans ses bras, les faire gigoter en l'air à bout de bras ; puis, plus tard les faire sauter, à cheval sur le bout de sa jambe croisée ; par terre, les manger dans le cou pour les faire hurler de rire, courir à quatre pattes derrière eux.

En 1961, sa patience était encore plus à bout de souffle qu'avant, mais avec Galina, sa vie reprit entre autres un peu de sa jeunesse ; pour elle, au lac, il a repeint la chaise haute qui dormait depuis longtemps dans le sous-sol ; il a ressorti son appareil-photo ; il a marché à petits pas dans le chemin, le doigt pris dans sa menotte ; il lui a expliqué les fleurs, les oiseaux, les arbres ; les pieds dans l'eau, il l'a surveillée pendant qu'elle barbotait dans le lac... Avec Galina, mon père redevenait à nouveau un papa, un copain, un guide...

Dix ans et quatre petites-filles plus tard, le personnage de « papa Jean » était désormais fameux. Dès qu'elle put le dire, Galina établit l'expression « papa Jean » — et « maman Jeanne » — pour toujours. Chacune leur tour, Janike, 1968, Vanessa, 1970, et Karine, 1971, l'adoptèrent automatiquement. Et facilement : « papa Jean » avait tellement la tête de l'emploi, que ce soit au lac, ou, à Montréal, lors des nombreuses réunions de famille à l'occasion des fêtes de Noël et des anniversaires de chacun et chacune !

Le souvenir que garde Galina de papa Jean ? « C'est à cause de lui, au lac, que je me suis à mon tour passionnée pour toutes les sciences naturelles. »

Celui qu'ont de lui ses trois autres petites-filles, elles l'ont dessiné au moment de sa mort, alors qu'elles étaient âgées de 10 ans, 8 ans, et 6 ans et demi. À travers ces dessins, on reconnaît la force de la nature, du couple, de la musique, de l'amour, de la famille... Comme lui, sans décortiquer ni analyser, elles avaient vu juste.

* * *

PLUS ET MOINS... PÊLE-MÊLE

Dans une conversation, mon père manquait souvent d'arguments, ou alors il se calait en affirmant n'importe quoi — ce qui était fréquent en dehors du sujet de la musique —, surtout dans des domaines qui le fascinaient, tels les mathématiques, les sciences, le droit. Pour s'en sortir, il disait toujours, d'un ton catégorique, surtout quand c'était un membre de la famille qui le contredisait : « C'est prouvé. » Lorsqu'un expert sur le sujet en discussion était présent, il ajoutait alors, en le regardant, admiratif et suppliant : « N'est-ce pas ? » Puis, sans attendre de réponse, chez lui il vous offrait un autre verre ; ailleurs il disait en levant le sien, comme pour en avoir un autre : « On boit pas souvent ici. »

Si par contre, l'expert avait le temps de démolir, plus ou moins diplomatiquement, ses affirmations, ou bien il riait en haussant les épaules contre lui-même, ou alors son expression passait à l'impatience embarrassée. À ce moment-là, après avoir simplement dit un « bon » plutôt sec, il se levait et disparaissait pour quelques minutes. Quand il revenait, tout était oublié.

Marcel Robitaille trouvait que « Jean conduisait comme un vrai fou. J'avais peur de monter avec lui, en particulier sur la route du lac, qui était très sinueuse. » Quand il lui demandait d'aller moins vite, mon père souriait et, tout en donnant un petit coup du bout des doigts sur son volant, il répondait, sans ralentir : « Depuis le temps, mon char connaît la route par cœur. »

C'est vrai que papa n'était pas « un branleux » sur la route, tel qu'il s'en vantait lui-même. Il détestait les « morts en vacances » au volant, et aussitôt qu'il le pouvait, il les doublait, sans les regarder ni s'énerver, après avoir dit, doucement et pour lui-même : « Accouche, Jos. »

Mais il conduisait à merveille, d'une main très sûre, sans se laisser distraire. Il n'a d'ailleurs, de sa longue vie au volant, jamais eu d'accident. Et à peine quelques contraventions pour vitesse sur l'autoroute des Laurentides. Pourtant il s'est fait arrêter plus d'une fois, mais il arrivait fréquemment qu'un policier le reconnaisse, et lui dise alors simplement : « Soyez prudent, Monsieur Deslauriers. »

Jean-Yves Landry se rappelle de ses parties de pêche avec mon père : « Il était équipé pour la pêche à la baleine. C'était une vraie aventure pour lui ! Et une détente parfaite. Moi qui avais déjà beaucoup travaillé avec le chef d'orchestre, la première fois que je me suis trouvé sur un lac avec lui, j'étais presque inquiet tellement il était calme et patient. Jusqu'à ce que je réalise que c'était la nature qui le rendait ainsi. Jean et la nature sauvage, ça ne faisait qu'un. Alors, quand, en plus, le poisson mordait... Un vrai enfant ! »

Sanguine de René Gagnon.

Ce n'était pas «un cadeau» de regarder un suspense ou un film policier à la télévision avec papa. Il mordait tellement dur... et si facilement! Même si vous aviez tout compris de l'intrigue, ce qui s'était passé, se passait ou allait se passer, vous aviez droit aux explications subites de ce qui se déroulait devant vous, à des prédictions enthousiastes, d'une naïveté ou d'une invraisemblance parfois trop drôles pour ne pas réagir; bref à un commentaire continu pendant tout le film.

Mais malheur à vous si vous osiez ouvrir la bouche au moment — rare — où lui écoutait sans parler! Il s'avançait alors brusquement sur le bord de son fauteuil et, avec les coudes sur les genoux, il plaçait ses oreilles en portes de grange avec ses mains. Une grimace genre «je n'entends rien, c'est important ce qui se dit», et ses gros yeux... Vous aviez le choix entre vous taire, sourire ou soupirer sous cape et continuer à suivre le film; ou bien lui passer la remarque que lui aussi...

Mais cette deuxième possibilité était trop dangereuse. Surtout pour la troisième fois en quinze minutes... Ça risquait trop de faire éclater une tempête, et tout le monde y perdrait des plumes. Surtout vous, qui n'auriez plus qu'à vous sentir coupable d'avoir contrarié votre père et maître.

Des notes, mon père en avait tout le temps en tête. C'était d'ailleurs parfois difficile de ne pas le remarquer : quand, certains jours, assis dans sa voiture, il se mettait à faire aller ses mains en attendant que vous veniez le rejoindre, n'importe quel passant le voyant faire pouvait comprendre qu'il était en train de diriger une musique imaginaire. Mais où qu'il soit, quoi qu'il soit occupé à faire — à table, en attendant d'être servi, chez lui ou au restaurant; devant la télévision; à une soirée chez des amis; à 75 milles à l'heure sur l'autoroute des Laurentides —, tout à coup il se mettait à marquer le tempo d'une musique, que lui seul entendait, en tapant avec son alliance sur quelque chose de dur, une assiette, un cendrier, un verre, le volant de sa voiture.

Moi j'aimais bien, surtout quand je reconnaissais le tempo précis et traître du *Boléro* de Ravel. «Mais pas pendant deux ou trois heures d'affilée dans le train de Milan à Florence», me confia l'écrivain Fernand Ouellette, avec qui, à l'automne 67, mon père avait fait, en Europe, cette tournée d'étude pour la Commission d'enquête sur l'enseignement des arts au Québec.

À chaque billet de loterie que mon père achetait, il se remettait à rêver, et nous avec lui, avec nos billets à nous. Papa était probablement le moins extravagant de nous tous dans ses rêves en couleurs à concrétiser avec son million. Pour lui, il ne voulait vraiment qu'une chose : une maison sur le bord d'un lac plus sauvage — désormais il trouvait que le lac l'Achigan était trop peuplé, trop passant surtout, même si tous les gens de l'endroit étaient de bons amis à lui. Dans cette maison, qui aurait sa plage privée, il y aurait un foyer dans chaque pièce, dans chaque chambre. Et des arbres partout, bien sûr.

Ses autres rêves ?... « Votre mère et moi on ferait tout un voyage ! Après je l'emmènerais au soleil. Je veux aussi qu'elle ait des beaux bijoux, des manteaux de fourrure, des robes blanches, rouges et noires, une pour chaque première d'opéra, pour chaque concert ; puis une femme de ménage tous les jours s'il le faut. On ira souvent manger au restaurant... »

« Je veux »... « on ira »... C'était comme s'il l'avait déjà en banque, son million ! Après chaque tirage, tout en déchirant ses billets perdants, il disait seulement : « Bon, eh bien ce sera pour la prochaine fois. »

Si on voulait rire avec lui, on n'avait qu'à commencer à raconter des histoires. Premièrement, parce que, moi en tout cas, ça me permettait de l'aimer encore plus quand il riait tant — il avait un tel air doux dans ce temps-là. Deuxièmement, il adorait les histoires, surtout lorsqu'elles étaient salées, quoique sans être trop crues ou vulgaires ; et ça me faisait rire juste à le voir rire. Enfin, et surtout, parce qu'alors il se mettait à en raconter lui aussi. Et c'est là que c'était le plus amusant. Pas que ses histoires étaient très drôles, mais invariablement il manquait le punch !

Sur la rue, mon père rencontre un jour le chanteur Jules Jacob, qu'il n'avait pas vu depuis très longtemps. Une dame était à son bras.

— Bonjour Jules. Comment ça va, mon vieux ?

— Bonjour Jean. Ça va très bien. Permets-moi de te présenter Madame Jacob.

— Bonjour madame. C'est ta mère, Jules ?

— Non, Jean. C'est ma femme.

En racontant sa gaffe à maman, papa ajoute — assez justement tout de même — : « Tu parles d'une façon de présenter sa femme aux gens ! »

Toujours lors de ce voyage pour la Commission d'enquête, mon père était maintenant rendu à Paris, là où ma mère alla le rejoindre pour les deux dernières semaines de son périple, et d'où ils rentreraient ensemble à Montréal. Un matin donc, en la quittant — il avait tout de même quelques obligations à remplir entre toutes leurs balades et découvertes —, papa lui donne rendez-vous, à midi pile, SOUS l'Arc de Triomphe, littéralement dessous. « Comme ça, on ne pourra pas se manquer », ajoute-t-il.

Comme prévu, à midi, ma mère arrivant par les Champs-Élysées rejoint l'arche même de l'Arc de Triomphe en passant par le seul passage souterrain destiné à son accès. De son côté, mon père, lui, arrivant au rond-point par l'avenue Victor-Hugo, qu'il avait remontée à pied, aperçoit,

Avec son vieil ami, l'abbé Pilon.

sous l'arc, le manteau rouge de Jeanne, comme prévu. Mais comment la rejoindre ? Comment traverser cette piste de course envahie, à cette heure, de centaines de petites voitures conduites par des Parisiens affamés, fonçant à toute allure pour garder, à tout prix, leur priorité de passage ou alors pour la voler à leurs voisins de droite, et prêts à écraser le moindre piéton osant s'aventurer sur leur route, surtout qu'il n'a rien à faire là ! ?

Habituellement réputé peu diplomate ou psychologue, quand il le fallait mon père avait, tout à coup, du talent, du génie même dans ce domaine... Ayant repéré deux agents, qui bavardent, là, à quelques mètres de lui, les bras croisés, il s'approche d'eux et leur demande, d'un ton tout à fait sérieux et respectueux, et avec son peu d'accent très compréhensible de tous les jours : « Pardon, messieurs les agents. Pouvez-vous m'aider ? J'ai un problème. Je suis Canadien français, de Montréal, je suis en visite à Paris, et j'ai rendez-vous avec la belle grande femme en rouge que vous voyez là-bas, sous l'Arc de Triomphe. Comment faire pour la rejoindre, dites-moi ? »

Au lieu de lui indiquer sèchement le passage souterrain, de l'autre côté, les deux agents lui dirent en souriant : « C'est très simple, mon cher monsieur. Nous allons vous y accompagner. »

« J'étais en train d'admirer l'architecture de l'Arc de Triomphe », m'a raconté ma mère quand je suis allée les rejoindre à Montréal cette année-là, pour Noël, « quand tout à coup j'entends des dizaines de voitures freinant à toute vitesse. Je me retourne... Et je vois papa, encadré de deux agents, traversant tranquillement le rond-point, les mains dans les poches. Et quand même un peu inquiet de se faire renverser par un chauffeur distrait ou désobéissant, m'a-t-il lui-même admis plus tard. »

— Madame, dirent les agents à ma mère, une fois arrivés jusqu'à elle, voici monsieur. Bon séjour à Paris.

— Tu aurais pu utiliser le passage souterrain, comme tout le monde, dit alors Jeanne à Jean, une fois les agents repartis calmement par où ils étaient venus.

— Ça n'a pas été nécessaire, conclut mon père en levant la tête d'admiration vers l'Arc de Triomphe et ses merveilles.

« À chaque difficulté, chaque obstacle sur lequel on butait, m'a écrit Pierrette Alarie, ton père nous jetait, avec son doigt levé : "Le système D, Pierrette. Le système D, Léopold." Puis un jour, devant moi, il a dit à quelqu'un d'autre, un technicien je crois : "Démerdez-vous, mais moi il me faut ça pour ce soir." Ce n'est qu'à ce moment-là que j'ai réalisé que son fameux système D n'avait jamais voulu dire le système Deslauriers. »

On aurait dit, à voir mon père faire du feu dans la cheminée que c'est un train qu'il devait faire avancer. Dès que les flammes n'atteignaient plus un mètre de haut, il y jetait deux ou trois nouvelles bûches énormes. Parce qu'on était au Canada, à ses yeux le bois c'était comme l'eau : il y en avait plein et ça ne coûtait rien. Ou presque. Heureusement que son foyer n'avait pas la taille, à se mettre debout dedans et à dix, de ceux qu'il rêvait de faire construire un jour, et dont il conservait photos et livres entiers, dont, entre autres, *Foyers de France*.

Dès qu'à son bureau, il ne trouvait plus ses ciseaux, ou alors son agrafeuse, un crayon ou tout autre instrument de travail, il fonçait à travers la maison en demandant, sur un ton d'autorité en colère et insulté : « Qui a pris mes ciseaux !? » Dans quatre-vingt-dix-neuf cas sur cent, au bout de cinq minutes, il était rassis, et silencieux, à son bureau, ses ciseaux à la main. Tout en accusant tout le monde à l'avance, il s'était rendu jusqu'à la salle de bain où, une demi-heure plus tôt, il s'était taillé la moustache avec ces mêmes ciseaux. Bien entendu, il les avait oubliés là.

Depuis plusieurs années maintenant, Pierre Pelland, un des nombreux neveux de papa, travaille avec son père, Jules, courtier en assurances « générales ». Les conversations téléphoniques qu'il a eues, parfois, avec son oncle Jean, il s'en souviendra longtemps. « Ayant fait de l'assurance-vie pendant quelques années, ton père croyait tout savoir dans ce domaine. Étant avant tout un musicien, un artiste quoi, et non un homme d'affaires, il n'acceptait pas la différence qu'il y avait pourtant entre l'assurance-vie et l'assurance générale. Pour lui, l'assurance c'était de l'assurance, un point c'est tout.

« Il nous appelait souvent, mon père ou moi, pour discuter assurance, nous demander conseil, avoir notre avis. On n'avait pas fini de répondre à sa question qu'il prenait le plancher et ne le laissait plus. Il s'embarquait alors dans de grandes théories, souvent vagues, et même parfois abracadabrantes. Il avait si peu de suite dans les idées, l'oncle Jean ! Pourtant, il était honnêtement convaincu qu'il avait raison. Il était tellement enthousiaste, plein de bonne volonté et sans malice, quoique des fois il m'a carrément tombé sur les nerfs. Après l'avoir écouté un moment, je ne pouvais plus m'empêcher de l'arrêter et de lui dire : "Écoute, Jean, je ne te dis pas comment faire de la musique, ne me dis pas comment faire de l'assurance, d'accord ?"

« Là, il s'arrêtait net. Puis, selon ses humeurs, ou bien il me répondait sur un ton sec : "Ah, vous autres, les jeunes, vous savez toujours tout. Bonjour." Et il raccrochait. Ou alors, il disait en riant : "O.K., O.K. Jos, je me suis encore emballé. On en reparlera une autre fois de vive voix. Viens faire un tour au lac. Ton père est-y là ?"

« D'une façon ou d'une autre, en le laissant, je me disais : "Ouf ! Cré mon oncle Jean. T'es pas du monde. Mais t'es fantastique. Je t'aime bien quand même." »

Un matin de répétition à Radio-Canada, mon père voit arriver Jean-Yves Landry, son réalisateur, titubant de fatigue et cerné jusqu'aux oreilles.

— Qu'est-ce que vous avez, Jean-Yves ? Avez-vous passé la nuit sur la corde à linge ?

— Si ce n'était que ça, Jean. Non, c'est ma fille Frédérique. Depuis des semaines maintenant, elle se met à hurler aussitôt qu'on la couche. Ça nous crève tellement le cœur de l'entendre pleurer, on a si peur qu'elle ait mal en quelque part, que ce n'est pas long avant que l'un de nous deux aille la prendre dans ses bras. Aussitôt qu'on la tient, elle arrête. Moi, je n'en peux plus. Ça fait je ne sais combien de nuits qu'on ne dort plus, ma femme et moi. Le jour, par contre, la petite sacripante, elle, elle dort. On ne sait plus quoi faire !

— Laissez-le crier, lui dit alors papa. Vous allez voir. Quand elle n'en pourra plus, elle va s'endormir.

— Vous croyez vraiment ?

— Elle n'est pas malade ?

— Non. Elle est en parfaite santé.

— Alors faites ce que je vous dis. Ayez confiance en moi. Les bébés qui hurlent, ça me connaît. J'en fais des chanteuses.

« Jean avait raison, me raconta Jean-Yves. Quelques jours plus tard, nous avions tous les trois un horaire de vie normal. Enfin ! »

— Jeanne, t'es prête ? hurle Jean à Jeanne, un soir qu'ils allaient à un concert à la Place des Arts.

— Presque, lui répond-elle en se passant la tête hors de la salle de bain.

Puis, l'apercevant, elle s'exclame :

— Voyons, Jean ! Ne me dis pas que tu vas rester habillé comme ça !? Change-toi, pour l'amour du ciel !

« Si je l'avais laissé faire, me dit ma mère, il serait allé au concert avec un pantalon brun, un T-shirt bleu pâle, un veston sport en tweed, ses bas rouges et ses Wallebeys ! »

— Qu'est-ce que ça peut faire ? avait répondu mon père en haussant les épaules.

« Au fond, continue maman, il n'aimait pas être remarqué. Pas plus qu'il n'aimait que je le sois, moi, du moins à cause de vêtements excentriques ; il aimait que je sois bien habillée, mais sans sortir du conventionnel. Mais là, tout de même ! Je ne lui demandais pas de s'habiller en gigolo ou en sultan. Je voulais seulement qu'il soit moins bariolé, plus conventionnel justement... »

Si on veut aller plus loin, il y a, dans les souvenirs marquants de l'enfance de mon père, ce fait que son propre père ait dû vendre sa voiture pour l'« habiller » alors qu'il devait partir en tournée à 14 ans... Sans oublier qu'enfant, grâce aux sacrifices et au travail de sa mère, il était toujours si proprement et bien habillé, et qu'il devait le rester, même pour jouer.

Je comprends mieux, maintenant, sa réaction de surprise, de choc même, parfois, devant le prix actuel des vêtements... et sa répulsion à payer cher, même une bonne paire de chaussures, d'ailleurs tellement moins confortables que ses affreuses Wallebeys ! »

Mais une chose est certaine : en dehors de son travail, mon père se fichait généralement de son apparence, de son allure, de son image même. Ce qui semble ne pas toujours avoir été le cas : jeune il était élégant et toujours bien mis, paraît-il. Mais avec le temps et, depuis ses tout débuts, avec cette obligation d'être constamment « habillé » pour aller exercer son métier, on peut comprendre qu'il se soit presque totalement désintéressé de sa garde-robe et de son élégance une fois descendu du podium et loin des caméras de télévision.

On peut alors, également, facilement s'imaginer comment, comme conclut ma mère, « ça embêtait ton père de "s'habiller" pour sortir. Lorsque, sur un carton d'invitation, il apercevait TENUE DE SOIRÉE, il ne voulait plus y aller ! »

Ils y allaient, naturellement. Et qu'est-ce que mon paternel était beau en smoking ou en habit à queue — en société, mais surtout sur son podium ! Spécialement avec sa belle tête blanche ! Il le savait d'ailleurs ! même si ça l'embêtait de se faire remarquer... Avant de partir de la maison pour aller diriger ou aller « mondaniser », une fois prêt, il disait en sortant de sa chambre : « Est-ce que je suis assez beau à votre goût, là ? Pensez-vous que les femmes vont être folles de votre père ? »

Quand, installé à son établi dans le sous-sol, au lac, mon père patentait quelque chose, il n'y avait rien à l'épreuve du bricoleur qu'il était. En fait, il avait beaucoup de dextérité, et même un peu de patience. Il admirait également beaucoup le travail des artisans de toutes sortes. Par contre, on n'apprécia pas toujours ses talents.

Un soir, il y a très longtemps, il veillait avec Jeanne chez un jeune couple d'amis à eux, Mariette et Marcel Cadieux. D'une chose à l'autre, vers 22 heures, quelqu'un vient à faire observer que le salon est plutôt petit, que s'il n'y avait pas ce mur de chaque côté de l'arche donnant sur l'entrée, ce serait beaucoup mieux. Sans hésiter, Jean se lève en disant à Marcel : « Va chercher des marteaux, on va le démolir ce mur. C'est une affaire de rien, je te le garantis. C'est rien que du plâtre. Les femmes, allez vous asseoir ailleurs. Laissez-nous faire. »

Deux heures et beaucoup de casse plus tard, l'idée leur vient subitement que ce mur en était peut-être un de soutien, et que « tout à coup votre cottage s'effondre ». On téléphone donc au constructeur, Monsieur Giroux, lequel dit : « J'arrive tout de suite. »

214

Lorsque mes parents sont partis, à 3 heures du matin, le mur n'était plus, le salon était, en effet, plus grand, et Mariette était en larmes. Pas un de ses nouveaux meubles n'avait été recouvert avant le massacre, il ne lui restait plus qu'à nettoyer. Et à ramasser la casse, le lendemain, avec Marcel. « Je viendrais bien vous aider », a dit papa avant de partir, « mais demain je ne peux pas, et demain soir on part au lac pour la fin de semaine. Mais ça va être une affaire de rien, vous verrez. Bonsoir là, merci pour la soirée. »

— Veux-tu me dire, Jeanne, quel est l'espèce de maudit fou qui a fait ça ? dit mon père à sa femme, un soir chez des gens, alors qu'ils étaient seuls devant un tableau «moderne», dans le sens «moderne des années 50», c'est-à-dire pouvant aussi bien avoir été peint en piétinant sur la toile avec ses pieds, ou alors pouvant être accroché la tête en bas sans que personne ne s'en aperçoive, sauf, peut-être, l'auteur de l'œuvre lui-même.

— Pas si fort, avait-elle répondu, en regardant autour d'eux. L'espèce de fou, comme tu dis, qui a fait ça, c'est la personne qui nous reçoit ce soir.

Mais quand mon père aimait un tableau, il l'achetait « ce n'était pas une traînerie », selon son expression habituelle. En 1964, papa eut subitement le coup de foudre pour la peinture, comme s'il s'était réveillé en sursaut — ses moyens d'assureur aidant un peu. En quelques années, sont entrés alors, en coup de vent et de cœur, dans l'appartement de Ridgewood, plusieurs tableaux de peintres canadiens, les uns à la suite des autres, au fur et à mesure que mon père rencontrait le peintre et aimait l'homme, encore plus que sa peinture.

De Duguay, Richard, Rousseau, Gagnon, Masson, Gingras et autres, sont arrivés moulins, marines, paysages de neige ou de ciel sanguinaire, glaciers, trappeurs, bords de rivières, et bien sûr, des vieilles maisons par dizaines ; huiles, aquarelles, gravures et dessins de toutes tailles et de toutes forces se sont retrouvés accrochés les uns à côté des autres, comme ça venait, selon l'ordre de l'arrivage, sans souci aucun de risquer d'écraser le tableau d'à côté ou d'en dessous, sans se préoccuper des cadres, des dimensions, des tendances.

Coups de cœur, coups d'argent, coups d'œil, coups d'amitié, Jean Deslauriers était mordu de peinture et achetait. Pas cher, souvent «pour une chanson», parfois en cadeau. Car s'il aimait les peintres encore plus que leur peinture, eux le lui rendaient bien. Et le lui prouvaient. En lui offrant, celui-ci une petite huile, un autre en prenant un taxi de Baie Saint-Paul à Québec pour aller le voir diriger un opéra — pendant que le taxi attendait l'admirateur, grand de deux mètres, pour le ramener chez lui, dans la maison de Clarence Gagnon, où Jean et Jeanne Deslauriers allaient eux-mêmes souvent le visiter.

(Malheureusement, René Richard — l'homme du taxi, exactement —

ne peignait plus du tout quand j'ai demandé à quelques peintres, amis de mon père, de faire à leur ami musicien l'honneur posthume d'immortaliser sa tête et certaines de ses expressions et « moods » tout en enrichissant ce livre.)

Papa aimait faire choquer maman ! Et nous aussi. Il savait qu'on l'aimait les cheveux longs, enfin... pas trop courts. Surtout pour son métier, pour son allure sur scène, à la télé et dans la fosse d'orchestre, pour l'opéra. Alors il le faisait exprès. Tout à coup, comme ça, il nous disait avec un air innocent, tout en se passant la main dans la nuque : « Bon, eh bien, je pense que je vais aller me faire couper les cheveux, je commence à avoir l'air d'un chef d'orchestre. »

Bien entendu, les réactions d'indignation ne se faisaient pas attendre. À quoi il répondait, assez justement d'ailleurs : « J'ai trop chaud dans le cou quand j'ai les cheveux longs. Je transpire déjà suffisamment comme ça. » Le lendemain soir, il rentrait avec une coupe de bon bourgeois « straight » des années 50... Devant nos airs découragés, il nous servait son sourire espiègle et disparaissait dans sa chambre pendant quelques minutes. En en ressortant, il déclarait : « La prochaine fois, je les ferai couper moins court. Je vous le promets. »

C'est arrivé, quelques fois, qu'il tienne sa promesse. Comme il est même arrivé qu'on parvienne à le convaincre de se laisser pousser une barbiche. Laquelle ne vécut qu'une seule vie, de quelques mois, à peine : un soir, sans dire un mot à personne, il est entré dans sa salle de bain. Quand il en est ressorti, il était libéré.

« Jean-Yves, un de ces jours, venez donc voir ma collection de fusils, au lac », dit un jour mon père à un de ses réalisateurs préférés.

« Il en avait quatre ! » me dit Jean-Yves en souriant. « Et encore... À part son fusil datant de la guerre civile américaine et sa superbe *Mauser*, il y avait sa 22 et sa 12... »

Plus un ancien pistolet espagnol venant de Palma de Mallorca, c'était ça la collection de fusils de mon père. Il aurait bien aimé en avoir plus, et de plus rares, mais il fallait les chercher, les trouver, les étudier, les reconnaître, tout ça avant même de les payer. Et cela, ça prenait trop de temps, ce serait trop long avant qu'il ait une collection telle que les vrais collectionneurs en possèdent avec le temps, la patience, la recherche, l'obstination, et l'argent.

Alors il collectionnait les rêves... et les fusils qu'il pouvait. Par contre, les assiettes...

C'est en recevant, il y a de ça longtemps, une assiette-souvenir du Mexique, qu'il a décidé, à un moment donné, de commencer une collection d'assiettes venant de différents pays. À quiconque partait pour n'importe où, il demandait de lui rapporter une assiette de là-bas. Quelques années plus tard, deux des murs de la très grande pièce salon-vivoir-salle à manger, au lac, étaient littéralement tapissés d'assiettes de tous pays, de tous prix, de tous goûts et de tous amis.

Quand papa est mort, s'il n'en avait pas reçu deux cents en cadeau, alors c'est qu'il en avait reçu trois cents. Là, il pouvait parler de sa « collection » sans faire sourire. Collection-souvenir peut-être plus que collection-rareté, mais collection tout de même. Et même si ce n'est pas lui qui fouillait. Ou qui voyageait. Sans y être allé, ainsi il conservait un petit morceau de plusieurs pays. Pour mieux y penser, mieux en rêver ; avec ceux qui y étaient allés et qui revenaient lui en parler, lui en montrer les photos ; et parfois seul, quand, le matin, il se levait le premier et qu'il regardait flamber la tonne de bois qu'il venait de jeter dans l'âtre déjà en feu de fournaise ardente.

* * *

ET L'AMITIÉ ?

Il a toujours été évident, à mes yeux, que mon père était « l'ami de

tout le monde» et que tout le monde l'aimait — en général, en tout cas...
Un voisin, en bas de chez lui, au lac, a déjà voulu ou eu envie de le tuer
avec une pelle parce que papa avait, disait-il, fait du tort à son arbre...

Ça m'aurait surprise que mon père ait voulu faire du tort à un arbre,
mais enfin... Tout ça parce que la tuyauterie de son puits devait être
changée, que son puits se trouvait près de l'arbre en question, sur le coin
du terrain de ce voisin — quand Jean Deslauriers avait acheté, il n'y avait
pas de maison dans le champ où son puits avait été creusé — et qu'il avait
fallu s'y rendre à coups de pelle, à cette tuyauterie. Et comme l'arbre du
voisin avait des racines, fureteuses jusqu'autour des tuyaux du puits du
chef d'orchestre installé bien avant lui au lac... le chef d'orchestre n'a pas
cru nécessaire de demander gentiment la permission de faire donner
quelques coups de pelle à quelques extrémités de racines trop curieuses...

Mais en général, Jeanne et Jean Deslauriers étaient en effet les amis
de tout le monde; ils étaient invités partout et recevaient beaucoup,
surtout des gens pas «dans le milieu», pas «à courtiser». On trouvait
Jean — et Jeanne autant, sinon plus — sympathique, chaleureux, attirant,
pas «casseux de veillée» ni «faiseur de trouble», il pouvait avoir de
l'humour, était toujours prêt à rendre service, ne vous cassait pas les
oreilles avec ses déboires... De plus, c'était tout de même «Jean
Deslauriers, le chef d'orchestre»... Bref, «comment ne pas être ami avec
Jean Deslauriers», résume Marcel Robitaille.

Mais cette amitié de Jean Deslauriers, chef d'orchestre et mari de
Jeanne, n'était que la moitié extérieure et sociale, quoique sincère, d'un
homme secret et renfermé, d'un homme presque totalement incapable de
se laisser aller vraiment à l'autre amitié, l'intérieure, celle faite d'intimité,
de profondeur, d'ouverture, de confiance et de confidences réciproques;
par tempérament, méfiance, crainte, pudeur, sensibilité trop vulnérable...
Du moins c'est l'impression qu'il donnait à certains.

C'est en faisant parler des dizaines de personnes à propos de mon
père, personnes du «milieu», connaissances d'occasion et amis de
toujours, que j'ai bouclé la boucle de ce que je devinais en fait chez lui : ce
qu'était la vraie amitié pour lui; comment et à travers quoi il la vivait
réellement cette amitié intérieure, une fois donnée — et il l'a donnée à
quelques-uns —; comment aussi, ses «vrais» amis, eux, l'ont reconnue,
ou devinée, ou sentie cette amitié de sa part, comment ils l'ont appréciée
et échangée avec la leur pour lui. En voici cinq exemples qui ne peuvent
mentir :

«Jean était un professionnel de l'amitié, déclare Jean Vallerand. Il
savait instinctivement vous faire sentir qu'il était votre ami.

«C'est par Jean que, il y a très longtemps, j'ai connu le lac l'Achigan,
où, après avoir loué un chalet pendant quelques années, j'ai finalement
acheté un terrain et fait construire ma maison, que j'habite toujours
aujourd'hui, et cela à l'année.

219

«Alors que, pendant certaines périodes, mon épouse était en Europe et que je n'avais pas de voiture, avant même que je l'appelle, Jean téléphonait : "Demain, vendredi, on te prend en passant, Jean ? Tu viens au lac pour la fin de semaine, non ?" Pour lui, c'était la chose la plus naturelle du monde. C'était automatique, la question ne se posait même pas ; je savais qu'il téléphonerait.

«Au lac, on se voyait tous les jours qu'on y était tous les deux. La promenade, l'escalier de pierre, la visite à ses arbres, à ses fleurs, à son jardin potager derrière la maison, au bord du ravin au fond duquel coulait la petite rivière aux castors... C'était classique.

«Le samedi, à 15 heures, Jean arrivait chez moi. Nous parlions alors partitions, écoutions divers enregistrements ; nous comparions, discutions. On n'était pas toujours d'accord, mais ça finissait invariablement par un feu de cheminée et son dry gin, chez moi ou chez lui. Il était cinq heures. C'était l'heure.

«Je crois que pendant ces heures passées ensemble, Jean se détendait vraiment, il s'ouvrait, il s'exprimait, il était tout à fait le fond de lui-même.

«Moi, c'est ainsi que j'ai connu Jean.»

Édouard Garon est un homme simple, effacé. Il n'est pas une célébrité, il est simplement un citoyen ayant travaillé pour le gouvernement, comme beaucoup de monde. Mais il était aussi le beau-frère de Jean, par Yvonne, la sœur de Jeanne. Et dans le sous-sol de la maison, au lac, il redevenait le menuisier hors pair qu'il avait déjà été, et qu'il redevint professionnellement plus tard, une fois à la retraite. Pour mon père, ça c'était de l'or en barre. Il fallait le voir avec Édouard, raboteuse ou scie à la main... Heureusement qu'Édouard était patient, car en menuiserie comme en assurance, l'expert — le vrai — n'avait pas facilement la chance de donner l'opinion ou le conseil que l'apprenti, bien avancé tout de même, venait de lui demander.

«Souvent, me dit oncle Édouard, tous les deux ensemble, on montait dans le nord, le vendredi matin, dans ma voiture. Plus tard, ta mère et ta tante venaient nous rejoindre. On passait la journée dans la cave à travailler le bois. À part pour la menuiserie, on ne parlait pas beaucoup tous les deux, mais on était bien. On était heureux. On était deux amis, oh, pas pour s'embrasser par le cou, ce n'était pas notre genre, mais on avait beaucoup de respect l'un pour l'autre. Sans se le dire.

«J'ai été heureux avec Jean. Je sais qu'il aimait le fait que je sache travailler le bois. Et moi je l'admirais quand je le voyais faire ses orchestrations et ses arrangements, le soir, à l'autre bout du vivoir, pendant qu'Yvonne, ta mère et moi on jouait au «neuf».

«Jean, j'y pense encore, tous les jours.»

Avec Richard Verreau, Jean-Yves Landry et son fils Gilles.

Place des Vosges, à Paris, avec Jean Vallerand, alors conseiller culturel à la délégation générale du Québec là-bas.

«Au début, remarque Jean-Yves Landry, ça n'a pas été facile d'approcher Jean autrement que professionnellement. Il m'a fallu faire attention, ne pas être intime trop vite dans ma façon de lui parler, d'agir avec lui. D'ailleurs, jusqu'à la fin, on s'est toujours vouvoyés. Mais à la longue, à force de lui confier mes problèmes à moi, la glace a fondu.

«Un jour, après sa crise, au début des années 60, il est entré dans mon bureau, il a fermé la porte, s'est assis, m'a regardé, et s'est mis à pleurer. Doucement, sans sanglots. Il n'y avait que de grosses larmes qui lui coulaient sur les joues. Ce jour-là, il m'a parlé. Peu, mais à cœur ouvert.

«Depuis longtemps il était mon ami, cet après-midi-là, je suis devenu le sien. Jusqu'à la fin.»

Pierrot Archambault aussi était l'ami de mon père.

«Notre amitié a été simple, sans problèmes, m'a expliqué Pierrot. Parfois Jean parlait de musique, que je ne connaissais pour ainsi dire pas mais que j'aimais ; parfois c'est moi qui lui parlais de mes affaires, de mes ventes, des clients difficiles. Mais en général, on ne parlait que peu ensemble. Quand je l'emmenais en bateau sur le lac Champlain, ce n'était pas nécessaire.»

À l'été 1976, je suis allée avec eux un dimanche, et j'ai constaté ce que Pierrot voulait dire.

Une fois partis du quai, papa s'asseyait, parfois en haut, mais plus souvent près de Pierrot. Sans parler. Que ce dernier l'emmène au grand large ou dans des baies désertes, vite ou lentement, tout près ou non de la rive, mon père se laissait faire, sans rien dire, sans passer de commentaire, sans donner de conseil. Même en accostant, au retour. Je l'avais rarement vu aussi calme, aussi... réceptif. Et aussi confiant. La tête au soleil, les cheveux au vent, le regard mangeant, aspirant la nature, l'eau, l'air et la lumière, il était avec son ami, il était bien, tout simplement.

On imagine facilement Pierrot, assis à son tour dans une salle de concert alors que son ami Jean est au pupitre, dans la fosse d'orchestre, et que, sur scène, *Butterfly* se marie, attend ou se suicide.

«J'ai aimé *Butterfly* avec Jean», dit Pierrot, avec un peu de nostalgie dans la voix et dans le regard. «Il m'a communiqué son amour de la musique, même si je n'y comprenais rien. Avant l'opéra, ce soir-là, en 1974, il m'a simplement dit : "Écoute bien. Tu vas voir. C'est beau."»

Henri Bergeron résume mon père et l'amitié : «Quand Jean donnait son amitié, c'était généreusement, totalement. Et sans nuances. Il acceptait ses amis tels qu'ils étaient, et avait besoin de la même chose. Pour moi, c'est ça l'amitié : sentir qu'on est bien et libre d'être soi-même en présence de l'autre. Avec Jean, je pouvais aller au bout de ma pensée, et lui aussi.

«Je lui ai souvent dit que j'étais flatté de son amitié. On n'était pas du même âge, et surtout je l'admirais déjà tellement avant même de le connaître. Alors lui dire «tu», l'appeler Jean!...

«Mais pour lui, c'était si normal! À ses propres yeux, lui-même n'avait rien de subjugant. Il était mon ami et j'étais le sien. Voilà tout.

«Qu'est-ce que Jean était entier!»

Les années 60 et 70

Maestro

Aquarelle de Gilles Gingras

LA PRESSE, lundi, le 18 juin 1962:

DU BEAU TRAVAIL, MONSIEUR DESLAURIERS!

«La classe d'orchestre à cordes du Conservatoire donnait vendredi soir dernier son premier concert, ou plutôt son premier "exercice public", sous la direction de son nouveau chef, Jean Deslauriers.

«La nomination de ce musicien, jusqu'ici associé principalement à la musique dite semi-classique, avait provoqué une certaine réaction dans le milieu musical montréalais. Je dois dire cependant que le concert de vendredi soir a été pour moi, et je pense bien aussi pour les quelques douzaines de personnes qui y assistaient, une surprise assez agréable. »

L'article continuait en définissant l'orchestre en lui-même, en décrivant le programme, et en soulignant la très prometteuse qualité de ses vingt et quelques membres, malgré de légères faiblesses ici et là. Puis, le critique de LA PRESSE termine ainsi:

«Jean Deslauriers, qui est, comme on le sait, un spécialiste des cordes, a su faire travailler ses archets avec force et chaleur, mais sans exagération... Le chef a fait preuve d'une autorité complète, profonde et, pour tout dire, étonnante, et d'une irréprochable correction de style, et les jeunes musiciens suivaient ses indications avec empressement et déférence... Chacune des sections est solidement constituée, et le chef a su maintenir entre chacune un lien et de l'équilibre et, sous sa direction, la musique s'est déroulée dans un très bon mouvement, sans ennui, et sans faute de goût non plus... En un mot, Jean Deslauriers, le nouveau chef de la classe des cordes du Conservatoire, s'est montré à la hauteur d'une tâche qui, au tout début, avait paru trop grande pour lui. »

Et c'est signé Claude Gingras...

Bien entendu, Monsieur Gingras était à peine né au moment où en 1938, mon père a formé son premier vrai orchestre «classique» d'une vingtaine de musiciens, faisant tous partie de l'Orchestre Symphonique de Montréal. Mais est-ce réellement une raison suffisante pour être à ce point étonné des capacités de Jean Deslauriers en ce qui concerne la «vraie» musique classique, la musique « sérieuse » ? Surtout en tant que critique musical..., dont, il me semble en tout cas, le premier devoir devrait être de connaître les antécédents professionnels des artistes — même s'ils ne sont que « locaux » — dont il fait la critique ?...

Si seulement il avait manifesté de la surprise vis-à-vis la patience, avec les jeunes, du professeur Deslauriers, j'aurais peut-être compris son étonnement. Mais que je sache, il ne le connaissait pas assez intimement pour connaître son talent, ou son manque de talent, inné en tant que pédagogue.

« Associé principalement à la musique dite semi-classique »... Monsieur Claude Gingras était donc tombé dans le panneau de la méprise par ignorance, lui aussi !

Heureusement pour mon père, certaines personnes du « milieu » savaient, elles, connaissaient sa pleine valeur, ses vraies capacités, ainsi que les raisons réelles qui l'avaient forcé à se laisser étiqueter de la sorte. Je dis « heureusement pour mon père », car contrairement à d'autres chefs montréalais — et ici, ce n'est pas à tous points de vue un compliment que je lui fais —, il était incapable d'aller la vendre, sa valeur musicale, incapable d'aller frapper à la porte de différents réalisateurs et se mettre à défendre, à vanter ses capacités, à leur expliquer son passé et ses difficultés. Lorsque ma mère lui disait : « Va donc voir untel à Radio-Canada », il lui répondait : « Je n'ai plus 20 ans, ils me connaissent, ils savent ce que je suis capable de faire. Quand ils auront besoin de moi, ils m'appelleront. »

Malgré lui, certaines personnes l'ont donc aidé à « refaire » sa réputation de chef de musique classique. Certaines personnes qui croyaient en lui (heureusement, là aussi, car les « courtiser » aurait été inutile sans capacités ou talent musical ; par contre, avec ses qualités il n'était pas nécessaire de faire du « lobbying » mondain auprès d'elles pour se faire apprécier à sa juste valeur.) Jean Vallerand fut une de ces personnes. Naturellement ce n'est pas lui qui me l'a déclaré, mais la coïncidence est trop grande pour que ce ne n'en soit qu'une et le respect qu'ils avaient l'un pour l'autre trop évident.

Au moment de la nomination de mon père, en 1962, au poste de directeur de la section cordes du Conservatoire, Jean Vallerand était secrétaire général du Conservatoire. Mais surtout, à partir de 1963, jusqu'en 1966, il était directeur du service de la musique à la chaîne française de Radio-Canada.

Et c'est à l'automne de 1964 que justement commence pour Jean Deslauriers une nouvelle et riche période musicale, la dernière de sa vie en tant que chef d'orchestre. (Après son infarctus, en 1960, et pendant les quatre années suivantes, il ne dirige à la télévision de Radio-Canada, que trois *Heures du Concert* : l'opérette *La Veuve Joyeuse*, avec Pierette Alarie et René Blanc, les danseurs espagnols Yimenez et Vargas, et un concert varié avec comme artistes invités, le pianiste Richard Gresco, Claire Gagnier et Richard Verreau, ainsi que des danseurs ; cinq *Concerts* ; une *Tête d'Affiche* offrant une soirée Franz Lehar ; et pendant quelques semaines, chaque été, *Sérénade Estivale*. À la radio, à part un « soubresaut » de *Sérénade* durant quelques mois, il sera invité à diriger deux galas, tous deux en 1961 : celui du Grand Prix du Disque de CKAC, et celui offert par la Société Radio-Canada, à l'occasion de la dix-huitième session de la Communauté radiophonique de programmes de langue française, organisme groupant les radios de quatre pays de langue française. Puis, il y eut ce fameux « exercice public » qui, entre autres à cause de l'article de Claude Gingras, contribua à faire enfin sortir mon père de l'oubli où les circonstances de la vie l'avaient mis.

À part quelques exceptions — de classe, et d'ailleurs très agréables —, jusqu'à la fin de sa vie, Jean Deslauriers ne dirigera plus, à Radio-Canada ou ailleurs, que de la musique classique, dans le sens et l'esprit qui l'animent. (Ces exceptions, même de classe, genre soirées d'opérettes, il hésitera toujours à les accepter, de peur d'être recatalogué comme avant.)

« La politique de Radio-Canada, à partir des années 60, me dit justement Jean Vallerand, fut, entre autres : plus de "one man orchestra". » C'était une mode qui, en fait, appartenait avant tout aux années 30 et 40 de la radio ; pour toutes sortes de raisons trop longues à élaborer ici, les choses devant évoluer, Radio-Canada avait donc décidé d'effectuer ce changement. À partir de 1964, même l'émission *Les Petites Symphonies*, se mit à présenter des chefs invités, après que Roland Leduc eût été, pendant des années, le chef régulier de cette série. Par contre l'Orchestre de Radio-Canada existait maintenant depuis 1952 ; à Montréal comme à Québec, tous les chefs canadiens auraient donc l'occasion de le diriger, chacun à leur tour.

Après la saison d'été 1965, *Sérénade Estivale* disparut complètement de la télévision. Quoique plusieurs articles dans différents journaux, et même dans LA SEMAINE À RADIO-CANADA, parlent de « cette série regrettée de concerts », personnellement je crois que dans un sens ce fut un mal pour un bien. Pour mon père, en tout cas. *Sérénade pour Cordes* avait été pour Jean Deslauriers l'équivalent de ce premier rôle, continu, qui lance un comédien, le fait découvrir et le met en valeur. Mais, phénomène humain très courant, après quelques années, les gens ne l'identifièrent plus qu'à ce rôle, à ce personnage créé et nourri par lui. Afin d'arriver à se renouveler, afin de ne pas perdre, surtout, sa capacité de « faire autre chose » à travers son talent, le comédien doit, à un moment, abandonner ce personnage qui l'a pourtant fait connaître. Spécialement quand l'essence première de ce rôle, de ce personnage, vient à être déformée, et même faussée avec le temps.

Sérénade n'était plus le *Sérénade* que Jean Deslauriers avait pensé, créé et nourri. En éliminant les « one man orchestras », dont *Sérénade*, Radio-Canada et ses responsables lui rendirent donc service, même si cette émission fut longtemps, à la radio, son gagne-pain (ce qu'à la télévision elle n'était plus), et une sécurité sur laquelle un artiste a, comme tout le monde, tendance à s'appuyer.

Ainsi, ils aidèrent même à sa relance, vers ses amours de toujours, le «classique», et vers ce titre de Maestro qui lui collera de plus en plus à la peau avec l'âge, une grande expérience, une certaine noblesse et le respect dû à ce titre.

* * *

LA RADIO

À l'automne 1964, mon père dirigera trois *Petites Symphonies*. Entre autres, aux trois programmes : *Songe d'une Nuit d'Été* de Mendelssohn, *Créatures de Prométhée* de Beethoven et la *Symphonie en do majeur* de Bizet. «Cela fit tache d'huile, me dit Jean Vallerand. C'est là qu'on s'est rendu compte, dans le milieu, que Jean Deslauriers pouvait diriger les "grands". »

Pendant les douze années suivantes, mon père ira régulièrement à Québec, Halifax, Winnipeg et Toronto, pour y diriger les orchestres symphoniques et de chambre de Radio-Canada là-bas, lors de leurs saisons régulières, mais également durant leurs festivals d'été. C'est à Toronto qu'en février 1965, il dirigera Bartok et Papineau-Couture ; puis un peu plus tard, en 67, ce sera exclusivement des compositeurs canadiens contemporains tels François Morel, Jacques Hétu et Bruce Mathers dont il dirigera les œuvres. Bientôt, dans le «milieu» de la radio, Jean Deslauriers deviendra le spécialiste par excellence des œuvres canadiennes contemporaines, à cause, entre autres, de la précision de son bâton, si nécessaire devant cette nouvelle musique. Il fera d'ailleurs, pour Radio-Canada, de la recherche en musique canadienne et, pour son service international, plusieurs enregistrements, sur disque, de ces compositeurs de plus en plus nombreux au pays : viendront alors s'ajouter à ceux mentionnés plus haut, Turner, Weinzweig, Morawetz, Pépin, Matton, etc., ainsi que Champagne, Vallerand, et autres compositeurs déjà plus connus, déjà moins «modernes». Après ce genre de concert, comme celui en particulier de Toronto, en 67, il disait à maman, en rentrant à la maison : «Il y en a qui sont pas mal parmi ces jeunes compositeurs modernes. Mais ça ne sera jamais du Beethoven ! Pour moi, en tout cas. »

Lors de tous ces concerts pour la radio avec, entre autres grands solistes invités, Christian Ferras, Jacqueline Dupré, Aldo Ciccolini, Kenneth Gilbert, Boris Gutnikoff et Henryk Szeryng — lequel il connaissait déjà depuis fort longtemps —, il dirigera plusieurs concertos pour violon, dont celui en ré de Stravinsky, celui en mi de Bach, ceux de Robert

Schumann et de Khatchaturian ; et également le *Concerto pour violoncelle, op. 85,* d'Elgar le *Concerto pour piano no 4 de* Beethoven, etc.

En février 1969, débute la série *Opéra-Concert* qui durera presque quatre ans, l'hiver. La formule ? Versions abrégées, d'une heure et demie, d'opéras exclusivement français au début, puis moins exclusivement, quoique tous seront toujours chantés dans cette langue : le lien de l'histoire est assuré par des comédiens. Présentés à partir de la salle Claude-Champagne, à Montréal, ces opéras y sont enregistrés puis irradiés à CBF, la semaine suivante. C'est Armand Plante qui réalise l'émission.

On aurait dit le *Théâtre Lyrique Molson* qui renaissait ! Un peu, en tout cas... Sans le trac du « direct » à la radio ; sans jolies voilettes ni jolies toilettes chez les dames de l'assistance ; sans le mystère de ces vedettes qu'on pouvait enfin voir, la télévision n'existant pas encore à l'époque ; sans cette sensation de « enfin un peu d'opéra ! » et « c'est la première fois que ça se fait, ce genre d'émission » ; sans le même chef chaque semaine ; sans régularité hebdomadaire assurée...

Lors de cette première demi-saison débutant en février 1969, quatre opéras français seront présentés en deux mois. Mon père dirigera *Lakmé,* le deuxième, avec Colette Boky, Jean-Louis Pellerin, Fernande Chiochio et Rolland Gosselin ; puis *Carmen,* le quatrième et dernier, avec Huguette Tourangeau, Jean Bonhomme, Yolande Dulude et Robert Savoie. Les chœurs sont sous la direction de Marcel Laurencelle.

Au mois de novembre suivant, il fera *Werther,* avec André Turp, Marcelle Couture, Bruno Laplante et Cécile Vallée ; puis, en 1970, *Rigoletto,* avec Colette Boky et Louis Quilico, et *La Bohème,* avec Claire Gagnier dans le rôle de Mimi. En 1971, ce sera *La Chanson de Fortunio,* avec Yolande Dulude, Fernande Chiochio, Georges Coulombe et Paul Trépanier ; *Louise* (Nicole Lorange) ; et *Mireille* (Jacqueline Martel). Enfin, en janvier 1972, sera présenté, toujours sous la direction de papa, un *Opéra-Concert* réservé à Verdi, avec Marcelle Couture, Gabrielle Lavigne, Claude Corbeil et Napoléon Bisson.

L'entreprise est couronnée de succès, le public brave l'hiver, et la côte grimpant vers l'École de musique Vincent-d'Indy, pour y assister en personne. En général, les critiques, eux, apprécient la formule et applaudissent l'effort. « Détail non négligeable, fait remarquer Claude Gingras, on fait appel exclusivement aux chanteurs canadiens pour ces *Opéras-Concerts.* »

Justement, à propos de Monsieur Gingras, depuis qu'il a découvert Jean Deslauriers, il ne le lâche plus !

Lors de la présentation de *Lakmé,* il écrira : « ... Chœurs excellents, orchestre superbe, et beaucoup d'homogénéité entre les chœurs, l'orchestre, les solistes et les comédiens. Jean Deslauriers, à la direction a fait preuve d'un tempérament que je ne lui connaissais pas. » C'est bien ce que je disais plus haut...

L'automne suivant, après *Werther*, il rapplique : « Les gestes de Jean Deslauriers au pupitre ne sont pas les plus esthétiques qui soient mais je m'empresse d'ajouter : c'est le résultat qui compte. Il a fait ressortir toutes les beautés de la participation de Massenet, couvrant les voix à de très rares moments seulement, et surtout il a fourni aux chanteurs l'appui nécessaire, rattrapant tout son monde quand un chanteur pressait le mouvement. »

Lors de *Rigoletto*, en 1970, Gingras écrira encore : « Jean Deslauriers a fait sonner merveilleusement bien la partition (inégale) de Verdi et, surtout, il a suivi les chanteurs comme une ombre, sauvant la situation à quelques occasions... Un excellent chef d'opéra : dommage qu'on n'ait pas pensé à lui pour les deux spectacles d'opéra que la Place des Arts présentera la saison prochaine. » (Coïncidence ou nouveau coup de pouce du sérieux de l'opinion ? Le 12 novembre suivant, mon père dirigeait, à la Place des Arts, la dernière des cinq représentations de *La Bohème*, avec Clarice Carson et Pierre Duval, Mario Bernardi ayant été au pupitre lors des quatre premières soirées.)

D'autres critiques sérieux parleront également de ces *Opéras-Concerts* et de Jean Deslauriers les dirigeant :

De *Carmen*, Gilles Potvin, alors également à LA PRESSE, dira : « ... et l'on ne doit que des félicitations à Jean Deslauriers pour une direction alerte et vivante ainsi qu'à un orchestre qui s'est également distingué. » Pour sa part, Eric McLean, du MONTREAL STAR, écrira : « ... under the solid direction of Jean Deslauriers », après avoir dit, plus haut : « ... The next remark will be taken by many as the most absurd chauvinism : I found this performance of "Carmen" infinitely superior to the recent broadcast from the stage of the Metropolitain Opera. Mind you, I am talking about the total effect on radio, rather than a point by point comparison. Bizet would have been distressed by some of the cuts in his opera last night, but he would admit that the sound and the spirit of this performance came much closer to his intentions that they did at the Met. »

Enfin, lors de *Werther*, Edith Moore, également du MONTRÉAL STAR, commentera : « ... the extremely competent soloist had the support of a fine orchestra under the able baton of conductor Jean Deslauriers... Praise for this success to soloists... and to Maestro Deslauriers and his orchestra. »

À l'automne 1972, débutent les *Grands Concerts*, toujours à la salle Claude-Champagne, et réalisés alternativement par Jean-Yves Contant et Armand Plante. Encore là, enregistrement en public, retransmission la semaine suivante à la radio de Radio-Canada.

Là aussi, mon père y trouvera une part solide et particulièrement

BIEN À VOUS, LA RADIO DE RADIO-CANADA

intéressante, point de vue musique pour orchestre ainsi qu'artistes à accompagner. Entre autres : *Le Messie* de Handel et *La Damoiselle Elue* de Debussy : les Mozart, Weber, Richard Strauss, Bellini, Mussorgsky, Rachmaninoff, Lalo, Gluck, Ponchielli ; les Puccini, Verdi, Rossini ; les compositeurs canadiens tels Alexis Contant, Claude Champagne, J.J. Gagnier, Roger Matton, Jean Vallerand ; les Maureen Forrester, Louis Quilico, Clarice Carson, Joseph Rouleau, Louise Lebrun, etc.

Les *Grands Concerts* auront définitivement donné à Jean Deslauriers une grande partie des heures heureuses de sa vie de chef d'orchestre, et d'homme. C'est d'ailleurs lors d'un *Grand Concert*, le 16 décembre 1977, qu'il dirigera pour la dernière fois. (En 1978, la soirée *Les Solistes Francophones* et le *Guernica* de Clermont Pépin qu'il dirigera pour les *Beaux-Dimanches*, auront été enregistrés en novembre 1977.)

Pour ce dernier concert de sa vie, mon père est «en pays de connaissances» : Colette Boky, Pierre Duval et Bernard Turgeon chanteront des extraits de *La Traviata*, de Verdi ; Marcel Laurencelle sera chef des chœurs ; Henri Bergeron annoncera la soirée ; et Armand Plante la réalisera !

En 1975, la TÉLÉ-PRESSE du 13 au 20 septembre offrait en couverture à ses lecteurs : Gratien Gélinas, André Gagnon, Gilles Vigneault, Guy Hoffmann et Jean Deslauriers, autour de Maureen Forrester. L'en-tête disait : BIEN À VOUS, LA RADIO DE RADIO-CANADA. Tous les arts de la «scène radiophonique» y étaient représentés. À son meilleur, c'est la photo qui le dit toute seule.

* * *

LA TÉLÉVISION

Le printemps 1966 sera la dernière saison dans la vie de *L'Heure du Concert*. L'automne suivant débuteront les *Beaux-Dimanches*, dont tout le monde connaît la formule. Entre variétés, chansonniers, théâtre, documentaires et autres spectacles venant des quatre coins du monde et présentés chaque semaine, la musique classique y aura sa place. Une place beaucoup moins fréquente qu'à *L'Heure du Concert*, nécessairement, mais une place importante quand son tour vient, sous forme de ballet, de concert, d'opéra ou de récital. Là aussi, pendant les douze dernières années de sa vie, mon père aura une très bonne part de ce gâteau partagé entre tant de monde et de genres différents. Une part diversifiée et intéressante.

D'abord, on lui confie trois opéras entiers : le 14 décembre 1969, réalisé par Noël Gauvin, c'est *Tosca*, de Puccini, avec Clarice Carson, Michele Molese, Louis Quilico, Napoléon Bisson et Roland Gosselin ; le

31 octobre 71, toujours avec Noël Gauvin, il dirige *Roméo et Juliette*, de Gounod, avec Louise Lebrun, Pierre Duval, Gabrielle Lavigne et Bruno Laplante ; enfin le 20 février 1977, cette fois avec Peter Symcox comme réalisateur et pour le réseau anglais de Radio-Canada, ce sera *Madame Butterfly*, de Puccini. Maria Pellegrini chante le rôle-titre, Pierre Duval celui de Pinkerton. Font également partie de la distribution : Judith Forst, Léon Lortie, Napoléon Bisson et Bernard Turgeon.

Avec ma mère, pendant toute une journée en studio, j'ai assisté aux dernières répétitions et à l'enregistrement du troisième acte de *Tosca*, en juillet 1969 (le direct étant désormais mis aux oubliettes). Ça faisait plaisir de voir, de regarder mon père si « busybody » et si heureux au milieu de tout ce branle-bas de combat ! Pendant qu'il répétait, par moments il se tournait vers nous et nous souriait. Puis, à chaque arrêt, il venait vers nous en s'essuyant le cou et toute la tête. « Ça te plaît, la petite ? me demandait-il immanquablement. Tu vas voir, quand Tosca, enfin... quand Clarice se jette en bas du Castel Sant'Angelo, à la fin, on s'y croirait vraiment. »

Je n'avais aucun doute là-dessus, surtout pour lui. Enfermé depuis trois jours dans ces décors d'une autre époque, mon père était heureux comme un poisson dans l'eau. La réalité très terre-à-terre de cette deuxième moitié du XXe siècle dans lequel il vivait était bien loin. Il ne respirait plus que par le drame de *Tosca*, à travers les chanteurs, les décors, le texte, et la musique.

Avec *Roméo et Juliette*, ce fut sûrement pour lui le même genre de voyage, plus romantique, celui-là, dans le passé. De son côté, l'exotisme de *Butterfly* n'avait plus de secrets pour lui. Après l'avoir si souvent dirigé à *Molson* puis pendant des actes complets à *L'Heure du Concert*, c'était maintenant la deuxième fois qu'il le dirigeait en entier à la télévision. Quant à la scène... treize fois Cio-Cio-San s'était tuée devant lui ! Quatre fois à l'époque du Théâtre Lyrique de la Nouvelle-France, en 1964 ; et neuf fois en 1974, à l'Opéra du Québec. « Je le connais à l'envers », disait-il souvent.

Toujours aux *Beaux-Dimanches*, en plus de diriger quelques concerts variés, style *Heure du Concert* des tout débuts, c'est-à-dire ballet—instrumentiste—acte d'opéra—orchestre, Radio-Canada confie également à Jean Deslauriers certaines soirées à thème précis :

le 31 mars 1968 fut une « Soirée Eileen Farrell ». Et une merveilleuse surprise pour mon père quand on lui annonça qu'il avait été choisi pour accompagner ce grand soprano américain pour qui il avait depuis si longtemps tant d'admiration. Après l'émission, Madame Farrell, pour sa part, ne tarissait plus d'éloges sur Jean Deslauriers, alors que celui-ci, de modestie et en même temps de fierté, regardait ailleurs. « J'ai rarement été aussi bien accompagnée, avait-elle déclaré à la ronde. Et cela autant dans le Gerswin que dans le Fauré, le Puccini et le Wagner. C'est rare ! Thank you, Maestro Deslauriers ! » ;

trois ans plus tard, le 28 février 1971, l'émission à thème réalisée cette fois par Peter Symcox, porte le titre « Deux Voix » : la voix de Shirley Verrett, une autre grande chanteuse américaine, et celle de la jeune et talentueuse Hélène Gagné, de Montréal, à travers le son riche du violoncelle, son instrument ; Bizet, Mozart, Verdi, Fauré, Lalo et Mendelssohn seront chantés, chacun selon une de ces deux voix, si différentes mais toutes deux si expressives de la musique ;

pour le 16 janvier 1972, on annonce une grande « Soirée de Musique Russe », réalisée par Pierre Morin. Jean Deslauriers chef d'orchestre, et Joseph Rouleau, basse, interpréteront Rachmaninoff, Rimsky-Korsakoff, Borodine, Tchaikovsky et Glinka. Une fois encore, Radio-Canada ne peut faire plus plaisir à mon père. Il a toujours eu un grand faible pour la musique russe, dont le romantisme slave et la tristesse poétique l'emportent chaque fois vers le passé, fastueux et violent d'émotions, de ce lointain pays qui l'a toujours attiré ;

« Un Héros pour Beethoven », c'est le thème de cette soirée des *Beaux-Dimanches* du 27 janvier 1974. Yves Courville réalise l'émission, et Peter Rösel est au piano. Jean Deslauriers est au centre, et Beethoven, invisible, remplit le studio et l'image de son *Concerto n° 4*.

dernière soirée à thème, pour mon père, aux *Beaux-Dimanches* : « Opéra du XXᵉ siècle ». Peter Symcox réalise à nouveau l'émission. Louise Lebrun, Pierre Duval, Salvatore Sciascia, Judith Forst, Claude Corbeil et Bernard Turgeon chanteront quelques extraits des opéras les plus représentatifs du XIXᵉ siècle. Un autre cadeau de Radio-Canada au chef d'orchestre le plus chevronné de la maison ! En ce 23 février 1975, cent ans et plus après que *Martha, Les Contes d'Hoffmann et Rigoletto* aient été écrits, il est tout à fait dans son élément.

Le tout premier *Beaux-Dimanches* que mon père dirigea fut « Musique pour Noël », concert diffusé le 25 décembre 1966 à partir de la chapelle du Sacré-Cœur de l'Église Notre-Dame. Au programme : *Missa Salve Regina* de Jean Langlais, ainsi que des œuvres chorales et orchestrales de Bach, Charpentier, Gabrieli et Raymond Daveluy.

Papa avait toujours aimé faire de la musique dans les églises. « Croyant mais pas pratiquant » — c'est lui-même qui le disait —, il ne se sentait vraiment à l'aise dans une église que lorsqu'il y faisait de la musique. La méditation et la prière n'ayant jamais été son fort (déjà dans la vingtaine, quand il revenait chez ses parents après un voyage, il s'enfermait dans la garde-robe de sa chambre pour y réapprendre ses prières à l'aide d'un livre pieux), faire de la musique dans les lieux saints

Avec Eileen Farrell et John Newmark,

Hélène Gagné... et Jos Rouleau (ci-contre).

devint un peu sa façon à lui de prier, de pratiquer sa religion.

Après avoir longtemps assisté, dans les années 40, à la messe de minuit en musique de son ami Clément Morin, au Grand Séminaire de Montréal, à partir de la fin des années 50, à une époque où nous allions moins au lac pour les vacances de Noël, c'est lui qui, avec une douzaine de musiciens et tous les chanteurs se trouvant libres ou seuls en ces veilles de Noël, offrit donc, en musique, plusieurs messes de minuit de suite aux malades de l'hôpital des Vétérans, sur le chemin Queen Mary. À minuit pile, et au moins pendant une heure, cette musique d'enfants heureux éclatait du petit jubé et planait jusqu'à nous, qui étions assis parmi les malades et les parents venus passer ce moment si spécial avec eux. Derrière nous, d'autres malades, dans leurs lits blancs, ceux-là, écoutaient eux aussi, les yeux ravis et pleins de larmes en même temps.

Ça a donc été un plaisir de plus pour papa de faire de la musique de Noël à la télévision : en 1957, à *L'Heure du Concert*, et, en 1962, à *Concert*. Puis, plus tard, pendant trois années de suite : en 65, toujours à *L'Heure du Concert*, et, en 66 et 67, aux *Beaux-Dimanches*. Puis à nouveau en 1972, et enfin en 1975. Tout le monde aime cette musique de Noël pieuse, pure, claire et recueillie, et en même temps enfantine et sentimentale ! Et tout le monde regarda et écouta, à 22 ou 23 heures, la veille ou le soir même de Noël, ces « Rhapsodie de Noël », « Nuit de Noël », « Chantons Noël » et autres titres évoquant toutes sortes de musiques autant de circonstances les unes que les autres : du « Pas de Deux » tiré de *La Belle au Bois Dormant*, de Tchaikovsky, à l'*Alleluia* de Haendel ; de la Manécanterie de Trois-Rivières à Colette Boky ; de chants de Noël populaires aux cantates de Respighi et de Honegger ; des petits Chanteurs du Mont-Royal à la harpe de Marie Iosch et à l'orgue de Raymond Daveluy ; du *Noël des Enfants qui n'ont plus de Maison*, de Debussy, à l'*Ave Maria* de Schubert.

Le 14 novembre 1975, le même soir où fut enregistré le concert « Rhapsodie de Noël » à l'église Notre-Dame, Radio-Canada offrit au public un autre concert, destiné, lui, à être télévisé à l'époque de Pâques 1976. Au programme de ce deuxième enregistrement, « Francis Poulenc » : le *Stabat Mater*, avec Colette Boky et un chœur préparé par René Lacourse ; et le *Concerto pour orgue en sol mineur*, interprété par l'organiste André Mérineau.

Dans ce décor grandiose, le concert fut très apprécié par l'assistance ; et, à Pâques suivant pour les téléspectateurs, les images des grandes orgues de Notre-Dame, prises à des angles visuels dramatiques, l'orchestre en habit à queue remplissant le chœur, la riche architecture de l'église elle-même, ses couleurs chaudes et brillantes, tout ça et la musique, puissante, de Poulenc... Ce fut une très belle émission, riche de création et parfaite pour la circonstance.

C'est ce jour-là qu'Evelyne Robidas, alors scripte-assistante de Jean-Yves Landry, le réalisateur de l'émission, dût, à quelques heures d'avis,

remplacer ce dernier soudainement tombé malade.

« Votre père a été très coopératif, m'a-t-elle dit. Pendant le peu de répétitions que j'ai eu avant le concert lui-même, il m'encourageait à tout bout de champ dans le micro ; puis avant même que je ne le lui demande, il disait tout à coup : "Écoutez bien, là. Je joue ça pour votre minutage." Ses minutages ! Ils étaient en même temps d'une souplesse et d'une précision remarquables. Après sa mort, souvent, entre nous, on a passé la remarque : "Si Monsieur Deslauriers était là, on n'aurait pas de problèmes !" »

Été 1974 : en son Studio-Théâtre 42, Radio-Canada enregistre, avec public une nouvelle série de concerts, *Concerto*, qui sera diffusée pendant la prochaine saison d'hiver. Mon père en dirigera quatre, avec Yves Courville à la réalisation.

Lors du premier, Louise Lebrun interprétera le *Concerto pour soprano coloratura, op. 82*, de Glière. L'invité du deuxième *Concerto* est le violoniste Arthur Garami ; les pièces pour violon qu'il jouera seront le *Concerto en ré, op. 19*, de Prokofieff, et le *Tambourin Chinois* de Kreisler. Lors des troisième et quatrième *Concertos* dirigés par Jean Deslauriers, les pianistes Victor Bouchard, Renée Morisset et Claude Savard interpréteront, pour le premier des deux concerts, le *Concerto pour trois pianos, n° 2, en do majeur*, de Bach ; et, pour le deuxième, le *Concerto pour trois pianos en fa majeur, K 242* de Mozart.

Ces concerts sont importants et sérieux, et « tout un programme » à enregistrer, pour entre autres une raison : après peu de répétitions — comme toujours —, les enregistrements se font à coups de deux concerts dans la même journée, dans la même demi-journée même. C'est un tour de force pour tout le monde impliqué, surtout pour le réalisateur, le chef d'orchestre et, en particulier dans les troisième et quatrième cas, pour les trois pianistes qui devront donner deux fois le meilleur d'eux-mêmes en très peu d'heures.

À l'automne 1976, la même chose se reproduit, cette fois de façon encore plus corsée, lors de l'enregistrement, à l'auditorium du nouveau CEGEP du Vieux-Montréal, d'une série d'une dizaine de *Concerts Populaires*, destinés à être diffusés à la télévision au cours de l'hiver qui vient.

À chaque enregistrement, l'auditorium de mille places est plein de mélomanes. Mais pour le réalisateur Jean-Yves Landry et pour mon père qui dirigera tous ces concerts, la tâche n'est pas de tout repos. Premièrement, les deux concerts d'un jour sont enregistrés à une demi-heure d'intervalle ! Deuxièmement, parce qu'à cette époque, il y eut grève au CEGEP. De professeurs ou d'étudiants, je n'ai pas cherché à le savoir. Mais pour les responsables de *Concert Populaire*, l'important c'est de savoir s'ils pourront d'abord traverser les lignes de piquetage, et faire ensuite, tranquillement et sans être dérangés, leur travail qui n'a pourtant rien à voir avec ce qui se passe dehors.

« Le lendemain d'un jour où nous avons dû enregistrer dans ces conditions délicates », me raconte Jean-Claude Rinfret, devant superviser ces concerts, à l'époque, « Jean m'appelle : "On l'a fait, on les a eus, hein Jean-Claude !? Vous avez vu comment on a passé à travers ! Quand on a quelque chose à faire, il faut mettre les autres de côté, par la force s'il le faut." » Je me demande comment mon père aurait vraiment réagi s'il y avait eu de vraies étincelles... lui qui avait plus de sang-froid avec sa baguette que sans. Car, si ce genre de contestations le dépassait, elles l'agaçaient également, et révoltaient l'homme foncièrement traditionnel qu'il était...

Heureusement, malgré le suspense, toute la série se passera sans vrais incidents, et l'hiver suivant, les *Concerts Populaires* auront un vif succès auprès des téléspectateurs.

« Avec leur formule "musique classique populaire et artistes de chez nous", ils comblent une lacune sur ces deux points », dit Jean-Yves Landry à un journaliste d'ICI RADIO-CANADA. « Ce retour aux anciennes formules, qui se sont avérées efficaces, permettra en effet à un vaste public de goûter l'art de nos chanteurs et de nos instrumentistes dont le talent est connu non seulement au Canada, mais à l'étranger. »

Pour sa part, le journaliste continue son article ainsi : « Jean Deslauriers dirigea d'abord les cinquante et un musiciens de l'Orchestre de Radio-Canada, dans l'Ouverture de la *Chauve-Souris*, de Johann Strauss. Gaie, légère, spirituelle, ailée, cette musique séduisante et facile a le don de mettre tout le monde d'accord. Ainsi aurons-nous une fois de plus l'occasion d'apprécier les qualités si remarquables de Jean Deslauriers, un de nos musiciens les mieux inspirés, un de ceux qui sont les plus exigeants et par conséquent les plus parfaits. »

Pendant plus de quarante ans, Jean Deslauriers fut l'un des chefs canadiens les plus en demande à Radio-Canada, mise à part cette période de creux et de mauvaise compréhension qu'ont été les années 57 et 64. « De tous les chefs, Jean est celui qui a le plus travaillé avec nous », confirme Armand Landry.

Un des chefs les plus en demande... celui qui a le plus travaillé avec la Société... Et un des plus appréciés dans la maison, désormais située rue Dorchester est. La preuve ? Il a été d'à peu près tous les anniversaires célébrés officiellement par Radio-Canada :

en 1961, à l'occasion des 25 ans de la radio, on fit repasser à CBF de nombreux extraits de ses nombreuses émissions, parlant par le fait même de ce «jeune chef dynamique et si populaire, Jean Deslauriers » ;

en 1967, le 3 septembre, pour célébrer les 15 ans de la télévision, on retransmit... l'opérette *Les Trois Valses*, qu'il avait préparée et... presque menée à terme, ce qui fut mentionné comme faisant partie de la petite histoire interne de l'institution ;

en 1972, la télé existe depuis « 20 Ans déjà » — c'est le titre de l'émission-anniversaire présentée juste avant Noël. Pour le célébrer, pendant la dernière heure de cette soirée spéciale de rétrospectives, Jean Deslauriers sera au pupitre pour offrir aux amis de Radio-Canada un grand concert, « Nuit de Noël » ;

le 19 novembre 76, dans LE SOLEIL DE COLOMBIE, à Vancouver : « Ouverture officielle de CBUFT-Vancouver. Sur notre photo Jean Deslauriers, directeur de l'Orchestre de Radio-Canada à Montréal en conversation avec John Avison, directeur de l'Orchestre de Radio-Canada à Vancouver... ou... l'Est rencontre l'Ouest sur les ailes de la musique. » (En 1967, ces deux compères s'étaient partagé toutes les épreuves du huitième Concours national de Radio-Canada, et le soir du 21 avril de la même année, à la salle Claude-Champagne, ils en avaient fait autant avec le concert-finale de ce concours) ;

comme dessert de ce long repas de fidélité, le 11 septembre 1977, c'est Jean Deslauriers qui dirigera *Célébration*, le concert-anniversaire des 25 ans de la télévision. « Comme cette fois-ci », dit la légende sous la photo parue dans CIRCUIT FERMÉ, le journal interne de Radio-Canada,

Colette Boky, Robert Savoie, Gabrielle Lavigne, Pierre Duval.

« le maestro Jean Deslauriers avait déjà dirigé le concert inaugural de la télévision, il y a un quart de siècle... »

Lorsque, ce soir-là, au début du concert, j'ai entendu le fameux thème — le « Pas de Deux » extrait de la suite *Casse-Noisette* de Tchaikovsky — qui avait si longtemps identifié *L'Heure du Concert*, j'ai frissonné de la tête aux pieds. Cette très belle mélodie a fait remonter en moi toute la nostalgie de l'époque des débuts de la télévision et de ses heures musicales les plus prestigieuses, auxquelles mon père avait tant participé. Et voilà que vingt-cinq ans plus tard, c'était lui, à nouveau, qui les faisait revivre !... C'était symbolique, cet événement. C'était la preuve éclatante qu'il avait définitivement et entièrement retrouvé sa place de « premier chef » de la chaîne française de son pays.

« C'est un honneur que Jean méritait », avait-on dit vingt-cinq ans plus tôt, lors du concert inaugural de la télévision.

C'est donc un honneur qui lui revenait vingt-cinq ans plus tard, ai-je pensé pendant le concert de *Célébration*.

« C'était évident », me dit plus tard Raymond David, alors vice-président et directeur général de la radiodiffusion française à Radio-Canada. « Votre père c'était, en musique, l'image même de Radio-Canada à Montréal. Depuis les débuts, il a fait partie de la maison ; il a même été un des tout premiers membres de la famille. Et il l'est resté jusqu'à la fin. On l'aimait beaucoup, Jean. Ici personne ne l'oubliera jamais. »

...et Jean Deslauriers, à Célébration.

Trois membres de la famille : Bernard Derome, Serge Laprade, et Jean Deslauriers, à Célébration.

* * *

JEAN DESLAURIERS,
LES RÉALISATEURS ET LEURS ÉQUIPES

Mon père faisait en effet partie de la maison à tous points de vue, et lui aussi aimait cette famille. Comme avec la sienne, il agissait aussi en conséquence, surtout avec les réalisateurs qui travaillèrent avec lui pendant ses dernières années, et qui, à leur tour, ont appris à bien le connaître.

En réalité, lui n'avait pas changé du tout depuis le temps de la radio. Surtout sur un point : toujours sans se poser de questions, quelque indue que puisse être l'heure, il leur téléphonait : « Jean-Yves (Contant), je pense que je vais changer quelque chose au programme »... « Evelyne, pour demain après-midi, avez-vous pensé à demander aux éclairagistes de... ? »... « Peter (Symcox), il faut absolument qu'on monte *Don Carlos* ensemble... Je sais que c'est énorme, mais pensez-y. Bonsoir. »... « René (Auger, aussi son gérant d'orchestre), calcule-moi donc combien ça coûterait tant de musiciens plus deux harpes, piano, un chœur de tant de voix, etc., avec tant de répétitions. » Une fois le calcul fait, pendant qu'il attend au téléphone : « C'est trop cher. Impossible. Calcule-moi donc autre chose... »

« Mais on l'aimait comme ça, ont-ils tous dit. Il était tellement enthousiaste, généreux de son temps, coopératif, professionnel. Ses impatiences, ses contrariétés, ses colères même duraient le temps de souffler dessus. La rancune, il ne connaissait pas. »

« Quand on avait peu de temps pour faire la programmation d'un concert, raconte Jean-Yves Landry, Jean était comme un lion en cage ! Il aurait tellement voulu que tout tombe tout de suite en place puisqu'on n'avait pas beaucoup de temps. Il fallait inclure une pièce pour instrument ; mais quoi ?!... C'est alors qu'il s'énervait, se levait en grognant, se promenait de long en large devant nous... Au bout d'un moment, la tension était telle qu'Evelyne sortait... Quelque temps plus tard, Jean s'écriait : "Tiens, on l'a !" D'un coup, il fonçait vers la porte, l'ouvrait et sortait en trombe dans le corridor en disant : "Evelyne, venez voir notre beau programme. Venez ! Maintenant on a le temps de boire un bon café ensemble." »

« Il n'y en avait pas d'autre comme lui », continue Evelyne Robidas, « pour bien équilibrer une émission, pour suggérer la bonne pièce complémentaire à un programme. Mais il était toujours si pressé pendant ces préparations de concerts ! On avait à peine pris une décision à propos d'une pièce de musique que vite, vite, il fallait appeler à la musicothèque pour en connaître l'instrumentation, les bois, les cuivres, etc.

« Un jour, il est arrivé dans le bureau en brandissant un livre d'instrumentation et de minutage. "Là je ne vous dérangerai plus, avait-il déclaré, victorieux. Mais Radio-Canada devrait l'avoir ce livre-là, c'est moi qui vous le dis." Souvent d'ailleurs, Monsieur Deslauriers faisait ses recherches lui-même, ce qui nous facilitait grandement la tâche. Souvent aussi, il réorchestrait lui-même quand l'orchestre était restreint. Ce n'est plus pareil maintenant qu'il n'est plus là. »

« Lorsque Jean rêvait de diriger une œuvre spéciale, raconte Jean-Yves Contant, c'était toujours quelque chose d'énorme, de grandiose et, bien entendu, de très coûteux. Mais lui ne pensait pas du tout à l'argent. Un jour, il fallait absolument faire *La Première Nuit de Walpurgis de Mendelssohn* aux *Grands Concerts*, "pour la faire connaître au monde", disait-il. Qu'importe s'il fallait cent voix, trois solistes... Une autre fois, il est arrivé avec une partition de Richard Strauss sous le bras... et un orchestre deux fois plus nombreux que celui que mon budget me permettait. Un an avant sa mort, c'est *Psyché*, le poème symphonique de César Franck qu'il voulait donner en concert... À chaque programme qu'on a préparé ensemble, il s'emballait toujours. Et, en général, c'était communicatif... Combien de fois j'ai grevé mon budget avec lui ! »

« Quand certains projets tombaient à l'eau », dit Jean-Claude Rinfret, maintenant directeur des programmes à Radio-Canada, « il était toujours positif. Il disait : "Et puis après ! On en fera d'autres." »

« Ce n'était pas toujours aussi facile, me confie Jean-Yves Landry en souriant. Ça m'arrachait le cœur à l'avance quand Jean me téléphonait, à minuit souvent, et m'annonçait tout excité : "Jean-Yves, j'ai un grand projet et c'est avec vous que je veux le faire." Un soir, le sentant particulièrement emballé, j'ai demandé, déjà craintif :

« — Faire quoi, Jean ?

« — L'Île de la Mort, de Rachmaninoff.

« — Voyons Jean ! Vous savez bien que ce n'est pas possible. Il faut beaucoup trop de musiciens. Ça coûterait bien trop cher.

« Juste à son silence subit, j'ai tout de suite senti son enthousiasme s'écraser. Puis il a dit : "Bon, si vous ne voulez jamais, moi je ne peux plus faire de projets. Bonsoir." Le lendemain matin, il me rappelait pour s'excuser. Et pour me proposer *Feste Romane* de Respighi ! Un autre trop gros morceau pour mes moyens, enfin pour ceux que Radio-Canada me donnait. Alors je le rabrouais à nouveau. Puis j'attendais deux jours, et je le rappelais. Pour lui proposer autre chose, quelque chose de moins fabuleux souvent, mais d'aussi intéressant. Et de moins coûteux... »

Une chose qui préoccupait tout le monde autour de mon père, c'était sa santé. Jean-Yves Landry s'en souvient trop bien, c'est avec lui que papa a dirigé pour la première fois, l'été après sa crise cardiaque.

« Après chaque *Sérénade*, je sortais épuisé du studio. À chaque fois, je me disais : "Une autre de finie !" Et à chaque fois j'allais ensuite le voir pendant qu'il se changeait : "Jean, essayez de diriger plus du poignet, relaxez, détendez-vous en dirigeant."

« Les yeux qu'il m'a jetés la première fois que j'ai osé lui dire ça ! Surtout que Jeanne venait, paraît-il, de lui dire la même chose... Puis à force de lui répéter, dans les écouteurs : "Jean, respirez !", avec le temps il a appris à relaxer, à moins se fatiguer, moins s'énerver pour la moindre chose. »

Mais... « on ne se refait pas », disait-il lui-même. Une fois la crise loin derrière, le naturel reprit souvent le dessus, et parfois au galop. Les fameuses questions de temps, de minutage surtout, le mettaient toujours autant en boule ! « Donnez-moi encore quelques minutes », disait-il nerveux, à Jules Lazure, lorsqu'il sentait encore le besoin de répéter avec l'orchestre. « Faites-leur comprendre en haut », ajoutait-il en jetant un air suppliant vers le contrôle.

Un jour, lors de l'enregistrement de *Butterfly* pour la télévision, fin octobre 1977, c'est lui-même qui est allé « leur faire comprendre en haut, dans le contrôle »... Cette fois-là, c'est le réalisateur Peter Symcox qui y a goûté...

« John was such a perfectionist ! Étant toujours préoccupé de finir chaque portion d'enregistrement dans les temps prévus, il avait été question, à sa demande, de pré-enregistrer séparément ce prélude, au début du troisième acte, qui lui causait justement un problème de temps. Finalement, il avait été décidé que si, pendant l'enregistrement, un problème se présentait avec son prélude, on le referait après ; il y avait du temps de prévu avec les musiciens pour ce genre de choses.

« Bien entendu, à la fin, jamais satisfait, John, demande de refaire le fameux prélude. Malheureusement, pendant le duo, quelqu'un avait toussé. Il fallait donc le refaire avant toute autre chose, quitte à ne refaire que cela avec le temps qui nous restait. Se rendant vite compte de la situation, quelques instants plus tard, John entre comme un ouragan dans le contrôle :

« — Peter, il faut que je refasse ce prélude !

« — Pas tout de suite, John. Il faut d'abord que je réenregistre le duo.

« — Bon. Alors dites-moi quand. Mais il faut le refaire !

« Un peu plus tard, j'entends la voix de John qui dit, au micro :

« — Alors ?

« — S'il me reste du temps après le duo, alors peut-être.

« Lorsque, pour la troisième fois, il m'a jeté son "alors" et que je lui ai donné la même réponse vague, il a aussitôt rebondi dans le contrôle : "Si vous ne gardez pas de temps pour refaire mon prélude, m'a-t-il lancé, je sors du studio et vous ne me reverrai plus. Compris ?!" Il était tellement rouge et essoufflé que j'ai eu peur qu'il étouffe, qu'il me fasse une autre crise dans les bras si je ne le rassurais pas tout de suite.

« Finalement, on l'a refait son prélude. À la fin de la journée, tout content, il est venu me taper dans le dos en disant : "On l'a eue *Butterfly*, hein Peter ?" Comme s'il ne s'était rien passé... »

« Ce même soir-là, raconte Jules Lazure, en nous quittant Jean m'annonce qu'il montait au lac.

« — C'est pas vrai, Jean ! Avec ce temps épouvantable ?

« — Je sais ce que je fais, me répond-il avec ses gros yeux.

« — Jean, moi je vous dis ça parce que je vous aime. Je ne donne des conseils qu'aux gens que j'aime, vous savez.

« Il a souri, sans rien ajouter. Quelques jours plus tard, alors qu'on retravaillait ensemble sur autre chose, au moment du lunch, il me dit : "Jules, venez-vous manger avec moi ?" J'aimais quand il me demandait ça. Je savais qu'il n'aimait pas manger seul, qu'il avait besoin d'être entouré ; et moi, j'aimais m'occuper de lui, bavarder avec lui. Pendant ces repas, on parlait de tout. Mais surtout de musique.

« Et surtout pas de sa santé ! Jean n'était pas content d'être fragile, alors il ne fallait jamais aborder ce sujet avec lui. Au travail, on trichait donc. D'accord avec les réalisateurs aussi inquiets que moi, quand je le sentais très fatigué, je disais : "Break de dix minutes pour tout le monde !" Lorsque Jean passait à côté de moi, je lui demandais, comme ça, en ayant l'air d'être préoccupé par autre chose :

« — Ça va, Jean ?

« — Oui, oui, Jules.

« Ce à quoi, fin 77, il ajoute un jour, sur un ton particulièrement essoufflé :

« — Je vais juste chercher quelque chose que j'ai oublié dans ma loge.

« — C'est ça, Jean, allez-y. Prenez le temps qu'il faut.

« Puis, en moi-même : "C'est ça, Jean, allez vous reposer." Mais avec le temps, je m'étais conditionné à le ramasser un jour. Il était tellement tendu quand il dirigeait ! Surtout avec les musiciens... »

* * *

LE MAESTRO ET SES MUSICIENS

Ah ! les musiciens... Cette autre famille qu'il ne ménageait pas, elle non plus, loin de là. Quoique...

« C'est toute une race, les musiciens d'orchestre », me diront plusieurs personnes du « milieu », tout comme l'admettront spontanément quelques musiciens ainsi que certains d'entre eux ayant eu eux-mêmes l'occasion de diriger [1].

« En général », m'a-t-on dit de différentes sources « internes », « à priori, les musiciens détestent les chefs. Aux yeux de certains, le chef d'orchestre, quel qu'il soit, c'est même l'ennemi. Parce qu'il est le "boss". Cela avant même d'avoir travaillé avec lui au moins une fois.

« D'autres musiciens, eux, sont des solistes manqués, réduits comme pis-aller à faire de l'orchestre toute leur vie. Frustrés, ils acceptent mal l'autorité automatique du chef d'orchestre, et ça se sent vite... Surtout chez ceux qui se prennent pour des génies incompris. À la moindre erreur ou hésitation de la part d'un chef, ils ont une façon de le regarder ou de sourire qui sent le mépris. En particulier lorsque le chef est l'un des leurs, qu'il a le malheur de ne pas être "international" (quoiqu'il faut les entendre parler aussi des "grands"... Le chef le plus sensationnel a une seule faille, et il est foutu. À les écouter on dirait qu'il n'y a qu'eux de parfaits.)

« D'autres, peuvent agir avec une parfaite désinvolture qui frise parfois l'infantilisme d'enfants d'école. Ce qu'ils sont encore, souvent, ou alors à nouveau, on dirait : mais de grands et gros enfants d'école, indisciplinés et paresseux, avachis sur leurs petites chaises, les jambes écartées jusqu'à l'indécence, leurs gros ventres éclatant presque hors de leurs chemises blanches et de leurs habits à queue ou de leurs smokings de cérémonie, et jouant souvent comme s'ils s'ennuyaient à mourir après un trop copieux repas.

« Mais dans un orchestre, il n'y a pas que des ennemis par principe, des solistes frustrés et des affreux garnements. Les vrais professionnels, raffinés et sérieux, bien dans leur peau, amoureux de la musique en soi, et

---

1. La majorité des musiciens travaillant encore ensemble tous les jours, à part quelques exceptions choisies, je ne citerai personne en particulier pendant cet... échange... entre mon père et eux. C'est plus sage, il me semble...

respecteux de l'autorité nécessaire du chef d'orchestre et de la responsabilité qui lui échoue, il y en a beaucoup. Chez nous comme ailleurs. »

Heureusement... Car les chefs eux-mêmes ne sont pas toujours des perfections non plus. Certains chefs «internationaux» ont souvent un ego difficile à supporter. Et d'autres, tout un tempérament..., ce que nos chefs locaux, s'ils ne se prennent pas pour d'autres, ont également parfois...

Jean Deslauriers était un de ceux-là. Tendu, nerveux, pas plus diplomate que psychologue, prompt, émotif, impatient, strict, autoritaire... il était tout cela, tout le monde du «milieu» est et a toujours été d'accord là-dessus ; lui-même l'admettait parfois volontiers. Mais c'était lui, ça, il avait toujours été comme ça, avec ou sans baguette, alors...

Alors c'était à prendre ou à laisser. «Vous pouvez partir, tout le monde se remplace, vous savez», a-t-il dit parfois à un musicien ou à un autre, quand l'un d'eux montrait un agacement exacerbé en pleine répétition. À différentes époques, certains l'ont pris à la lettre...

«Aux répétitions, se souvient maman, à certains moments j'aurais voulu mourir quand je voyais la façon dont votre père s'emportait pour des riens avec les musiciens, à la moindre fausse note, au moindre bruit. Et ces airs qu'il faisait... Les pires moments, je crois, ce fut pendant les quelques années avant sa crise. À *Sérénade*, avant même de commencer à répéter il était en rage de nervosité. Deux heures après, ou le lendemain, j'essayais de lui parler doucement : "Tu ne penses pas, Jean, que tu pourrais y aller plus doucement ?" Il m'engueulait à chaque fois que je lui passais ce genre de remarque, en me disant qu'en répétition il était trop limité par le temps pour prendre des gants avec les musiciens, et que de toute façon, il était chef d'orchestre, pas psychologue. Mais le lendemain, ou la semaine suivante, il était mieux. Au fond, je savais qu'il était aussi insupportable, surtout parce qu'il était malheureux, inquiet, frustré à cette époque. »

Mais Jean Deslauriers n'allait jamais être facile. Pas seulement à cause de son tempérament, mais aussi parce qu'il détestait, et avait toujours détesté les paresseux, les impolis, les indisciplinés ; et qu'il était exigeant, perfectionniste, intransigeant, professionnel. Mais comme l'écrivit si bien Jean Vallerand dans MUSICANADA, en août 1978, «... il exerçait cette exigence à l'égard des autres parce qu'il l'exerçait d'abord à l'égard de lui-même. » Par contre, dès ses débuts, à la fin des années 30, il obtint des résultats probants avec ses musiciens, et le respect affectueux de la grande majorité d'entre eux. Cela jusqu'à sa mort. Et malgré ses défauts. »

Car s'il avait de gros défauts, il avait également de grandes qualités, comme homme et comme chef d'orchestre, lesquelles, au fond, étaient appréciées de tous : là aussi, les musiciens à qui j'ai parlé — et j'en ai vu plusieurs — sont unanimes :

une grande intégrité ; pas une once de méchanceté ni de rancune ; une probité rare ; aucune prétention, condescendance ou snobisme vis-à-vis des musiciens ; une simplicité vraie ; une honnêteté et une fidélité à toute épreuve ; une naïveté désarmante ; une sensibilité qui, quoique refoulée, savait se manifester dans des moments cruciaux ; une naturelle bonhomie de père ; une personnalité attachante ; et même de l'humour (« au bon moment », ajoute un vieux musicien qui, lui, savait le faire rire) ;

mais aussi, un bâton d'une précision, d'une clarté extraordinaire, donc une grande sécurité pour les musiciens ; des réflexes rapides, grâce, justement, à sa nervosité ; un sang-froid lui permettant de vite récupérer une erreur, de sa part comme de la part d'un musicien ; un sens musical indéniable et très juste ; une oreille implacable mais en même temps une oreille patiente envers qui venait lui demander conseil ; une capacité d'aller chercher de très belles sonorités chez les instruments (surtout chez les cordes, sa spécialité depuis toujours) ; une connaissance, une préparation et un approfondissement parfaits et complets des œuvres à présenter, dès la première répétition...

Bref, « c'était la meilleure baguette de Montréal », déclare tout le monde.

Mais voyons un peu le personnage, vu de l'orchestre...

« Jean était de la vieille école, celle de Toscanini, de Pelletier. Celle de la discipline en somme. Le chef était le chef, son autorité n'était pas a discuter, un point c'est tout. On lui devait le respect et l'obéissance »...

« A Toscanini would be out today. With all these unions, music often comes second... Too bad »...

« Compared to Toscanini, your father was an angel of politeness »...

« I was used to work like Jean. Tense, close, disciplined, with a silent warmth coming through the quality of the results »...

« Jean avait raison d'être autoritaire. Un orchestre ce n'est pas une démocratie, c'est un instrument, c'est l'instrument du chef d'orchestre. Et son instrument, il doit en sortir tout le jus, sans le ménager, pour arriver à ce qu'il veut. »

« A slave driver, that's what he was ! »...

« Certains musiciens ne voulaient plus travailler avec lui. En général c'est parce que ces musiciens étaient des paresseux, n'ayant aucun désir de se dépasser. Par contre, parfois, Jean n'était pas endurable » (Marie-Thérèse Paquin)...

« John was a real leader. »

« À l'époque du *Théâtre Lyrique Molson*, il avait la mauvaise habitude de faire jouer les musiciens un par un. Moi, il me faisait peur. Il me rendait nerveux »...

« Il avait un tempérament fantastique, extraordinaire. C'est ce qu'il fallait ici. »

« Il connaissait bien les possibilités de chaque musicien. Il savait en qui il pouvait avoir confiance, à qui il pouvait donner la responsabilité des "attaques" »...

« Jean a été le premier chef montréalais à m'engager pour toute une saison. J'ai joué pendant des années pour lui »...

« En 1940, j'admirais *Sérénade*. Je lui ai écrit, en incluant mon numéro de téléphone, pour lui demander de me laisser la chance de lui prouver que j'avais les capacités nécessaires pour faire partie de son orchestre. "J'aime votre lettre, m'a-t-il dit ensuite au téléphone. Venez me voir". »

« Une fois qu'il nous avait donné notre chance et qu'on avait relevé le défi, il nous traitait comme des professionnels, plus comme des amateurs. Il devenait exigeant. Moi, je sais que ça m'a permis de me dépasser, d'aller au-delà de ce que je me pensais capable de faire »...

« Il a été un pionnier de la discipline »...

« Il a été le premier chef local à vraiment avoir des exigences, de la rigueur, de la connaissance. Il a eu le mauvais rôle, celui du professeur emmerdant. Ce sont souvent les autres, les grands, qui en ont profité plus que lui »...

« Pourquoi il nous demande l'impossible ? Ce n'est pas un grand chef, ce n'est pas un chef international, c'est rien qu'un gars d'ici [1] »...

« Si les grands chefs sont stricts, pourquoi pas lui ? Parce qu'il n'est jamais parti diriger ailleurs ?... Eh bien, il l'a été, strict, il a été exigeant, difficile. À une époque de pionniers, c'est lui qui a forcé les musiciens à passer de l'amateurisme au professionnalisme ! »

Après ces opinions, voici quelques attitudes et réactions du chef au travail :

Dès qu'une section jouait faux, mon père se mettait le doigt dans l'oreille gauche. Parfois, tout en tapant sur le bord de son pupitre avec sa baguette, il disait : « Accordez-vous, les violons... Accordez-vous les cors... Ouvrez vos oreilles ! » Pendant les dix prochaines minutes, il ne les lâchait plus, jusqu'à entière satisfaction.

Si un seul musicien faussait — et il avait le don de tout de suite trouver lequel —, il se retournait et lui envoyait un de ses fameux airs... ou alors, il se mettait le doigt dans l'oreille et regardait dans la direction opposée. Même en plein concert ! « Il était toujours si surpris ! Il ne s'attendait jamais à entendre autre chose que ce qu'il voulait, et il acceptait mal qu'un musicien supposément professionnel se trompe, du

---

1. Ce n'est pas à moi qu'on a dit ça... Mais on m'a affirmé qu'entre musiciens, c'est ce qui se disait, parfois.

moins au point de l'entendre du podium. »

« Jean oubliait trop qu'il avait affaire à des humains », me dit un vieux violoniste. Sûrement, mais il savait aussi que certains de ses plus «anciens» faussaient exprès pour l'embêter, pour le déranger. Dont un violoniste en particulier... « Un "brillant" ! remarque un vieux pro avec ironie. Il se croyait bien drôle quand, en pleine répétition sérieuse, il changeait volontairement d'accord ou alors se mettait à siffler faux vers les premiers violons alors que Jean faisait travailler cette section. »

Qu'est-ce qu'il a reçu comme airs celui-là, paraît-il ! Depuis toutes ces années que mon père l'engageait, il ne connaissait que trop bien le genre de blagues que cet «ancien» aimait faire à son «vieux chum». Malgré ses enfantillages, papa l'aimait bien, et en dehors de l'orchestre, c'est ce qu'ils étaient et seraient toujours, de «vieux chums». « John savait que ses airs ne m'impressionnaient pas, me confie ce violoniste. Depuis le temps... D'ailleurs ça ne durait jamais longtemps ses impatiences avec moi. Un jour que j'avais oublié une répétition, je suis arrivé en courant après que René Auger, le gérant de l'orchestre, m'ait rejoint. Naturellement, le temps que je lui jette un regard... En voyant ses gros yeux, je lui ai souri. Il a souri à son tour, en haussant les épaules ; puis tout en se penchant vers sa partition, il a remonté son pantalon. Ce qui voulait dire : "Au travail." »

Ses impatiences ne duraient, paraît-il, généralement pas longtemps envers qui que ce soit. Mais elles étaient très imagées... surtout quand les musiciens «bavardaient comme dans un salon», selon l'expression du réalisateur Jean-Yves Contant (qui a ajouté, en parlant de papa : « Il aurait été malheureux en France... Non seulement le verbe des (musiciens) Français est légendaire, mais il y en a la moitié qui ne se présentent même pas aux répétitions ! ») Il tournait alors brusquement le dos aux musiciens, tout en les regardant de temps en temps avec un air choqué, comme pour leur dire : « Quand vous aurez fini, vous me le direz. »

« Plus il le faisait, raconte encore ce même violoniste, plus on riait. C'était un vrai bébé ! »

« Un vrai bébé ? se sont exclamées deux des femmes de l'orchestre à qui j'ai parlé. Votre père était tout simplement trop sérieux pour eux ! C'était eux les bébés. Ils n'avaient pas l'air de comprendre que Monsieur Deslauriers était toujours pressé par le temps, surtout à la télévision, que les minutes des musiciens coûtaient cher et que les budgets ne lui allouaient jamais autant de temps de répétition qu'il en aurait eu besoin. Il avait raison d'être sévère et d'être énervé, avec eux, et avec tous ceux qui arrivaient mal préparés ! »

Plus tard, en vieillissant, il paraît que mon père s'était assoupli, peut-être d'ailleurs autant par fatigue que par expérience (et beaucoup à cause de sa femme... qui, avec le temps, lui a appris à être plus conscient de lui-même et de ses attitudes, lui qui ne s'était jamais vraiment regardé agir). Au lieu de s'énerver et de bouder en tapant du pied sur le podium, il posait désormais sa baguette, en descendait et allait faire un tour en

s'épongeant. Quand il revenait, il était calme. De leur côté, les musiciens avaient compris, et s'étaient tus.

« Par contre, dirent plusieurs d'entre eux, du début à la fin de sa vie de chef, une fois la répétition terminée ou interrompue par une pause, Jean redevenait l'autre lui-même : affable, chaleureux, sociable. Entre deux répétitions il allait regarder jouer les fous d'échecs ou de poker, ou alors il bavardait avec un technicien : et en partant, le soir, il offrait toujours d'emmener quelqu'un. »

Mais, et cela également du début à la fin de sa vie de chef, il y avait des façons d'agir, chez certains musiciens, qui l'horripileraient toujours : lui qui détestait la vulgarité et le mauvais goût, lorsqu'il voyait des jeunes mâcher de la gomme en plein concert, il était scandalisé ; quand, du coin de l'œil, il apercevait trois ou quatre d'entre eux se lever et partir alors, qu'il saluait encore, il devenait bleu de colère, sans parler de l'humiliation devant ce manque de respect élémentaire, même si ce n'était qu'à la télévision et qu'on ne les voyait pas à l'écran ; et c'était extrêmement énervant, dans des moments de pleine concentration musicale, d'en voir éclater de rire pour rien !

Alors, la diplomatie, surtout quand elle n'est pas innée...

J'imagine facilement la tête qu'il devait faire quand, un jour, il a dit à un musicien chauve, qui jouait mal et faux : "Vous pouvez bien ne plus avoir de cheveux sur la tête à jouer comme vous le faites." Puis, il s'est tourné vers le contrôle, et a fait un clin d'œil au réalisateur et son équipe, pendant que ceux-ci pouffaient de rire.

« Je dois dire, poursuit un très bon musicien, que souvent il y avait, dans sa façon plutôt gauche de dire et de faire les choses, beaucoup d'humour. Un autre exemple : il y a très longtemps, en pleine répétition, Roland Poisson, un violoniste aujourd'hui disparu et ayant beaucoup travaillé avec votre père, Roland, donc, casse la corde MI de son instrument. Les deux poings sur les hanches, Jean lui dit alors, l'air un peu ironique : "Était-ce bien nécessaire !?" Puis, il se met à rire. »

« His smile was a miniature explosion of sunshine, avoue l'altiste Steve Kondaks. At work, and whenever you met him away from the orchestra. »

« En somme », continue un autre musicien, plus jeune celui-là, « au bon moment, Jean avait en effet de l'humour. Au fond, il aimait rire et il avait une affection particulière pour ceux qui savaient le dérider. » Jack Cantor, un violoncelliste qui jouait pour lui depuis l'époque des bateaux de croisière sur le Saint-Laurent, au début des années 30, Jack Cantor était un de ceux-là :

« John gave me hell sometimes, mais je l'ai souvent fait rire. Un jour que je fumais un cigare pendant une répétition, à un moment — je me préparais à jouer — je l'ai coincé dans le "F hole" sur le devant de mon violoncelle. Me voyant faire, John m'a demandé, en se donnant un air ironique pour ne pas rire : "Et si ton cigare tombe dedans ?" "Well, then I will play a hot cello." Il s'est mis la main sur la bouche et le nez, tout en regardant ailleurs, pour ne pas montrer qu'il riait, mais j'ai vu ses épaules qui sautaient. Et ses yeux surtout, ses yeux qui riaient. »

Cette blague n'était peut-être pas la plus drôle de toutes. Mais premièrement, mon père aimait les jeux de mots ; de plus, quand on lui répondait calmement et surtout du tac au tac, comme ça, il était désarmé. « C'est ainsi qu'on arrivait à le faire rire », dit René Auger, qui, lui, le connaissait si bien, « et pas en l'agressant ou en le provoquant. Ni en l'ignorant. »

Un certain après-midi d'été 1969, mon père a ri, mais pas de la même façon...

Comme à tous les chefs, il est arrivé parfois que sa baguette lui glisse des doigts et se retrouve aux pieds d'un violoncelliste ou d'un violoniste, près de lui. Mais cet après-midi-là... « C'était pendant une répétition de *Tosca*, pour la télévision », raconte mon beau-frère Eugène, violon solo de l'orchestre ce jour-là. « Papa Jean venait justement de dire à l'orchestre : "Suivez bien ma baguette", quand brusquement celle-ci est partie comme une flèche vers le haut, pour ensuite retomber, et venir se planter solidement... dans mon violon ! »

Il paraît que pendant ce très court temps, tous les musiciens ont suivi, la bouche ouverte et à l'unisson si je puis dire, la trajectoire de sa baguette, tel un public suivant la balle pendant un match de tennis. Puis, pendant quelques secondes, il y eut un silence de mort. Adolfo Bornstein, un autre violoniste, brisa enfin ce silence en disant, de sa voix de basse éraillée : « Vous voyez ? Si on avait vraiment suivi votre baguette, on aurait tous abouti dans le violon d'Eugène Husaruk ! »

Ce fut, naturellement, l'éclat de rire général, papa inclus. Mais l'instant d'après, réalisant froidement ce qui venait d'arriver, il paraît qu'il est devenu blanc, et qu'il ne savait plus où se mettre tellement il était furieux et malheureux en même temps. Furieux contre ce moment d'inattention de sa part, car quelques centimètres plus loin, c'est dans le crâne de son propre gendre que sa baguette serait allée se planter ; et malheureux comme les pierres parce que, sans être un *Stradivarius*, le violon d'Eugène, un *J.B. Guadagnini* circa 1756, avait tout de même une valeur certaine. Et un trou comme cela dans un tel violon...

« Il s'en est fait pour rien, conclut Eugène. Le trou était minuscule, et après avoir fait réparer mon violon à New York, il sonnait aussi bien qu'avant. »

Je crois que plus jamais, après ce jour, mon père ne laissa sa baguette valser toute seule !

Si c'était mettre son crâne en danger d'être transpercé, que d'être

assis dans l'orchestre du maestro Deslauriers, par contre musicalement, c'était, m'affirme-t-on à la ronde, une garantie de sécurité, de qualité et de travail bien fait, sinon de sinécure.

« La responsabilité d'un chef est inimaginable, affirme Jean Vallerand. Mais à Jean Deslauriers, on pouvait confier n'importe quoi, ça marchait toujours, envers et contre tous les obstacles. Pour une raison principale, entre toutes les autres : il était préparé à fond ! Toujours. Et comme en plus, il savait ce qu'il faisait... »

« Ça revolait, aussi, quand il arrivait pour une répétition, me raconte Gérard Lamarche. Jean déplaçait de l'air et des émotions. Il fallait que ça marche ! Pour lui, tout ce qui comptait, c'était la musique ! »

« S'il savait encourager et stimuler, m'a écrit Gilles Potvin, il savait aussi réprimander, persuadé qu'il était que la musique était la première à servir et qu'elle n'avait que faire des susceptibilités personnelles. »

« There was a way about Jean, dit Eugene Nemish, un violoniste de l'orchestre. When he was standing there, on the podium, you just knew everything would be all right. You just had to do exactly what he wanted and asked of you, and everything would always go perfectly well. »

Ce qui voulait dire : « Ne regardez que moi, n'écoutez que moi, taisez-vous, jouez bien. Et surtout messieurs, suivez-moi ! »

À partir de là, mon père était un visuel, sa façon de faire comprendre aux musiciens les nuances qu'il voulait obtenir d'eux le devenait aussi, comme elle l'avait toujours été, et pas seulement avec ses gros yeux et son doigt dans l'oreille gauche.

« Lorsque Jean était debout devant ses musiciens, continue Gilles Potvin, l'inspiration ne prenait pas l'allure d'une mystification ou d'une séance de spiritisme. Elle n'existait qu'en fonction du travail afin que les meilleurs résultats soient obtenus. »

« Pour ma part, très jeune Jean m'a fasciné par sa direction », raconte Jean-Yves Landry, qui se rappelle bien de cette répétition, à Trois-Rivières, en 1943, alors que lui-même n'était qu'adolescent. « Avec sa grosse serviette dans le cou, il se démenait devant son orchestre comme un diable dans l'eau bénite : un instant il bondissait littéralement en bas de son podium pour mieux aller chercher, chez ses deuxièmes violons, un "pianissimo" vraiment pianissimo ; l'instant d'après, il était de retour au pupitre et, tout en grimaçant, s'accroupissait complètement pour obtenir la même chose de tout l'orchestre. Deux minutes plus tard, n'ayant pas obtenu à la perfection ce qu'il venait tout juste de demander aux premiers violons, il se tournait subitement vers les violoncelles afin de ne plus offrir à ces premiers qu'un dos mécontent jusqu'au mépris. Quelques instants plus tard, le corps immobile, son index gauche se levait pendant que, dans sa main droite, sa baguette continuait à diriger : une "attaque" s'annonçait.

« Ce fut ainsi pendant toute la répétition. Quelle énergie, quelle passion il avait en lui ! »

Trente ans et un peu moins d'énergie plus tard, si mon chef d'orchestre de père bondissait moins souvent et moins légèrement de son podium, et que souvent, aux répétitions, il se servait d'un tabouret depuis déjà un bon moment, son enthousiasme et ses expressions n'avaient pas changé. Serviette dans le cou et cheveux blancs en bataille — quand ils n'étaient pas trop courts... —, il transpirait plus que jamais et gesticulait toujours autant jusqu'à la limite extrême de ses mouvements, pendant que ses mains, osseuses, larges et toujours aussi masculines, et son visage de grand-père, ragoûtant et sévère en même temps, parlaient pour lui.

Quant à «la baguette» de Jean Deslauriers... «Il n'y a pas de chefs canadiens, et très peu de "grands" chefs, dont les "cues" d'entrée étaient aussi précis que les siens», ont affirmé je ne sais plus combien de musiciens, solistes, et différentes personnes ayant eu l'occasion de travailler avec lui. Sa direction, elle, était «d'une précision et d'une netteté extraordinaires!»

«La fidélité de Jean envers ses musiciens était également totale, ont ajouté plusieurs d'entre eux. S'il était satisfait de toi, de ton travail, tu étais sûr d'être engagé à chacun de ses concerts[1].»

Enfin... «Sûr» n'était pas vraiment le mot. Mon père n'ayant plus, pendant les quinze dernières années de sa vie, de séries régulières comme il en avait eu, et de si nombreuses, par les années passées, il devait, d'un concert à l'autre, engager plus ou moins de musiciens, dépendant des besoins de la programmation et des budgets qu'on lui allouait, à Radio-Canada ou ailleurs. Ce qui ne fit pas toujours l'affaire des délaissés.

Cet état de choses est l'une des deux principales raisons pour lesquelles, en général, il essayait, en dehors du travail et à part quelques amitiés liées à ses débuts, de garder ses distances envers la majorité des musiciens qui travaillaient avec lui; l'autre raison étant, à raison, une question d'autorité. (Je dis «essayait de garder ses distances», car dès que mon père sortait du contexte de son travail, il invitait à «venir au lac» absolument tous les musiciens qu'il croisait dans un couloir de Radio-Canada ou dans la rue...)

«Et puis, raconte encore René Auger, Jean était tellement distrait! Il me plaçait parfois dans des situations très embarrassantes vis-à-vis certains musiciens: après avoir promis à l'un et à l'autre de les engager pour un prochain concert, entre autres quand il les rencontrait dans la rue et qu'il les invitait à aller au lac... lorsqu'il me remettait la liste des musiciens à engager ferme, justement pour le concert en question, il avait

---

1. Ici, il faut expliquer qu'à part le cas de l'Orchestre Symphonique de Montréal, dont les musiciens sont engagés avec contrat renouvelable chaque année, selon entente collective, à chaque concert qui se donne à Montréal, que ce soit à la radio, à la télévision ou à la scène, les musiciens (la plupart sont d'ailleurs de l'OSM) sont engagés à la pige, et forment à chaque fois ce qu'on appelle, dans le «milieu», un orchestre de «pick-up».

oublié d'inclure ceux à qui il avait fait cette promesse !

« Mais, ajoute-t-il en souriant sérieusement et affectueusement, il n'y avait pas un homme comme lui en ville ! »

* * *

LE MAESTRO ET LES SOLISTES

Autant mon père était intolérant, impatient et même bête parfois avec ses musiciens, autant, avec sa troisième famille musicale, les solistes, il était patient et diplomate — enfin dans la mesure de ses limites —, compréhensif et paternel. Quoique sans complaisance, entendons-nous bien : il savait tout à fait leur faire comprendre qu'il attendait le meilleur de leur talent, rien de moins. Mais justement, il leur faisait en même temps sentir qu'il avait confiance en leur talent, que de toute façon il était là pour eux, pour les aider, les soutenir, les seconder, les conseiller.

Sa pédagogie à lui en musique ? Une fois l'ABC en place, l'expérience par la pratique ! Il n'y avait rien de mieux pour apprendre et se dépasser. — Comme avec nous quand nous étions petits : il nous apprenait d'abord, mais vite !, à nous mettre la tête dans l'eau, sous l'eau, puis à flotter ; on y arrivait encore à peine qu'il nous emmenait au radeau, une main sous notre ventre et nous faisant nager en petit chien ; puis, à l'eau canards ! et jusqu'à lui, qui était là pour nous recevoir, nous aider, nous donner confiance.

Jean Deslauriers était ainsi avec les solistes, spécialement avec les moins «mûrs». Lorsqu'il avait l'autorité pour choisir ses solistes, et en général il l'avait, du moins en grande partie, il acceptait souvent de donner sa chance à tous. À condition qu'ils «veuillent» au maximum. Car, au fond, ce n'était pas la perfection qu'il demandait d'un artiste, surtout d'un jeune, c'était son maximum, au niveau où il était au moment de travailler avec lui. Et ce maximum, il le sentait, il le devinait, lorsqu'un soliste — ou un musicien de l'orchestre d'ailleurs — le donnait de lui-même.

Quand c'était le cas, non seulement, à son tour, il leur donnait le meilleur de lui-même, mais comme le dit si bien Henri Bergeron, «Jean plaçait les solistes dans une coquille transparente, faite de créativité et de sécurité. Il était à leur service, il n'existait plus, ne dirigeait plus qu'en fonction d'eux. Ça se voyait d'ailleurs ! »

« He was loverly to dancers, déclare Eva von Genscy. He loved them, he loved all artists, you could feel it. Quand nous arrivions en studio, il était toujours souriant. Nous nous sentions tout de suite une partie de lui, avant même de nous mettre au travail. C'était réconfortant de travailler avec Monsieur Deslauriers. Il était une vraie inspiration pour nous ; il «écoutait» les danseurs ; il s'envolait avec eux ; il était toujours là pour nous aider avec les tempi. Il n'était jamais impatient. La tension était là, bien sûr, mais c'était normal ; nous la sentions tous, et il fallait qu'il puisse compter sur nous pour pouvoir la partager avec nous, ou du moins pour qu'on arrive à l'aider à notre tour à la contrôler.

« Your father was a fantastic human being in so cold a milieu as television ! »

« La première fois que je l'ai rencontré, m'explique le pianiste Claude Savard, c'était à une réception chez la chanteuse Nicole Lorange. À cette époque, je préparais le Concerto de Schumann, et ce soir-là, j'ai joué la *Fantaisie op. 17.* Un peu plus tard, il s'était approché de moi et m'avait dit : "C'est très beau, très sérieux ce que vous faites." Il m'a dit cela sans ostentation, mais très sérieusement... Monsieur Deslauriers avait le plus grand respect pour les solistes, contrairement à d'autres chefs qui vous donnent l'impression de se servir de vous. Jamais il ne vous écrasait. Il s'oubliait totalement pour vous... Il était digne, noble. Jamais il n'a sacré après les artistes. Là aussi, contrairement à d'autres...»

«Donnez-moi un "cue" tout à l'heure, s'il vous plaît, Jean», a demandé l'organiste Raymond Daveluy un jour où l'orgue était inclus dans l'orchestre pour les besoins d'une œuvre. «Au moment où je lui ai demandé ce "cue", Jean semblait tellement occupé ailleurs! Il ne m'a d'ailleurs fait qu'un vague signe de tête. J'étais donc décidé à ne pas trop compter dessus quand, longtemps à l'avance, il s'est tourné vers moi, et tout en continuant à diriger, c'est comme s'il l'avait attendu avec moi, ce "cue"! Il était parfait, Jean. Moi, j'aimais beaucoup travailler avec lui. Jamais je n'ai trouvé Deslauriers bête ou dur. Naturellement, dans un orchestre, j'étais un peu à part avec mon orgue; comme un soliste, quoi!»

C'est le même sentiment que le timbalier Louis Charbonneau a toujours éprouvé envers lui. «À la fin des années 40, quand Jean m'a engagé à *Molson*, un vieux musicien de l'époque m'a dit: "Tu vas voir, Jean Deslauriers est malcommode, difficile, pas endurable même parfois." Pendant trente ans, j'ai été son timbalier, et ça s'est toujours bien passé entre nous. Peut-être, en effet, que le fait d'être un peu comme un soliste dans l'orchestre a aidé nos rapports. — J'ai d'ailleurs été invité comme soliste à *Sérénade*; je ne me rappelle d'ailleurs plus quelle pièce écrite pour timbale j'ai jouée. Il n'y en a pourtant pas tellement!

«Moi aussi j'ai eu droit à ses gros yeux quand je blaguais dans des moments mal choisis. Par contre, quand il m'avait donné la responsabilité d'une "attaque", en disant aux musiciens: "Suivez la timbale", j'en étais pas mal fier. Ce n'était pas une petite preuve de confiance, parce qu'en général, ton père, il fallait le suivre! Quand tout allait bien, quand cette "attaque" avait été réussie à son goût, il me faisait un clin d'œil, même à la télé. Il y avait réellement une sorte de complicité, de sympathie et de respect tacites entre nous. Plus il a avancé en âge, plus je me suis senti près de lui.»

Souvent, au cours des années, et surtout aux deux *Sérénades* à la télévision, Jean Deslauriers a engagé, comme solistes invités, des musiciens ne jouant habituellement que dans un orchestre, et non seulement ceux qui, à cause de leur instrument, l'étaient déjà un peu, solistes à l'orchestre — tels le clarinettiste Rafaël Masella, les harpistes Marie Iosch et Dorothy Weldon, la pianiste Marie-Thérèse Paquin, et beaucoup d'autres —, mais également des musiciens ne se trouvant pas du tout dans cette position un peu à part: Walter Joachim, violoncelliste, Calvin Sieb, Darcy Shea et Eugène Husaruk, violonistes, entre autres... Il aimait leur donner la possibilité d'être pour un soir la vedette à leur tour, même s'ils n'étaient pas des solistes de carrière. Peut-être qu'il aimait également leur donner l'attention qu'ils n'avaient pas toujours de sa part à l'orchestre...

Pour sa part, son vieil ami, Henryk Szeryng m'a écrit : « Tous les chefs avec qui j'ai joué m'ont, chacun à leur manière, procuré des joies artistiques et musicales. Quelques-uns m'ont en plus donné une chaleur humaine très personnelle. Jean a été un de ceux-là. »

S'il aimait et respectait tous les solistes, quels que soient leur instrument et leurs limites, mon père avait, dans un gros coin de son cœur, une affection toute particulière pour les chanteurs.

« Premièrement, explique ma sœur Yolande, papa adorait les voix. Il avait un sens inné du chant, de la respiration, de l'art vocal. Tout en respectant la partition, il laissait aux chanteurs le temps de chanter. Il savait respirer avec eux, pour eux. Il pensait chanteur. Tellement, parfois, que lorsqu'il expliquait quelque chose aux musiciens, même à eux il demandait souvent de "respirer". »

« C'était extraordinaire de le voir "vivre" avec les chanteurs, me dit la pianiste et accompagnatrice Jeannine Lachance. Moi qui fais aussi du chant, je n'ai jamais eu l'occasion de chanter avec lui. J'aurais adoré ! »

Deuxièmement, il admirait énormément ces artistes qui arrivaient, à travers le déploiement maximum de leur voix, cet instrument si... intérieur, si privé, à exprimer toute leur sensibilité, toutes leurs émotions, toute la musique ; alors que lui...

Mon père ne chantait jamais : ni en répétition, ni pour rire. Même à la maison, quand il étudiait une partition sans en même temps l'écouter sur disque, tout en battant la mesure des mains et du pied il ne sortait, de la mélodie qu'il entendait si bien dans sa tête, que des pa-pa-pa-pa-pa et tic-et-tic-et-tic rythmés.

Encore là, chanter, fredonner même, était une autre façon de s'extérioriser qu'il ne s'est jamais permise, par peur de s'ouvrir, de se mettre à nu émotivement, comme toujours.

Pourtant ce n'est pas qu'il n'aurait pas aimé. Il fallait le voir écouter un disque de Toscanini répétant la *Neuvième Symphonie* de Beethoven ! Quand Toscanini se mettait à chanter de toute la ferveur de sa voix éteinte, pour mieux expliquer aux violoncelles les nuances qu'il voulait d'eux pendant ce passage où leur section jouait seule, soudain papa ne bougeait plus : assis sur le bord du divan du salon, les coudes sur les genoux écartés, les mains jointes au-dessus de sa partition, la tête baissée, il écoutait. Je mettrais ma main au feu qu'à ce moment-là, lui aussi chantait, en dedans.

Alors, un peu comme il voyageait à travers ses enfants et ses amis, à travers leurs photos de voyage et les assiettes qu'ils en rapportaient pour lui, lorsqu'il dirigeait les chanteurs c'est un peu lui qui chantait ; à travers eux, il s'extériorisait enfin ; à travers eux, il pouvait, sans se mettre à nu, faire passer toute sa sensibilité et ses émotions les plus secrètes, les plus refoulées, les plus fortes.

On peut alors facilement imaginer à quel point il aimait inclure les chanteurs dans la plupart des concerts dont on lui confiait la direction.

« Jean Deslauriers a été un grand défenseur de l'art lyrique », affirme le chanteur Roland Gosselin.

« Je me rappelle, raconte son cousin Guy Descary, maire de Lachine, les premiers concerts que nous avons organisés à Lachine, à l'église des Saints-Anges. Les chanteurs avaient toujours une part importante de chacun de ses programmes. Il les demandait ! D'ailleurs, depuis qu'il a disparu, les chanteurs québécois ont moins de travail ; ils s'en aperçoivent tous. Si ce n'avait pas été de Jean Deslauriers, les artistes lyriques du Québec auraient eu beaucoup de difficulté à s'épanouir. »

Mais cela n'a pas été le cas. Et tous les artistes lyriques qui m'ont parlé de lui m'ont déclaré, sur un ton qui ne permettait pas de doute possible : « Jean Deslauriers a été une école pour nous ! » Robert Savoie ajoutant, lui : « Cette école on l'a apportée avec nous en Europe. Ça nous a beaucoup servi et souvent aidés. En disparaissant, Jean a laissé un grand vide pour les chanteurs. »

« Moi, j'ai été une des chanceuses, déclare à son tour Claire Gagnier. Très jeune, c'est avec Monsieur Deslauriers que j'ai commencé, et c'est avec lui que j'ai le plus travaillé. »

« Nous aussi, ajoutent Pierrette Alarie et Léopold Simoneau, nous étions très jeunes quand nous l'avons connu. C'est avec lui que nous avons appris la précision musicale... et son fameux système D qui nous a si souvent sorti du trou. »

André Turp m'a expliqué comment mon père savait tout de suite reconnaître la « largeur » des voix, leurs limites. Comment, lorsqu'il sentait que la voix d'un jeune chanteur avait de l'étoffe, de la « pâte », il l'encourageait, ce chanteur.

À Fernande Chiochio, à qui il avait demandé de chanter pour lui lorsqu'elle n'avait que 18 ans, il avait déclaré : « Il faut continuer ! Absolument ! »

À Gabrielle Lavigne, alors qu'il s'approchait d'elle après qu'elle ait passé une audition à Radio-Canada, il avait dit : « Bravo ! » même si cette fois-là elle n'avait pas décroché l'engagement en vue duquel avait eu lieu cette audition.

« Ne lâchez pas ! » avait-il dit à Robert Savoie.

Et à Colette Boky ? « À 14 ans, lors d'un concours d'amateur au lac l'Achigan, me raconte-t-elle, j'ai chanté devant ton père. En réalité, c'est au piano que je devais m'exécuter, mais m'étant fait mal à une main, j'ai chanté. Et j'ai gagné. Après la remise des prix, il est venu voir mon père et lui a dit : "Il faut à tout prix que cette enfant-là étudie sérieusement le chant. Avec la voix et la facilité qu'elle a déjà, elle pourrait aller très loin." »

Et à Marie-Thérèse Paquin, qui a longtemps fait répéter les chanteurs qu'il engageait, surtout à l'époque de *Molson*, il demandait souvent au téléphone : « Celui-là, celle-là, fais-les travailler dur. Ne te gêne pas. »

C'est remarquable de voir la différence dans l'attitude de mon père avec les chanteurs, dépendant qu'il avait affaire à des hommes ou à des femmes. D'ailleurs là où les hommes s'adressaient à peu près tous à lui par son prénom — quelques-uns tels Robert Savoie, Richard Verreau et Jos Rouleau le tutoyant à la longue —, les femmes, elles, s'adressaient toutes à lui en l'appelant « Monsieur Deslauriers » — sauf peut-être certaines, dont Colette Boky, Maureen Forrester et Clarice Carson, qui l'appelaient « Jean ».

Mais ce qui confirme tout à fait cette différence, ce sont les souvenirs personnels qu'en ont les chanteuses et les chanteurs eux-mêmes. Et certaines photos...

« Je me suis toujours sentie comme sa petite fille, et lui mon père, dit Colette Boky. Jamais je n'ai eu d'accrochage avec lui. Il existait un grand respect entre nous. »

« Depuis mes tout débuts, dit Claire Gagnier, jusqu'à la dernière fois où j'ai chanté avec lui, à ses yeux j'ai toujours été "la petite Claire", et lui "Monsieur Deslauriers" aux miens. Jamais il n'a élevé la voix avec moi. Il n'y a jamais eu non plus chez lui une seconde de flirt vis-à-vis de moi, même quand il était jeune. Ton père a toujours été d'une politesse exquise. »

En dehors du travail, lorsqu'il s'adressait à Colette ou à Claire, papa les surnommait souvent, l'une et l'autre, « la belle blonde », comme si c'était, pour lui en tout cas, moins familier que de les appeler par leur prénom, et en même temps plus affectueux. Mais c'est tout à fait juste, cette impression qu'il donnait, en général, d'être un père tendre et attentif envers elles, ainsi qu'envers toutes les chanteuses qui l'ont approché, avant, pendant et après un concert, à la télévision ou sur scène.

« Moi, me confie Gabrielle Lavigne, quoique j'aie tout de suite trouvé ton père sympathique, au début il m'impressionnait beaucoup. Surtout pendant les répétitions. Quand il s'énervait, même si ce n'était qu'avec les musiciens, ça me rendait nerveuse aussi. Mais, avec son merveilleux instinct, il l'a vite senti et, sans me dire un mot à ce sujet, petit à petit il m'a apprivoisée. Quelque chose que j'ai également beaucoup apprécié en lui : en général, aux yeux de tous les chanteurs, les chefs sont des dieux, du moins plusieurs agissent de la sorte. Monsieur Deslauriers, lui, m'a aidée à démystifier cette image, en me permettant de me rapprocher de l'homme au fond de lui, tout en conservant son autorité et en inspirant le respect aux bons moments. Pour moi, un chef d'orchestre "supérieur" c'est ça : un chef humain, et non pas un roc de supériorité inabordable. »

Avec Shirley Verrett,

...Nicole Lorange,

...Louise Lebrun,

...Colette Boky et Gabrielle Lavigne.

Humain, il l'était aussi avec les hommes. Mais d'une façon plus... directe, moins... délicate :

« Jean, dit Robert Savoie, n'avait vraiment pas le tour de dire les choses ! Il était même très maladroit parfois. Comme cette fois, entre autres, à l'époque de *Molson*... Il était 11 heures du matin et on répétait chez Marie-Thérèse (Paquin) quand, à froid et sans broncher, Napoléon Bisson s'est mis à chanter tous les aigus du prologue, dans *Paillasse*. Là-dessus, Jean me dit tout de suite après : "C'est comme ça qu'un baryton doit chanter ses aigus." Le soir du concert, Napoléon n'étant vraiment pas en forme, Jean me demande alors si je veux le chanter, ce prologue. "Ben voyons, Monsieur Deslauriers ! Je ne peux pas, je n'ai pas les aigus de Napoléon, moi." Ce soir-là, Napoléon a chanté son prologue sans aigus ! Huit ans plus tard, n'ayant désormais plus peur de Jean, tout en le respectant, je lui ai parlé de cet incident. Il a ri, puis il a admis qu'en effet, la "façon" pour lui n'avait pas grande importance, que c'était les résultats qui comptaient. Mais qu'il s'excusait, en retard, mais quand même ! »

« Il avait aussi un vocabulaire très coloré, et des expressions de visage adéquates, se rappelle Jean-Louis Pellerin. "Tu dois être en beau maudit et avoir le cœur dans les talons en même temps quand tu chantes ça", m'avait-il dit un jour à propos de "E lucevan les Stelle", dans *Tosca*. »

« Mais parfois, il avait le tour, tout en n'étant pas content, ajoute Claude Corbeil. À *Sérénade*, en répétant "Vision Fugitive", de l'opéra *Hérodiade*, je faisais toujours la même erreur, au même endroit. En venant me le faire remarquer discrètement, Monsieur Deslauriers a ajouté, d'un air grave et un peu réprobateur : "Il faudrait que vous alliez l'apprendre, votre air, Claude. Moi je n'ai pas le temps, en répétition, de faire travailler les chanteurs." Ça ne s'est plus jamais reproduit, crois-moi. Depuis, je suis toujours arrivé prêt aux répétitions. Avec lui, et avec n'importe qui. »

« Jean était très gentil, QUAND ton rôle était bien appris, affirme Richard Verreau. Avec les jeunes également il était exigeant ; il ne leur en passait pas beaucoup. Quelle que soit l'importance d'un rôle, si l'un d'eux n'était pas bien préparé, Jean fermait sa partition en disant : "Quand vous aurez appris votre rôle, je reviendrai." Il n'avait pas fait dix pas qu'il faisait demi-tour et revenait près de lui en disant : "Venez, on va le travailler ensemble." »

« Mais Monsieur Deslauriers savait aussi qu'il fallait être direct et dur, parfois, se rappelle Claire Gagnier. Un jour que nous étions en grande répétition d'opéra pour la télévision, devant tout le monde il dit sèchement, à un chanteur expérimenté, qu'il ne possédait pas son rôle et que cela dérangeait tout le monde. Ce dernier, furieux — parce que justement c'était vrai —, a lancé sa partition, qu'il avite ramassée... pour ensuite reprendre sa place en silence. Le lendemain, il avait les traits un peu tirés mais il savait son rôle. Ton père n'aimait pas agir ainsi, surtout avec les chanteurs. Mais il le fallait parfois. Le temps de travail était tellement limité, et après tout c'est lui qui était responsable de la qualité musicale de l'émission. »

« Moi aussi, admet André Turp, je l'ai déjà lancée devant Jean, ma partition. On préparait *Manon* pour *Molson*, je me rappelle. Le lundi matin, à la répétition, je n'avais pas voulu chanter à pleine voix. Première lecture... deuxième lecture... Rendus à la générale, pendant "Ah, fuyez, Douce Image", il me dit : "Allez-vous le chanter au moins une fois pour qu'on vous entende, sapristi !?" Je me suis senti tellement humilié que j'ai envoyé promener ma partition sur la scène, en disant :

« — Si vous n'avez pas confiance en moi...

« — Ben voyons ! dit Jean tout décontenancé. Il n'y a pas de quoi s'énerver.

« — Monsieur Deslauriers, moi je suis payé pour chanter des Grieux une fois seulement !

« J'étais jeune, je revenais d'Europe, alors...

« — Bon, bon, dit Jean doucement. J'aurais bien aimé vous entendre au moins une fois. Mais si vous ne voulez pas... Vous le chanterez ce soir.

« En fait, j'avais un peu peur, tout simplement. Après le concert, en allant m'excuser, je lui ai dit :

« — Vous savez, Monsieur Deslauriers, c'était un gros morceau.

« — Vous avez vu ? a dit Jean pour toute réponse. Ç'a bien marché. Bravo !

« Avec Jean, on était sûr ! » a aussi été le commentaire général.

Jean-Paul Jeannotte raconte : « Jean savait que j'étais myope. Alors, en studio, pour la télévision, il quittait son podium et, en se faufilant entre les caméras, il venait jusqu'à moi pour me donner mes "cues". À l'époque du "direct" ce n'était pas très commode... ni évident... »

Claire Gagnier, pour sa part, se demande encore comment il réussissait à rattraper les erreurs que plusieurs chanteurs faisaient. « Surtout à l'époque du "direct", dit-elle alors que les débutants, en particulier, étaient extrêmement nerveux. D'ailleurs, lui aussi était nerveux, je le savais, je le connaissais si bien. Mais pour calmer les autres, il se disait tout à fait calme. Par contre il s'épongeait continuellement avant l'heure zéro. »

À cela, Robert Savoie ajoute : « Juste avant cette heure zéro, une fois tout le monde en place, Jean donnait deux coups de baguette sur le bord de son pupitre tout en levant sa main gauche vers nous : "Regardez ma main ! C'est à vous ça." À Londres, Rudolph Kempf faisait la même chose. »

Colette Boky trouve pour sa part qu'« à Montréal, Jean Deslauriers était le meilleur chef d'orchestre, et le seul d'ailleurs à accompagner les chanteurs comme il le faisait. À chaque fois qu'on m'a consultée à propos du choix d'un chef, c'est lui que j'ai demandé. »

Avec Louis Quilico
...et Jos Rouleau.

Gabrielle Lavigne se rappelle comment, «en plein concert, si quelqu'un était à court de souffle, Monsieur Deslauriers faisait tout en son possible pour le ou la sauver. Il y arrivait à chaque fois. "Vous avez vu? disait-il après. Ça n'a pas paru."»

André Turp affirme, de son côté, que «les chanteurs savaient que même si Jean demandait d'eux le maximum, avant tout il était là pour les aider, et non pour les tuer! Si on avait un problème de souffle, on n'avait qu'à lui dire : "Jean, n'élargis pas trop, s'il te plaît. Donne-moi une chance", pour qu'il sorte son crayon et fasse, à cet endroit précis dans la partition, une marque voulant dire "c'est là qu'il a besoin de moi". Il savait que ça dépendait de lui que ce soit facile pour toi de chanter. Jean était LE chef des chanteurs! On a si souvent l'impression de chanter "contre" le chef... Jean, lui, chantait avec nous. Et notre succès était le sien. C'était formidable!»

Clarice Carson en sait quelque chose...

«Dès la première fois où j'ai chanté avec Jean, j'ai compris qu'avec lui, j'étais entre très bonnes mains. Mais un certain soir de concert, le 4 août 1971, en particulier, j'ai réalisé à quel point c'était vrai!

«C'était lors de la deuxième "Soirée à l'Opéra" que Jean, Louis Quilico et moi-même présentions à la salle Wilfrid-Pelletier de la Place des Arts : extraits de *Rigoletto*, *Aïda* et *Il Trovatore*, de Verdi, pour Louis et moi séparément puis en duo ; plus, pour l'orchestre et ton père, quatre pièces tirées respectivement de *La Damnation de Faust*, *Manon Lescault*, *La Gioconda* et *Le Coq d'Or*. C'était un programme de choix et très chargé.

«Le 3 août, donc déjà le premier soir, j'ai bien vu que Louis n'était pas très en forme ; pendant nos duos je le sentais qui calculait son souffle, comme s'il n'en avait plus que très peu en réserve pour se rendre jusqu'au bout du concert. Avec son fabuleux instinct, dès le premier aria de Louis, Jean avait vite senti que quelque chose ne tournait pas rond. À l'entracte, il lui demande donc ce qui ne va pas. "Je ne sais pas ce que j'ai", lui répond Louis. Dans la seconde moitié du concert, j'ai vraiment pu sentir sa voix qui faiblissait de plus en plus, surtout dans les aigus. Et comme les notes hautes n'ont jamais fait peur à Louis..., j'ai pensé à une pharyngite, probablement, sa voix étant encore riche, mais plus "courte".

«Le deuxième soir, ce 4 août donc, comme la veille, après une pièce d'orchestre ouvrant le concert, Louis devait chanter en premier, puis ce serait mon tour ; ensuite, ensemble, nous interpréterions un grand duo. Après l'entracte, ce serait la même chose. Mais, dès son tout premier aria, un extrait de *Rigoletto*, si je me souviens bien, Louis s'arrête après trois ou quatre phrases, et annonce au public : "Je m'excuse, mais je ne peux plus continuer. Je suis malade." Et il sort de la scène, Jean sur ses talons.

«Le temps de les voir venir tous les deux vers les coulisses, j'ai vite compris que je finirais seule la soirée. Ton père a tout de suite vu la panique dans mes yeux, et m'a dit alors, en me tapant sur l'épaule : "Don't worry, Clarice. Vous allez voir, ça va être un beau programme quand même. You can do it !" Pendant que quelqu'un courait à la musicothèque de l'Orchestre Symphonique, au sous-sol, afin d'y trouver tout ce qu'il y avait de musique pour soprano et orchestre, j'ai chanté mon premier air, puis celui que je devais chanter après l'entracte. Lui a terminé la première partie avec l'orchestre, comme prévu. Puis ce fut l'entracte.

«La deuxième partie fut une soirée complète en soi ! Une de ces soirées extraordinaires qu'on ne peut répéter, parce que justement elles ne sont pas préparées. Après une pièce d'orchestre, pendant tout ce temps où j'ai chanté des extraits de *Madame Butterfly, La Bohème, La Traviata*, et je ne sais quoi encore, j'ai senti une sorte d'électricité dans l'air, j'ai senti que le public me soutenait, était avec moi à 100%. D'ailleurs il en a demandé, et redemandé..., jusqu'à ce qu'il ne nous reste plus de musique !

«Et Jean !... Je ne saurai jamais s'il était nerveux, mais moi je l'étais, au début du moins. C'est lui qui m'a calmée, tout en me gardant à fleur de peau ! Il était là, sur son podium, tourné vers moi la plupart du temps pendant que l'orchestre jouait "au quart de tour" sous sa baguette. Everybody was on their toes !

«That night, your father conducted like if he held the whole world in his hands !

* * *

SUR SCÈNE

Le 30 octobre 1951, à l'hôtel Windsor, mon père dirigeait un concert à l'occasion du passage à Montréal de la Princesse Élizabeth et du Duc d'Edimbourg.

Le prochain concert [1] qu'il dirigera sera à la Place des Arts, dans la grande salle, le 24 août 1964, lors du Congrès annuel des Comptables Agréés du Canada. (Monsieur Gingras définissant lui-même d'exercice public le concert de la classe des cordes du Conservatoire qu'il dirigea en 1962, je l'omets donc, comme j'omets le Gala de la Communauté Radiophonique, en 61, qui lui, était radio et télédiffusé.) Je ne sais s'il y a coïncidence entre le fait que ces comptables soient agréés et le fait que le cachet de mon père, ce soir-là, soit très consistant par rapport aux autres en général, mais il l'était ! Papa nous ayant toujours gardés... à l'abri de ce genre de détail — ses cachets —, j'en ferai donc autant ici, tout en me permettant de dire que pour une fois, il fut très bien payé !

---

1. Ici je parle de «concert» dans le sens le plus exclusif du mot, c'est-à-dire uniquement destiné à l'auditoire qui s'est déplacé pour venir y assister dans une salle de concert, sans diffusion simultanée ou ultérieure à la radio ou à la télévision.

Encore là, ce concert, avec comme soliste invitée Claire Gagnier, fut un nouveau départ pour lui. Pendant les quatorze dernières années de sa vie, «le réputé Maestro Jean Deslauriers», comme on l'écrivait dans divers programmes, en dirigera plusieurs, proportionnellement à la fréquence et la variété des concerts qui furent donnés à Montréal à cette époque (et si l'on exclut, bien entendu, la saison régulière d'hiver de l'Orchestre Symphonique de Montréal) :

pour le vingt-cinquième anniversaire de l'église Saint-Sixte, à Ville Saint-Laurent, en mai 75 ; Yolande Husaruk et Bruno Laplante seront les solistes de ce concert anniveraire. Le programme : l'Ouverture *Prométhée* de Beethoven, la *Symphonie Inachevée* (n° 8) de Schubert, et le *Requiem, op. 48*, de Gabriel Fauré. Pour cette dernière œuvre au programme, se joignent aux solistes la chorale Saint-Sixte et les élèves de l'École de Musique Vincent-d'Indy ;

divers concerts pour la SSJB (la Société Saint-Jean-Baptiste), dont le 20 juin 1966, et un autre deux ans plus tard, en avril ;

le 15 mai 1975, à l'occasion de la Foire Internationale du Livre se tenant à Montréal, le ministère de l'Industrie et du Commerce du Canada offrira un concert au théâtre Maisonneuve de la Place des Arts. Pour cette soirée, Jean Deslauriers engagera Clarice Carson, Pierre Duval, Louise Lebrun et André Gagnon. Le programme est du même style qu'à *Sérénade Estivale* : «from soup to nut» selon l'expression de plusieurs musiciens, c'est-à-dire que comme lors de ce congrès en 1964, mon père passera, cette fois encore, de *Summertime* de George Gershwin aux trois plus beaux airs du premier acte de *La Bohème* ; de la *Sérénade* extraite du film et comédie musicale *The Student Prince*, de S. Romberg, aux *Turluteries* d'André Gagnon et à la *Fantaisie symphonique sur des thèmes de Gilles Vigneault* ; et cela à travers Rossini, Johann Strauss, Gustave Charpentier, Franz Lehar et Fritz Kreisler. « Il n'y avait que Jean Deslauriers, dit Jean-Paul Jeannotte, pour plonger ainsi dans n'importe quel répertoire en une seule soirée et en sortir vainqueur à tous points de vue » ;

au profit de Boscoville, à la salle Claude-Champagne, le 2 mars 1967, avec Yolande Husaruk et Richard Verreau, concert donné sous la présidence de Madame Reine Johnson, épouse de l'Honorable Daniel Johnson, alors premier ministre du Québec ;

à l'occasion du dixième anniversaire de la Place des Arts, le 20 septembre 1973, concert d'extraits d'opérettes et de comédies musicales, avec Claire Gagnier, Claude Corbeil, Pierre Duval, Paule Verschelden et Robert Savoie ;

lors de l'inauguration du Complexe Desjardins, le 3 avril 1976, autre concert à la salle Wilfrid-Pelletier de la PDA ;

et enfin, le 27 mai 1977, à l'occasion du congrès de l'Union Internationale des Transports Publics, Pierre Grandmaison sera au clavier des grandes orgues de l'église Notre-Dame, dont il était le titulaire ; l'œuvre au programme : la Symphonie no 3 pour grand orchestre et orgue de Camille Saint-Saëns.

Bien entendu, à travers ces congrès, bénéfices et anniversaires, entre février 69 et décembre 77, mon père dirigera, pour la Société Radio-Canada à Montréal, tous ces *Opéras-Concerts, Grands Concerts, Concertos et Concerts Populaires*, enregistrés lors de concerts avec public, ainsi que les finales et le concert gala de son concours national, en 1967. Mais avant même que ne recommence entre eux cette longue et étroite collaboration des dix dernières années de sa vie, le 5 août 1966, à la salle Claude-Champagne, Jean Deslauriers sera au pupitre pour un très intéressant «Grand Concert Symphonique», offert par la Société Radio-Canada à l'Université McGill à l'occasion du cinquantenaire de son École française d'été.

Étaient solistes, ce soir-là, la pianiste Françoise Petit, qui interpréta *Ballade pour piano et Orchestre, op. 19*, de Gabriel Fauré ; puis Françoise Petit à nouveau, Mildred Goodman, violoniste, et Kenneth Gilbert, claveciniste bien connu, qui offrirent au public la *Symphonie Concertante* de Jean-François Tapray, dont on pouvait lire dans le programme : «Donnée pour la première fois depuis le XVIIIᵉ siècle, cette œuvre doit son originalité à la juxtaposition de ses timbres : clavecin-pianoforte-violon, en solistes, avec un orchestre à cordes et deux cors, instruments fort en vogue à cette époque. » Jean Deslauriers et l'Orchestre du réseau français de Radio-Canada terminèrent le concert avec *Cordes en Mouvement* de Jean Vallerand, et *Concert, op. 34*, d'Albert Roussel.

Pour compléter cette liste de concerts enregistrés en public par Radio-Canada : ceux, nombreux, de Québec (d'où mon cher père rentrait généralement avec un nouveau tableau de René Richard ou d'Albert Rousseau, à qui il était «allé dire bonjour en passant», de Toronto, de Halifax et de Winnipeg.

Il dirigea également l'Orchestre Symphonique de Québec à plusieurs reprises, dont un concert à Saint-Jérôme, le 9 octobre 74, inaugurant «des tournées de concerts mettant en relief les premiers prix des Conservatoires de Musique du Québec», et, en mars de la même année, UNE BELLE SOIRÉE DE MUSIQUE AVEC L'OSQ, DESLAURIERS ET SUZUKI, disait l'en-tête de la critique québécoise du lendemain, dans le journal LE SOLEIL. Le programme : *Manfred* de Tchaikovsky, le ballet *Prométhée* (en partie) de Beethoven, et le *Concerto pour violon en sol mineur, op. 26*, de Max Bruch, qu'interpréta le réputé violoniste Hiderato Suzuki.

Un autre beau programme offert au public, d'Ottawa cette fois, par l'Orchestre du Centre National des Arts, dirigé par Jean Deslauriers, le 10 juin 1970 : Ouverture *Coriolan* (Beethoven), *Symphonie nº 48* (Haydn), Suite *Pelléas et Mélisande* (Sibelius), *Airs Anciens* (Respighi) et, avec le concours de la harpiste Érica Goodman, *Concerto pour Harpe* (Haendel) et *Danses sacrée et profane* (Debussy).

Quant à l'Orchestre Symphonique de Montréal, entre 1965 et 1977, il le dirigera je ne sais combien de fois pendant la saison estivale, et cela absolument partout à Montréal et dans la région : à la Place des Arts et à l'aréna Maurice-Richard (où, entre 1966 et 1970, en collaboration avec la Ville de Montréal et la compagnie Kraft, ces Concerts Populaires de l'OSM furent enregistrés par Radio-Canada, qui les télédiffusera à son antenne quelques jours plus tard) ; à partir de 74, au chalet du Mont-Royal et au Kiosque International de Terre des Hommes ; dans les centres commerciaux Alexis-Nihon, Bonaventure, Vertu, Ville-Marie, Longueuil, Fairview, Versailles, Pointe-Claire, Ville d'Anjou et Laval ; en pleine Gare Centrale et au beau milieu du Complexe Desjardins ; dans le chœur de l'église des Saints-Anges, à Lachine, et de la cathédrale Saint-Charles Borromée, à Joliette ; à Bromont, à Québec...

Presque tous ces concerts donnés sur les places, complexes et centres commerciaux ont deux points en commun :

le public : quoique varié et venant de toutes les couches de la société, il est avide de belle musique, ça se voit et ça s'entend à leur expression et leur silence ; et il connaît et aime Jean Deslauriers (après un concert en plein centre du Complexe Desjardins, une vieille dame italienne monta sur le podium alors que papa était en train de saluer, et l'embrassa en lui disant : « Je n'ai rien entendu d'aussi beau depuis Toscanini et l'Italie de ma jeunesse ! Grazie, Maestro Deslauriers ! ») ;

et la musique : avec la musique russe, laquelle remplissait bien, de ses sons brillants et amples, ces grands espaces renfermés, la musique d'opéra, écrite pour orchestre — ouvertures, suites, ballets, préludes, marches, etc. —, trouve une large part dans presque toutes les programmations de mon père.

Quant aux chanteurs... Sauf sur les places et dans les centres commerciaux, ces derniers feront toujours partie intégrante de ses concerts. L'opéra et ses plus beaux airs, eux, en seront les rois : « Soirée à l'Opéra », « Soirée Italienne », « Concert d'Opérette et d'Opéra-Comique Français »... C'est le genre de titre, et de programme, qu'offriront les concerts d'été que Jean Deslauriers dirigera avec l'OSM à la Place des Arts, à l'Aréna Maurice-Richard, dans les églises et cathédrales.

Ce 4 août 1971, cette fameuse « Soirée à l'Opéra » avec Clarice — et sans Louis — en fut la preuve éclatante ! (Ce concert, ainsi que « Soirée Italienne », deux ans plus tard, furent répétés à Québec, à la salle Louis-Fréchette du Grand Théâtre, quelques jours après avoir été présentés à Montréal.)

C'est naturellement sur scène que se remarque le plus le style et l'allure générale du chef d'orchestre. Voici comment, vu de dos ou de profil, différents publics décrivent Jean Deslauriers.

« Chez Jean Deslauriers, m'a écrit Gilles Potvin, du DEVOIR, l'inspiration semblait surgir tout naturellement dans l'environnement du travail propre et bien, de la mise en place correcte et précise. Chacun de ses gestes était pensé en fonction du signal d'une attaque, d'une accentuation d'un rythme ou de l'expression d'une mélodie. Sa direction n'était pas celle des tyrans de la baguette mais plutôt celle d'un guide et d'un compagnon de route, entraînant à sa suite des collègues qu'il appelait sans cesse vers le dépassement afin de mieux servir la musique. »

DESLAURIERS HYPNOTIC LEADING MSO ! C'est le titre que Myron Galloway a donné à son article du 14 août 74, dans le MONTREAL STAR, au lendemain d'un concert d'été de l'OSM à la Place des Arts.

« Jean était élégant au bâton, mais pas "gesteux" », pense le ténor André Turp.

« ... pas spectaculaire mais pas emprunté », trouve Jules Lazure, de Radio-Canada.

« Tel un mécanisme d'horlogerie suisse, la précision de la direction de Jean était en même temps belle et fascinante à regarder », remarque Henri Bergeron.

« C'est le seul chef d'orchestre, dit Jean-Louis Roux, qui nous ait fait voir au bout de sa baguette, chaque triolet, silence, fioriture et nuance d'une partition. »

« On n'était pas moins cabotin que Jean Deslauriers », déclare Roland Lorrain, danseur, à une époque, avec les Grands Ballets Canadiens, et ami de la famille depuis toujours. « L'extrême rigueur de ses gestes pouvait laisser un peu sur leur appétit les amateurs de chefs d'orchestre qui dansent, mais derrière sa baguette aussi ferme que sobre, jusqu'à la fin on le sentit aussi intact, dans son ardeur et son enthousiasme, qu'à l'époque brillante de la radio et du *Théâtre Lyrique Molson*, et, comme toujours, plein de musique, sa raison d'être, sa vie ! »

Pour le comédien Camille Ducharme, c'est tout simple : « Pour moi, votre père était le modèle parfait du chef d'orchestre. Tel qu'on l'imagine dans toute la distinction et la noblesse de son rôle ; tel qu'on sent le besoin de le respecter dans toute son autorité et son professionnalisme ; tel qu'on l'aime, dans toute sa bonté, sa sensibilité et son grand amour de la musique. »

* * *

LES JEUNES

En plus de ses occupations premières de Maestro, au cours des années mon père se vit chargé de quatre sortes principales de fonctions occasionnelles, toutes rattachées plus ou moins directement à sa profession de chef d'orchestre : deux, basées sur « le verbe », pour lesquelles il n'était pas vraiment taillé, et deux, basées sur les jeunes, qui lui allèrent comme un gant !

D'abors ses « mauvais emplois » :

Malgré le fait que mon père n'aimait ni n'avait le talent inné pour parler en public, il accepta, quelquefois, de le faire :

en 1964, à Québec, lors d'un « thé japonais » donné à l'occasion de la présentation au TLNF de *Madame Butterfly*, il parla de Puccini, de son œuvre en général, puis plus particulièrement, et en détail, de l'opéra *Madame Butterfly*, raison de sa présence dans la capitale provinciale. En terminant, il présenta une étudiante à la faculté de lettres de l'Université Laval, « Mademoiselle Keiko Ono, de Tokyo, qui saura beaucoup mieux que moi vous causer de la jeune Cio-Cio-San, de ses atours, faits et gestes, enfin de toutes ces particularités du raffinement japonais » ;

puis, en 1968, toujours à Québec, après qu'il fut nommé directeur de la compagnie d'opéra, le TLQ, qui venait de l'honorer de cette nomination, ses nouvelles fonctions de directeur musical à travers l'analyse du mot opéra et la façon dont se déroule, du premier au dernier moment, la préparation d'un spectacle ;

enfin, le 13 mai 1970, lors d'un déjeuner des membres du club Kiwanis, au Club Saint-Denis, à Montréal, il parla longuement des fonctions du chef d'orchestre au concert et à l'opéra.

Ma mère me dit que dès les années 40, mon père avait eu l'occasion de s'adresser au public lors d'une matinée symphonique qu'il dirigea au Plateau, « mais je m'en souviens à peine, ajoute-t-elle. Tout ce que je peux te dire, n'ayant assisté qu'à une des trois causeries que tu viens de mentionner, celle du thé japonais, c'est qu'il n'était pas du tout à l'aise, et ça se sentait, ça se voyait même un peu. »

Et cela devait s'entendre, si je me fie aux textes de ces trois « causeries » que mon conférencier de père composa lui-même.

Il fallait le voir lorsque, déjà, il devait écrire une lettre le moindrement un peu officielle à qui que ce soit ! En plus de deux ou trois brouillons, son bureau était envahi des « Synonymes et Antonymes », du « Bon Usage de la Langue Française », de « l'Étiquette de l'Art Épistolaire », des « Formules d'Introduction »... plus son « Petit Robert », sa grammaire, ses « Noms Propres »... Alors, pour composer un discours...

En fait, le contenu de ces causeries était très détaillé, très intéressant, et même parfois teinté d'humour et d'une profonde sensibilité déguisés en jeux de mots pas si mauvais que ça. Mais le ton qu'il emploie pour les dire, les raconter ces détails... le ton est si formel et même si vieilli par moments ! Et les formules, surtout... les formules pour attaquer sa causerie, puis chaque sujet...

« Je suis heureux de l'occasion qui m'est offerte de vous causer pendant quelques minutes des fonctions du chef d'orchestre, en l'occurrence celles de votre humble serviteur »... « En plus de m'avoir confié la direction musicale de l'opéra *Madame Butterfly,* on m'y ajoute aujourd'hui l'agréable tâche de vous causer pendant quelques minutes du livret et de son auteur, Giacomo Puccini »... ;

puis, des « Permettez-moi de »... « J'ajouterai même que »... « On ne s'étonnera donc pas que »... « Il est essentiel de »... « Je me dois de »... « Vous devinez sans doute que »... ;

ces discours se terminant par « Et voilà très brièvement la définition de mes fonctions de », ou bien « Je vous remercie pour votre aimable attention à mon égard », ou bien « Je pourrais vous causer encore longuement de mon passionnant métier, mais je crois le moment venu pour le mot de la fin »...

Tout cela sur son ton le plus formel, et de son air le plus solennel... Non ! Mon père n'aura définitivement jamais été un conférencier ! Pas plus qu'il n'aura eu le tour de présenter officiellement quelqu'un... Comme le peintre Rodolphe Duguay, par exemple, lors du vin d'honneur offert, fin 67, par la Galerie des Artistes Canadiens, à l'occasion de l'exposition des œuvres de cet artiste et, en même temps, de l'inauguration de cette galerie d'art à Montréal.

« Jean fit bien ça, m'assure le peintre René Gagnon, propriétaire de cette galerie aujourd'hui disparue, et son ami. Mais ce fut très court ! »

L'autre « mauvais emploi », en partie du moins, de Jean Deslauriers : membre de la Commission d'enquête sur l'enseignement des arts au Québec, de septembre 1966 au début 68 ; emploi qui fut en même temps un grand honneur pour lui, ce qui, en plus de l'intérêt profond qu'il portait au sort de l'enseignement des arts, et plus particulièrement de la musique au Québec, compta beaucoup, je crois, dans le fait qu'il accepta de participer à un événement aussi important au sein de sa province.

« Mauvais emploi », donc, parce que j'imagine mal mon père assis pendant des heures à écouter témoignage après témoignage, analyse après analyse, venant de dizaines et de dizaines de spécialistes dans une ou l'autre des sept formes officielles de l'art, qui en décortiquèrent, chacun à leur tour, les activités, l'enseignement, et les problèmes.

De plus, comme me l'a rapporté elle-même ma mère pour en avoir été témoin lors de réunions sociales chez l'un ou l'autre des sept commissaires, mon père étant plus un homme d'instinct et d'action qu'autre chose, il était évident qu'il cadrait plutôt mal parmi des gens « de tête et d'analyse » tels le sociologue Marcel Rioux, président de la commission, l'architecte et vice-président Jean Ouellet, la scuplteur Réal Gauthier, l'écrivain Fernand Ouellette, et Madame Andrée Paradis, directrice de VIE DES ARTS.

« Pourtant, me dit Jean Ouellet, Jean était engagé à fond dans cette commission, il était actif et prenait part, et intérêt, aux conversations de notre groupe. Mais, en effet, c'était surtout un homme d'action, un homme d'ailleurs intense jusqu'à l'impatience subite en pleine étude ou, ensuite en pleine discussion. »

« Les problèmes théoriques n'atteignaient pas votre père, m'a dit pour sa part Fernand Ouellette. Lui, c'est la pratique qui l'intéressait. En outre, étant très traditionnel, il n'était pas d'accord avec la majorité d'entre nous au sujet des conservatoires. Nous voulions faire intégrer les conservatoires et l'enseignement de la musique au ministère de l'Éducation, alors que Jean voulait que le ministère des Affaires culturelles en reste le responsable, comme par le passé. Il pensait que l'intégration des conservatoires aux facultés de musique des universités voulait dire l'abolition des conservatoires. »

En abordant, plus haut, ce deuxième «mauvais emploi» de mon père, j'ai ajouté «en partie du moins». Voici pourquoi : à la fin de cette enquête, une fois le Rapport Rioux remis au gouvernement, papa présenta un rapport «minoritaire», «spécial», «dissident» — selon les journaux —, lesquels tout en rendant compte de toute l'affaire, rapportèrent ses déclarations, dont, entre autres : « "Pourquoi détruire ce qui est bon au lieu de l'améliorer ?", déclare Monsieur Deslauriers, qui souhaite par ailleurs que "des moyens plus grands soient donnés aux conservatoires" et qui admet que "de 'nouvelles structures' peuvent être envisagées". "Il y a des choses très sérieuses et beaucoup de bon dans le Rapport Rioux", affirme Monsieur Deslauriers, "mais le travail que les conservatoires font, comparé à celui des facultés de musique, prouve que les résultats obtenus par les enseignants sont bons, si l'on regarde les musiciens exécutants sortis de ces conservatoires." Monsieur Deslauriers appuie son argumentation sur l'exemple des conservatoires de Paris, Moscou et Londres, conservés avec succès dans ces vieux pays [1]. »

À la suite de ce rapport dissident donc, les conservatoires restèrent, comme avant, sous la responsabilité du ministère des Affaires culturelles, le ministre de l'Éducation, Jean-Guy Cardinal, déclarant entre autres qu'il allait «écouter la voix et l'expérience de Monsieur Deslauriers». Ce qui, semble-t-il, fit automatiquement, et en même temps que le malheur des uns, le bonheur de beaucoup d'autres, dont en particulier tous les professeurs des conservatoires de musique de la province, «s'étant évidemment inscrits officiellement à l'opinion et à l'autorité de Monsieur Deslauriers», écrit encore le journal l'ACTION de Québec, le 19 mars 1969.

«Traditionnel», «conservateur», mon père l'était. Et, comme l'écrivent les journaux, «soutenu par le ministère des Affaires culturelles», il l'avait été aussi. Mais finalement, le trouva-t-on si «mal employé» comme membre de cette commission? La réponse est toujours la même : tout dépend de quel bord on se trouve.

Parlons maintenant des deux «emplois» qui lui allèrent comme un gant :

De 1965 jusqu'au 28 mai 1978, c'est-à-dire deux jours avant sa mort, il ne s'est pas passé une année sans que mon père ne fasse partie d'un jury

---

1. Je suis certaine que ceux qui veulent en savoir plus long, et connaître les deux côtés de cette médaille concernant ce Rapport Rioux, pourront facilement y avoir accès en s'adressant directement au gouvernement de la province de Québec.

ou d'un autre à travers la province, et même parfois ailleurs au Canada :

dans tous les conservatoires de musique du Québec, dont surtout Montréal, Hull et Québec, pour les classes de direction d'orchestre, d'orchestre de chambre et de violon, en particulier ;

lors des Concours de musique, puis, plusieurs fois, sur le jury provincial, et enfin, à travers le Canada entier, au printemps 1978 ;

pendant plusieurs années de suite, pour la Société Saint-Jean-Baptiste offrant à chaque lauréat le prix Calixa-Lavallée ;

juge, également, pour les Jeunesses musicales, dans plusieurs villes de la province, dont Drummondville, Sherbrooke et Alma, ainsi que pour le prix Archambault ;

lors du Kinsmen Music Festival de Cornwall ; pour les auditions de chant de l'Ontario Art Council ; à l'occasion des auditions du Metropolitan opera, district des Grands-Lacs, à l'Université de Toronto ;

mais aussi, dans les années 40 et 50, membre du jury de *Nos Futures Étoiles/Pick the Stars* ; puis, avec Lucille Dumont et Raoul Jobin, lors du Concours de CKVL ; et ensuite, avec Félix Leclerc et Guy Maufette, lors du Concours de la chanson, en 1961 — ou 1962 —, concours que Jacques Blanchet et Jean-Pierre Ferland remportèrent ex æquo ;

enfin, mais cette fois plus comme homme que comme musicien, faisant partie du jury couronnant, une année, Miss Montréal, ainsi que, une autre année, de celui élisant Miss Canada !

«Partout Jean a été apprécié comme juge, m'a-t-on dit de toutes parts dans le "milieu". Il était foncièrement juste, honnête et très perceptif, autant vis-à-vis tous les instruments en général que pour les instruments à cordes et les chanteurs, en particulier. »

Pour sa part, Claude Deschamps, des Concours de Musique, me raconte comment mon père avait eu un contact direct avec les jeunes au long de toutes ces journées passées avec eux : « Jean était heureux dans ses fonctions de juge avec nous. Il adorait les jeunes. Pendant les dernières années de sa vie surtout, il ne vivait presque plus que pour eux. »

Depuis plusieurs années déjà, mon père s'était tourné vers les jeunes. Surtout à partir des années 60... Comme juge ; comme conseiller et ami («à 17 ans, m'a dit Clermont Pépin, j'ai été invité à diriger un concert pour cordes. Alors votre père m'a invité chez lui, m'a donné plusieurs très bons conseils, et m'a laissé piger dans tout son matériel d'orchestre et emporter tous les arrangements et orchestrations dont je pouvais avoir besoin »); et comme chef d'orchestre : «pour» eux, et «avec» eux, les jeunes et les très jeunes.

«Pour» eux, il fit à quelques reprises *Pierre et le Loup* de Serge Prokofieff, entre autres en 1959, à l'émission de télévision *Concert*, avec Henri Bergeron et Jean-Yves Landry ; pour les plus jeunes, il prépare, lors de ces *Concerts* puis, en 1968, pour le gouvernement de l'Ontario, ses «initiations» à l'orchestre, à ses instruments et aux images que ces derniers peuvent, chacun à leur façon, provoquer dans leur esprit et leur imagination visuelle. (Autant ses textes pour adultes furent formels et prudents, autant avec les jeunes, mon père laissa s'exprimer sa jeunesse et sa naïveté, bien conservées en lui, en paroles spontanées et en images de nature et d'animaux, après leur avoir expliqué, entre autres, que «l'orchestre est une tellement grosse famille, bien plus grosse que la vôtre, si grosse qu'elle en contient quatre !...») ; pour eux, enfin, il dirigera, à CBF/FM, plusieurs émissions de la série *Musique pour les jeunes*.

«Avec» les jeunes, il dirigera plusieurs concerts et participera à divers festivals : dont le Festival estival des Lauréats du Concours national de Radio-Canada, en 1967 ; à travers Ars Musicalis, concerts avec les premiers prix des Conservatoires de Musique du Québec, en 1974 ; puis, début 1976, il se rendra à Banff pour son Youth Orchestra Festival ; et en 1977, il dirigera à Radio-Canada, le «Talent Festival/Festival des Lauréats 1977», avec, entre autres, la très jeune violoniste Thérèse-Marie Gilissen.

À travers les nombreux concerts télévisés, radiodiffusés et donnés à la scène qu'il dirigera pendant quinze ans, très souvent c'est à Jean Deslauriers qu'on confiera les plus jeunes de tous les artistes québécois et canadiens.

Ce qui nous amène au deuxième « meilleur emploi » de mon père, l'enseignement :

Après avoir été titulaire de la section des cordes du Conservatoire de musique à Montréal, en 1962, ce n'est qu'à l'automne de 1973 qu'il aura à nouveau l'occasion de mettre à l'épreuve ses capacités de professeur, lorsque l'organiste Raymond Daveluy, alors directeur du Conservatoire de Trois-Rivières, lui demandera d'y devenir le professeur de la classe d'orchestre. Ce que papa accepta, et fit pendant trois ans, à raison de deux jours par semaine passés là-bas.

« Autant il arrivait qu'avec ses musiciens, Jean soit impatient et terriblement exigeant, me raconte Raymond Daveluy, autant avec les élèves de sa classe d'orchestre, Jean fut patient, tout en étant, plutôt exigeant.

« Devant ces jeunes dont souvent les pieds ne touchaient même pas à terre une fois assis dans l'orchestre, jamais je n'ai vu Jean prendre une attitude de grand Maître sur sa fin de carrière. Il était d'une simplicité incroyable avec eux ; il savait leur parler, les intéresser à travailler fort et à avancer, leur faire aimer le travail d'orchestre. Avant les répétitions, lorsque l'un d'eux allait à lui pour avoir un conseil, il lui répondait tout à fait d'égal à égal et, en même temps, comme un aîné à son jeune frère, à un jeune ami.

« Jean était comme un poisson dans l'eau avec ces jeunes. Quand je pense qu'on m'avait déjà dit qu'il n'était pas pédagogue ! »

Les personnes ayant pu parler ainsi devaient probablement penser au professeur Jean Deslauriers donnant des cours à un élève à la fois... des cours de violon par exemple...

« Nous étions jeunes mariés quand ton père a donné des leçons de violon à "la petite Provost" comme on l'appelait, me raconte ma mère. Sa famille connaissait Jean et la famille Deslauriers depuis toujours, et la "petite", qui devait avoir une quinzaine d'années au moment de ces leçons, ne voulait apprendre le violon qu'avec lui.

« Bien entendu, il a commencé par refuser. Il ne voulait pas enseigner, ça ne l'intéressait pas, et puis, j'imagine qu'il se connaissait au fond assez bien pour savoir qu'il n'avait pas du tout le tempérament nécessaire à l'enseignement. Mais "la petite Provost" a tellement insisté qu'avec le temps il a fini par céder.

« Je crois que pendant l'année, ou l'année et demie, qu'ont duré ces cours, la pauvre petite fille a encore plus attendu ton père qu'elle n'a pris d'heures de leçons de lui ! Chaque fois qu'elle venait à la maison, c'est-à-dire une ou deux fois par semaine, Jean n'était jamais là. Dix, quinze, trente minutes plus tard, il arrivait, disant qu'il avait été retenu ou alors qu'il avait oublié. Après un temps, c'est avec une heure de retard qu'il arrivait. Mais elle était toujours là, patiente, silencieuse et prête à travailler !

« Je n'ai jamais assisté à ces leçons, bien sûr, mais l'appartement n'étant pas immense, j'ai souvent entendu des éclats de voix du professeur devenant vite impatient pendant l'heure que durait le cours... Pauvre "petite Provost". Elle a été la première, et la dernière élève de papa. »

Du moins sa ou son seul élève comme professeur officiel... Gérard Normandeau, un de mes vingt-sept cousins côté Deslauriers, a eu son oncle Jean comme professeur lui aussi, alors qu'il était à peine ou même pas adolescent :

« J'étais en train de jouer avec Gilles et ses copains derrière chez vous, quand je suis entré pour aller aux toilettes. Quelques minutes plus tard, j'allais repartir dans la même direction lorsque je tombe face à face avec mon oncle Jean, qui me dit alors à brûle-pourpoint et sur un ton d'inquisiteur :

« — Sais-tu ce que c'est que l'orgue de Barbarie ?

« — Non, mon oncle.

« — Suis-moi.

« Je n'ai pas eu le choix ! Tremblant de peur en entendant le mot "barbarie" et, en même temps, tremblant de je ne sais quoi d'attirant, je l'ai donc suivi jusqu'au salon d'où venait une musique jouant tellement fort que depuis tout à l'heure, on l'entendait même dehors, derrière, à travers nos cris de petits gars.

« — Écoute, m'a dit mon oncle Jean en remettant l'aiguille un peu en arrière sur le disque. Cette musique c'est *Petrouchka*. C'est un monsieur Igor Stravinsky qui l'a écrite dans son pays, la Russie... Et ça, c'est l'orgue de Barbarie... C'est beau, hein ?

« Une bonne demi-heure plus tard, au moment de repartir jouer avec Gilles, ton père a ajouté, tout en remettant le disque, qui venait de finir, dans sa pochette : "Tu vois, Gérard ? Quand tu écoutes de la musique classique, qu'est-ce que tu en découvres des choses, hein !?

« C'est à partir de ce jour-là que je me suis intéressé à la musique classique, et que j'ai découvert Beethoven, Rimsky-Korsakoff, Mahler, Stravinsky... puis les rêves de voyage, l'aventure, le Pérou... Et l'orgue de Barbarie ! Avant, à mes yeux l'orgue de Barbarie c'était les Huns, les Mongols, les Tartares, les barbares quoi ! Depuis cet après-midi-là, c'est devenu une merveille.

« Jamais je n'ai oublié *Petrouchka* ! D'ailleurs, souvent j'en offre l'enregistrement à quelqu'un que j'aime. À chaque fois que je pense à Jean, je l'écoute. Et à chaque fois que j'entends un orgue de Barbarie, je pense à lui...

« J'adore *Petrouchka*. Mais qu'est-ce que j'ai aimé Jean ! »

L'OPÉRA

« ... Jean Deslauriers n'a jamais cessé d'approfondir son art, et il l'a admirablement démontré quand on s'est enfin rendu compte qu'il était un remarquable chef d'opéra. »

C'est ainsi que Jean Vallerand parlait, également, de mon père dans MUSICANADA du mois d'août 78, trois mois après sa mort. Quand je suis allée le voir, il a ajouté : « Jean aurait pu aller diriger l'Opéra de Paris n'importe quand. Il aurait fait dix fois mieux que tous ces supposés bons chefs que Rolph Libermann, le directeur de l'Opéra pendant quelques années 70, a d'ailleurs foutus à la porte les uns après les autres tellement ils n'étaient pas à la hauteur. Libermann avait été fort critiqué à Paris à ce moment-là. Naturellement, il n'était né qu'à Zurich... »

Quant à Claude Gingras... Dans LA PRESSE du samedi 13 décembre 1969, « même si la télévision n'est pas de mon ressort », écrivit-il, Monsieur Gingras fit après visionnement privé pour quelques journalistes, une critique formidable de *Tosca*, le célèbre opéra de Puccini qui allait être présenté le lendemain soir aux *Beaux-Dimanches* de la télévision.

Après avoir encensé Noël Gauvin pour sa « véritable mise en scène d'opéra » ; après avoir admiré « l'excellente conception de l'œuvre, traditionnelle dans ses mouvements, dans ses décors et costumes (superbes d'ailleurs) [1], mais tout simplement fidèle à l'époque et au "vérisme" de l'œuvre » ; après avoir admiré « le haut calibre professionnel de tous les interprètes » (dont Clarice Carson, Michel Molese, Louis Quilico et Napoléon Bisson) ; après avoir conseillé au public « faisant la petite bouche sur tout ce qui se fait ici » de regarder cette *Tosca* « en oubliant que cette production vient d'ici, en imaginant qu'elle vient d'Europe ou des États-Unis » tellement elle est « comparable en qualité à bien des productions qui nous viennent de l'étranger », Gingras termine ce très long article en disant : « On y admire enfin la beauté des chœurs, au premier acte, et surtout l'excellent orchestre puccinien et la richesse d'expression qu'en a tirée Jean Deslauriers, lequel, je l'avoue, a le don de nous étonner parfois ! » (...)

Heureusement pour Jean Deslauriers, il n'avait pas eu besoin que Gingras soit « agréablement surpris » deux fois dans la même année 1969 pour être apprécié à sa juste valeur comme chef d'opéra, que ce soit à la radio, à la télévision, et, enfin, à partir de 1964, à la scène !

Le 7 novembre 1964, (toujours à cette époque du « recommencement »), mon père dirigeait pour la première fois un opéra à la scène. C'était à Québec, pour le Théâtre Lyrique de la Nouvelle-France, qui existait depuis quatre ans environ. Et l'opéra ? *Madame Butterfly*, de Puccini. Micheline Tessier chantait le rôle-titre et Léonard Bilodeau,

---

1. Les décors étaient de Guy Rajotte, et les costumes avait été créés par Marie-Andrée Lainé.

Pinkerton. Les moyens de la compagnie étant tout simplement à peu près inexistants (ils ont monté les quatre représentations de *Butterfly* avec moins de 50 000 $...), Roger Gosselin, un des deux fondateurs avec Gilles Lamontagne, fit, en même temps que son travail d'organisateur, la mise en scène et chanta également le rôle de Sharpless.

Ce n'était bien sûr pas payant pour les artistes du Québec, et peut-être bien un peu artisanal comme spectacle aux yeux du public, mais l'important c'était, pour les premiers de «faire» enfin de l'opéra, et pour les seconds «d'en avoir enfin, de l'opéra»! Surtout qu'à Montréal... À part l'Opera Guild de Madame Pauline Donalda, laquelle montait encore une fois de temps en temps un opéra par-ci par-là — quand elle trouvait de l'argent auprès de généreux amis — c'est-à-dire pas beaucoup plus souvent qu'une fois par année, surtout dans les années 60, Montréal n'avait ni maison ni même de compagnie d'opéra. Tandis que dès 1960, la ville de Québec, elle, eut son TLNF! Compagnie qui allait devenir, officiellement, à la fin du mois d'août 1967, le Théâtre Lyrique du Québec, avec, comme président, Jules Blanchet, comme directeur général de la compagnie, Gilles Lamontagne, et, au poste nouvellement créé de directeur musical : Jean Deslauriers.

Présenté à la presse en cette fin du mois d'août 67, le nouveau directeur musical leur parla donc des buts du TLQ : priorité aux artistes canadiens ; une grande part aux opéras français ; pas de rivalité avec les grandes compagnies, mais des spectacles de la meilleure qualité possible avec les moyens, financiers et artistiques, du bord ; un travail sur le plan provincial, c'est-à-dire tournées dans différentes villes de la province ; et «même si l'opéra coûte très cher, il faudrait que tous ceux qui en ont le goût puissent venir y assister, donc que le prix des places soit à la portée de tous. Il est à remarquer que nos prix sont les moins élevés d'Amérique du Nord», conclut le directeur musical.

À l'occasion de cette nomination, le 12 octobre 1967 Marcel Bousquet, alors imprésario de chanteurs québécois — dont Louise Lebrun —, lui écrivit une lettre de félicitations. Une phrase de cette lettre résume parfaitement et à elle toute seule ce que signifiait pour mon père, et pour tous les Québécois mélomanes, cette nomination : «VOUS AUREZ DONC ÉTÉ LE PREMIER EN TOUT : PREMIER À LA RADIO, PREMIER À LA TÉLÉVISION, ET LE PREMIER DIRECTEUR MUSICAL DE LA PREMIÈRE VRAIE COMPAGNIE D'OPÉRA AU QUÉBEC ! Bravo ! »

Entre 1964 et 1969, Jean Deslauriers dirigera, au TLNF/TLQ, quatre opéras et deux opérettes :

après *Madame Butterfly*, il fit, en mars 66 *La Veuve Joyeuse*, de Franz Lehar, avec Pierrette Alarie et Luis Mascaregnas. «Jean», me dit Jacques Létourneau, qui avait fait la mise en scène de l'opérette, «a eu le culot de courir le risque d'engager Mascaregnas, un chanteur de fado,

WERTHER

LA VEUVE JOYEUSE

MADAME BUTTERFLY

MIGNON

MONSIEUR BEAUCAIRE

pour chanter le rôle du prince Danilo. Ç'a marché à merveille !» Lorsque le spectacle vint à la Place des Arts, Jean Vallerand écrivit alors dans LA PRESSE : «Jean Deslauriers intègre la musique de Franz Lehar dans le style du spectacle avec une aisance et une conviction remarquables. Il dirige non seulement en musicien de premier ordre mais en véritable homme de théâtre !» ;

en novembre 1966, comme début de saison au TLNF, dans la grande salle de l'Académie de Québec, c'est *Mignon*, d'Ambroise Thomas, que chantent Marcelle Couture, Claude Corbeil et Léonard Bilodeau, sous la direction de Jean Deslauriers. «Le TLNF n'avait pas oublié les 100 ans de *Mignon*, écrit ÉCHOS VEDETTES, le 5 novembre de cette année-là. Le 11 novembre 1866, *Mignon* fut présenté pour la première fois au Théâtre Impérial de l'Opéra-Comique à Paris. » ;

en octobre 1968, c'est le tour de *Werther*, de Jules Massenet, d'être présenté quatre fois à Québec. André Turp chante le rôle-titre, Réjane Cardinal et Marcelle Couture se partagent Charlotte. Si les critiques de Québec firent l'éloge de nombreux détails, en général ils ne sont pas emballés de leur soirée. Alors que R.B. de L'ACTION écrit tout de même que «toutes les intentions du drame ont été bien soulignées par l'orchestre dirigé par Jean Deslauriers», Marc Samson, du SOLEIL, écrit pour sa part, que «cet opéra étant celui de l'attente, on ne peut évidemment demander à un chef d'orchestre d'insuffler du mouvement à cette œuvre qui en est passablement dépourvue ; Jean Deslauriers la fait se dérouler dans un climat de sympathie, sinon de totale confiance. Peut-être aurait-il intérêt à créer un rythme plus incisif pour les deux premiers actes, ce qui permettrait de les voir s'écouler plus rapidement. »

Quoi qu'il en soit, lors des quatre représentations, la salle du Palais Montcalm est comble. Et, pour le TLQ, c'est le principal ;

Monsieur Beaucaire, donné en février 1969, tombe en plein carnaval. La Princesse Grace de Monaco étant présente à ce réputé carnaval, elle honore donc, en même temps, le TLQ de sa présidence d'honneur lors de la première de cette agréable opérette d'André Messager ;

le dernier opéra que mon père dirigera pour le TLQ, *Les Pêcheurs de Perles*, de Georges Bizet, sera donné en novembre 1969, à l'occasion du prochain dixième anniversaire de cette première compagnie d'opéra du Québec. Voici, au programme, la distribution autant dans les coulisses que sur scène (voir page suivante).

Je dis «le dernier» car en 70, le Théâtre Lyrique du Québec dut mettre un terme à ses activités artistiques.

Mais comme on dit dans la royauté : «Le roi est mort, vive le roi !» Un an plus tard, au mois de février 1971, le ministre des Affaires

les pêcheurs de perles

de Georges BIZET

Livret de Michel Carré et E. Conon

NADIR .... *Pierre Duval*
ZURGA .... *Robert Savoie*
LEILA .... *Jacqueline Martel*
NOURABAD .... *Yoland Guérard*

MISE EN SCENE	Roland Laroche

ORCHESTRE SYMPHONIQUE DE QUEBEC

CHEF D'ORCHESTRE	Jean Deslauriers
ASSISTANT	Charles Dumas
DECORS, COSTUMES ET ECLAIRAGE	Mark Negin
CHOREGRAPHIE	Jeff Henry

DANSEURS: La Troupe de l'Arabesque

Serge Marais	Jacques Trudeau
Stéphane Leclerc	Monique Lamarre
Pierre Marcoux	Nasseo Mazani
Marie-Andrée Leclerc	France Merville

MIMES: Marc Legault
Yves Blanchets

Les Choeurs du Théâtre Lyrique
DIRECTION: Charles Dumas

SOPRANES: Monique Legault, Monique Moutillet, Diane Hamel, Céline Dumas, Lily Guérard, Liette Juneau, Yolande Painchaud, Georgette Simard, Gaétane Lepine, Nicole Caron, Lise Bilodeau, Sigrun Quednan.

ALTI: Corinne Bergeron, Anita Brière, Liliane Grenier, Marcelle Rivard, Lyse Cuvelier, Geneviève Labrecque, Michèle Samson, Lise Bouros, Rita Mundy, Florence Couillard, Thérèse McKay, Rita Boutin.

TENORS: Gérard Cyr, André Lizotte, Gédéon Nolet, Roger Vallée, Léo Savard, Georges Cyr, Claude Paquet, Raymond Chassé, Yves Cantin, Yves Jobin, Roger Vallière.

BASSES: Charles Miller, Roland Ricard, J.-Claude Bergeron, Jacques Auger, René Rivard, Fernand Tremblay, Guy Marcoux, Gilles Gingras, Jean-Guy Baker, Jean-Louis Giroux, Jacques McKay, Rosaire Simard.

ASSISTANT-DECORATEUR & ACCESSOIRISTE	Réal Ouellette
CONSTRUCTION DES DECORS	Les Ateliers du Théâtre Lyrique
CHEF CONSTRUCTEUR	Emile Journeault
PEINTRE	Peter Gnass
CONFECTION DES COSTUMES	Les Ateliers du Théâtre du Nouveau Monde
DIRECTION	Lydia Randolph
CHEF MAQUILLEUSE	Gaby Proulx du Salon Carlain
ASSISTANTES	Brigitte McCaughry Pauline Houde
COIFFURES	Mario Ouellette du Salon Carlain
DIRECTEUR DE SCENE	Serge Levac

La direction se réserve le droit de changer la distribution ci-dessus sans préavis.

culturelles du Québec, Monsieur François Cloutier, annonçait à la presse la naissance de l'Opéra du Québec, à Montréal !

C'est à Jean Deslauriers que Léopold Simoneau, le directeur artistique de l'Opéra du Québec, confiera la responsabilité musicale du premier opéra de la première saison, de la « deuxième compagnie d'opéra du Québec » bien sûr, mais pour les Montréalais, de la « première compagnie d'opéra de la métropole du Canada » ! (Désolée, Québec, mais cette vieille rivalité existait bien avant moi, et je ne fais que la constater tout haut.)

Le 19 octobre 1971, à la salle Wilfrid-Pelletier d'une Place des Arts brillant de tous ses feux en ce grand soir de toute première, *Samson et Dalila*, opéra-oratorio de Camille Saint-Saëns, est donc présenté au Tout-Montréal. Et à la presse :

Décors « most impressive » de Jean Claude Rinfret ; costumes « richement bibliaux » de Richard Lorain ; chœurs « outstanding » sous la direction de René Lacourse ; mise en scène « splendide »... « grandiose » de Carlo Maestrini ; les solistes tous « competent and sometimes stirring ». Bref, « a highly-professionnal production », écrit Éric McLean dans THE MONTREAL STAR, et « un fort bon spectacle », déclare Claude Gingras dans LA PRESSE.

Quant à la direction musicale, « elle a été de premier ordre, écrit Jacques Thériault du DEVOIR. Jean Deslauriers a soutiré le maximum de l'OSM. » De Québec, où, après six représentations à Montréal, l'Opéra du Québec ira présenter trois fois *Samson*, à la salle Louis-Fréchette du Grand Théâtre de la capitale, Marc Samson du SOLEIL, écrira pour sa part : « L'OSQ a joué comme on n'entend pas tous les jours à l'opéra... Le chef d'expérience qu'est Jean Deslauriers a suivi les chanteurs avec une attention qui ne s'est à peu près jamais démentie. Cette soumission aux voix le retenant peut-être d'insuffler autant de vitalité qu'il ne l'aurait voulu à la représentation. Toutefois il faut le louer d'avoir su établir un équilibre aussi impeccable entre le plateau et la fosse, et de l'avoir maintenu du début à la fin de l'opéra. »

Jacob Siskind, lui, écrit dans THE GAZETTE que « Jean Deslauriers conducted the Montreal Symphony with his usual authority but he often allowed the singers to drag the tempo when he should have forced them to press along. » À quoi Claude Gingras rétorquera, le même jour, dans LA PRESSE : « Excellente direction musicale de Jean Deslauriers qui suit admirablement bien les chanteurs, les laisse respirer et vivre, et en même temps fait chanter la partition orchestrale sans jamais nuire aux voix. »

C'est après ce spectacle qu'un très bon impresario de New York dit à Gérard Lamarche, le directeur général de la Place des Arts : « This conductor could very well do French opera at the Metropolitan Opera ! »

Pendant les quatre années que vivra l'Opéra du Québec, à part *Samson et Dalila*, mon père dirigera trois autres spectacles, toujours à

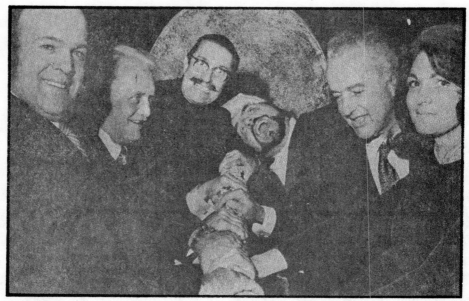

Les principaux artisans de Samson et Dalila : *Louis Quilico (le grand-prêtre de Dagon), Jean Deslauriers, Carlo Maestrini, Pier Miranda Ferraro (Samson), Léopold Simoneau et Regina Sarfaty (Dalila).*

Montréal puis à Québec.

En février 1972, ce fut *La Fille du Régiment*, opéra-comique en deux actes de Gaetano Donizetti. Louise Lebrun et Pierre Duval, dans les rôles principaux, avaient autour d'eux Yolande Dulude, Yoland Guérard, Denise Pelletier, Paul Berval, Guy Martin et Camille Ducharme. Marcel Laurencelle était le maître des chœurs (Charles Dumas l'était à Québec), les décors avaient été créés par Hugo Wuethrich qui, avec Lydia Randolph, dessina également les costumes ; Henri Lehousse et Mario Dugré étaient responsables de l'éclairage, Jean Doat signe la mise en scène... Et tout ce monde, musiciens de l'OSM inclus, dut, le soir de la première, se serrer les coudes et se croiser les doigts (enfin, pas les musiciens...) : la veille il n'y avait pas eu de générale. Pour la bonne raison qu'une bonne moitié de l'équipe n'y était pas...

Dans la nuit du vendredi au samedi précédents, une tempête de neige s'était abattue sur Montréal. Les artistes qui réussirent à rentrer chez eux le samedi après-midi, après la pré-générale (papa, lui, se paya, avec maman qui était présente à la répétition, un week-end d'amoureux au centre-ville), ne purent en sortir pour la générale, le dimanche. Les « cols bleus » étaient entrés en grève à minuit ce même vendredi...

Mais le soir de la première, la salle Wilfrid-Pelletier était remplie au moins à 80% de sa capacité. Par métro ou moto-neige, en raquettes ou même en ski, on vint voir et entendre Donizetti. « Don't let anyone tell you that Montrealers don't like opera », écrivit le lendemain Éric McLean, qui, lui, contrairement aux pluies de bravos et de chauds applaudissements, à la fin, ne fut pas, d'après sa critique, très emballé du spectacle en général. De Jean Deslauriers en particulier, il dira : « The proper ingredients were not lacking but when the bottle was finally poured, what came out was not champagne but molasses — a lack of clarity and wit in both the singing and the orchestra. Perhaps conductor Jean Deslauriers' error was to mistake this work for a masterpiece. It is the product of a master, but a master at play, and it should be approached with no greater reverence than one might feel before *La Belle Hélène* or *The Land of Smiles* » (*Le Pays du Sourire*).

Peut-être que Monsieur McLean, ne sachant pas que c'était après la pré-générale et non, comme il le dit plus haut dans sa critique, après la générale que beaucoup d'artistes campèrent à la Place des Arts, le samedi soir, peut-être qu'il avait lui aussi fait une erreur, celle de prendre cette première pour une vraie première, et non pour la générale qu'elle fut en réalité... Car une « bonne générale » se DOIT, d'après la tradition, d'être mauvaise pour porter chance à la première...

Je ne sais si cette générale-première porta chance au spectacle, qui fut présenté encore huit fois en tout, mais peut-être porta-t-elle chance à mon père... À l'automne 72, il était nommé « chef d'orchestre adjoint » de l'Opéra du Québec ! En plus des opéras qu'on confierait à sa baguette, il avait désormais, en cas de retard des chefs invités à arriver à Montréal, la responsabilité des répétitions des autres spectacles, et, en cas d'absence d'un chef invité lors d'une ou de plusieurs représentations même, celle de diriger l'opéra à sa place !

C'est ainsi qu'en plus d'avoir eu à faire plusieurs répétitions en particulier pour *Falstaff*, il dirigea une fois *La Traviata* à Québec, en mai 1972... et, en décembre de la même année, « faillit » diriger *Salomé* à la place de Zubin Mehta, lequel, étant retenu aux États-Unis, à cause d'une tempête de neige, n'arriva que le jour même de la première. Et trouva, paraît-il le spectacle « magnifiquement prêt ». Étant moi-même tout juste arrivée à Montréal pour les vacances de Noël, j'ai été témoin de ce suspense. Jamais je n'ai vu papa autant souhaiter qu'un avion ne décolle pas...

Pendant les deux années et demie qui suivirent, mon père fut le plus heureux des hommes de Montréal. Et un homme très affairé, puisqu'il dut suivre pas à pas, qu'il remplace ou pas, tout ce qui s'est fait, musicalement, à l'Opéra du Québec jusqu'à sa fin, en 1975.

Le 30 avril, et pendant une partie du mois de mai 73, toujours avec Jean Deslauriers — désormais également chef adjoint — au pupitre, l'OQ présenta *Manon*, de Jules Massenet. Mis en scène par Albert Millaire, cet opéra en cinq actes fut chanté par Colette Boky, Georges Liccioni, Robert Savoie, Claude Corbeil, Paul Trépanier, Bruno Laplante, Anne Chornodolska, France Simard, Paule Verschelden et Claude Létourneau.

Si, en général, les critiques ne furent ni très tendres envers la mise en

MANON

MADAME BUTTERFLY

LA FILLE DU RÉGIMENT

SAMSON ET DALILA

scène ni très enthousiasmés par le spectacle en général — sauf pour Colette Boky, Robert Savoie et Claude Corbeil —, envers Jean Deslauriers, par contre, ils furent plutôt positifs.

« Si l'orchestre — généralement excellent, tout comme les chœurs — a parfois couvert les chanteurs, dit Marc Samson, du SOLEIL, Jean Deslauriers a su, grâce à sa grande expérience, voir à ce que l'exécution se déroule rondement, sans grande subtilité peut-être mais sans bavure non plus. Ce qui n'était sans doute pas une tâche aisée si l'on songe au brouhaha presque continuel qui régnait sur le plateau. »

Jacob Siskind, de THE GAZETTE, écrit, lui : « Jean Deslauriers had the orchestra and the cast of the production most conscientiously. There were surprisingly few ragged ends and all of the smaller roles came off with far greater distinction than one finds ordinarily even in major opera houses. »

En 1964, *Madame Buttefly* fut le premier opéra (écrit par l'un de ses compositeurs favoris, Puccini) que mon père dirigea à la scène, et cela pour la première compagnie d'opéra du Québec, le TLNF. Dix ans plus tard, en mai 1974, *Butterfly* sera le dernier opéra qu'il dirigera à la scène, cette fois pour la prestigieuse compagnie d'opéra montréalaise, l'Opéra du Québec, qui, malheureusement s'éteindra exactement un an plus tard. (Bien sûr, en juillet 1976, il dirigera, avec l'Orchestre Symphonique de Québec, *La Veuve Joyeuse*, de Franz Lehar. Mais cette fois ce sera une production indépendante, celle de l'OSQ, présentée à Québec puis à Montréal, à l'occasion des jeux olympiques, et non dans le cadre d'une saison régulière de compagnie d'opéra, tel qu'il l'avait toujours fait. De plus et surtout, c'est une opérette, non opéra... Tout en étant, j'en suis absolument certaine, très honoré et très heureux d'avoir été choisi pour diriger cet « événement », — de plus, romantique comme il l'était, papa adorait cette œuvre —, je mettrais également ma main au feu que si, juste avant de mourir, on avait eu le temps de lui demander quelle avait été « sa dernière fois » en tant que chef d'opéra, il aurait murmuré : « Butterfly, à l'Opéra du Québec, en 1974. »)

Ce *Butterfly*, avec Clarice Carson, Robert Nagy, Rita de Carlo, Robert Savoie, Napoléon Bisson et André Lortie, fut un succès à tout point de vue. Et les critiques ne ménagèrent pas leurs éloges : « Superbe »... « Visuellement enchanteur »... « Musicalement d'une qualité de grande maison d'opéra »... « Malgré ce mélo démodé et au goût douteux, on marche ! »... « les très beaux décors (signés Robert Darling) respirent le calme et la simplicité »... « les éclairages (de Henri Lehousse) sont poétiques dans leur esprit de tableaux orientaux »... « les costumes (de Suzanne Mess) sont beaux, sans luxe inutile »... « le tableau à la fin du deuxième acte : un petit chef-d'œuvre, l'une des scènes les plus impressionnantes jamais réalisées sur le grand plateau de la Place des Arts »... « la mise en scène de Peter Symcox, excellente »... « les solistes remarquables,

Clarice Carson ayant des accents à vous tirer les larmes »...

Et Jean Deslauriers ? « Il a même tiré de l'OSM des accents tragiques qui soulignaient bien certaines situations », écrit Claude Gingras ; alors que Gilles Potvin, du DEVOIR, déclare : « Au pupitre, Jean Deslauriers a dirigé l'ouvrage avec beaucoup de souffle, faisant ressortir toutes les beautés instrumentales de la partition. Très souvent, on se prenait à écouter l'orchestre seul, sans que pour autant l'équilibre entre la scène et la fosse soit rompu. »

En dehors des cadres du TLNF/TLQ et de l'OQ, mon père dirigea, « à l'opéra » (comme cela se dit dans le « milieu » quand on parle d'opéra sur scène et avec fosse d'orchestre), quatre différents spectacles :

d'abord, cette *Veuve Joyeuse*, en 1976, avec Heather Thomson, André Jobin (le fils du regretté Raoul Jobin), Céline Dussault, Jean-Louis Pellerin, Claude Gosselin, Denyse Parent, Guy Hoffmann, Roger Joubert, Pierre Dufresne et Jacques Létourneau, qui assura également la mise en scène ;

ensuite, ou plutôt avant, en novembre 1973 ; l'opéra *Faust* de Charles Gounod, pour la Edmonton Opera Association, à Edmonton même, avec, mis en scène par Robert E. Darling, Edwardo Alvares (Faust), Doris Yarick (Marguerite), Paul Plishka (Mephisto), Audrey Glass (Marthe) et Bernard Turgeon (Valentin). Bien entendu Jeanne Deslauriers accompagna son mari là-bas, pour les trois semaines et plus de répétitions avant les trois représentations ;

et, à deux occasions tout à fait séparées, *La Bohème*, de Puccini : fin septembre/début octobre 1972, pour la Canadian Opera Company, à l'O'Keefe Center de Toronto, avec, comme solistes, Urszula Koszut (Mimi), Ermanno Mauro (Rodolfo), Alexander Grey (Marcello), Claude Corbeil (Colline), Peter Milne (Schaunard) et Nicole Lorange (Musetta) ; mise en scène Carlos Alexander. Mais d'abord une fois, à Montréal, le jeudi 12 novembre 1970 — après la disparition du Théâtre Lyrique du Québec et avant la naissance de l'Opéra du Québec — avec, cette fois, Clarice Carson, Pierre Duval, Bernard Turgeon, Yoland Guérard, Napoléon Bisson et Heather Thompson.

Cette représentation de *La Bohème* qu'il dirigea étant la dernière d'une série de cinq, ce soir-là à la salle Wilfrid-Pelletier, il n'y avait pas de critiques dans l'auditoire. Enfin, pas de critiques professionnels ; mais des mélomanes qui le sont, critiques, il y en avait beaucoup. Dont un en particulier, qui s'en souvient encore !

« Les gens m'en parlent encore quand ils viennent acheter des disques », dit Pierre Leblanc, ce vieil ami de mes parents et, jusqu'à tout récemment, propriétaire d'un important magasin de disques, rue Mont-Royal est. « Plusieurs personnes y sont allées deux fois en quelques jours, car tout en voulant assister à la première, en même temps ils tenaient absolument à être là le soir où Jean Deslauriers dirigerait, m'ont-ils dit. Le lendemain de cette dernière, j'ai vendu, sur disque, douze *Bohème* à des gens qui étaient à la Place des Arts la veille ! Moi aussi j'y étais, d'ailleurs... Et je peux affirmer que c'est la plus belle *Bohème* que j'aie jamais entendue ! Ce soir-là, *La Bohème* c'était Jean ! »

En effet, *La Bohème* c'était Jean Deslauriers. *La Bohème, Roméo et Juliette, Butterfly, Samson, Mignon, Tosca...* L'opéra c'était lui ; ses interprètes et ses acteurs, sa musique et ses compositeurs, ses décors et son théâtre, c'était lui ! Tout collait si bien !

Face à l'opéra, mon père était dans son élément, à sa place. À tous points de vue ! Par la fosse, par le théâtre, par la musique.

... par la fosse d'orchestre :

Je crois pouvoir affirmer, sans me tromper d'intuition, que sur scène, debout tout seul sur ce podium élevé entre l'orchestre et le public, mon père s'est toujours senti un peu comme mis à nu, un peu trop la cible d'intérêt ; surtout lorsque, sans minutage ni instruments de radio ou de télévision ou alors sans chanteur ou instrumentiste à soutenir, il devenait lui-même tout à coup la vedette du concert, et que ce n'était plus qu'à travers la seule extériorisation de ses propres émotions et sentiments que les œuvres qu'il dirigeait pouvaient éclater dans toute la force des désirs de leur auteur.

Pourtant, malgré cette sorte de pudeur et de modestie se fondant en lui, ce qui paraît-il a pu lui nuire par moments, il faut croire que Jean Deslauriers soit souvent arrivé, sur scène également, à bien laisser parler toutes ses émotions et sentiments à travers la musique, puisque certains critiques, présents aux plus importants des concerts d'été qu'il dirigea avec l'OSM, se sont donné la peine d'en parler, même en détail parfois, dans leurs articles du lendemain.

Le 3 juillet 1968, dans THE GAZETTE, il n'y en avait même que pour lui dans la critique de Frances Goltman : « ... Deslauriers infused gradual excitement in the mounting fortissimo » (dans la « Marche Hongroise » tirée de *La Damnation de Faust* de Berlioz) « that resembled the thunder of canon, and the fury that Berlioz wished burst forth for the finale. It was great... The strings were particularly passionate », (dans la musique de ballet de l'opéra *Faust* de Gounod) « all seemed to feel the vibrancy so necessary in this score. Deslauriers did a masterful job with the many contrasting moods — tuneful, smooth, sensuous, rythmical and delightfully piquant — embodied in this series of melodic dances... Deslauriers gradually released the unsurpassed increasing tensions » (pendant l'ouverture-fantaisie *Roméo et Juliette* de Tchaikovsky) « with musical restraint, thus making the climaxes rise and fall with a mesmeric effect. »

De ce même concert à l'aréna Maurice-Richard, Gilles Potvin, plus «cool», écrira : «Jean Deslauriers dirigea avec fermeté et dans de bons mouvements la "Marche Hongroise" de *La Damnation de Faust* ainsi qu'une importante sélection de la musique de ballet de *Faust*.»

Le 8 juillet 1970, toujours avec l'OSM mais à la Place des Arts cette fois, Jacob Siskind écrira dans THE GAZETTE : «The performance of the *Bolero*» (de Ravel) «rose to a clashing climax, one that had both the musicians and the audience exhausted by the tension generated. Ravel would have been pleased. So was the crowd!»

Le 14 août 1974, lors de «Soirée d'Opérettes et d'Opéras-Comiques Français», Gilles Potvin et Claude Gingras sont clairs quoique brefs : «... les pages de *Carmen* et de *L'Arlésienne* ont bénéficié d'exécutions enlevantes par l'orchestre» (Potvin), et «... les sélections purement orchestrales furent interprétées avec une vie tout à fait remarquable!» (Gingras). Myron Galloway, du MONTREAL STAR, ajoute pour sa part : «Deslauriers succeeded in coloring the work» (L'Arlésienne) «with subtelties seldom heard before, and during the exquisite interpretation of the Adagiatto which closes the first suite, the audience sat breathless, hypnotized by the effects he was achieving.»

D'autre part, je crois aussi pouvoir affirmer qu'il aimait et avait besoin de ce public vivant, qu'il n'y a justement que dans une salle de concert, et que souvent, à la radio puis à la télévision, il a dû se sentir bien seul, et comme «laissé sur sa faim» d'appréciation — que seuls des applaudissements peuvent offrir à un artiste — après avoir donné le meilleur de lui-même sous l'œil froid d'une caméra, à l'oreille insensible d'un micro, et parmi des techniciens aussi affairés que lui. Et cela, même si Radio-Canada, son plus dur critique dans ce domaine, n'arrêta pas de lui prouver — par des engagements répétés jusqu'à la fin — qu'ils étaient absolument satisfaits de son travail.

N'aimant pas être la vedette sur scène, mais ayant besoin de sentir la présence et la réponse d'un public envers la musique, dans la fosse d'orchestre il fut donc le plus heureux des hommes!

«Jean, dit Henri Bergeron, admirait Karajan pour sa rigueur, la précision de sa baguette. Chez Toscanini, il admirait ce lyrisme italien, cette puissance d'hypnotisme.» Dans la fosse d'orchestre et avec l'opéra, mon père put donc, sans plus se sentir nu ou seul, mettre enfin ensemble cette précision allemande de sa baguette, qu'il avait lui-même, et ce lyrisme si latin qui bouillonnait au fond de son cœur et de ses tripes depuis toujours, et les offrir, la première aux chanteurs, si seuls là-haut sur scène, le second à l'intensité toujours dramatique de la partition d'opéra, là, devant lui, qu'elle soit de source italienne ou autre.

«À l'opéra, me dit Eugène, mon beau-frère, papa Jean a laissé s'exprimer toute sa personnalité!»

... par le théâtre :

« Déjà, adolescent, se souviennent deux ou trois de ses sœurs, Jean avait un sens théâtral très développé. Étant très bricoleur, il construisait lui-même des petites scènes de théâtre avec tous les détails possibles : deux rideaux de scène en lamé, et personnages et guignols en costumes d'époque — que notre mère cousait pour lui, selon ses spécifications précises ! —, décors peints à la main, éclairages tamisés et romantiques ou alors dramatiques et forts... Il y avait même, souvent, jusqu'à une pleine lune qui partait de la gauche, au début de la "séance", et qui devait arriver à l'extrémité droite du décor en même temps que la fin de la pièce. Le pauvre copain qui se faisait attraper pour tenir la lune derrière un gros carton noir... Qu'est-ce qu'il prenait lorsqu'il avait le malheur de mal coordonner son mouvement avec celui de la "séance" !... Tous les fusibles que Jean a pu faire sauter avec ses éclairages branchés les uns aux autres ! Tous les ordres qu'il nous a donnés pour se faire aider dans ses préparations de scène dans la cour ; puis ceux, pour nous faire taire, au moment où le spectacle commençait, et même après !... »

Quarante ans plus tard, il semble que mon père n'avait pas tellement changé de goût ni de tempérament dans ce domaine non plus... L'opéra, pour lui, c'était après tout du théâtre chanté, du théâtre lyrique, c'est tout. Il n'y avait donc pas de raison pour qu'il ne veuille plus tout organiser, tout décider ! Mais cette fois, les enfants étaient plus grands, les spectacles c'était «du sérieux», chacun avait sa tâche précise, sa spécialité individuelle pour laquelle il était très bien payé, sans avoir à recevoir d'ordres d'intrus... Et la spécialité de Jean Deslauriers c'était la musique, pas autre chose... Alors Jean Deslauriers s'occupa de la musique, parfaitement et professionnellement, comme toujours. Pour le reste, il se contenta de...

« Souvent, quand je faisais une mise en scène d'opéra avec Jean, raconte le comédien Jacques Létourneau, je l'avais sur les talons. Même aux répétitions de mise en scène proprement dites, il était là. Pourtant la veille, il avait dit : "Demain vous travaillez la mise en scène, je ne viendrai pas." Alors, en arrivant, il disait : "Je ne vous dérangerai pas, je viens juste pour voir comment ça se passe." Cinq minutes plus tard, il se levait et se mettait à parler d'un moment musical où un chanteur devrait être là plutôt que... Je le regardais, il s'arrêtait net et disait : "Oui, oui, Jacques, la mise en scène c'est à vous. Les chanteurs, là c'est Monsieur Létourneau qu'il faut écouter." Dix minutes plus tard, son oreille se dressait à nouveau, il se remettait à se promener derrière moi, puis, finalement, il intervenait une fois de plus [1].

« — Jean, vous me volez mon temps, finissais-je par lui dire, moitié fâché, moitié rieur.

« — Ben oui, Jacques, excusez-moi. Faites comme si je n'étais pas là.

« Quand, pour la deuxième ou troisième fois, on a travaillé ensemble, le connaissant mieux, parfois je me suis moqué de lui en l'imitant. Pendant qu'il était en pleine répétition de musique, je me plaçais derrière lui et, en faisant de grands gestes, je me mettais à donner des indications de mise en scène aux chanteurs. Alors il se retournait en hochant la tête, et il disait en riant : "Bon, bon. J'ai compris !"

« Jean adorait les comédiens, et il faisait tout son possible pour les aider avec la musique qu'ils avaient à chanter, à certains moments. Pendant les répétitions d'opérettes, il leur disait toujours : "Ceux qui ne connaissent pas la musique, ce n'est pas grave. Suivez-moi !" Et alors, lorsque Paul Berval se mettait à "chanter", c'était encore plus drôle de regarder Jean se tordre de rire que de regarder l'autre faire le fou. »

Tous les comédiens l'aimaient beaucoup, eux aussi ; ceux du temps du *Théâtre Lyrique Molson* et ceux des opérettes au temps du Théâtre Lyrique de la Nouvelle-France puis de l'Opéra du Québec ; mais également tous les comédiens qu'il croisait à Radio-Canada.

« Après mon premier téléthéâtre, dit Gérard Poirier, Monsieur Deslauriers fut le premier qui, spontanément, avec la main tendue et un large sourire, est venu à moi pour me féliciter ! C'est un geste qui m'a marqué. »

Roger Garceau, pour sa part, raconte combien il était fou de joie quand on le demandait pour *Molson*. « J'aimais la simplicité de votre père, sa chaleur humaine, la haute qualité de ses manières. »

« Contrairement à certaines personnalités de la grande musique, écrit Jean Rafa, votre papa ne nous jugeait pas du haut de son prestige. »

---

1. René Lacourse m'a dit que mon père faisait la même chose avec lui pendant qu'il était en pleine répétition avec les chœurs.

s'arrêtait pour vous dire bonjour ! »

« Les comédiens, comme les musiciens, ont besoin d'être guidés, écrit Jean-Louis Paris. À *Molson*, Jean Deslauriers savait le faire. Il était apaisant, rassurant. »

« Pour nous tous qui avons fait de l'opérette avec lui, se souvient Roger Joubert, votre père, c'était "papa Deslauriers". C'est ainsi que nous l'appelions tous. »

« Pour ma part, reprend Jacques Létourneau, quand j'ai su que, pour la première fois, j'allais travailler avec lui — c'était à *Sérénade Estivale*, en 1963 ; on avait préparé le premier acte de *La Bohème* ensemble, avec Richard Verreau et Theresa Stratas —, j'étais très impressionné. Dès notre première répétition, j'ai aimé Jean. Ensuite, à chaque fois qu'on a travaillé ensemble, quand il était là — ce qui veut dire toujours ! — je sentais une sorte d'électricité qui passait dans l'air. Il était encombrant parfois, mais c'était seulement parce qu'il était tellement enthousiaste et emballé par tout.

« J'ai adoré Jean ! »

Jean-Claude Rinfret aussi se souvient de lui :

« Dans une équipe de production d'opéra, Jean était le catalyseur, le lien. À chaque fois que j'ai fait les décors d'un spectacle et qu'il dirigeait — que ce soit *Samson et Dalila*, en 1971, à l'Opéra du Québec, ou alors plusieurs fois à la télévision, dont *Roméo et Juliette*, en noir et blanc, en 1957 — la même chose se produisait : à la première réunion, Jean nous disait comment, musicalement, il voyait l'œuvre dans son entité. Puis tout en restant avec nous, il nous laissait discuter décors, éclairages, costumes, etc.

« Dix jours plus tard, lorsque le groupe de production se réunissait, Jean était là ; sans avoir à y être (Zubin Mehta faisait la même chose). Pour lui, la musique c'était facile, automatique, il n'avait plus à en parler, sauf aux chanteurs — avec qui il prenait d'ailleurs beaucoup de temps, pour la musique mais aussi pour les aider à bien sentir l'atmosphère de l'époque, du climat et du pays où se déroulait l'opéra et où évoluaient leurs personnages. — Maintenant, ce qui l'intéressait c'était le spectacle entier. Il suivait chaque évolution des maquettes, des costumes, des éclairages ; puis, à l'époque des répétitions, à chaque interruption, au lieu d'aller dans sa loge, on voyait Jean arriver, la serviette dans le cou, en demandant ce qui n'allait pas. Que ce soit un problème de costumes, de technique ou de décors, il voulait savoir.

« Moi j'adorais le voir arriver ainsi, et être heureux et malheureux avec nous, nous donnant son opinion. À Radio-Canada, il n'a jamais dérangé personne. Il faisait tellement partie de la famille ! Tout le monde l'aimait, le respectait et aimait avoir son point de vue.

« Jean était un homme de cœur ! »

Je sais qu'une des plus grandes joies de mon père fut de préparer

Samson et Dalila avec Carlo Maestrini, le fameux metteur en scène italien. C'est également Maestrini qui avait fait la mise en scène de *La Bohème*, en 1970, et papa avait adoré travailler avec lui. «Je l'ai trouvé fascinant», déclare-t-il dans une interview relatée par Jacques Thériault dans LE DEVOIR, le 16 octobre 1971 à l'occasion des débuts de l'Opéra du Québec. «Comme chef d'orchestre, mon rôle consistait à faire en sorte que cette musique traditionnelle rejoigne l'esprit de la mise en scène que Maestrini a conçue. Mais il n'y a pas eu de problèmes : Maestrini connaît à fond la partition de Saint-Saëns !»

Je sais également que Monsieur Maestrini a dit spontanément, un jour, à ma sœur Yolande : «Votre père est d'une qualité rare.»

... par la musique :

Avant même d'être si bien et à sa place dans la fosse d'orchestre, et également avant de pouvoir enfin laisser participer l'homme de théâtre qu'il était aux spectacles complets que furent les opéras qu'il dirigea à la scène, Jean Deslauriers était déjà, et cela depuis longtemps, un homme d'opéra : sur les bateaux, après en avoir transposé les plus beaux passages pour son orchestre de poche, il les avait joués comme violoniste ; dès les débuts de *Sérénade pour Cordes* et des années 40, il en avait orchestré, réorchestré ou transposé chaque aria ; puis pour *Molson*, un à un il les avait décortiqués, mis en pièces, élagués et remontés en concentrés ; à la télévision, par actes entiers ou œuvres entières il les avait réétudiés, révisés, il s'en était réimprégné. Toutes ces séquences dans sa vie de chef pour ensuite, les diriger, les offrir au public, «en "extraits", pour apprivoiser ceux qui ne connaissent pas», disait-il souvent, et en entier, pour les connaisseurs amoureux de l'art et du spectacle lyriques !

Alors l'opéra !... Pour Jean Deslauriers, quand arriva le TLNF, puis l'OQ, cette forme d'expression musicale n'avait plus de secret. Dans son curriculum vitae des années 70, on trouve d'ailleurs une liste de titres d'opéras, après cette entrée en matière : «Parmi le répertoire d'opéras de Jean Deslauriers, voici ceux qu'il est prêt à diriger à vingt-quatre heures d'avis :

Roméo et Juliette	Tosca	Werther
Les Pêcheurs de Perles	Manon	Mignon
Madame Butterfly	La Bohème	Carmen
Samson et Dalila	Faust	La Traviata
La Fille du Régiment	Otello	Rigoletto
La Veuve Joyeuse	Lakmé	Le Pays du Sourire
		Monsieur Beaucaire. »

Déjà en 1956 ou 1957, à la radio, à quelques heures d'avis le réalisateur Albert Chamberland lui avait demandé de remplacer Jean Beaudet, malade, et de diriger *Manon*, avec Pierrette Alarie et Léopold

Simoneau. « Ce que Jean avait fait volontiers, et comme s'il avait préparé tout l'opéra lui-même », m'ont dit ces derniers.

C'est, paraît-il, le genre de défi que mon père aimait. Il fut donc très déçu lorsque, en 1974, il dut refuser l'invitation à diriger *Carmen*, à vingt-quatre heures d'avis, à la Nouvelle-Orléans, aux États-Unis. (Sauf erreur, je crois que c'est à l'époque où il dirigeait *Madame Butterfly* à l'Opéra du Québec.)

Carmen ! C'était justement un des opéras qu'il connaissait à l'envers, qu'il aurait pu diriger « les yeux fermés » selon son expression, ce qui signifiait sans partition et les yeux ouverts, il va sans dire...

Depuis aussi longtemps que je puisse me souvenir, je revois mon père assis devant une partition d'opéra — originale autant que possible —, l'étudiant d'un bout à l'autre, avec ou sans disque à l'appui ; et avec ou sans engagement prévu pour l'un et l'autre de tous ceux auxquels il travaillait semaine après semaine, mois après mois.

C'était une sorte de nourriture pour lui, une façon de vivre, de fonctionner.

À propos de partition originale, mentionnée plus haut, qu'est-ce qu'il a pu faire courir certaines personnes, sa parisienne de fille incluse, pour qu'on lui trouve les partitions originales de tel ou tel opéra ! Si John Charuk, violoniste à l'OSM et un « vieux de la vieille » pour papa, l'avait écouté quand, une année, il est allé en Russie avec l'OSM, il aurait passé tout son temps à y chercher les partitions originales de *Boris Godunoff* de Mussorgsky, de *La Dame de Pique* et d'*Eugène Oniegin* de Tchaikovsky, du *Coq d'Or* de Rimsky-Korsakoff...

« Il n'y a que ça de vrai, la partition originale, disait-il toujours. Comme ça, on est sûr que ce qu'on joue, c'est le compositeur qui l'a écrit, voulu. » Et ça, pour lui c'était vital ! Les artistes en savent quelque chose !

« Votre père, m'écrit Madame Chiriaeff, était toujours très méticuleux et permettait rarement, par désir profond de ne pas trahir l'auteur, qu'on ajuste les tempi de la musique aux besoins de la danse. Contrairement au Maître à danser de Molière, c'est toujours lui qui avait le dernier mot — et je lui cédais (pas toujours volontiers) par respect pour sa profonde conviction. »

« Je crois, m'a expliqué un danseur ayant travaillé avec lui, que si votre père insistait pour garder les tempi de l'auteur même avec les danseurs, c'est qu'il sentait bien qu'il ne leur demandait pas l'impossible. Ayant pour eux beaucoup d'affection et de respect, et voulant toujours les aider, comme il le voulait avec tous les artistes en général, il n'aurait pas risqué de mettre leurs capacités et limites en danger, juste pour avoir le dernier mot. »

Mais c'est vrai que Jean Deslauriers était un maniaque de la fidélité à l'écriture du compositeur. Surtout lorsque ces derniers n'étaient plus de ce monde pour défendre l'interprétation, demandée et indiquée de leur propre main, de ce qu'ils avaient composé de leur vivant.

Avec les «contemporains», c'était plus simple. D'abord parce qu'en général, leur musique est avant tout une musique de précision technique, et que dans ce domaine la réputation de Jean Deslauriers était solidement établie. «Je vous remercie, écrivit un jour à mon père le compositeur Bruce Mathers, d'avoir dirigé mes tempi ainsi, exactement en fait comme je les voulais. Peu de chefs auraient pu obtenir ce degré de précision avec si peu de temps de répétition.»

Ensuite parce qu'avec eux, il était possible de parler pour mieux connaître le sens de l'intention musicale de leurs compositions. Même plus, il était possible d'en discuter ensemble... Clermont Pépin m'a raconté que lors de l'enregistrement de son *Guernica* pour les *Beaux-Dimanches*, en 1977, mon père lui avait dit qu'il trouvait que son troisième mouvement, une marche militaire, était trop «français» dans ses tempi, alors que d'après lui ceux-ci devraient être plus «allemands». «D'accord avec lui, conclut Clermont Pépin, votre père dirigea *Guernica* ainsi. Ce troisième mouvement, fait plus à l'allemande, tombait très en accord avec les deux premiers mouvements. Il les "terminait" très bien. J'aime que l'interprète ait une idée à lui de l'interprétation d'une œuvre. Mais j'aime aussi le fait qu'il ait pu m'en parler avant de la faire à sa façon!»

Mais avec les disparus... Et surtout les «grands»?... «Qui suis-je, disait souvent papa, pour changer ce qu'un Beethoven ou Verdi a écrit?!»

«Oui mais, m'ont dit deux ou trois personnes, il y a l'interprétation personnelle d'un chef qui compte.»

«Et alors! s'exclame Jean Vallerand. Jean en avait une, lui aussi. Il a toujours cherché à faire différent, neuf et expressif. Mais avant tout il dirigeait avec autant de respect pour une partition qu'Emile Cooper — le grand chef russe qui a créé *Le Coq d'Or* de Rimsky-Korsakoff — en avait. Jean était de cette trempe: fidèle à la partition, cherchant avant tout à exprimer ce qu'a voulu dire l'auteur, mais également avec une grande émotion et une grande sensibilité. Ce n'est pas peu dire!»

«Et puis, m'a déclaré René Auger, si avec une œuvre Jean s'était permis les libertés qu'un Karajan se permet, on aurait dit: "Non mais, pour qui se prend-il, Deslauriers! Il ne connaît donc pas la partition!?»

(Surtout qu'une des rares fois où, d'après Claude Gingras, mon père s'en était permis une — justement lors de cet «exercice public» en 1962 —, ce dernier l'avait tout de suite remarquée: «Pendant tout le concert, il n'y a eu vraiment qu'un moment où l'animateur de *Sérénade pour Cordes* a pris le dessus sur le chef d'orchestre du Conservatoire: c'est le Larghetto du Concerto de Handel, où l'on a entendu des ritardandos et des diminuendos que l'on ne trouve pas dans la partition.»)

Après cette remarque faite justement à une époque si importante pour sa réputation «classique» à rétablir, peut-on vraiment, alors, reprocher à Jean Deslauriers, d'avoir, par la suite et jusqu'à la fin de sa vie, respecté avant tout l'écriture des œuvres qu'il a dirigées?...

« Ton père, m'a raconté Clarice Carson, disait souvent : "Quel musicien peut prétendre être assez bon pour décider que lui, peut changer ce qu'un compositeur a écrit, surtout un 'grand' ?!" C'est d'ailleurs étrange comme les compositeurs inconnus sont joués tels qu'écrits. Tandis que les grands, dont Beethoven en particulier... Si souvent, l'intention de Beethoven a été perdue au profit du chef ! Il faut dire aussi qu'il y en a quelques-uns qui se prennent pour Beethoven lui-même, alors...

« Quant aux musicologues... Souvent, en étudiant une partition, ils diront : "Oh, oh ! En réalité, en écrivant cela ainsi, Mozart voulait dire autre chose. Ça, probablement." C'est-à-dire comment eux la voyaient ! C'est comme si, au musée, on jetait un voile bleu sur un Michel-Ange en disant qu'il est beaucoup mieux ainsi... Mais lorsqu'un musicologue a parlé, a décidé quelque chose, même si ce n'est plus Mozart...

« Ça ne marchait pas ainsi avec Jean Deslauriers. Il avait des convictions et il y tenait. Ce n'est pas pour rien qu'il voulait toujours la partition originale d'une œuvre, d'un opéra. Il savait trop bien qu'en plus d'être souvent truffées d'erreurs d'indications involontaires, les "autres" partitions risquaient également d'être "déformées" avec le temps. Par les musicologues, par la tradition qui fluctue par le fait même, et par les chefs aussi... Beaucoup de chefs connaissent très bien les partitions d'opéras, mais à cause de l'habitude et de la répétition, ils ne se donnent plus la peine de les regarder comme la première fois qu'ils l'ont fait.

« Tandis que Jean... J'ai beaucoup travaillé, chanté d'opéras avec lui. À chaque fois qu'il ouvrait une partition, c'est comme s'il la regardait pour la première fois de sa vie. Je me rappelle comment, dès la première répétition, il venait vers moi en disant, avec les yeux tout pétillants : "Psst !

Clarice, come here a minute." Alors j'allais vers lui en disant : "What have you got, Jean ?" On aurait dit, alors qu'il me montrait la partition, de *Tosca* entre autres, qu'elle venait juste de sortir des presses de l'éditeur de Puccini lui-même, et qu'elle était encore à peine sèche !

« Le jeune Daniel Barenboïm également est très fidèle à la partition ; lui aussi la regarde comme s'il la voyait pour la première fois — ce qui était peut-être le cas lorsque j'ai fait *Don Juan* avec lui, il est si jeune. Anyway, *Don Giovanni* is very tricky and when I sang it with him, I felt it was the first time I did a *Don Giovanni* that musically fitted : the way Mozart wrote it, and not the way most "Mozart experts" do it.

« D'autre part, je n'ai pas souvent chanté avec Zubin Mehta, mais lorsque que j'ai chanté Desdémone, dans *Otello*, avec lui et Jon Vickers lors de l'Expo 67, j'ai également trouvé son interprétation très honnête. He was very close to Verdi. »

Pour sa part, la pianiste et accompagnatrice Jeannine Lachance m'a raconté à propos d'*Otello* — celui qui a « failli » être donné en 1963, lors de l'inauguration de la Place des Arts, qui n'a pas eu lieu comme prévue non plus — : « Pendant une répétition avec Jon Vickers, à un moment Zubin lui a passé une remarque à propos de son interprétation d'un air de l'opéra. Jon lui a alors répondu : "Je ne viens pourtant de faire que ce que Verdi a écrit, ni plus ni moins." Zubin a vite compris le message, et l'a respecté. »

« C'est à peu près, continue Clarice, ce que ton père m'a dit un jour, justement lors de cette fameuse "Soirée à l'Opéra", en 1970, alors qu'on répétait le "Ritorna Vincitor" d'*Aïda* :

« — Clarice, pourquoi le chantez-vous si lentement ? C'est pourtant écrit "allegro agitato".

« — Mais Maestro, c'est la tradition. Tout le monde le fait comme ça. Renata Tebaldi le fait ainsi. Madame Milanov le fait ainsi.

« — Peut-être, mais Verdi, lui, ne le fait pas ainsi. »

« La tradition !... C'est souvent de la trahison ! me dit encore Jeannine Lachance. Dans *Il Trovatore*, Verdi a écrit, pour le rôle d'Eleonora, une cadence avec un contre-ré bémol. Eh bien, on a tellement dramatisé, vocalement, ce personnage-là à travers le fameux "Miserere" que, rendues au contre-ré bémol, les sopranos ne sont plus capables de le donner tellement leurs voix sont déjà trop grossies, amplifiées, avant même d'y arriver. Alors on ne l'entend plus ou presque, cette note. Il y a des milliers d'exemples ainsi. »

« Eh oui, reprend Clarice, la tradition — du moins ce qu'on appelle la tradition... Dans la façon de chanter surtout les airs connus, la tradition provient souvent de la déformation de ces airs parce que, tel le bouche à oreille, ils sont chantés trop de fois, ou alors du fait qu'un chanteur, souvent connu, est incapable de le chanter tel qu'écrit (c'est d'ailleurs la même chose pour les instrumentistes). Alors on fait "d'une faute une vertu", et cela devient la tradition. Ensuite, même si vous n'avez pas cette faiblesse, on s'attend à ce que vous fassiez la même faute !

« Je n'ai pas échappé à la règle. Comme beaucoup d'autres, j'ai suivi la tradition, et moi aussi ça m'est arrivé, pour masquer certaines faiblesses, de passer à côté et, ce faisant, peut-être même de faire dévier à mon tour une tradition ou une autre.

« Ce soir-là donc, avec ton père, j'ai répondu : "D'accord Maestro, je veux bien faire une petite concession", mais par respect pour lui et non parce que je pensais qu'il avait raison. Je me disais qu'il devait bien y avoir une raison pour laquelle ces phrasés étaient aussi étirés, même si en effet, au moment de cet "allegro agitato" dont Jean parlait, l'orchestre entrait aussi en jeu. En fait, les chanteurs n'aiment pas que les chefs interviennent, voilà jusqu'où va même la tradition aujourd'hui.

« Depuis ce soir-là de 1970, j'ai dû rechanter cet aria d'*Aïda* au moins deux cents fois. Mais ce n'est que cette année, en 1980 [1], que j'ai vraiment — et enfin — regardé la partition d'*Aïda* comme si c'était la première fois que je la tenais dans mes mains : à cause de Joan Dorneman, mon coach depuis longtemps et "assistant-conductor" et souffleur, au Met. Joan, qui connaissait ton père et l'aimait beaucoup, m'a dit récemment : "Tu te souviens de ce concert d'opéra que tu as fait à Montréal avec le père de Yolande, en 1970 ? Tu te souviens m'avoir parlé de ce "Ritorna Vincitor" d'*Aïda*, qu'il trouvait trop lent ? Regarde la partition. Il avait raison. Pourquoi est-ce que nous ne nous en sommes pas aperçues avant ! ?"

« On a retravaillé tout cet aria "tel que Verdi l'avait écrit". Ce fut une révélation ! Là j'ai compris ce que ton père voulait de cet air, et de moi. Et j'ai aussi réalisé que, même si je ne les avais pas mises en pratique, les paroles de Jean m'étaient restées à l'esprit. Maintenant, je les apprécie de plus en plus, et chaque fois que j'ouvre une partition, que ce soit pour chanter ou pour enseigner, je fais comme lui : je la regarde comme si je ne l'avais jamais vue avant ; et j'y découvre plein de choses, dont la principale : la première intention, la pure, celle du compositeur qui l'a créée.

« Il n'y avait qu'une circonstance où Jean acceptait de faire exception à cette règle d'or : lorsqu'il sentait que le chanteur avait de vraies difficultés avec la partition telle qu'écrite. Déjà quand il savait qu'on pouvait le faire, tel ce soir-là en 70, il était trop gentleman — et trop modeste — pour vous jeter bêtement : "C'est comme ça que je le veux, c'est comme ça que vous le ferez ! ? surtout, sachant que vous l'aviez chanté à votre façon avec de "grands" chefs. Alors, quand vraiment un chanteur manquait de souffle, ou de puissance... Ou bien quand il sentait que l'habitude de chanter un air d'une certaine façon, même fausse, était devenue tellement ancrée en vous que cela vous était humainement impossible de tout changer tout d'un coup...

« Alors, même s'il n'était pas d'accord, il était prêt à vous aider, à faire des compromis vis-à-vis de l'écriture originale dans sa partition. "I don't

_____

1. C'est en 1980 que j'ai pu rencontrer Clarice Carson afin qu'elle me parle de mon père.

314

want to see a blue girl on stage, disait-il. You're too pretty for that. Et puis, qu'est-ce que je ferais d'une chanteuse étouffée, dites-moi ? Alors voilà, je vais vous donner une chance de respirer ici. D'accord ? Ça vous aide, ça ?"

« Jamais Jean Deslauriers ne vous aurait laissé tomber ! Surtout juste pour avoir raison. Il adorait les chanteurs, il les écoutait vraiment, ils les mettait en vedette et les faisait passer avant lui. Aux yeux de certaines personnes, cela peut sembler une faiblesse de la part d'un chef. Mais moi je dis que c'était une force. Une des forces, souvent cachées, de Jean Deslauriers. »

« Tous les chanteurs ont aimé Jean », m'a dit le juge Jacques Vadboncœur, qui a beaucoup fait pour les arts à Montréal. « Quand ils étaient seuls sur une scène d'opéra, leur meilleur soutien, leur plus grande sécurité c'était Jean Deslauriers, là dans la fosse d'orchestre ! Et même quand il avait les cheveux courts, pour l'auditoire derrière lui il avait une vraie tête de fosse d'orchestre. La plus belle chez nous !

« L'opéra c'était Jean. Ce fut son grand amour, sa vie comme chef d'orchestre ! »

1975

Et maintenant !?...

Aquarelle de Jean-Paul Ladouceur.

J'aurais préféré terminer ce livre sur mon père sans avoir à écrire ce dernier chapitre, en laissant plutôt le lecteur sur cette impression que Jean Deslauriers est mort en pleine activité, en plein épanouissement, en plein bonheur professionnel, et aimé, voulu et apprécié de TOUT le « milieu » musical québécois qui fut le sien pendant toute sa vie.

Malheureusement, sa vie ne se termina pas vraiment de cette façon, du moins professionnellement. Je n'ai donc pas le choix : il faut que j'aille jusqu'au bout. Il le faut, et au fond je le veux. D'abord parce que m'étant engagée vis-à-vis de mon père et de moi-même, c'est évidemment la seule façon de le faire, ce livre. Mais aussi parce qu'on ne rendra jamais assez compte de la façon souvent triste dont se termine la carrière et la vie de tous ces artistes, pionniers chez eux parce que nés dans un pays neuf, à une époque de sommeil encore total dans le domaine artistique qui les passionne, et avec des moyens de s'y épanouir et d'y réussir pleinement ressemblant plus à des obstacles décourageants qu'à des opportunités stimulantes.

Jean Deslauriers ayant été, sans contredit, un pionnier chez lui, au Québec, il n'échappa pas à cette tradition sociale encore inébranlée. Les trois dernières années de sa vie, il les vivra rempli de tristesse et de frustration, poursuivi de regrets, de déceptions accumulées et de « si » inutiles, et hanté de craintes, d'angoisses et de « pourquoi ? » restés, les deux premières sans apaisement souvent, les derniers sans réponse. Cela pour toutes sortes de raisons, et malgré le fait qu'il ait tout de même réussi, pendant tout ce temps, à gagner à peu près sa vie en exerçant son métier de chef d'orchestre, surtout grâce à Radio-Canada, plus que jamais, et jusqu'à la fin, fidèle envers lui.

D'abord, à la fin de la saison 74-75, cette mort de l'Opéra du Québec, avec et à cause de sept chiffres de déficit en dollars, dû en grande partie, me dit-on, aux idées de grandeur trop coûteuses de certains « conseillers artistiques » et des responsables de la compagnie.

« Jean s'était donné corps et âme à l'Opéra du Québec, déclare Henri Bergeron. Il était tellement fier d'avoir participé à ses débuts, puis d'y être nommé chef d'orchestre adjoint ! Cette disparition a été fatale pour lui. »

D'après son neveu Pierre Pelland, « après l'Opéra du Québec, l'oncle Jean a décroché de la vie. Il sentait trop bien que ce serait "trop long" pour lui avant que ne renaisse une autre compagnie d'opéra à Montréal. » Ce qui explique sûrement un peu pourquoi il n'a pas réagi publiquement lorsque vint la fin de l'Opéra du Québec. De toute façon, qu'aurait pu faire un homme aussi peu bagarreur et contestataire que papa contre les querelles de pouvoirs, et contre le fait accompli de plus d'un million de dollars à présenter en déficit au gouvernement..., un homme pour qui, romantique et apolitique comme il l'était, ne comptait qu'une chose entre toutes : la musique...

« Lorsque l'Opéra de Montréal est né, en 1980, dit Marie Bourbeau, une grande dame ayant soutenu l'art musical depuis toujours au Québec, j'ai déclaré à qui voulait l'entendre : "C'est triste que Jean Deslauriers ne soit plus là !" Je suis sûre qu'il aurait été le premier sur la liste. »

« Et s'il y avait eu une vraie maison d'opéra à Montréal à l'époque où ton père était jeune, continue la chanteuse Gabrielle Lavigne, il en aurait été le premier chef. »

« C'est dommage que l'Opéra du Québec soit né si tard dans la vie de Jean, ajoute Robert Savoie. Si au lieu d'avoir eu 65 ans, il en avait eu 35... »

— *C'est bien ce que je disais... Je suis né trente-cinq ans trop tôt...*

« Jean me disait souvent, poursuit André Turp : "Je voudrais tant faire de l'opéra tout le temps, André." S'il y avait eu une maison d'opéra permanente à Montréal, avec son talent Jean aurait eu l'opportunité de faire enfin tout ce qu'un chef d'opéra est né pour faire. Cela aurait été pour lui un épanouissement total, et la concrétisation de tous ses rêves. »

Si... si... si..., m'a-t-on dit de toutes parts : « Si l'Opéra du Québec n'avait pas perdu de millions »... « S'il y avait eu une maison d'opéra avec une vraie organisation, une vraie infrastructure, comme dans les quatre-vingt-neuf maisons d'opéra en Allemagne »... « S'il avait été dans un milieu national différent »... « S'il avait été élevé à Vienne, avec un père musicien, comme Zubin Metha »... « Si au moins il avait pu aller diriger *Carmen* à la Nouvelle-Orléans »... « S'il avait pu aller diriger ailleurs, aux États-Unis, à Paris, à Milan, à Berlin »...

« Jean aurait été si heureux en Europe ! »

Mais pour cela, il lui aurait fallu, au moins et avant tout, un impresario... Et pour se trouver un impresario, il aurait d'abord fallu qu'il y en ait à Montréal, puis ensuite le convaincre de vous vendre, n'est-ce pas ?... Et comme, depuis toujours, mon père avait été bien meilleur vendeur pour les autres, ses enfants en particulier, que pour lui-même...

« Votre père était trop plein de pudeur et de délicatesse pour vendre son talent, MÊME à un impresario, continue Marie Bourbeau. Et puis, c'est juste qu'à Montréal, il n'y avait pour ainsi dire pas d'impresarios. C'est regrettable, car comme pour tous les artistes, ça lui était indispensable. Surtout à lui qui avait le talent pour aller diriger ailleurs. Personne n'étant prophète en son pays, ça l'aurait parfois aussi aidé ici. Mais jusqu'à il y a très peu d'années, les Canadiens français étaient un peu comme les Français, ils sortaient peu du pays, quoique pas pour les mêmes raisons : si le Français est chauvin, le Québécois, lui, est timide. Le Canadien français ne sort pas assez de chez lui. Heureusement, aujourd'hui cela change, lentement, mais cela change. Par contre, j'ai toujours eu l'impression que votre père a un peu regardé vers l'extérieur, je crois même que, jeune, il a rêvé de partir perfectionner son violon, non ? »

Jeune... Et plus tard aussi, pour diriger, surtout à partir de l'Expo 67... L'atmosphère internationale de l'Expo, en musique comme dans le reste, y fut certainement pour quelque chose ; le fait de rencontrer le metteur en scène Carlo Maestrini — venu monter *Otello* — également ; et son voyage en Europe, ainsi que, entre autres rencontres passionnantes, celle à Florence avec un vieux compositeur italien, Signor della Piccola, ce même automne-là, sûrement aussi un peu...

C'est en 1967 que mon père s'est remis à rêver — ouvertement —, et surtout qu'il s'est décidé à se faire un peu violence, et à essayer de se vendre à un impresario. Mais avant tout, à essayer d'en trouver un... À Montréal d'abord, il dénicha un certain Jack Rubin, lequel, s'il ne lui apporta pas vraiment d'engagements, surtout au Québec où, en réalité, depuis les années 60 et 70 encore plus qu'avant, mon père n'avait plus trop besoin d'être vendu, provoqua au moins en lui le besoin de se composer un curriculum vitae et même, de se faire dessiner une espèce de « composite » — comme les mannequins — annonçant, par des photos, textes et dates, « Jean Deslauriers, chef d'orchestre canadien d'expérience musicale sérieuse et variée ».

Le curriculum vitae vit le jour ; le composite, lui, en resta toujours au stade de l'échantillon unique. Tout de même, quelques années plus tard, vers 1972, Jim Sardos, impresario de New York, accepta d'inclure Jean Deslauriers — qu'il avait rencontré après en avoir entendu parler par Marcel Bousquet, lui aussi impresario, mais de chanteurs et à Montréal — parmi son écurie de chefs d'orchestre, puisqu'il était bien sûr prêt à se rendre aux États-Unis et, atout particulier non négligeable, « à remplacer à vingt-quatre heures d'avis à l'opéra », n'importe laquelle des œuvres inscrites au deuxième curriculum vitae qu'il venait de « faire rédiger » cette fois. D'où, en 1974, le premier appel urgent de Jim Sardos, lui offrant *Carmen* à la Nouvelle-Orléans « demain soir ! »...

« Cet engagement aurait pu mettre Jean sur le circuit de dizaines de maisons d'opéra américaines », dit-on. Mais ce ne fut pas le cas, puisqu'à cause de répétitions de l'Opéra du Québec auxquelles il devait être présent en tant que chef d'orchestre adjoint — et non parce qu'il dirigeait *Butterfly* comme je l'avais cru et l'ai écrit plus haut —, il dut refuser cette chance unique de "sortir" de chez lui. »

« Un autre bateau de manqué », m'annonça-t-il dans une de ses lettres en parlant de ce *Carmen* raté.

Papa avait écrit « un autre » car, l'année précédente c'est un deuxième voyage en Europe qui avait été annulé ; et l'année d'avant, en 1972, c'est *La Traviata* qu'il devait diriger à Québec pour l'OQ — c'était même annoncé aux programmes des représentations à Montréal — qui lui fut soustraite à la toute dernière minute ; et quelques mois plus tôt, c'était un poste plus « artistiquement responsable » qu'« adjointement assistant » qu'on lui avait fait espérer à l'OQ ; et en novembre 1971, lorsque son ami Léopold Simoneau démissionna de son poste de directeur artistique à cause d'un conflit avec l'Opéra du Québec, en plus d'être blessé pour lui parce que connaissant lui-même les vraies raisons de cette affaire, il sut avant même qu'on l'annonce que ce ne serait pas lui qui dirigerait à l'automne 72, le *Rigoletto* ouvrant la deuxième saison de l'OQ, comme Léopold l'avait suggéré, suggestion faisant d'ailleurs partie de « l'affaire Simoneau » ; et...

« Je commence à être habitué à ce genre de coup dur », mentit-il dans sa lettre du printemps 73, m'annonçant que je n'aurais pas le plaisir de les piloter dans Paris, maman et lui, le mois prochain, comme prévu et tant attendu des deux côtés de l'Atlantique.

« Habitué », lui ?...

Quant à cette chance unique, et ratée, à la Nouvelle-Orléans, elle ne se représenta en effet plus jamais. Tranquillement les contacts qu'il avait avec Sardos, à New York, s'estompèrent puis s'évanouirent totalement, ce dernier ayant peut-être senti que, tout en rêvant de diriger ailleurs et aux États-Unis en particulier, mon père avait depuis longtemps décidé de ne jamais trop sérieusement compter sur ce genre de chance relevant du miracle, dont les suites possibles auraient pourtant peut-être réussi, comme il l'espérait depuis longtemps intérieurement, à enfin ébranler l'indifférence, à son égard, d'une certaine élite du « milieu » montréalais : la seule organisation, la seule « section » de la vie musicale montréalaise qui ne lui ait pas donné l'occasion, la chance de participer, même modestement, et peu souvent, à ses activités régulières, ce qui, par le prestige même de cette institution, aurait bouclé la boucle sur la réussite totale de sa carrière chez lui, tout en en faisant l'homme le plus satisfait, le plus reconnaissant et le plus heureux de son pays. Cette élite c'est la haute direction de l'Orchestre Symphonique de Montréal de ces années-là.

Dans le quotidien LA PRESSE, le 25 février 1970, au lendemain d'un concert donné, par l'OSM et son chef attitré Franz-Paul Decker, au

Forum dans le cadre d'une série de quatre concerts populaires présentés avec le concours du journal THE MONTREAL STAR, à un moment Claude Gingras écrit, dans sa critique de ce concert : « Vickers » (Jon Vickers était, ce soir-là, le soliste invité) Vickers avait également inscrit à son programme quatre *Chansons Tziganes* de Dvorak. C'est, sauf erreur, un répertoire nouveau pour lui, mais qu'il a chanté... Pour la circonstance, l'orchestration des Dvorak avait été faite par Jean Deslauriers, qu'il faut féliciter de son excellent travail. Au fait, pourquoi ne pas avoir invité l'orchestrateur-chef d'orchestre à diriger le Dvorak — "son" Dvorak — » (et accompagner Vickers, comme il l'avait fait quelquefois dans le passé) « puisque pour la Pachelbel, par exemple, on avait retenu toute une section spéciale d'altos qui, dès le morceau terminé, se leva pour céder la place aux altos habituels de l'OSM ?... »

Oui, en effet, pourquoi ? Et pourquoi, en fait, mon père n'avait-il, de toute sa vie de chef d'orchestre, jamais été invité « officiellement » à diriger l'OSM lors d'un concert régulier — c'est-à-dire l'hiver, la semaine — au Plateau, puis à partir de 1963, à la Place des Arts ? (J'insiste sur « officiellement », car remplacer pour dépanner, ce n'est pas du tout la même chose qu'être invité en bonne et due forme au moment où la saison se prépare. Et remplacer pour dépanner, à deux jours d'avis comme il se doit, ça on l'a « invité » à le faire. Une fois.)

Est-ce parce que Jean Deslauriers n'était pas un étranger ?

Comme le disait si bien, en date du 29 novembre 49, le QUARTIER LATIN, journal des étudiants de l'Université de Montréal, à la veille de leur concert annuel que mon père avait été invité à diriger et dont, entre Désiré Defauw et Wilfrid Pelletier, il faisait l'éloge : « Son seul défaut, à Jean Deslauriers, c'est d'être Montréalais et de ne pas s'appeler "JAN DORSLOVSKY from Russia or Finland". »

Ces étudiants avaient vu juste... En 1943, à Trois-Rivières, lors d'un concert où Jean Deslauriers dirigeait avec, comme soliste invitée, Hertha Glaz, contralto du Metropolitan Opera, une des âmes dirigeantes de l'OSM, un jeune Canadien français, répondit à ma mère, qui venait de lui demander quand des jeunes chefs canadiens, comme son mari par exemple, auraient la chance de diriger, au moins une fois de temps en temps l'Orchestre Symphonique de Montréal, lors d'un de ses concerts réguliers au Plateau : « Nous ne demanderions pas mieux que de la leur donner cette chance, chère Madame. Mais, que voulez-vous, c'est le public qui n'en veut pas des chefs canadiens ! »

Pourtant, au début de l'OSM, en 1935, au temps de l'organisation de Madame Athanase David, il y en avait des chefs canadiens à l'OSM : Wilfrid Pelletier, Eugène Chartier, J.J. Gagnier, Edmond Trudel, Rosario Bourdon... Bien entendu, ce n'était que les débuts, mais tout de même... Le public aurait-il vraiment été si mécontent que cela, plus tard, de voir un ou l'autre de leurs compatriotes diriger, une fois de temps en temps et entre deux ou trois «noms» de suite, leur propre orchestre symphonique, quitte à ce que, ces soirs-là, soient justement inclus au programme des artistes de grande renommée afin d'attirer ceux et celles qui parmi les mélomanes, ne l'étaient — attirés, et mélomanes — que par de grands noms ?

De toute façon, à la fin des années 50, cette âme de plus en plus dirigeante de l'OSM déclarait ouvertement à un réalisateur d'émissions musicales à Radio-Canada, lequel lui parlait justement des chefs canadiens : «Mon cher, les chefs d'orchestre canadiens, ça n'existe pas!» (Je me demande alors pourquoi, à la mort de mon père, cette personne a-t-elle écrit à ma mère, sans naturellement se présenter en personne au salon funéraire... : «Le talent et la personnalité de votre mari l'avaient depuis longtemps consacré comme l'un des artistes les plus distingués de notre pays.»)

Toujours est-il que ce jour-là, à la fin des années 50, le réalisateur répondit à cette âme dirigeante de l'OSM : «C'est faux, mais si c'était vrai, ce ne serait pas surprenant. Si vous ne les engagez jamais, comment voulez-vous qu'ils survivent, et encore plus qu'ils se fassent une réputation?»

On imagine alors très bien cette belle âme répondre en pensée : «Qu'ils partent s'en faire une à l'étranger.» (Avec cette mentalité de grand snob de ville de province, ce n'est pas demain que Montréal fera partie de ces "ailleurs" à inclure "absolument" dans un curriculum vitae pour être apprécié internationalement comme artiste, de ces villes faisant justement partie de ces «must» apportant, à un artiste russe par exemple, cette réputation internationale dont il pourrait avoir besoin... si lui ne pouvait déjà l'acquérir dans son propre pays, le chanceux!)

Et puis, encore faut-il le pouvoir, partir...

Pour toutes sortes de raisons d'éducation et de circonstances, d'époque et de tradition, de famille et de moyens, en effet, jeune violoniste, mon père n'était pas parti. De plus, les bourses pour jeunes chefs d'orchestre, dans ce temps-là... À partir de cette période «Begin the Beguine» de 1956 jusqu'à la fin de sa vie, il y pensera d'ailleurs souvent ; en philosophe qu'il savait parfois être, surtout dans les moments les plus heureux de sa carrière, mais souvent avec tristesse, et même quelquefois avec un peu d'amertume et de douleur. C'est dans ces moments qu'il disait tout simplement, comme pour lui-même : «Je suis né trente-cinq ans trop tôt...»

«Il avait un peu raison, déclare Clarice Carson. Uniquement parce que quelques chefs québécois étaient jeunes et que la province avait de l'ambition pour eux et voulait promouvoir les jeunes talents, récemment on leur a donné des chances que la plupart d'entre eux ne méritaient absolument pas — et dont ils n'ont finalement pas profité parce qu'en fait "they could not conduct their way out of a paper bag"! Alors imagine la carrière que ton père aurait pu avoir aujourd'hui, à 35 ans, avec son talent ! Et avec des études spécialisées qui n'existaient pas dans son temps !... Le monde entier l'aurait découvert ! »

« Mais il n'avait plus 35 ans quand ces chances ont été offertes. Il en avait 60, puis 65. Et uniquement parce qu'il avait fait sa réputation ici au lieu d'arriver ou de revenir avec, d'ailleurs certaines personnes, malheureusement "bien placées", du "milieu" ne l'ont pas pris au sérieux, et l'ont sous-estimé comme peu de chefs que je connaisse l'ont été dans leur vie.

« Make it anywhere and you become important !... »

Mon père n'étant pas parti à 20 ni à 35 ans, il était encore moins question qu'il parte à 60 ans... Mais, comme disait Marie Bourbeau plus haut, « d'aller diriger même une fois de temps en temps dans notre grand pays voisin l'aurait aidé ici... »

Pourtant, il faut croire que ce n'était pas tout à fait si indispensable, puisque d'autres chefs canadiens ont eu, eux — quoique très rarement — cet honneur au cours des années, et cela, certains d'entre eux, sans être partis se faire — ou essayer de se faire, comme d'autres d'entre eux — un nom à l'étranger. Mais même quelques rares fois, cela aurait suffi pour faire de mon père un homme heureux à son tour.

Alors pourquoi pas Jean Deslauriers ?

Parce qu'il n'était pas qualifié ?

Tous les musiciens de l'OSM connaissaient bien Jean Deslauriers ; il était même probablement le chef montréalais avec lequel ils avaient le plus travaillé au cours des années, que ce soit à la radio, à la télévision et, l'OSM mis à part, à la scène. Tous savaient donc qu'il était un « self-made man », qu'il avait ses failles et ses limites, et qu'en plus, tout en n'étant que « local », il était exigeant et pas facile.

Pourtant, bien avant sa mort, lorsque la direction de l'OSM leur avait demandé, comme cela se fait de temps en temps, de lui faire savoir, au moyen de « fiches d'évaluation, avec quels chefs canadiens ils voulaient bien, ou alors ne voulaient absolument pas travailler, et lesquels à leurs yeux étaient "invitables" qualitativement parlant, parmi les seuls quatre choisis — dont deux seulement du Québec —, il y avait Jean Deslauriers.

Plusieurs musiciens, et pas des moindres, m'ont même confié : « Beaucoup de chefs invités de l'étranger — et d'où ils sortaient, on se le demande encore — n'arrivaient pas à la cheville de votre père. » À quoi deux d'entre eux ajoutent : « C'est parfois très difficile et très frustrant pour les chefs locaux. Le public et les critiques n'ont pas le courage de dire que certains "locaux" sont parfois aussi bons et même meilleurs que certains "internationaux" reconnus comme tels. » Et enfin : « Il y a tellement de gens qui n'apprécient que la forêt, sans en voir les arbres. »

Sans aller jusqu'à avoir « le courage » de dire, ou d'ailleurs jusqu'à penser que mon père était « aussi bon et même meilleur » que des supposés « noms » internationaux, les critiques pour leur part, furent loin de l'ignorer dans ce domaine, lors des concerts d'été qu'il dirigea avec l'OSM, en particulier à la Place des Arts ou à l'aréna Maurice-Richard :

« That veteran conductor, Jean Deslauriers, a beloved Canadian musician who has enjoyed many successes in all musical mediums was in great form last night and the musicians were on their toes throughout », écrit Frances Goltman dans THE GAZETTE du 3 juillet 1968. En juillet 1969, elle récidive : « The veteran leader, well versed in any music, is an experienced and thorough technician. Deslauriers conducted some of the familiar Gayne Ballet music by Khatchaturian (eight dances) and the members responded to his every direction. »

« Deslauriers gave the musicians their heads, and they did not lose it », écrit à son tour Jacob Siskind dans THE GAZETTE, le 8 juillet 1970... « The *Boléro* (de Ravel) was taken at a tempo that allowed all of the musicians to show the full range of their capacities. »

Du concert du 13 août 1974, à la Place des Arts, Gilles Potvin écrit : « La participation de l'orchestre s'est également maintenue à un haut niveau sous la direction de Jean Deslauriers. » Au sujet de ce même concert, Myron Galloway, du MONTREAL STAR, n'y va pas de main morte dans cet article dont l'en-tête disait que DESLAURIERS HYPNOTIC LEADING OSM : « ... Guest conductor, Jean Deslauriers, seemed to have achieved almost as great a rapport with the musicians as Franz-Paul Decker, especially in the superbly played *L'Arlésienne* Suites one and two, by Bizet... This concert stands very high on this summer's series. »

Alors, si Jean Deslauriers avait été accepté par les musiciens de l'OSM eux-mêmes — qui pourtant s'y connaissent en chefs d'orchestre —, et qu'il est vrai qu'il les tenait si bien au bout de son bâton, même si ce n'était que pour du « classique accessible », alors pourquoi ?

Est-ce parce qu'il n'était pas « box-office » ?

Si, pour être considéré « box-office » par la direction de l'OSM, un chef d'orchestre devait venir d'ailleurs, ou alors y avoir été et s'y être fait un nom — ou non —, alors Jean Deslauriers n'était pas « box-office », c'est évident. Et comme il semble que les *Grands Concerts* et les *Concerts Gala* n'étaient à peu près exclusivement dirigés que par des chefs venant d'ailleurs... (À en lire Claude Gingras dans LA PRESSE du 22 février 1983, on se rend compte que c'est toujours pareil : « Raffi Armenian a démontré, par sa direction de *Lucia di Lammermoor* et, tout récemment, en menant au triomphe les Orchestres réunis des Conservatoires du Québec, qu'il mérite mieux qu'un programme "Air Canada" (hier soir et ce soir) et même qu'un "Esso" (ce pour quoi il a été engagé pour la saison prochaine). Mais cela est bien connu, l'OSM a tendance à faire davantage confiance aux chefs étrangers qu'aux Canadiens qui se destinent à la direction d'orchestre. » Pourtant ce chef n'a même pas un nom vraiment canadien...)

Si seulement mon père avait été capable de jeter un peu de poudre aux yeux de ces personnes haut placées dans l'organisation de l'OSM, capable de les courtiser, en les invitant au Ritz, en donnant des dîners en smoking, en assistant, en smoking de préférence, à toutes les premières mondaines et les grands bals, et y jeter alors de grandes phrases tout en faisant juste assez de «name dropping» subtil, pour épater sans agacer ; être aussi de tous les galas de charité, aller dans les restaurants chic, mais les «bons soirs», et à la «bonne» heure surtout ; être de toutes les premières de ballet, de théâtre et de concerts, donc ceux de l'OSM surtout, en étant assis, bien sûr «du bon côté» — le côté impair — dans la salle Wilfrid-Pelletier... Peut-être alors aurait-il réussi à se faire remarquer autrement que comme chef d'orchestre «local», devenir même l'ami — du moins mondain — des gens qui vivent de tout ça, et de là se faire engager, une fois, peut-être... Oui, il est tout à fait probable qu'il y soit arrivé...

Mais Jean Deslauriers était tout le contraire de ce genre de personne et de vie à mener. Non seulement il ne savait ni ne pouvait courtiser les gens, ni «jouer» à ce genre d'amitié en général, mais, surtout dans sa profession, il ne voulait pas le faire pour obtenir du travail ! Pour lui, la musique et le choix de ses interprètes n'avaient rien à voir avec les mondanités et le «lobbying» intéressé. La musique c'était une affaire de flamme, de passion et de conviction communes à travers les œuvres et leurs compositeurs, une affaire de talent et de travail acharné, de public vendu d'avance à cette façon de penser ou alors curieux de découvrir et d'aimer la musique. Et cela, que les interprètes viennent de la porte à côté ou de l'autre bout du monde, que le public soit de Westmount ou de Saint-Léonard...

Le reste... Alors courtiser la haute direction de l'OSM...

Quant au public des *Grands Concerts* et des *Concerts Gala*...

«Jean Deslauriers, m'a aussi écrit Gilles Potvin, n'était pas de la race de ces coureurs effrénés vers la réussite et pour qui les vraies valeurs méritent d'être sacrifiées au profit de la vaine gloriole. Si sa direction donnait parfois l'impression d'être rigoureuse et même austère, c'est qu'il se refusait à toute manifestation extérieure dont le but aurait été autre que celui de servir les compositeurs et leurs œuvres.»

Il est vrai, également, qu'à la scène, en montant sur le podium, puis en saluant aux applaudissements de la fin, il avait un air plus modeste et honoré que plein de lui-même et condescendant, et qu'en dirigeant, sa sobriété et sa pudeur habituelles l'avaient parfois retenu «par peur d'en mettre trop». Alors le public des *Grands Concerts* et des *Concerts Gala*... Ce public dont une partie n'attendait que cela des effets visuels du chef d'orchestre... dont une autre partie «élite» n'acceptait de se déplacer que pour voir et entendre des «grands», et de frissonner que par eux en entendant Beethoven... dont encore une autre partie était là beaucoup plus parce que c'est là où il fallait être, le mardi soir, que pour l'entendre

Beethoven... Même si heureusement, toute la salle ne pensait pas ainsi, cela faisait tout de même beaucoup de monde à gagner...

On me dit aussi que « l'interprétation de Jean, trop influencée par le minutage de la radio et de la télévision, l'a empêché de "s'éclater" avec la "grande" musique, sur scène ». Comment peut-on dire ça sans lui avoir donné la chance de le faire... Surtout, de le faire là où, justement, il aurait eu tous les moyens de prouver qu'il pouvait le faire. S'il était arrivé à s'éclater avec l'OSM à travers l'opéra, pourquoi pas alors avec l'OSM à travers Beethoven, Brahms, Sibelius et compagnie, qu'il avait tant et si bien dirigé « invisiblement » à la radio, dont le public, invisible lui aussi, est peut-être le plus pur et le plus connaisseur de tous puisque cette musique il l'écoute généralement dans la solitude et le recueillement ?

Il n'y a rien comme la confiance qu'on place en vous pour vous permettre de vous dépasser. Jean Deslauriers aimant les défis et n'ayant jamais déçu la confiance des autres en lui, « il n'aurait pas laissé passer une telle chance... si seulement on la lui avait donnée ! » m'ont affirmé, entre autres, plusieurs musiciens. Mais pour y arriver, il aurait fallu qu'on lui confie autre chose que de la musique « classique populaire » dans les centres commerciaux, églises, arénas sportifs et, à la Place des Arts d'été, ou des chanteurs à accompagner dans des extraits d'opéra. Il lui aurait fallu, pour commencer du moins, un de ces concerts « du MONTREAL STAR au Forum par exemple, ou alors un de ceux de la série "du Maurier", à la PDA, avant même de penser aux *Grands Concerts* et aux *Concerts Gala* »...

Dans PERSPECTIVES du 13 septembre 1980, Charles Dutoit, directeur artistique de l'OSM, dit à un moment, à propos des différents problèmes de rentabilité que causent certaines séries de concerts présentées chaque année : «... Une série qui fonctionne sans problèmes, c'est les Concerts "du Maurier" ; c'est un public un peu nouveau. Il y a peut-être là des gens qui viennent de l'aréna Maurice-Richard, entre autres. » Thérèse Dumesnil, la journaliste ayant interviewé Monsieur Dutoit, continue en expliquant qu'il faisait allusion aux concerts de musique « plus légère » présentés par la Ville de Montréal durant l'été. « Ils ont leur raison d'être, ces concerts, continue Dutoit, et je suis tout à fait en faveur. Vous savez, beaucoup de musique est au second plan parce qu'on la considère de second plan. Il y a énormément de gens qui s'imaginent qu'en dehors de Beethoven, il n'y a rien. Pour moi, si une musique est devenue très connue et aimée, c'est qu'elle est belle, qu'elle a quelque chose d'attirant. L'ouverture d'*Orphée aux Enfers*, il ne faut pas croire que c'est flon-flon ; seulement il faut exécuter cette musique-là avec beaucoup de goût »...

Mais qui, pendant des années à *Sérénade pour Cordes* et à *Sérénade Estivale*, qui a su diriger ce genre de musique en lui apportant le même sérieux qu'à la «grande» musique!? Quant au mauvais goût... «Le mauvais goût lui retirait le sang du visage», écrit Félix Leclerc.

Qui a infiltré du «classique accessible» et même «recherché» entre deux pièces de musique de film américain pour mieux apprivoiser les profanes et en faire éventuellement des mélomanes!?

Qui donc a été en très grande partie responsable du fait que, comme le dit Charles Dutoit lui-même, les Concerts «du Maurier» vont si bien!?

Qui, entre autres, à Maurice-Richard, a tant aidé à préparer cette clientèle fidèle, pas snob, vraiment mélomane et ouverte!?

Et qui cette clientèle simple reconnaissait-elle dans la rue, à qui allait-elle parler et le féliciter pour la belle musique qu'il offrait aux Québécois!?

«Descendez dans la rue», écrit Phil Laframboise en 1962, «abordez quelques passants et demandez-leur qui est le directeur de notre Conservatoire de Musique... ou qui est le nouveau chef de l'Orchestre Symphonique... ou qui est l'auteur du *Concerto de Québec*... et vous pourrez prévoir des réponses évasives ou négatives...

«Mais demandez-leur, par exemple, qui dirige depuis des années *Sérénade pour Cordes*[1] à la radio et à la télévision et la réponse viendra du coup : Jean Deslauriers! Voilà un signe indéniable de la personnalité de ce musicien bien né, et de ce chef d'orchestre chevronné.»

En août 1968, il y avait plus de cinq mille personnes à la Place des Nations, lors d'un Concert Populaire de l'OSM dirigé par Jean Deslauriers, «plus de cinq mille personnes qui hurlaient leurs applaudissements à n'en plus finir à la fin du concert, raconte Manuel Maître dans LA PATRIE de la semaine suivante. Si on les avait laissé faire, ils en auraient redemandé toute la nuit.» À l'aréna Maurice-Richard, il y en avait au moins trois mille à chacun de ses concerts; à la PDA, l'été, la salle Wilfrid-Pelletier était bondée et applaudissait à tour de bras quand il montait sur le podium et saluait!

Pour ce qui est des centres commerciaux... Tout ce monde en bras de chemise autour de l'OSM — ce fameux orchestre qu'on pouvait enfin voir de près, sans habit de gala, sans cette barrière invisible que crée la scène — et autour de Jean Deslauriers qu'on connaissait bien, lui, qu'on voulait approcher pour lui parler, pour l'embrasser même!

C'était ça, en grande partie, le public des concerts «populaires» d'hiver à la PDA. C'était «son» public remplissant la salle Wilfrid-Pelletier lors de ces Concerts «du Maurier», et le Forum lors des Concerts du MONTREAL STAR! C'est lui qui avait initié à la belle musique ce public avec lequel «il n'y avait pas de problèmes», certains mardis et mercredis soirs, à la PDA!

---

1. Le nom de *Sérénade pour Cordes* était tellement imprégné dans les habitudes des Québécois, que même après quelques années de *Sérénade Estivale*, on en parlait encore très souvent comme de *Sérénade pour Cordes*.

Alors comment pouvait-on dire, à l'OSM, que Jean Deslauriers n'était pas «box-office» chez lui, du moins pour ces Concerts «du Maurier», là aussi sans même avoir des preuves à l'appui? (Car il paraît que c'est la raison officielle qu'on donnait quand des gens demandaient pourquoi Jean Deslauriers ne dirigeait jamais l'OSM l'hiver.)

Au fond, les responsables de l'OSM ne le savaient que trop bien qu'il était «box-office» du moins auprès d'un certain public, et le plus vaste. Sinon, pourquoi, en 1973, lui auraient-ils demandé de participer, avec trois autres chefs, à un CONCERT EXCEPTIONNEL POUR SAUVER L'ORCHESTRE SYMPHONIQUE DE MONTRÉAL, donné au Forum, et cela gratuitement, naturellement?... En janvier 1974 et en février 1977, lors de deux de leurs campagnes de souscription annuelles, pourquoi lui auraient-ils demandé d'aller diriger — seul ces fois-ci — dans les centres commerciaux, en l'occurrence à Ville d'Anjou et au Complexe Desjardins, et cela encore gratuitement, bien entendu, puisque dans les deux cas c'était à nouveau pour remplir leurs caisses?... Et cette ouverture de «Concert Bénéfice» avec Danny Kaye comme chef d'orchestre vedette — pas très sérieux, c'est vrai — en mai 1977, je suppose que c'était pour lui faire enfin l'honneur de diriger l'OSM l'hiver qu'on lui a offert — toujours gratuitement — de la diriger?

«*Juste à l'écrire, papa, ça hurle en moi! Alors, qu'est-ce que cela a dû te faire mal!*»

Pourtant, chaque fois il a accepté. Comme il a accepté, chaque été, de diriger leurs concerts «populaires», «légers», «faciles». Parce que financièrement il en avait besoin; parce qu'il aimait «aussi» faire cette musique subtilement éducative, même si cela le blessait et le frustrait qu'à l'OSM on semble penser qu'il ne pouvait faire que ça, et l'été seulement; mais surtout parce qu'il espérait toujours que s'il collaborait avec eux, un jour on l'inviterait enfin à diriger, au moins une fois, lors des séries régulières, l'hiver.

Ce qu'on fit, en effet, une fois, pour remplacer..., le 9 mars 1976, lors du deuxième concert d'une nouvelle série, *Soirées à l'Opéra*. À propos de ce concert, et de la série, Claude Gingras écrira le lendemain:

«Cette nouvelle série de l'OSM, les *Soirées à l'Opéra*, s'annonce déjà comme un formidable fiasco.

«Le premier concert, en octobre, comportait un programme plus ou moins original (d'*I Vespri siciliani* à Puccini), chanté assez médiocrement (Carson et Bonhomme), dirigé plus médiocrement encore par une certaine Miss Queler, et présenté devant une salle vide.

«Même chose hier soir. On annonce *Carmen* — même pas l'œuvre entière, en version de concert, mais les principaux extraits seulement. Le genre "concerts populaires d'été"... au départ, le titre seul de *Carmen*, le plus populaire de tous les opéras, aurait dû attirer une salle comble. Il y avait, tout au plus, une demi-salle hier soir. Partout des rangées complètes de sièges vides.

« Il s'agit donc là d'une impardonnable erreur de "marketing" de la part de la direction de l'OSM et sur laquelle, je l'espère, les Conseils des Arts vont se pencher. »

Toujours aussi extrême dans ses réactions et sa façon de les écrire, quoique souvent juste dans ses opinions, Gingras se met alors à démolir les deux interprètes principaux, un par un et littéralement de la tête aux pieds, après avoir tenu pour responsable de cette erreur de distribution le directeur artistique de l'OSM, Rafael Fruhbeck de Burgos : elle chante faux ; il marmonne ; elle ne sait pas son rôle ; il a une voix sans couleur ; elle est atrocement mal habillée ; il ne chante pas en mesure... Ici, il ajoutera : « — pauvre Deslauriers qui ne sait plus où donner de la tête — ». Après avoir ensuite écrit que les deux Canadiens de la distribution, Bernard Turgeon (Escamillo) et Anna Chornodolska (Micaëla) ont été les seuls à chanter honnêtement et à montrer quelque respect pour la partition de Bizet, il termine en disant : « L'orchestre joue le prélude (et non l'"ouverture" tel qu'indiqué) et les trois entractes avec un certain brio, et Deslauriers dirige un accompagnement convenable. Ce n'est pas mauvais. Mais ce n'est pas très bon non plus. Ni surtout très excitant... »

Juste avant de parler de la popularité de *Carmen*, Gingras avait écrit : « L'affiche n'est déjà pas très forte. Elle le devient encore moins lorsqu'on annonce qu'Aldo Ceccato, le chef invité, sera remplacé par Jean Deslauriers. Mais même avec de tels handicaps, au départ, le titre seul de *Carmen*... »

Si j'en juge par les critiques passées que Monsieur Gingras a faites à propos de ce genre de résumé d'opéra, je peux en conclure que les deux fautes de « marketing » de l'OSM et de son directeur artistique avec ces *Soirées à l'Opéra* de 1976, résidaient plutôt, premièrement dans la formule, semblant n'avoir rien de commun avec celles de ces *Opéras-Concerts* à la radio, au début des années 70, inspirées elles-mêmes du *Théâtre Lyrique Molson* (lors de *Lakmé*, il dira : «... La présentation est des plus soignées. Non seulement musicalement (j'en reparlerai plus loin) mais à tous les points de vue... *Lakmé* a été fort bien défendu par les chanteurs et par les comédiens chargés de faire les liens entre les scènes musicales. Le tout se déroule sous les yeux des spectateurs (salle archi-comble hier soir) mais les éclairages, brillants ou discrets selon le cas, mettent en évidence tel solo, tel ensemble, et cherchent à créer un climat scénique en laissant dans l'ombre l'orchestre et le chœur. »). Et deuxièmement, dans le fait d'avoir justement mis à l'affiche, pour attirer les mélomanes d'opéra, ou plutôt d'extraits, un étranger dont le « nom » ne fut apparemment pas suffisant pour y arriver, plutôt que Jean Deslauriers, que Monsieur Gingras lui-même n'avait pas cessé d'encenser, au cours des années, dans chacune de ses critiques d'opéras, à la radio, à la télévision ou à la scène ; que tout le monde considérait comme « le spécialiste par excellence de l'art lyrique à Montréal » ; et de qui Gilles Potvin écrira tout de même, après avoir lui aussi critiqué la formule visuellement froide de cette *Carmen* de mars 1976 : « Au pupitre, Jean Deslauriers, qui remplaçait Aldo Ceccato, a dirigé l'œuvre qu'il connaît et qu'il aime, avec son autorité coutumière. »

Et malgré les circonstances qui l'avaient placé là... « Quand John Goodwinn, l'administrateur délégué chargé de ce genre de travail par la direction de l'OSM, a téléphoné à papa pour lui communiquer cette "invitation" », raconte maman, « il lui a répondu : "Maintenant que vous êtes mal pris et que vous avez besoin de moi je suis assez bon pour vous, hein ?" Mais là aussi, il a accepté » (« aussi stupidement », m'a-t-il écrit après) « parce qu'il espérait encore qu'en leur rendant service, ça lui ouvrirait peut-être un peu la porte du cénacle. Penses-tu... »

Alors, puisque comme chef d'orchestre à l'OSM, Jean Deslauriers était qualifié et « box-office », et qu'il semblait que la porte ne soit pas entièrement fermée aux Canadiens, je ne vois pas d'autre solution à ma question que celle de croire ce qu'on m'a raconté à plusieurs reprises : que cette même âme dirigeante de l'OSM, dont j'ai parlé plus haut, aurait volontiers déclaré, à huis clos de certains salons mondains, que tant qu'elle aurait son mot à dire à l'OSM, pas un Canadien français n'y dirigerait...
Sinon, alors pourquoi ?

Mon père est mort avec ce pourquoi dans la gorge, après en être arrivé, par moments, à aller jusqu'à douter de son importance même là où il était le plus apprécié, et le plus ancien. « À l'automne 1976, dit Fernand Quirion, de Radio-Canada, alors que la préparation du vingt-cinquième anniversaire de la Société s'amorçait, Jean m'a demandé un jour où je bavardais avec lui, si je croyais qu'il en ferait partie lui aussi, côté musique !...

« Il fallait qu'il soit inquiet et qu'il n'ait vraiment plus confiance en lui pour se laisser aller à ce genre de question ! Et, après toutes ces dernières années, à ce genre de doute ! »

Lorsque, début 1978, on se remit à parler, dans le « milieu » de la possibilité que l'opéra renaisse à la scène, avec une toute nouvelle politique et une nouvelle administration, une autre question ne le quitta plus : est-ce qu'on penserait à lui, est-ce qu'on voudrait encore de lui, pour diriger, mais aussi pour participer au moins une fois dans sa vie à la direction artistique d'une compagnie d'opéra, chez lui ? Il ne connut jamais la réponse...

Ces questions et plusieurs autres seront toujours accompagnées de l'angoisse causée par l'insécurité financière inhérente à son métier. « C'est aussi à cause de cette angoisse que la mort de l'Opéra du Québec fut fatale pour lui, continue Henri Bergeron à ce sujet. Même minime, en tant que chef adjoint à l'Opéra du Québec Jean touchait un salaire fixe, et cela pendant trois ans. Lorsque tout s'arrêta, il me dit : "Ce n'est pas possible, Henri ! L'anxiété ne sera donc jamais terminée ! ?" Lui l'a portée "la boule" de l'anxiété. Sans jamais avoir pu l'avaler ! »

« Si seulement le gouvernement avait fait quelque chose pour lui, dit pour sa part mon beau-frère Eugène. À son âge, avec la réputation et l'expérience qu'il avait, il aurait dû pouvoir obtenir un poste de directeur de conservatoire, à Montréal ou ailleurs autour. Ça lui aurait apporté une sécurité financière, et une autorité qui lui aurait permis de mieux s'imposer dans certaines circonstances, et à certains moments. »

« D'ailleurs, Jean avait tout ce qu'il fallait pour l'être, directeur de conservatoire, m'ont assuré plusieurs personnes, dont Gérard Lamarche, de la PDA. Mais là comme ailleurs, il aurait premièrement fallu qu'il puisse aller se vendre... »

En 1975, ce fut donc l'Opéra du Québec qui disparut. Puis à l'automne de 1976, il refusa les cachets définitivement trop coupés qu'on lui offrit pour continuer sa classe d'orchestre à Trois-Rivières (« je suis pauvre, mais tout de même on ne rira pas de moi », m'avait-il écrit alors). Ses contacts en assurances s'étant relâchés au cours de la période 65–75, pendant laquelle la musique avait bien repris pour lui, son contrat avec Montreal-Life ne fut pas renouvelé à l'automne 76. Sans être la fortune, l'année avait bien commencé, il avait des engagements fermes pour le reste de l'année, et même pour le début de 1977. Qui sait, la musique allait peut-être encore bien le servir quelques années, assez pour bouger un peu avec Jeanne, maintenant que toute la famille était adulte et indépendante. Il n'en demandait pas plus, tout ce qu'il voulait c'était de vivre décemment en faisant ce qu'il aimait, sans trop d'angoisse, si possible. Pour devenir riche, il avait ses billets de loterie et ses rêves.

Mais tout en dirigeant un peu ici et là, 1977 fut moins bon ; et l'angoisse revint, incessante... C'est avec, à nouveau, « la boule » dans la gorge qu'il se mit alors à donner des coups de fil partout pour essayer de trouver un travail parallèle à la musique, quoi, il ne le savait pas trop bien, mais quelque chose, n'importe quoi. Rolande Vachon, alors aux Archives du Québec, me confia qu'à elle aussi il avait demandé du travail. « En recherche peut-être ? » lui avait-il suggéré.

Puis vint 1978. Pendant les cinq derniers mois de sa vie, pas une fois mon père ne dirigera. Même à Radio-Canada, les budgets musique avaient été coupés de façon drastique. « Avant, a dit Jean-Yves Landry, on pouvait inventer des séries, même courtes — comme les *Concerts Populaires* — pour lui. Là on ne le pouvait même plus. »

« En mars 1978, raconte Raymond Daveluy, quand, un jour, j'ai rencontré Jean sur la rue et que je lui ai demandé comment allait la musique, il m'a répondu : "Je n'ai plus rien eu depuis Noël dernier, et je n'ai aucun engagement de prévu avant l'été. Encore une fois je suis forcé d'essayer de faire des affaires." Il m'a alors parlé d'Introspec, une compagnie d'enquêteurs et de détectives privés appartenant à un voisin du lac et ami à lui. "Je cherche des clients pour eux. Si jamais tu veux faire suivre quelqu'un, téléphone-moi." En le regardant s'éloigner, je me suis dit : "C'est pas possible ! Un homme de sa valeur... Il ne passera pas à travers une autre période comme ça, sans musique, et en faisant des choses qui sont si loin de ses aspirations ! »

Pourtant, parallèlement à ses angoisses, déceptions et regrets, jusqu'à la fin, plusieurs rêves, projets et espoirs l'auront habité :

préparation d'un organigramme de maison d'opéra, façons de la rentabiliser en faisant voyager la troupe sous forme d'opéras-concerts, en suggérant des «forfaits voyage-opéra» pour publics éloignés, systèmes d'échanges de costumes et de décors entre compagnies d'opéra canadiennes ;

avec Radio-Canada — puisque ce ne pouvait être avec l'OSM —, projets de grandes œuvres d'orchestre, souvent. Et puis, en 1976, il envoie à Armand Landry, une lettre accompagnant l'enregistrement de *La Damnation de Faust*, lui disant qu'il rêve de le faire à la télévision, mais l'avertissant que le réalisateur choisi «devra avoir une imagination visuelle débordante pour les effets spéciaux, comme au moment de la scène de la chevauchée de la mort vers les enfers, où il faudra des chevaux montés par de vrais cavaliers, des doublures, bien sûr ». Puis il ajoute sur un bout de papier : Jon Vickers, Gabrielle Lavigne, Louis Quilico, Claude Corbeil, Robert Savoie, Pierre Mollet ; chœur de quatre-vingts voix, soixante-quinze musiciens... ;

à Urbain Vanasse de chez Cockfield Brown, qu'il avait appelé un jour, il suggéra alors qu'ils déjeunaient ensemble, de faire revivre *Molson* et sa formule ;

un nouveau projet d'«orchestre de Jean Deslauriers», que Jean Girouard, un jeune admirateur, initia avec lui ;

et puis, partir ! À Haïti, pour diriger un grand concert semblant vouloir s'organiser pour lui en 1977, grâce à un voisin du lac brassant de grosses affaires là-bas ; ou alors en Espagne, maintenant que l'impresario Marcel Bousquet avait remis son curriculum vitae entre les mains du Directeur du Festival de l'Opéra à Madrid ; et pourquoi pas en Australie, où un ami à moi lui avait déclaré avoir de grands amis dans le domaine de la musique, et qu'il leur avait déjà écrit à son sujet ; ou bien à Londres, où André Turp me dit qu'il avait été question qu'il soit invité au Sadlers Wells ; sinon, en Italie peut-être, puisqu'avec la lettre qu'il avait reçue d'un ami italien, il y avait copie d'une lettre que le ministre du Tourisme et du Spectacle lui-même avait écrite à ce même ami commun, dans laquelle il l'assurait qu'il «disposait d'une opportunité intéressante répondant aux aspirations du Maestro Jean Deslauriers». Par contre, cette lettre pleine de promesse était datée du 21 août 1969, et malheureusement le ministre en question avait disparu en même temps que son gouvernement — et combien d'autres après — quelques mois plus tard ;

enfin, à travers tous ces espoirs et rêves éveillés, on me dit que début 78, il avait pris la ferme décision d'aller se vendre lui-même à l'OSM «pour pouvoir diriger au moins une fois "en saison" avec eux avant de mourir». Ce qu'il ne fit jamais, aller se vendre, ni diriger.

Par contre, deux choses vraiment importantes et réelles l'ont tenu bien en vie pendant ces cinq derniers mois :

à partir de la partition de piano, terminer l'orchestration complète de la *Fille du Régiment*, «qu'on ne trouve plus nulle part», disait-il après l'avoir cherchée lui-même mais surtout par d'autres, à Paris, entre autres... ; il tint parole : la partition totale était chez le relieur lorsqu'il est mort ;

et *d'Iberville*, son opéra, à composer.

« Quand, en 1977, votre père m'a parlé de son projet et m'a demandé d'écrire le livret de *d'Iberville*, explique l'écrivain et poète Jean-Raymond Boudou, à mon tour je lui ai demandé :

« — Pourquoi *d'Iberville* ?

« — Parce que c'est un vrai Canadien, né à Montréal. Parce que c'est un homme plein de puissance, un vrai personnage d'opéra en soi. Et puis, c'est un morceau de notre histoire.

« Pas très convaincu, j'ai tout de même accepté, et commencé à faire de la recherche, tout en rencontrant Jean régulièrement pour lui faire part de mes trouvailles et continuer à travailler selon son idée, que je ne sentais pas au départ. Ce ne fut pas facile. Votre père était d'un perfectionnisme inouï, autant dans les détails que dans les grandes lignes. Et puis, il savait ce qu'il voulait, et ses idées c'était sacré ! Je dois dire, par contre, que des idées, il en eut de bonnes : Versailles et le roi dont une voix annonce l'arrivée au son des trompettes alors qu'au deuxième acte, le rideau tombe, c'est de lui. Et sa forêt, plus tard, il y tenait ! Un vrai homme de théâtre, Jean. Les décors, les costumes, les éclairages... il avait des idées précises sur tout. Quant à la musique, il pensait déjà à des thèmes folkloriques, de vieux chants et danses, tous intercalés dans "la grande musique de l'opéra lui-même" comme il disait, et dont il avait commencé plusieurs ébauches.

« Après un temps, je suis devenu aussi pris que lui par le projet. Quand on se voyait, on était comme deux enfants en train de comploter le coup du siècle ! Mais toujours, il était très concentré, très habité par son idée. Il avait foi en ce projet, il avait le trac car c'était énorme, mais il voulait tant le concrétiser !

« Cet opéra était LE grand projet de sa vie, le but final de sa vie d'artiste, de musicien. »

« Jean aurait été un grand compositeur, affirme Henri Bergeron. Si seulement, quand il ne dirigeait pas, il avait pu continuer à composer, comme il avait commencé à le faire, jeune ! C'est "la boule" qui l'a empêché de le faire comme il en rêvait ; l'angoisse, l'insécurité le rendaient "restless", le forçaient à planifier sans arrêt des séries, des concerts, à chercher tout le temps du travail... On ne peut créer quand on est inquiet comme Jean l'a été pendant si longtemps ! D'ailleurs, comme pour beaucoup, cette envergure de taille qu'on sentait en lui à propos de tout n'a pas pu se manifester souvent au grand jour. Tout ça à cause du quotidien et de l'insécurité financière qui l'accompagnait. »

En 1978, on pouvait sentir que papa avait décroché. Lui qui n'avait jamais pensé à sa santé, il la bousculait maintenant jusqu'au mépris parfois, entre autres en allant manger, tout seul, au restaurant les gâteaux et la crème glacée que maman lui refusait depuis des années en n'en ayant tout simplement pas à la maison.

« Déjà, un an avant sa mort, me dit le réalisateur Jean-Yves Contant, juste avant un *Grand Concert* à la Salle Claude-Champagne, il s'est senti très mal, mais il a refusé de faire retarder le concert. Au bout de cinq minutes de musique, on pouvait voir que le haut de sa jaquette d'habit à queue était déjà trempé dans le dos. Je ne l'ai pas quitté des yeux de tout l'enregistrement. Je n'ai jamais autant été dans mes petits souliers, en concert, que ce soir-là ! »

Mais diriger, C'ÉTAIT au contraire sa soupape ! Contre la rétention d'eau.. et contre l'angoisse et la frustration. C'était sa gymnastique, sa joie, sa raison d'être. « Il devenait rose de joie quand il dirigeait, surtout une grande œuvre, m'écrit Félix Leclerc. C'était sa force. Comme un capitaine en pleine mer. »

Après cinq mois sans diriger, sans musique, l'eau ne s'éjectant plus de lui et « la boule » ne s'avalant plus, il n'était que normal qu'il finisse par ne plus pouvoir respirer, jusqu'à l'étouffement...

« Je n'en ai plus pour longtemps », a-t-il dit de lui-même à Édouard Garon, son beau-frère et son ami, alors qu'ils marchaient tranquillement, un jour au lac, début mai 78. « Le bijou que je viens d'offrir à Jeanne, j'ai bien peur que ce ne soit le dernier. »

Quelque temps plus tôt, il avait dit la même chose à son fils, également au lac.

« Les hommes classiques, ceux d'avant l'introspection, ne savaient parler ni d'eux-mêmes ni de leurs amours... Il est mort de chagrin. Les hommes comme lui ne meurent que de ça ; leurs infarctus et leurs cancers ne sont que des alibis. Et puis, sa vieillesse augmentait chaque jour la distance entre l'époque et lui. »

C'est ainsi que l'écrivain français Pascal Jardin parle de son père décédé, dans le livre qu'il écrivit sur lui en 1978.

Du mien, Doris Lussier m'a écrit : « Jean n'avait qu'un défaut, il était trop sensible. Il avait le cœur trop près de tous. C'est peut-être ce qui l'a emporté si vite. »

Du mien, son frère Édouard m'a dit comment, lorsque plus souvent vers la fin, ils déjeunaient ensemble, « Jean était triste, malheureux, perdu, sans moyens et sans défense. »

Du mien, ma mère me dira combien vers la fin, il cachait plus que jamais ses larmes, mais combien, plus que jamais, il avait si souvent envie de pleurer. « Combien de fois aussi m'a-t-il dit, le soir après un opéra ou un concert, alors qu'en rentrant, crevé, il allait s'effondrer dans son fauteuil : "Est-ce que ça vaut vraiment la peine de tant se désâmer !?" »

« Être chef d'orchestre, avait-il déclaré aux membres du club Kiwanis, en 1970, ce n'est pas un métier, c'est une vocation, souvent une maladie, et je dirais même une maladie que je crois incurable. »

Autant il en avait vécu de cette maladie, autant il en est mort.

« Un jour de 1977, se souvient Jean-Claude Rinfret, alors que nous déjeunions ensemble et que Jean me parlait de ses difficultés et de ses frustrations, je lui ai demandé :

« — Mais Jean, vous ne regrettez pas, tout de même, d'avoir été chef d'orchestre, n'est-ce pas ?

« — Non, m'a-t-il répondu. Je crois que j'ai accompli quelque chose ici. »

1978

Un pionnier

À mon ami Deslauriers, un grand impressionniste.

Dessin de Claude Carette.

Mardi soir, le 30 mai 1978, 22 heures 30. Au téléjournal de Radio-Canada : « Nous venons tout juste d'apprendre que le réputé chef d'orchestre Jean Deslauriers est décédé... »

Puis, pendant quatre jours, en français et en anglais, à travers tous les médias d'information, d'un océan à l'autre, mais surtout au Québec :

« L'éminent chef d'orchestre Jean Deslauriers, l'une des figures dominantes de la scène musicale du Canada, s'éteint à 68 ans »... « Il y a à peine quelques jours, il était membre du jury des Concours de Musique du Canada »... « Jean Deslauriers meurt sans achever son opéra »... « Le monde de la musique a perdu un grand homme »...

Alors que l'Orchestre de chambre McGill observait une minute de silence en sa mémoire, et que dans de nombreuses paroisses de la province, on annonçait sa disparition au moment du sermon, les journaux, eux, n'avaient fait que résumer publiquement ce que le monde musical et les mélomanes pensaient de lui.

Ce ne fut pas long avant que ma mère reçoive des centaines de lettres venant d'amis intimes depuis toujours, d'admirateurs connus et inconnus, de connaissances vagues et même oubliées ; mais aussi de quelques chefs d'orchestre, d'une multitude de chanteurs et d'instrumentistes renommés, ainsi que de plusieurs musiciens d'orchestre.

Ces lettres contenaient plus que les traditionnelles formules de circonstances : « Le Tout-Montréal ressent vivement la perte de Jean »... « toute l'admiration que j'avais pour Jean, pour sa belle et sincère sensibilité musicale, pour ses hautes qualités artistiques, et surtout pour l'admirable courage dont il a fait preuve tout au long de sa carrière pour servir la cause de la musique dans notre pays »... « il avait des milliers d'amis et d'admirateurs »... « quelle perte pour nous, pour le Canada tout entier »... « il laisse un grand vide dans le cœur des artistes lyriques »... « puissent les plus jeunes trouver dans son exemple de foi et de dignité leur propre éthique professionnelle, si rare aujourd'hui »... « il a tout fait pour la musique... »

Quant aux télégrammes... Dès le lendemain matin, papa n'était pas encore enveloppé dans ses baumes, en fait on n'avait pas encore ramené sa dépouille à Montréal, que de véritables liasses de télégrammes ont commencé à affluer à la maison, puis plus tard au salon funéraire. Il en arrivait de partout : Paris, San Francisco, Vancouver, Ottawa, Palm Beach, Londres...

Si chaque signature, familière ou non, venait élargir le cercle de sympathie qui s'était formé en un éclair autour de la famille, certaines d'entre elles étaient encore plus significatives de la renommée généralisée de Jean Deslauriers, et offraient un témoignage flagrant de la sincère affection et du profond respect qu'on éprouvait envers le pionnier qu'il avait été au Québec.

Parmi des dizaines d'autres : Pierrette Alarie et Léopold Simoneau, de San Rafaël, en Californie ; Paul Gros D'Aillon, alors à la délégation générale du Québec à Paris ; Jean-Noël Tremblay, autrefois ministre des Affaires culturelles du Québec ; les orchestres symphoniques de Québec et d'Ottawa ; les musiciens de l'OSM ; Pierre Hétu, alors directeur de l'Orchestre Symphonique d'Edmonton, à qui mon père avait un jour conseillé de ne pas faire la même erreur que lui : « Partez, lui avait-il dit. Allez faire un grand tour ailleurs si vous voulez être mieux apprécié chez vous un jour, surtout par "l'élite" du milieu musical » ; Denis Vaugeois, alors ministre des Affaires culturelles du Québec ; Gilles Lefebvre, alors directeur du Centre culturel canadien à Paris...

Mais également, la direction de Boscoville, la maison Archambault, la Banque Provinciale du Canada, le Grand Théâtre de Québec, les religieuses de la congrégation de Notre-Dame...

Et René Lecavalier, Jean-Claude Rinfret de Radio-Canada, Jean-Louis Rioux, Gaston L'Heureux, l'impresario Michel Gélinas...

Malgré la demande de ma mère de « ne pas envoyer de fleurs, mais plutôt des dons pour la recherche sur les maladies du cœur », il en est arrivé à toute minute pendant la courte journée et demie où papa fut exposé. Quatre-vingt-dix pièces de toutes tailles, de toutes couleurs et de toutes formes, dont une harpe, de la part des pianistes-accompagnatrices du Québec » réunies par Jeannine Lachance ; et un violon et son archet, « du fond du cœur de vos amis et voisins du lac l'Achigan, Carole et Harry ».

Puis, le vendredi après-midi, à l'église Notre-Dame-des-Neiges, pendant plus d'une heure et demie, Raymond Daveluy et Pierre Grandmaison ont fait éclater l'orgue chacun à leur tour, alors que plus de trente chanteurs ont offert à « Monsieur Deslauriers » le plus beau chœur qu'il ait jamais entendu en lui tournant le dos. Il y avait en effet dans ce chœur une homogénéité qui venait de plus profond que de la seule expression de la musique d'église. On sentait que spontanément toutes ces voix ne faisaient qu'une afin d'arriver ensemble à lui. Ce qui fit dire à Jeanne, à un moment : « Papa dirait : "Ça c'est un chœur à mon goût !" » Puis, une à une se sont détachées celles de Colette Boky, puis de Robert Savoie, Yolande Dulude, Nicole Lorange, Claude Corbeil, André Turp et Pierre Duval.

Jusqu'à ce que Pierrot, le deuxième gendre de la famille, s'avance pour prononcer, au nom de son beau-frère Eugène, le message d'adieu à son beau-père et d'hommage au chef d'orchestre que celui-ci lui avait dicté d'Europe, où il avait dû rester alors que Yolande était rentrée en hâte vers nous :

« Avec la mort de Jean Deslauriers, nous avons perdu le meilleur chef d'orchestre québécois.

« Parce qu'il n'était pas un diplomate, parce qu'il a refusé de jouer le jeu social et politique selon les règles étroites et malhonnêtes des coulisses de notre société, il a durement payé dans sa vie : c'est ainsi qu'il n'a pas toujours eu la reconnaissance officielle et les postes qu'il avait pourtant mérités.

« Pour lui, l'honnêteté personnelle était d'une importance capitale dans la vie ; et il ne l'a jamais compromise.

« Les sophistications superficielles ne l'intéressaient pas.

« Jean Deslauriers était un vrai être humain, d'une qualité telle qu'on en voit rarement de nos jours.

« Je me considère privilégié d'avoir connu Jean Deslauriers comme beau-père. Il était toujours compréhensif, doux, prêt à sacrifier son temps et ses énergies pour les autres.

« Sa mort est une perte inestimable pour moi... et pour nous tous. »

« Je me permets, continue Pierre, d'ajouter quelques mots seulement à ce message d'Eugène Husaruk :

« Jean Deslauriers était mon beau-père à moi aussi. Et je dois dire que je partage entièrement l'esprit et la lettre de ce message comme je partage avec vous la peine que nous éprouvons aujourd'hui.

« Et je terminerai en ajoutant, comme à chaque fois que j'ai eu le plaisir et l'honneur de rencontrer Jean Deslauriers : Salut, papa Jean. »

Le dimanche 4 juin suivant, de 21 heures 30 à 22 heures 30, à son tour Radio-Canada rendit hommage à celui de tous les chefs québécois qui « faisait complètement et depuis si longtemps partie de la maison », selon les propres termes du vice-président et directeur général de la Société, Raymond David.

« Jamais, me raconte Jean-Yves Landry, qui réalisa cette heure, jamais je n'ai vu les services de Radio-Canada s'activer ainsi. Pendant les quatre jours de préparation de l'émission, je demandais à peine quelque chose que tout de suite le département auquel je m'adressais était en branle ; Raymond Mayville, entre autres, a fouillé, trouvé et sorti des archives tous les "kinés", les films de *Sérénade pour Cordes*, de *Sérénade Estivale*, de *l'Heure du Concert*, tous les enregistrements des *Beaux-Dimanches* et des *Concertos* que Jean a faits, tous les *Concerts Populaires*...

« Marielle Bellemare, mon assistante, qui avait failli s'évanouir de joie quand, en travaillant avec moi au début, elle avait appris qu'elle allait enfin rencontrer Jean Deslauriers, Marielle a passé ces quatre jours et nuits à courir dans tous les sens et couloirs de la maison à la recherche de documentation, de musique de films et d'enregistrements, d'artistes à rejoindre...

« Le plus fantastique, je crois, c'est quand, le samedi soir, j'ai demandé l'appareil pour effectuer des "ralentis" d'images à partir d'un enregistrement. Radio-Canada en avait deux : un était à Toronto, l'autre, ce soir-là, était... au Forum, pour les finales de hockey ! Lorsque j'ai appelé là-bas et que j'ai expliqué à l'opérateur pourquoi et surtout pour qui j'en avais besoin, il m'a dit : "J'aurai dix minutes à te donner entre la deuxième et la troisième période. J'y serai ; compte sur moi."

« Jean ne se doutait pas de la cote d'amour qu'il avait de la part de tous à Radio-Canada ! »

Si mon père ne la connaissait pas, cette cote d'amour, les téléspectateurs, eux, l'ont reçue en plein cœur pendant une heure, ce dimanche soir-là. « J'en suis resté vissé dans mon fauteuil pendant toute l'heure, et je ne sais pendant combien de temps après », ont dit toutes les personnes à qui j'ai parlé et qui avaient vu l'émission.

Quand j'étais allée porter des photos à Jean-Yves, dans la nuit du vendredi au samedi, il m'avait avoué : « Je n'ai pas le temps de me poser des questions. Cet hommage je n'ai que le temps de le faire avec mes tripes, avec mon cœur. »

Ce fut cela, un coup de cœur ! Tous ceux qui ont parlé pendant cette heure-là, le maire Drapeau, Raymond David, Armand Plante, André Turp, Robert Savoie, Claude Corbeil, Jean Vallerand, et Henri Bergeron, qui en plus, présentait toutes les séquences de l'émission, tous avaient, en parlant, la gorge étranglée, la voix éteinte, ou alors carrément les yeux mouillés.

Entre tous ces hommages et les rétrospectives de quarante ans de carrière comme chef d'orchestre, de vingt ans de vie d'enfance et de jeune violoniste, de la vie du couple et de celle au lac l'Achigan, Pierre Duval, Claire Gagnier, Claude Corbeil, Colette Boky, Robert Savoie, Gabrielle Lavigne, André Turp et l'orchestre de Radio-Canada ont, une dernière fois, tous ensemble ou séparément, fait de la musique avec Jean Deslauriers, même s'il n'était plus là.

La toute première image de l'heure avait été un gros plan de son visage, immobile, puis se mettant à s'animer dans un extrême ralenti alors que la caméra reculait, au point de croire qu'il était là, vivant derrière l'écran de la télévision ; une heure plus tard, avant le Bach puis les chœurs de la fin, la dernière image qu'on eut de lui fut un gros plan de la partition de l'*Adagio pour orchestre à cordes* de Samuel Barber, qu'il aimait tant ; de là, la caméra reculant lentement, apparut le pupitre du chef, puis quelques musiciens et enfin tout l'orchestre, jouant cet *Adagio*... sans chef. Il n'y avait personne sur le podium...

Quelques minutes plus tard, l'image s'éteignit, et la musique se tut. C'était terminé : plus jamais on ne verrait Jean Deslauriers diriger pour les siens...

Un coup de cœur. Une cote d'amour. Un grand vide...

* * *

Quelques jours après l'enterrement, rentrant de chez sa mère vers Saint-Bruno à 2 heures du matin, mon frère Gilles descendait la Côte-des-Neiges sur les chapeaux de roue lorsqu'il se fait arrêter par la police.

— Vous alliez plutôt vite, n'est-ce pas ? lui dit le policier assez gentiment.

— Oui, c'est vrai. J'étais un peu distrait ; je viens de perdre mon père, et je sors de chez ma mère avec qui j'ai passé la soirée à m'occuper de sa succession. Je suis crevé et je rentre chez moi à Saint-Bruno. Alors vous comprenez...

Le policier n'ayant pas trop l'air de le croire, Gilles lui montre donc les papiers qu'il avait posés à côté de lui sur la banquette. Le policier les regarde, puis s'exclame, le regard tout ému et la voix tendre :

— Vous n'êtes pas le fils du chef d'orchestre !?... Qu'est-ce que j'aimais votre père. Je n'ai jamais raté un de ses concerts à la télévision. Au poste, dimanche dernier, tout le monde a regardé le programme souvenir sur lui au canal 2.

Puis, en remettant les papiers de la succession à Gilles, il lui dit simplement et paternellement : « N'allez pas trop vite si vous êtes fatigué. Il y a des gens dangereux au volant la nuit. Bonsoir Monsieur Deslauriers. »

* * *

Jean a marqué une époque dans l'histoire musicale du Québec. Cette période qu'il couvre est très longue, et le terrain de son enseignement très vaste. À une époque d'évolution artistique encore difficile, lui arrivait à faire accepter à un public très ignorant de la musique à « élite » avant tout à la radio, puis dès les débuts de la télévision. Jean a fait sortir la « grande » musique de son élite.

Fernand Quirion, *directeur adjoint*
de la Télévision française de Radio-Canada

« Henri, disait parfois mon père à son ami Henri Bergeron, on devrait aller donner des concerts ensemble dans les usines. Toi tu leur expliquerais la musique, moi je la leur ferais entendre et découvrir. »

Jean était et sera unique en son genre, et cela pendant longtemps. Car personne ne pourra plus jouer un rôle d'éducateur du peuple. Il disait qu'il était né trente-cinq ans trop tôt. Pour le peuple québécois, il est né au bon moment. Sans lui il y aurait un grand vide dans l'évolution du peuple en musique.

Neil Chotem, *pianiste et compositeur*

« Pierre, dit-il un jour à son ami Pierre Leblanc, à l'époque de la chronique musique de ce dernier à *Bon Dimanche*, c'est bon ton affaire. Tu as trouvé un autre moyen de sensibiliser les gens à la musique, de les toucher directement. »

Au Québec, Jean Deslauriers a été à la musique ce qu'ont été Fernand Séguin à la science et René Lévesque à l'information.

Clément Morin,
professeur émérite de l'Université de Montréal

« Your youth concerts are the answer to increase the number of music lovers, écrivait-il un jour à Gordon McGowen de Radio-Canada à Halifax. Concerts in schools, in universities, everywhere youth is. That is the way. »

Aux États-Unis, on l'aurait baptisé « Mister Music » (à cause aussi de sa tête !). À Montréal on l'appelait « Monsieur Deslauriers ». Et il irradiait le prestige.

Félix Leclerc, *poète*

« Le public a besoin de musique pour vivre », écrivait-il à Monsieur Drapeau, en 1966.

On croit trop facilement que tout homme est remplaçable. Au niveau d'excellence où il était parvenu, Jean Deslauriers ne sera pas remplacé. Il y a dans la vie musicale canadienne, du fait de la disparition de Jean Deslauriers, un vide qui ne sera pas comblé.

Jean Vallerand, *compositeur et musicologue*

MERCI

À la Société Radio-Canada d'avoir mis à ma disposition tous leurs services de recherche et d'archives ; aux photographes individuels Yvon Bellemare, Paul Gélinas, Jac-Guy, Jean-Pierre Karsenty, Orssagh et Jean-Guy Thibodeau de m'avoir gracieusement autorisée à utiliser leurs photos ; à monsieur Fernand Roberge de m'avoir si généreusement permis de travailler à ce livre dans le calme et la sécurité de l'hôtel Ritz-Carlton ; aux huit peintres québécois qui, pour leur ami Jean, ont accepté d'enrichir ce livre d'un portrait de lui, selon le souvenir qu'ils en ont gardé chacun ; aux nombreux amis de Jean Deslauriers qui par leur témoignage m'ont aidée à le percevoir encore mieux ; et à ma mère, ainsi qu'à Robert Savignac, mon éditeur, d'avoir cru jusqu'au bout, et souvent plus que moi-même, à la réalisation de ce livre.

LES PHOTOGRAPHES

Yvon Bellemare : pages 16, 181, 300, 301, 306
Paul Gélinas : page 238 (haut)
Jac-Guy : page 138 (haut)
Jean-Pierre Karsenty : pages 217, 238 (bas), 239, 256, 264 (bas), 267, 272, 273 (haut), 276 (bas)
André Le Coz : pages 146 (bas), 154 (haut), 156, 215, 235, 241, 288. 347
Orssagh : page 138 (bas)
Jean-Guy Thibodeau : pages 255, 259, 262, 263

LES JOURNAUX

Échos Vedettes : page 181
La Presse : pages 55, 298
Québécor : page 102
The Star Weekly : page 92

LES ARCHIVES

Archives de Radio-Canada : pages 135, 141, 144, 154 (bas), 233, 244, 245, 246, 261, 264 (haut)
Archives nationales du Québec : pages 118, 120, 312

IMPRIMERIE
L'ÉCLAIREUR
BEAUCEVILLE

7928